U0814927

2024年 国家统一法律职业资格考试 辅导用书

行政法与行政诉讼法

国家统一法律职业资格考试辅导用书编辑委员会 组编

马怀德／主编

撰稿人
马怀德 杨伟东

法律出版社

北京

图书在版编目（CIP）数据

行政法与行政诉讼法 / 国家统一法律职业资格考试辅导用书编辑委员会组编；马怀德主编. -- 北京：法律出版社，2024
2024年国家统一法律职业资格考试辅导用书
ISBN 978-7-5197-9019-6

Ⅰ. ①行… Ⅱ. ①国… ②马… Ⅲ. ①行政法—中国—资格考试—自学参考资料②行政诉讼法—中国—资格考试—自学参考资料 Ⅳ. ①D922.1②D925.3

中国国家版本馆CIP数据核字（2024）第072796号

行政法与行政诉讼法
XINGZHENGFA YU XINGZHENG SUSONGFA

国家统一法律职业资格考试辅导用书编辑委员会 组编
马怀德 主编

责任编辑 宋杰鹏
装帧设计 李 瞻

出版发行 法律出版社
编辑统筹 法律考试·职业教育分社
责任校对 王 丰
责任印制 胡晓雅
经 销 新华书店

开本 787毫米×1092毫米 1/16
印张 18.25 字数 480千
版本 2024年5月第1版
印次 2024年5月第1次印刷
印刷 固安华明印业有限公司

地址：北京市丰台区莲花池西里7号（100073）
网址：www.lawpress.com.cn
投稿邮箱：info@lawpress.com.cn
举报盗版邮箱：jbwq@lawpress.com.cn
版权所有·侵权必究
销售电话：010-83938349
客服电话：010-83938350
咨询电话：010-63939796

书号：ISBN 978-7-5197-9019-6
定价：48.00元

凡购买本社图书，如有印装错误，我社负责退换。电话：010-83938349

国家统一法律职业资格考试辅导用书
编辑委员会

主任委员

孙志华　谢愚妮

委员（按姓氏笔画为序）

马怀德　王卫国　王利明　尹树东　付子堂　刘茂林
刘凯湘　许身健　孙志华　李立众　杨伟东　宋功德
宋英辉　张　耕　张丽英　张明楷　陈卫东　陈兴良
陈泽宪　赵晓耕　查庆九　秦晓程　钱明星　高其才
唐　力　黄　进　韩大元　舒国滢　温世扬　谢愚妮
潘剑锋

学科统稿人（按姓氏笔画为序）

马怀德　王卫国　王利明　刘凯湘　张　耕　张丽英
陈卫东　陈泽宪　赵晓耕　查庆九　秦晓程　高其才
黄　进　韩大元　舒国滢　潘剑锋

专家咨询委员

应松年　杜国兴　张文显　陈国庆　胡云腾　王利明

编审办公室

吴　玲　张雪纯　王西光　刘　欣

国家统一法律职业资格考试辅导用书

行政法与行政诉讼法

编写人员

主　编

马怀德

撰稿人

马怀德

杨伟东

出版说明

为了适应国家统一法律职业资格考试的需要，应广大应试人员的要求，我们组织编写了《2024 年国家统一法律职业资格考试辅导用书》。

本套辅导用书根据司法部制定颁布的《2024 年国家统一法律职业资格考试大纲》编写，是国家统一法律职业资格考试工作的重要依据，可以作为广大应试人员系统复习及应考的必备用书。

本套用书在撰写时力求反映和体现国家统一法律职业资格考试的特点，在注意学科科学性、系统性的同时，注重法学基本理论、法律实务与考试需求的结合，对应试人员应当掌握的各学科基本理论结合实际进行了系统阐释，有较强的指导性和适用性。在内容和体例编排上，为更加方便应试人员复习考试，本套用书结合备考规律，归纳提炼重要、疑难知识点及易错易混知识点和核心法条，进一步充实完善各学科每章的助考性提示内容和主要法律规定，同时增加了有关重要、疑难知识点的案例（实例）、本章／本编／本学科重点难点与疑点辨析阐释，并将新增或调整较大部分内容在目录中加以标示，以方便应试人员对比复习。

本套用书根据国家统一法律职业资格考试的试卷内容及学科特点分为 9 册，包括：《习近平法治思想 · 法理学 · 宪法 · 中国法律史 · 司法制度和法律职业道德》《民法》《刑法》《行政法与行政诉讼法》《民事诉讼法与仲裁制度》《刑事诉讼法》《商法》《知识产权法 · 经济法 · 环境资源法 · 劳动与社会保障法》《国际法 · 国际私法 · 国际经济法》，共计 18 门学科。《2024 年国家统一法律职业资格考试法律法规汇编》（截止日期为 2024 年 3 月 31 日）作为辅导用书的配套部分，与本套辅导用书同时发行。

在本书出版之际，我们向参加 2024 年新版辅导用书编写工作的专家学者表示衷心的感谢！向参与以上用书编写、审稿及修订工作，特别是曾经参与并为本书奠定基本框架的法学院校、专家学者表示衷心的感谢！向中共中央办公厅法规局、最高人民法院、最高人民检察院、中国法学会、司法部等有关部门及单位给予的精心指导和大力支持帮助，表示衷心的感谢！

由于时间仓促，本书疏漏或不当之处，敬请广大应试人员和读者批评指正。

国家统一法律职业资格考试辅导用书编辑委员会

2024 年 5 月

目　录

第三编

行政行为法

第四编

行政救济法

第一编

导　　论

本编导读

本编是有关行政法基本原理的内容，包括行政法的基本概念、渊源、基本原则等。行政法规范的对象是公共行政，是为实现国家或公共职能，国家通过一定的组织进行的公共管理活动及其过程。行政法作为独立的法律部门，调整的是因行政权的产生、运行和监督救济而发生的各类关系。行政法可以分为一般行政法和部门行政法。一般行政法是行政法的普遍原则和共同规则，由行政组织法、行政行为法和行政监督救济法组成。部门行政法是只适用于特定行政领域的规则。我国行政法的成文法法律渊源包括宪法、法律、行政法规、地方性法规、民族自治条例和单行条例、行政规章、国际条约和协定、法律解释。

行政法基本原则是反映行政法本质和内在精神，贯穿于行政法规范之中，要求一切行政活动或者行政活动的重要方面必须坚持和遵循的基本原则。我国行政法基本原则有合法行政原则、合理行政原则、程序正当原则、高效便民原则、诚实守信原则和权责统一原则。

第一章
行政法概述

本章主要内容提示

行政法规范的对象是公共行政，是为实现国家或公共职能，国家通过一定的组织进行的公共管理活动及其过程。行政法是调整由于行政活动发生的行政关系法律规范的总和。行政法的法律渊源是关于行政法律规范表现形式的制度。

第一节 行政法的基本概念

行政法是关于行政的法律制度，是我国法律体系中的一个部门法。与其他许多部门法一样，行政法是人们按照它所调整的社会关系，对规定在各类法律文件中的法律规范进行划分的结果。这里依次讨论行政和行政法等基本概念。

一、行政

行政是一种重要的社会分工。行政法意义上的行政是指公共行政。行政法所规范的公共行政的范围，会因为国家和时代而不同。传统上，国家是公共行政的主要承担者，国家行政机关有权进行强制性和支配性的管理，国家还设置国有事业和企业单位履行公共服务和其他公共职能。在现代社会中，出现了公共行政多元化现象，除行政机关外，大量的公共部门，甚至一些民营部门，通过各种形式承担和履行公共职能，提高了公共行政的效率。通常认为，行政法意义上的行政，是指为实现国家或公共职能，国家通过一定的组织进行的公共管理活动及其过程。

在行政法学上，可以将国家行政分为形式行政和实质行政、负担行政和授益行政、秩序行政和给付行政。

形式行政，是指以行政机关作为划分行政的根据，只要是行政机关从事的职能活动都可以被认为是行政活动，无论它们是制定规则、处理具体事项还是裁决争议案件的活动；实质行政，是指以国家机关的活动功能作为划分行政的根据，制定规则和裁决争议案件以外的执行性活动被认为属于行政活动，无论它们是由什么国家机构实施的活动。行政法意义上的行政的界定一般指形式行政，实质行政作补充。

负担行政是行政机关作出的决定或行为，产生的直接法律效果是使公民、法人或者其他组织承担义务和责任的行为。行政处罚、行政征收、行政强制等是典型的负担行政。授益行政是行政机关为公民、法人或者其他组织提供利益和赋予权利的行为，行政奖励、行政给付和行政许可是典型的授益行政。负担行政和授益行政的分类对于确定行政活动的法律后果有重要作用，例如，在符合信赖保护原则的情形下，对于有法律瑕疵的授益行为一般不得撤销或者撤回。

秩序行政和给付行政是以公民自由权为中心划分的：为防止滥用自由权导致社会危害实施的秩序性管理是秩序行政，为消除和减少过度自由竞争带来的社会差别和维护社会公平提供的公共服务是给付行政。这种以行政职能为内容的分类，对于确定行政法的类型具有重要意义。如果秩序行政是主导行政职能，行政法就属于秩序行政法；如果给付行政成为主导行政职能，行政法就应当属于公共服务行政法或者社会行政法。行政法根据社会对政府职能的需求程度决定其性质、功能和类型。

二、行政法

行政法的概念可以从内涵和界说两个方面来讨论：前者的内容是行政法的定义和分类，后者的内容是行政法与其他法律部门的关系。

我国行政法，是调整由于行政活动发生的行政关系法律规范的总和。对于这一定义，可以从行政法的调整对象、调整方式和调整功能几个方面来认识。

行政法的调整对象是行政关系。行政关系是国家行政机关实现其行政职能的社会形式，是国家行政机关在实施国家行政管理过程中发生的社会关系的总称。由于行政职能的广泛和实现方式的多样性，它所形成的社会关系的性质和种类也是多样的和变化的。除国防、警察和财政等基础职能比较稳定外，行政机关的经济和社会管理等职能会经常变化；新的法律部门的出现和发展，也会影响行政法的调整范围。因此，对于行政法调整的行政关系的种类和范围，应当根据社会需求和行政职能的变化作出新的概括和表述。

行政法对行政关系的调整方式，就是赋予行政关系以法律权利义务的性质，使行政机关实施行政职能的过程，成为依法设立、变更和消灭行政法权利义务的过程。任何违反行政法义务的行为，无论是国家行政机关还是其他行政法义务主体都应当承担相应的法律责任。这是行政法调整方式区别于行政政策调整方式的基本标志。

行政法的调整功能，是指行政法调整行政关系的整体作用。行政法有赋予行政机关管理职权以保证行政效率，监督行政机关以防止和消除行政违法行为两方面的功能。在行政法的发展过程中这两种功能可能会有所侧重，但是总体来说它们是结合起来共同发挥对行政机关的规范作用的，只是片面地强调其中一个方面是不可取的。

行政法的分类，是按照一定的标准对行政法规范进行的划分。合理的分类有助于建立统一和谐的行政法体系内部结构。首先，行政法可以分为一般行政法和部门行政法。一般行政法是行政法的普遍原则和共同规则，适用于全部或者多数行政领域；部门行政法是只适用于特定行政领域的规则。一般行政法是行政法学的研究重点。一般行政法以行政组织法、行政行为法和行政监督救济法为基本结构，相对稳定。其中，行政组织法，是指有关行政组织的职能、组织、编制及公务员录用和管理的法律制度，分为行政机关组织法和公务员法两大部分内容；行政行为法，是指有关规范行政机关和公共组织行使行政职权、实施行政行为的实体和程序的法律规范的总称，涵盖行政机关实施抽象与具体各类行政行为；行政监督救济法，是指有关对行政机关和公共组织及其工作人员行使法定行政职权和履行法定行政职责进行监督，并向受到侵权的公民、法人和其他组织提供救济的法律规范的总称。部门行政法内容丰富结构多样，可以按照中央行政部门的事务管辖进行分类。例如，我国司法部负责的律师、公证、狱政、法制宣传和国家统一法律职业资格考试等行政事务称为司法行政。因为行政事务在各个部门的配置经常进行调整，所以部门行政法的分类也要相应地经常进行变动。其次，行政法还可以分为行政实体法和行政程序法，分类标准是权利义务的性质。具有实体权利义务性质的行政法规范属于实体行政法，具有程序权利义务性质的行政法规范属于程序行政法。当代行政法高度重视行政程序法对行政决策和当事人权利的作用，在第二次世界大战以后得到迅速发展。

行政法与其他法律部门的关系，对于行政法的制定和适用有重要意义。行政法与其他法律部门共同构成我国法律体系。行政法在法律体系中的地位作用和适用范围，在很大程度上取决于同其他法律部门的关系。这里先考察行政法不同于其他法律部门的一些重要特征，然后对行政法与宪法、民法、刑法等几个基本法律部门的关系做一些分析。

关于行政法的重要特征，可以做如下概括：

一是缺乏统一完备的实体法法典。实体行政法律规范一般不集中地规定于一个法典式法律文件中，而是分散地规定于不同行政领域和不同法律效力等级的法律文件当中。这主要是由于国家行政管理内容的复杂多变和管理层次繁多，难以在一个法律文件中做穷尽性列举规定。

二是行政职权职责的统一性。行政机关的权利义务在行政法上表现为行政职权和行政职责。行政职权和行政职责都有依法履行的必要。行政机关在取得公共职权后，不能像民事主体行使民事权利那样进行处分，否则会构成渎职、失职或者不作为违法。

三是行政法律规范立、改、废的经常性。由于国家行政管理内容经常更新，所以行政法律规范处于经常化的变动过程之中。行政管理所面临的是日新月异的社会需求，成文法多数是在总结过去经验基础上概括形成的，难以对后来发生的事情准确预料，国家行政机关又不能像民事主体那样以自主协商的方式来确定行政权利义务，这就给实行依法行政带来困难。解决这个问题的出路之一就是建立行政法律规范立、改、废经常化的机制。行政法的稳定性主要体现为行政法律规范立、改、废机制的稳定性。

四是融实体法与程序法为一体。行政法包含行政诉讼法，行政诉讼法是行政法重要、不可分割的组成部分。同时，行政法也包含行政程序法的内容。

关于行政法与宪法的关系，有两个相互关联的方面。首先，宪法是国家根本法，行政法是普通部门法，宪法是建立和发展行政法的根据和基础，因此宪法与行政法是根本法与部门法之间的从属关系。其次，它们之间的关系又有特殊性的一面。国家行政机关活动的基本原则、基本制度和基本职权，需要直接由宪法和宪法性法律规定，这主要是从建设国家民主制度着眼的。

关于行政法与民法的关系，首先，表现在调整对象方面。民法调整财产关系和人身关系，并且以主体的平等性为特征；行政法调整的行政关系包括但不限于财产关系和人身关系，并且以命令服从为其主要特征。其次，表现为行政法对民法实施的保障作用。这种作用在市场经济条件下显得更为重要。例如，行政法关于土地等不动产行政管理的规定，保障民法物权的取得和使用等。

关于行政法与刑法的关系，首先，表现在刑法对行政法秩序的保护。刑法是国家运用刑罚同犯罪作斗争的行为规则，刑法所惩罚的犯罪包括侵犯国家行政管理秩序的刑事违法行为，并且在我国《刑法》分则中占有很大的篇幅。其次，刑罚与行政处罚都是国家制裁具有社会危害性的违法行为的制度，它们之间需要相互衔接和协调。

第二节　行政法的法律渊源

行政法的法律渊源，是关于行政法律规范表现形式的制度。它的重要作用是确定法律表现形式和各种表现形式之间的效力等级关系。行政法的法律渊源涉及行政机关活动合法性的依据，对于实现行政法治有重要意义。早期的行政法理论和实践曾经将法律渊源限于非常狭窄的范围内，当代行政法的理论和实践则持相对开放的立场。在法律渊源制度上，主要有成文法和不成文法之分。成文法主要是指国家机关根据立法权限和立法程序制定发布的规范性法律文件，不成文法主要是指惯例、判例和理论学说等。成文法的优点是明确清晰，易于了解和执行；局限性是易于僵化呆板，难以适应经常变化的社会现实。我国行政法法律渊源实行成文法制度；行政机关的惯例、法院的司法判例以及学者的理论学说尚不能成为我国行政机关活动的法律根据，也不能成为评价行政活动合法性的准则。

我国行政法的成文法法律渊源的种类，根据法律文件的制定机关和等级效力具体如下：

1.宪法。宪法中关于国家机构的任务和原则，关于行政机关与其他国家机关的相互关系，关于行政机关组织和活动的规定，都属于行政法的法律渊源。由于宪法是国家根本法，所以宪法的规定在行政法的法律渊源体系中具有最高法律效力。

2.法律。指全国人民代表大会及其常务委员会制定发布的基本法律和普通法律。法律中关于行政组织、行政管理活动和对行政机关监督的规范，属于行政法的渊源。法律是我国行政法的主要法律渊源，它可以根据宪法对各种国家行政事务作出规定，它的适用范围大、效力等级高。

3.行政法规。指由国务院根据宪法和法律，按照行政法规的制定权限和制定程序发布的规范性文件。行政法规可以根据宪法和法律的规定对国家行政事务作出规定。在效力等级和规定范围上，行政法规仅次于法律。

4.地方性法规。指由省、自治区、直辖市人民代表大会及其常务委员会，设区的市、自治州的人民代表大会及其常务委员会，按照地方性法规制定权限和制定程序发布的规范性文件。确定地方性法规的规定范围准则有二：一是与上位规范的不抵触原则。省、自治区、直辖市人民代表大会及其常务委员会制定的地方性法规不得与宪法、法律和行政法规相抵触。设区的市的人民代表大会及其常务委员会在不同宪法、法律、行政法规和本省、自治区的地方性法规相抵触的前提下，可以对城乡建设与管理、生态文明建设、历史文化保护、基层治理等方面的事项制定地方性法规；法律对设区的市制定地方性法规的事项另有规定的，从其规定。二是制定依据上的“需要”原则，即可以根据本行政区域的具体情况和实际需要制定地方性法规。在等级效力上，地方性法规低于宪法、法律和行政法规；在地域效力上，其效力范围也仅限于本行政区域以内。

5.民族自治条例和单行条例。指我国民族自治地方的人民代表大会按照自治条例和单行条例的制定权限和制定程序发布的规范性文件。它们可以在一定范围内对民族自治地方的行政事务作出规定。在规定范围和等级效力上有两方面内容：一是可以将当地民族的政治、经济和文化的特点作为制定依据；二是依据当地民族的特点依法对法律和行政法规的规定作出变通规定。在地域效力上，民族自治条例和单行条例的效力范围仅限于民族自治地方的行政区域以内。

6.行政规章。分为国务院部门规章和地方政府规章。它们可以在一定范围内对行政事务作出规定。

部门规章，是国务院组成部门和具有行政管理职能的直属机构以及法律规定的机构，按照规章制定权限和制定程序发布的规范性文件。在规定范围上，部门规章应当规定属于执行法律或者国务院行政法规、决定命令的事项。在效力方面，等级效力低于法律和行政法规，地域效力可以及于全国。

地方政府规章，是省、自治区、直辖市和设区的市、自治州的人民政府，根据地方政府规章的制定权限和制定程序发布的规范性文件。在规定范围上有两个方面：一是为执行法律、行政法规、地方性法规的规定需要制定规章的事项；二是属于本行政区域的具体行政管理事项。值得注意的是立法法规定：设区的市、自治州的人民政府制定地方政府规章限于城乡建设与管理、生态文明建设、历史文化保护、基层治理等等方面的事项。不过，已经制定的地方政府规章，涉及这些事项范围以外的继续有效。在效力方面，等级效力低于法律、行政法规和地方性法规，地域效力限于本行政区域。

7.国际条约和协定。中国参加的国际条约和国际协定，如果规定了中国行政机关的权利义务，是否可以直接作为国内行政法的渊源，需要根据实际内容进行确定。根据中国加入世界贸易组织文件的相关规定，WTO协定和中国“入世”文件关于我国行政机关和其他有关机构权利义务的规定，应当转化为中国的国内立法后才能作为行政法的法律渊源予以适用。

8.法律解释。指法律的规定需要进一步明确具体含义的，或者法律制定后出现新的情况，需要明确法律依据的情形，由法定机关根据法定程序对法律作出的解释。法律解释有相应的法律效力，是行政法的法律渊源之一。关于法律解释的立法主要有两个：一个是《立法法》；另一个是全国人大常委会《关于加强法律解释工作的决议》。

第二章 行政法的基本原则

本章主要内容提示

行政法基本原则是反映行政法本质和内在精神，贯穿于行政法规范之中，要求一切行政活动或者行政活动的重要方面必须坚持和遵循的基本原则，在行政法中发挥统合作用、指导作用和弥补作用。行政法基本原则包括合法行政原则、合理行政原则、程序正当原则、高效便民原则、诚实守信原则和权责统一原则。

第一节 行政法基本原则的内涵和构成

一、行政法基本原则的内涵和作用

行政法基本原则，是指反映行政法本质和内在精神，贯穿于行政法规范之中，要求一切行政活动或者行政活动的重要方面必须坚持和遵循的基本原则。行政法基本原则具有下列特点：

1.普遍性。行政法基本原则贯穿于行政法规范之中，对一切行政活动或行政活动的重要方面均有指导作用。

2.概括性。行政法基本原则超越了法律具体规则的特定化，以高度抽象化和凝练化的方式集中体现了行政法的精神实质。

3.适用性。行政法基本原则不只是学理上的原则，而且是行政法的组成部分，在行政法律规范的制定和适用中具有适用性和约束力。

行政法基本原则具有重要作用：一是统合作用。行政法基本原则超越了行政法具体规范，具有统揽法律规定的作用，借助基本原则可将分散的条文规则统一为整体。二是指导作用。行政法基本原则指导行政法的统一适用和解释，指导行政机关正确执行法律法规，指导和规范行政法规范的制定、修改和完善。三是弥补作用。在法律具体规定不完善无法解决现实中的复杂问题时，或因现实情况发生变化条文规定无法适应发展时，基本原则具有弥补立法不足的作用。

二、行政法基本原则的构成

行政法基本原则主要有两种来源：一是国家立法性和政策性文件的规定；二是行政法学理论的阐述。法学理论对行政法基本原则的阐述注重反映人们对一般规律的认识；但是由于认识上的差异，法学著作对基本原则的表述会有所不同。国家相关文件的规定也会根据实际情况吸收理论研究的成果，因此，这两种来源会在一定程度上达到统一。这里将行政法的基本原则概括为以下几个：合法行政原则、合理行政原则、程序正当原则、高效便民原则、诚实守信原则和权责统一原则。

第二节　行政法各项基本原则的要求

一、合法行政原则

合法行政是行政法的首要原则，其他原则可以理解为这一原则的延伸。实行合法行政原则是行政活动区别于民事活动的主要标志。

合法行政原则的根据，是行政机关在政治制度上对立法机关的从属性。合法行政原则是我国根本政治制度人民代表大会制度在国家行政制度上的体现和延伸。人民代表大会制度确定了国家行政机关对人民代表大会的从属性。《宪法》第2条和第3条规定，中华人民共和国的一切权力属于人民，人民行使国家权力的机关是全国人民代表大会和地方各级人民代表大会。国家行政机关由人民代表大会产生，对它负责，受它监督。这样就从根本法上解决了国家行政权力来源的合法性问题。《宪法》第5条规定，中华人民共和国实行依法治国，建设社会主义法治国家。一切国家机关都必须遵守宪法和法律。国家行政机关应当依照宪法和法律行使行政职权。

合法行政的内涵和要求，随着宪法制度的演变、行政职能的消长而不断变化。早期的合法行政是绝对、消极和机械的公法原则。为适应时代变迁和行政职能变化的需要，合法行政原则不断得到新的解释。从历史发展来看，我国的行政法制度尚处于发展进程中的初级阶段。从改革开放初期提出发扬社会主义民主、健全社会主义法制，到宪法规定实行依法治国，我国法律在规范行政活动方面的作用正在逐步增强。

我国合法行政原则在结构上包括对现行法律的遵守和依照法律授权活动两个方面：

1.行政机关必须遵守现行有效的法律。基本要求是：行政机关实施行政管理，应当依照法律、法规、规章的规定进行，禁止行政机关违反现行有效的立法性规定。第一，行政机关的任何规定和决定都不得与法律相抵触，行政机关不得作出不符合现行法律的规定和决定。行政机关的规定和决定违法，就不能取得法律效力。第二，行政机关有义务积极执行和实施现行有效法律规定的行政义务。行政机关不积极履行法定作为义务，将构成不作为违法。

2.行政机关应当依照法律授权活动。基本要求是：没有法律、法规、规章的规定，行政机关不得作出影响公民、法人和其他组织合法权益或者增加公民、法人和其他组织义务的决定。在行政机关与公民、法人和其他组织关系上，第一，行政机关采取行政措施必须有立法性规定的明确授权；第二，没有立法性规定的授权，行政机关不得采取影响公民、法人和其他组织权利义务的行政措施。行政机关不遵守这一不作为义务，将构成行政违法。

二、合理行政原则

合理行政原则的主要含义是行政决定应当具有理性，属于实质行政法治的范畴，尤其适用于裁量性行政活动。最低限度的理性，是指行政决定应当具有一个有正常理智的普通人所能达到的合理与适当，并且能够符合科学公理和社会公德。合理行政原则包括以下三个原则：

1.公平公正原则。要平等对待行政管理相对人，不偏私、不歧视。

2.考虑相关因素原则。作出行政决定和进行行政裁量，只能考虑符合立法授权目的的各种因素，不得考虑不相关因素。

3.比例原则。比例原则有三方面的要求：第一，合目的性。是指行政机关行使裁量权所采取的具体措施必须符合法律目的。为满足这一要求，就需要行政机关在作出决定前准确理解和正确确定法律所要达到的目的。在多数情况下，法律会对其立法目的作出明确规定；但有时法律规定的目的可能比较含混，这些情况下就需要行政机关根据立法背景、法律的整体精神、条文间的关系、规定含义等因素作出综合判断。第二，适当性。是指行政机关所选择的具体措施和手段应当为法律所必需，结果与措施和手段之间存在正当性。为达到这一要求，就需要行政机关根据具体情况，判断拟采取的措施对达到结果是否有利和必要。第三，损害最小。是指在行政机关在可以采用多种方式实现某一行政目的的情况下，应当采用对当事人权益损害最小的方式。即行政机关能用轻微的方式实现行政目的，就不能选择使用手段更激烈的方式。

行政机关采取的措施和手段应当必要、适当。行政机关实施行政管理可以采用多种方式实现行政目的的，应当避免采用损害当事人权益的方式。

三、程序正当原则

程序正当是当代行政法的主要原则之一。它包括以下几个原则：第一，行政公开原则。除涉及国家秘密和依法受到保护的商业秘密、个人隐私的外，行政机关实施行政管理应当公开，以实现公民的知情权。第二，公众参与原则。行政机关作出重要规定或者决定，应当听取公民、法人和其他组织的意见。特别是作出对公民、法人和其他组织不利的决定，要听取他们的陈述和申辩。第三，回避原则。行政机关工作人员履行职责，与行政管理相对人存在利害关系时，应当回避。

四、高效便民原则

高效便民原则分为两个方面：一是行政效率原则。其基本内容有二：其一，是积极履行法定职责，禁止不作为或者不完全作为；其二，是遵守法定时限，禁止超越法定时限或者不合理延迟。延迟是行政不公和行政侵权的表现。二是便利当事人原则。在行政活动中增加当事人程序负担，是法律禁止的行政侵权行为。在国际贸易中，行政当局不合理延迟和增加当事人程序负担，也被认为是政府设置的贸易壁垒形式。

五、诚实守信原则

诚实守信原则分为两个方面：一是行政信息真实原则。行政机关公布的信息应当全面、准确、真实。无论是向普通公众公布的信息，还是向特定人或者组织提供的信息，行政机关都应当对其真实性承担法律责任。二是保护公民信赖利益原则。非因法定事由并经法定程序，行政机关不得撤销、变更已经生效的行政决定；因国家利益、公共利益或者其他法定事由需要撤回或者变更行政决定的，应当依照法定权限和程序进行，并对行政管理相对人因此而受到的财产损失依法予以补偿。

六、权责统一原则

权责统一原则分为两个方面：一是行政效能原则。行政机关依法履行经济、社会和文化事务管理职责，要由法律、法规赋予其相应的执法手段，保证政令有效。二是行政责任原则。行政机关违法或者不当行使职权，应当依法承担法律责任。这一原则的基本要求是行政权力和法律责任的统一，即执法有保障、有权必有责、用权受监督、违法受追究、侵权须赔偿。

本编重点、难点与疑点辨析

本编的重点是行政法基本原理，特别是行政法的基本概念和行政法基本原则；这些内容关乎行政法的基础，是众多行政法律规范的支撑。需要对行政和行政法的概念、行政法的特征、一般行政法的基本构成、行政法法律渊源、行政法各项基本原则有充分理解，并熟练加以运用。

本编有两个难点：

（1）对行政法调整对象——“行政”的把握。这不仅关系到行政法的调整范围和边界，而且关系到某一行为的性质判断，即是否为行政行为，进而影响法律适用、争议解决途径，即是否属于行政复议范围、行政诉讼受案范围。行政法调整的对象为公共行政，而非私行政，区别主要集中在三个方面。一是目的不同：公共行政的目的在于公共利益；而私行政的目的在于私人利益或追求自身设定的利益，不必以实现公共利益为目的。二是主体不同：公共行政的主体是行政主体，而私行政主体则为私法主体。三是手段不同：公共行政有国家强制力作保障，可采用处罚、强制手段；私行政主要采用合同、协商等手段。在此点上，常会构成相关的疑点。

（2）对行政法基本原则的理解和认识。行政法的基本原则体现行政法的本质，合法行政、合理行政、程序正当、高效便民、诚实守信和权责统一，共同构成了行政法的基本原则。这六项原则虽有内在关联，但内涵和要求各不相同。

第二编

行政组织法

本编导读

行政组织法是行政法的重要组成部分，包括行政机关组织法和公务员法两大部分。行政机关组织法涉及的是对掌握行政权力的行政组织的规范，主要解决由哪一(些)主体享有行政职权及行使行政职权主体的要求。公务员法涉及的是对具体行使行政职权的人员的规范，主要解决谁具体行使行政职权及行使行政职权的人员要求。

第三章 行政机关组织法

本章主要内容提示

行政机关组织法是行政组织法的重要组成部分，主要规定行政机关的性质、组成、职责权限、设置和编制管理、工作规则等内容。行政主体可分为行政机关和法律授权的组织。其中，行政机关是最重要、最常见的行政主体，包括中央行政机关和地方行政机关。一些组织，包括社会组织，经法律、法规授权后可以成为行政主体。

第一节 行政机关组织法概述

一、行政组织法与行政机关组织法的概念

行政组织是指以实现国家行政职能为目的，以行政职位为基本构成单位的组织。以行政职位为基本构成单位，可以组成不同规模、不同功能和不同形式的各种行政组织。行政组织的典型和主要形态是国家行政机关。

在现代国家，行政职权主要由国家专设的行政机关享有和行使。不过，随着行政管理或公共管理的发展，出现了经法律授权承担行政职权的社会组织，其在行使行政职权时的地位实际与行政机关相同。因而，行政法学提出了行政主体范畴。行政主体是指能够以自己的名义对外独立实施国家行政管理职能并承受一定法律后果的国家行政机关和社会组织。我国形成行政主体制度的原因，一方面是需要由具体的机构来行使行政职权和参与行政复议与行政诉讼；另一方面是出于行政效率和编制管理的需要，非政府组织可以依法成为行政职权的实施者。行政主体具有下列特征：一是行政主体是组织。个人不能成为行政主体，这一点与民事主体不同。二是行政主体是依法享有行政职权的组织。这是行政主体的本质属性。三是能够以自己的名义独立对外行使行政职权。四是能够独立承担相应的法律后果，如成为行政诉讼的被告。能够成为行政主体的包括行政机关和非政府组织，而行政机关是最重要、最常见的行政主体。

行政组织法是关于行政组织的职能和权限、设置权和编制权、公务员录用权和管理权的法律制度，可以分为行政机关组织（行政机关和非政府公共组织）法和公务员法两大部分。行政组织法的表现形式，一是规定行政组织基本制度和基本职权的行政组织基本法；二是规定具体行政机关组织事项和具体职权的单行法。目前，关于行政组织和人员的基本立法，是《宪法》《国务院组织法》《地方各级人民代表大会和地方各级人民政府组织法》《民族区域自治法》《国务院行政机构设置和编制管理条例》《地方各级人民政府机构设置和编制管理条例》《公务员法》。

行政机关组织法是行政组织法的重要组成部分。行政机关是由国家依法设立、行使国家行政职权、掌管国家行政事务的国家机关。按照不同的标准，可以将行政机关划分为不同种类：（1）中央行政机关和地方行政机关。它反映以行政区划为基础的国家行政整体与部分的关系。（2）一般行政机关和专门行政机关。一般行政机关是指与人民代表大会相对应的一级人民政府，如国务院和地方各级人民政府；专门行政机关是指一级人民政府的职能部门，如国务院的各部委，地方政府的厅、局。行政机关组织法的主要内容有：行政机关的性质和组成，行政机关的职责权限，行政机关的设置和编制管理，行政机关的决策制度和工作规则，行政机关之间的相互关系和监督机制。

编制管理是行政机关设置行政机构的经常性管理活动。编制主要是指行政机构的人员定额和职位结构。我国的编制管理机关是国务院和地方县级以上人民政府的编制委员会。人民代表机关和行政机关作出行政机构的设立决定后，由人民政府的机构编制部门负责执行，下达编制指标。行政机关根据编制规定取得办公经费和其他履行职务所必需的条件。

二、行政机关组织法的基本原则和基本制度

行政机关组织法的基本原则有：（1）民主集中制原则。它是处理行政机关与其他国家机关、行政机关之间和行政机关与公务员相互关系的根本准则。（2）中央与地方行政机关的职权划分，遵循在中央的统一领导下，充分发挥地方的主动性、积极性原则。（3）行政机关的组织建设，实行精简的原则。

行政机关组织法的基本制度有：（1）行政首长负责制是我国行政机关决策的基本制度。国务院实行总理负责制；地方各级人民政府实行省长、市长、县长、乡长和镇长负责制。政府会议分为全体会议和常务会议。国务院工作中的重大问题，必须经国务院全体会议或者国务院常务会议讨论决定。县级以上地方各级人民政府工作中的重大问题，须经政府常务会议或者全体会议讨论决定。（2）行政机关和政府组成人员任期制，它们是关于行政机关更迭期限的基本制度。国务院每届任期与全国人民代表大会每届任期相同。总理、副总理、国务委员连续任职不超过两届。地方各级人民政府每届任期与本级人民代表大会每届任期相同。（3）民族区域自治制度，它是我国少数民族在行政管理方面行使自治权的基本制度。自治区、自治州和自治县的人民政府是该自治地方的自治机关之一，行使法律规定的民族自治权。

第二节　中央国家行政机关

一、国务院概述

中央行政机关，是国务院和国务院所属各工作部门的总称。国务院即中央人民政府，是最高国家权力机关的执行机关，是最高国家行政机关。国务院统一领导各部和各委员会的工作，统一领导不属于各部和各委员会的全国性的行政工作，统一领导全国地方各级国家行政机关的工作。国务院的组织由法律规定。现行《国务院组织法》是1982年第五届全国人民代表大会第五次会议通过的，2024年3月11日第十四届全国人民代表大会第二次会议修订。

国务院的组成人员有：总理、副总理、国务委员、各部部长、各委员会主任、中国人民银行行长、审计长、秘书长。

国务院实行总理负责制，总理领导国务院的工作。国务院发布的行政法规、决定、命令，向全国人民代表大会或者全国人民代表大会常务委员会提出的议案，任免人员，由总理签署。副总理、国务委员协助总理工作，按照分工负责分管领域工作；受总理委托，负责其他方面的工

作或者专项任务；根据统一安排，代表国务院进行外事活动。国务院秘书长在总理领导下，负责处理国务院的日常工作。国务院设副秘书长若干人，协助秘书长工作。

国务院实行国务院全体会议和国务院常务会议制度。国务院全体会议由国务院全体成员组成。国务院常务会议由总理、副总理、国务委员、秘书长组成。总理召集和主持国务院全体会议和国务院常务会议。国务院工作中的重大问题，必须经国务院常务会议或者国务院全体会议讨论决定。国务院全体会议和国务院常务会议讨论决定的事项，除依法需要保密的外，应当及时公布。国务院全体会议的主要任务，是讨论决定政府工作报告、国民经济和社会发展规划等国务院工作中的重大事项，部署国务院的重要工作；国务院常务会议的主要任务，是讨论法律草案、审议行政法规草案，讨论、决定、通报国务院工作中的重要事项。国务院根据需要召开总理办公会议和国务院专题会议。

国务院行使宪法和有关法律规定的职权。国务院的职权，可以分为基本职权和专门职权。国务院的基本职权由《宪法》第89条规定，其中包括发布决定、命令和制定行政法规，向全国人大提出议案，任免国家工作人员等职权；国务院的专门职权，由单行的法律和全国人大的决议根据需要规定。国务院统一领导全国地方各级国家行政机关的工作。

国务院应坚持中国共产党的领导，坚持以马克思列宁主义、毛泽东思想、邓小平理论、“三个代表”重要思想、科学发展观、习近平新时代中国特色社会主义思想为指导，坚决维护党中央权威和集中统一领导，坚决贯彻落实党中央决策部署，贯彻新发展理念，坚持依法行政，依照宪法和法律规定，全面正确履行政府职能。国务院坚持以人民为中心、全心全意为人民服务，坚持和发展全过程人民民主，始终同人民保持密切联系，倾听人民的意见和建议，建设人民满意的法治政府、创新政府、廉洁政府和服务型政府。

国务院应坚持科学决策、民主决策、依法决策，健全行政决策制度体系，规范重大行政决策程序，加强行政决策执行和评估，提高决策质量和效率。国务院健全行政监督制度，加强行政复议、备案审查、行政执法监督、政府督查等工作，坚持政务公开，自觉接受各方面监督，强化对行政权力运行的制约和监督。国务院组成人员应当坚决维护党中央权威和集中统一领导，模范遵守宪法和法律，认真履行职责，带头反对形式主义、官僚主义，为民务实，严守纪律，勤勉廉洁。

二、国务院机构的种类

国务院行政机构，根据职能分为国务院办公厅、国务院组成部门、国务院直属机构、国务院办事机构、国务院组成部门管理的国家行政机构和国务院议事协调机构。除此之外，国务院还设有直属特设机构和直属事业单位。

（一）国务院办公厅

国务院办公厅，是指协助国务院领导处理国务院日常工作的机构。依据《国务院组织法》的规定，国务院设立办公厅，由国务院秘书长领导。

（二）国务院组成部门

国务院组成部门，是指国务院领导下主管特定国家行政事务的行政机构，依法分别履行国务院的基本行政管理职能。它包括各部、各委员会、中国人民银行和审计署。国务院组成部门的设立、撤销或者合并，由国务院机构编制管理部门提出方案，经国务院常务会议讨论通过后，由国务院总理提请全国人民代表大会决定。在全国人民代表大会闭会期间，提请全国人民代表大会常务委员会决定。国务院组成部门确定或者调整后，由全国人民代表大会或者全国人民代表大会常务委员会公布。

国务院组成部门设部长（主任、行长、审计长）1人，副部长（副主任、副行长、副审计长）2~4人；委员会可以设委员5~10人。国务院组成部门实行部长（主任、行长、审计长）负责制。部长（主任、行长、审计长）领导本部门的工作，召集和主持部务（委务、行务、署务）会议，讨论决定本部门工作的重大问题；签署上报国务院的重要请示、报告和发布的命令、指示。副部长(副主任、副行长、副审计长)协助部长(主任、行长、审计长)工作。国务院副秘书长、各部副部长、各委员会副主任、中国人民银行副行长、副审计长由国务院任免。

国务院组成部门工作中的方针、政策、计划和重大行政措施,应当向国务院请示报告,由国务院决定。根据法律和国务院的行政法规、决定、命令,主管部门可以在本部门的权限范围内发布命令、指示。

(三)国务院直属机构和国务院办事机构

《国务院组织法》规定,国务院可以根据工作需要和优化协同高效精简的原则,按照规定程序设立若干直属机构主管各项专门业务,设立若干办事机构协助总理办理专门事项。每个机构设负责人2~5人,由国务院任免。

国务院直属机构,是指国务院主管某项专门业务的行政机构,具有独立的行政管理职能。该类机构的设立、撤销和合并,由国务院决定。

国务院办事机构,是指协助国务院总理办理专门事项的行政机构,不具有独立的行政管理职能。它的设立、撤销和合并,由国务院机构编制管理部门提出方案,报国务院决定。

(四)国务院组成部门管理的国家行政机构

国务院组成部门管理的国家行政机构,是由国务院组成部门管理,主管特定业务,行使行政管理职能的行政机构。它的设立、撤销和合并,由国务院机构编制管理部门提出方案,报国务院决定。

国务院组成部门管理的国家行政机构不是该主管部门的内设机构。国务院组成部门主要通过对它所管理的国家行政机构工作中的重大方针政策、工作部署等事项实施管理,并对国务院负责。

(五)国务院议事协调机构

国务院议事协调机构,是指承担国务院行政机构重要业务工作组织协调任务的行政机构。它的设立、撤销和合并,由国务院机构编制管理部门提出方案,报国务院决定。国务院议事协调机构议定的事项,经国务院同意,由有关的行政机构按照各自的职责负责办理。在特殊或者紧急的情况下,经国务院同意,国务院议事协调机构可以规定临时性的行政管理措施。

(六)国务院直属特设机构

国务院国有资产监督管理委员会为国务院直属特设机构,承担多项与国有资产有关的职能。如根据国务院授权,依法履行出资人职责;监督所监管企业国有资产保值增值的责任;推进国有企业的现代企业制度建设,完善公司治理结构,推动国有经济布局和结构的战略性调整。

(七)国务院直属事业单位

国务院直属事业单位原则上不承担行政职能,但经法律授权可以承担相关的行政职能。

(八)国务院行政机构的职能调整和内设机构

上述国务院行政机构设立后,需要对职能进行调整的,由国务院机构编制管理部门提出方案,报国务院决定。

国务院办公厅、国务院组成部门、国务院直属机构、国务院办事机构在职能分解的基础上设立司、处两级内设机构;国务院组成部门管理的国家行政机构根据工作需要可以设立司、处两级内设机构,也可以只设立处级内设机构。

国务院行政机构的司级内设机构的增设、撤销或者合并,经国务院机构编制管理部门审核方案,报国务院批准。增设国务院行政机构的司级内设机构的方案,应当包括下列事项:(1)增设机构的必要性;(2)增设机构的名称和职能;(3)与业务相近的司级内设机构职能的划分。国务院行政管理机构的处级内设机构的设立、撤销或者合并,由国务院行政机构根据国家有关规定决定,按年度报国务院机构编制管理部门备案。

(九)国务院行政机构的编制管理

国务院行政机构的编制,是指对国务院行政机构人员的数量定额和领导职数的管理制度。国务院行政机构的编制依据职能配置和职位分类精简的原则确定。

国务院行政机构编制的确定,在国务院行政机构设立时进行。编制方案的内容是:(1)机构人员定额和人员结构比例;(2)机构领导职数和司级内设机构领导职数。

国务院行政机构编制的增加和减少，由国务院机构编制管理部门审核方案，报国务院批准。

国务院行政机构编制的监督检查，由国务院机构编制管理部门对国务院行政机构的机构设置和编制执行情况行使监督检查权。国务院行政机构有义务每年向国务院机构编制管理部门提供其机构设置和编制管理情况的报告。

第三节　地方国家行政机关

一、地方国家行政机关概述

地方国家行政机关，是指在一定行政区域内由该行政区人民代表机关产生的人民政府及其工作部门。地方国家行政机关的主要法律特征是：第一，在地域上是依据行政区划建立，而不是依据铁路路区、水运航区、送电电区或者其他行政行业区域设立；第二，在政治上由行政区域内的地方人民代表机关产生；第三，在行政体制上是中央人民政府领导下的下级地方行政机关。它与中央行政机关是下级与上级、地方与中央的关系。

地方国家行政机关的性质是：第一，地方国家行政机关组织上的双重性。一方面，它是地方各级人民代表大会的执行机关，由地方各级人民代表机关产生，向其负责并报告工作，执行本地人民代表机关制定发布的法规和决议；另一方面，它又是国务院统一领导下的国家行政机关，服从国务院，向上一级国家行政机关负责并报告工作。第二，地方国家行政机关活动内容的执行性。我国实行单一制国家结构，地方国家行政机关有义务实施国家法律，行政法规和国务院决定、命令。

地方国家行政机关的分类，有普通地方国家行政机关、民族自治地方行政机关和特别行政区行政机关。普通地方国家行政机关，是指除民族自治地方和特别行政区以外的，按照行政区划由当地各级人民代表机关产生的地方行政机关，即省、直辖市、市(设区的和不设区的)、县、市辖区、乡、民族乡、镇的人民政府及其工作部门。民族自治地方行政机关，是由民族自治地方人民代表机关产生的地方行政机关。在性质上它既是民族自治地方人民代表大会的执行机关和行使民族自治权的民族自治机关；又是国家的一级地方行政机关，服从上级国家行政机关和国务院的领导。民族自治地方有三级，即自治区、自治州和自治县。特别行政区实行不同于我国其他地方的政治制度，因此这里不再讨论特别行政区行政机关的问题。

2022年修改的《地方各级人民代表大会和地方各级人民政府组织法》增加了对地方各级人民政府的总体性和一般性要求，明确规定地方各级人民政府应当维护宪法和法律权威，坚持依法行政，建设职能科学、权责法定、执法严明、公开公正、智能高效、廉洁诚信、人民满意的法治政府；应当坚持以人民为中心，全心全意为人民服务，提高行政效能，建设服务型政府；应当严格执行廉洁从政各项规定，加强廉政建设，建设廉洁政府；应当坚持诚信原则，加强政务诚信建设，建设诚信政府；应当坚持政务公开，全面推进决策、执行、管理、服务、结果公开，依法、及时、准确公开政府信息，推进政务数据有序共享，提高政府工作的透明度；应当坚持科学决策、民主决策、依法决策，提高决策的质量；应当依法接受监督，确保行政权力依法正确行使。同时，规定地方各级人民政府对本级人民代表大会和上一级国家行政机关负责并报告工作。县级以上的地方各级人民政府在本级人民代表大会闭会期间，对本级人民代表大会常务委员会负责并报告工作。全国地方各级人民政府都是国务院统一领导下的国家行政机关，都服从国务院。地方各级人民政府实行重大事项请示报告制度。

二、地方国家行政机关的组成和职责权限

省、自治区、直辖市、自治州、设区的市的人民政府分别由省长、副省长，自治区主席、副主席，市长、副市长，州长、副州长，以及秘书长、厅长、局长、委员会主任等组成。县、自治县、不设区的市、市辖区的人民政府分别由县长、副县长，市长、副市长，区长、副区长，以及局长、科长等组成。地方各级人民代表大会选举省长、副省长，自治区主席、副主席，市长、副市长，州长、副州长，县长、副县长，区长、副区长。在本级人大闭会期间，人大常委会可以决定上述副职行政首长的任免，并根据省长、自治区主席、市长、州长、县长和区长的提名，决定本级人民政府秘书长、局长、厅长、主任、科长的任免，报上一级人民政府备案。民族自治地方人民政府的行政首长由实行区域自治的民族公民担任。

地方各级人民政府根据工作需要和优化协同高效以及精干的原则，设立必要的工作部门。省、自治区、直辖市人民政府的厅、局、委员会等工作部门和自治州、县、自治县、市、市辖区的人民政府的局、科等工作部门的设立、增加、减少或者合并，按照规定程序报请批准，并报本级人民代表大会常务委员会备案。

地方各级人民政府行政机构应当以职责的科学配置为基础，综合设置，做到职责明确、分工合理、机构精简、权责一致，决策和执行相协调；职责相同或者相近的，原则上由一个行政机构承担。行政机构之间对职责划分有异议的，应当通过协商解决，并报本级人民政府机构编制管理机关备案；协商不一致的，应当通过程序报本级人民政府决定。地方各级人民政府应当严格控制议事协调机构的设立，所设立的议事协调机构不能单独设立办事机构；具体工作由有关的行政机构承担，并根据工作需要和精干的原则以及程序设立必要的内设机构。地方各级人民政府行政机构的编制，应当根据其所承担的职责，按照精简的原则核定；地方各级人民政府行政机构应当使用行政编制，事业单位应当使用事业编制，不得混用、挤占、挪用或者自行设定其他类别的编制。其中，行政编制总额由省、自治区、直辖市人民政府提出，经国务院机构编制管理机关审核后，报国务院批准。地方各级人民政府根据调整职责的需要，可以在行政编制总额内调整本级人民政府有关部门的行政编制。但是，在同一个行政区域不同层级之间调配使用行政编制的，应当由省、自治区、直辖市人民政府机构编制管理机关报国务院机构编制管理机关审批。地方各级人民政府议事协调机构不单独确定编制，所需要的编制由承担具体工作的行政机构解决。县级以上各级人民政府机构编制管理机关应当按照管理权限，对机构编制管理的执行情况进行监督检查；必要时，可以会同监察机关和其他有关部门对机构编制管理的执行情况进行监督检查。

省、自治区、直辖市人民政府的各工作部门接受本级人民政府的统一领导，并且依照法律或者行政法规的规定受国务院主管部门的业务指导或者领导；自治州、县、自治县、市、市辖区人民政府的各工作部门受本级人民政府统一领导，并且依照法律或者行政法规的规定受上级人民政府主管部门的业务指导或者领导。

同时，县级以上的地方各级人民政府根据国家区域发展战略，结合地方实际需要，可以共同建立跨行政区划的区域协同发展工作机制，加强区域合作。上级人民政府应当对下级人民政府的区域合作工作进行指导、协调和监督。县级以上的地方各级人民政府根据应对重大突发事件的需要，可以建立跨部门指挥协调机制。

普通地方各级人民政府的职权，分为基本职权和专门职权。前者由宪法和地方组织法规定，特别是《地方各级人民代表大会和地方各级人民政府组织法》第73～76条的规定；后者由单行法律法规根据需要规定。

民族自治地方行政机关享有自治权。按照宪法和民族区域自治法，民族自治地方的自治权主要表现在：（1）管理地方财政的自治权；（2）管理本地区教育、科学、文化、卫生等行政事务的自治权；（3）经国务院批准，依法组织维护本地方社会治安公安部队的职权。

三、地方国家行政机关的派出机关和派出机构

派出机关是由有权地方人民政府在一定行政区域内设立，代表设立机关管理该行政区域内各项行政事务的行政机构。派出机构是由有权地方人民政府的职能部门在一定行政区域内设立，代表该设立机构管理该行政区域内某一方面行政事务的行政机构。

根据《地方各级人民代表大会和地方各级人民政府组织法》第85条的规定，派出机关有三类：一是省、自治区人民政府设立的派出机关（行政公署），设立的主要条件是“在必要的时候”和“经国务院批准”；二是县、自治县的人民政府设立的区公所，设立的主要条件是“在必要的时候”和“经省、自治区、直辖市的人民政府批准”；三是市辖区、不设区的市的人民政府设立的街道办事处，设立的主要条件是“经上一级人民政府批准”。其中，街道办事处在本辖区内办理派出它的人民政府交办的公共服务、公共管理、公共安全等工作，依法履行综合管理、统筹协调、应急处置和行政执法等职责，反映居民的意见和要求。

派出机构，主要是根据部门行政法的规定设立并赋予行政职权。部门行政法根据有关行政领域的具体情况对派出机构的设置和职权作出规定，例如，治安管理处罚法对公安派出所职权的规定。因为部门行政法的相关规定比较繁多和分散，这里不做详细讨论。

第四节　实施行政职能的非政府组织

由于行政改革和提高行政效率的需要，一些非政府组织被赋予实施行政管理的职权。按照其权力的来源，大致可以分为两类：一类是由法律、法规授予获得行政管理权限的，此种安排称为行政授权，相应的组织称为法律、法规授权的组织；另一类是由行政机关的委托获得行政管理权限的，此种安排称为行政委托，相应的组织称为行政机关委托的组织。

一、法律、法规授权的组织

我国行政法上法律、法规授权的组织，是指根据法律、法规的规定，可以以自己的名义从事行政管理活动、参加行政复议和行政诉讼并承担相应法律责任的非政府组织。例如，《行政处罚法》第19条规定，法律、法规授权的具有管理公共事务职能的组织，可以在法定授权范围内实施行政处罚。《行政复议法》第19条第1款规定，公民、法人或者其他组织对行政行为不服申请行政复议的，作出行政行为的法律、法规、规章授权的组织是被申请人。

对非政府组织的授权主要由单行法律、法规根据具体情形规定，授予权力的内容和行使条件也各不相同。如果授权法律、法规失效，有关组织的行政管理权限也就不再存在。例如，早先公布的《价格管理条例》曾经授予物价监督检查所进行价格监督检查和对价格违法行为进行行政处罚的职权，后来公布的《价格法》不再有这样的授权规定，上述授权也就不再存在。

法律、法规授权组织的种类，常见的是履行公共服务职能的事业单位。履行公共服务职能的事业单位为了社会公益目的，由国家机关举办或者由其他组织利用国有资产举办的，从事教育、科技、文化、卫生等活动提供社会服务的公共组织，这类事业单位由相关国家立法授权实施行政职能。例如，1980年全国人大常委会公布的《学位条例》第8条第1款规定，学士学位，由国务院授权的高等学校授予；硕士学位、博士学位，由国务院授权的高等学校和科学研究机构授予。

二、行政机关委托的组织

行政机关委托的组织，是以委托机关的名义在委托事项范围内从事行政管理活动的非政

府组织。这类组织不能以自己的名义实施行政管理和对外承担法律后果。以《行政处罚法》第20条、第21条的规定为例，对行政处罚领域中行政机关委托的组织制度做一框架性分析。

1.行政机关的权利义务。在委托行政职权问题上，行政机关有以下义务：(1)应当以法律、法规和规章的规定为依据；(2)在行政机关的法定权限以内；(3)委托符合法定条件的组织，不得委托法定条件以外的其他组织或者个人；(4)委托应当以委托书方式进行，委托书应当载明委托的具体事项、权限、期限等内容，委托行政机关和受委托组织应当将委托书向社会公布；(5)对受委托的组织实施行政处罚的行为应当负责监督；(6)对受委托的组织的行为后果承担法律责任。

2.受委托组织的条件。受委托组织必须具备以下条件：(1)依法成立并具有管理公共事务的职能；(2)具有熟悉有关法律、法规、规章和业务并取得行政执法资格的工作人员；(3)需要进行技术检查或者技术鉴定的，应当有条件组织进行相应的技术检查或者技术鉴定。

3.受委托组织的权利义务。有关组织在根据行政机关委托进行行政处罚时，有以下权利义务：(1)只能在委托范围内实施行政处罚；(2)以委托行政机关的名义进行行政处罚；(3)不得再委托其他组织或者个人实施行政处罚。

【本章主要法律规定】

1.《国务院行政机构设置和编制管理条例》

2.《地方各级人民政府机构设置和编制管理条例》

第四章 公务员法

本章主要内容提示

公务员是依法履行公职、纳入国家行政编制、由国家财政负担工资福利的工作人员。公务员的基本管理制度包括公务员职务的取得、履行和退出诸管理环节以及为公务员提供物质和权益保障的制度。

第一节 公务员法概述

一、公务员制度的概念和基本原则

公务员，是指依法履行公职、纳入国家行政编制、由国家财政负担工资福利的工作人员。凡符合该定义三要素的人员都属于我国公务员的范围。具体而言，主要包括下列人员：中国共产党机关的工作人员、人大机关的工作人员、行政机关的工作人员、政协机关的工作人员、监察机关的工作人员、审判机关的工作人员、检察机关的工作人员和民主党派机关的工作人员。法律、法规授权的具有公共事务管理职能的事业单位中除工勤人员以外的工作人员，经批准参照《公务员法》进行管理。

从法律上说，公务员制度是调整公职关系的法律规范的总和。公职关系是指基于担任公职而产生的公职人员同公务员管理部门之间的权利义务关系。公务员的范围广泛，涉及不同种类国家机关工作人员相关法律的适用问题。公务员法是国家管理公职人员的基本法。根据公务员法的规定，对公务员中的领导成员的产生、任免、监督以及监察官、法官、检察官等的义务、权利和管理另有规定的法律优先适用。

《公务员法》第4条规定：公务员制度坚持中国共产党领导，坚持以马克思列宁主义、毛泽东思想、邓小平理论、“三个代表”重要思想、科学发展观、习近平新时代中国特色社会主义思想为指导，贯彻社会主义初级阶段的基本路线，贯彻新时代中国共产党的组织路线，坚持党管干部原则。这些方面决定了我国公务员制度的特有性质。

公务员的管理受一系列必须坚持的基本原则的支配：第一，公务员的管理实行公开、平等、竞争和择优的原则，依照法定的权限、条件、标准和程序进行；第二，公务员的管理坚持监督约束与鼓励保障并重的原则；第三，公务员的任用，坚持德才兼备、以德为先，坚持五湖四海、任人唯贤，坚持事业为上、公道正派，突出政治标准，注重工作实绩；第四，国家对公务员实行分类管理，提高管理效能和科学化水平；第五，公务员就职时应当依照法律规定公开进行宪法宣誓；第六，公务员依法履行职责的行为，受法律保护。

公开、平等、竞争和择优原则是公务员管理区别于计划经济条件下干部管理的重要标志，它在公务员录用制度中有比较鲜明的体现。公开，是指公务员的录用应当向社会公开，使更多的人才能够有机会了解并参加公务员录用的竞争，也使录用公务员的工作受到广泛监督。公开的内容至少应当包括录用的资格条件、录用的程序和结果。平等，是指符合条件的人员享有平等的权利获得竞争机会，不受公开公布的资格条件以外因素的影响。竞争，是指公务员的录用方式必须具有竞争性质和竞争程序，不得使用非竞争方式。择优，是指在录用目的和录用结果上，把参加竞争中最符合录用条件的优秀人才吸收到公务员行列中来。

二、公务员的基本权利义务

公务员的基本权利义务，是公务员普遍和根本的法律义务和权利，是形成公务员与国家之间公职法律关系的基础，是公务员在法律地位上区别于普通公民的主要标志，是国家和社会监督和评价公务员的主要依据。

在基本义务方面，公务员应当履行以下义务：（1）忠于宪法，模范遵守、自觉维护宪法和法律，自觉接受中国共产党领导；（2）忠于国家，维护国家的安全、荣誉和利益；（3）忠于人民，全心全意为人民服务，接受人民监督；（4）忠于职守，勤勉尽责，服从和执行上级依法作出的决定和命令，按照规定的权限和程序履行职责，努力提高工作质量和效率；（5）保守国家秘密和工作秘密；（6）带头践行社会主义核心价值观，坚守法治，遵守纪律，恪守职业道德，模范遵守社会公德、家庭美德；（7）清正廉洁，公道正派；（8）法律规定的其他义务。

在基本权利方面，公务员享有以下权利：（1）执行公务权，获得履行职责所必需的工作条件；（2）身份保障权，非因法定事由和非经法定程序不被免职、降职、辞退或者处分，公务员的身份和职务受法律保障；（3）工资福利权，获得工资报酬和享受福利、保险待遇；（4）参加培训权，参加政治理论和业务知识的培训，以适应工作的需要；（5）批评建议权，对机关工作和领导人员提出批评和建议；（6）申诉控告权，对有关处分和处理决定提出申诉，对有关机关和负责人滥用职权和其他违法行为提出控告；（7）辞职申请权，可以出于个人原因提出不再继续担任公务员；（8）法律规定的其他权利。

第二节　公务员管理的基本制度

对公务员的基本管理制度，总体来说是关于公务员职务的取得、履行和退出诸管理环节以及为公务员提供物质和权益保障的制度。

一、职位分类、职务、职级和级别

职位分类是进行职位设置，确定职位职责和任职资格条件的人事管理活动。职位分类是以工作职位需要确定人员任用的人事管理制度，是对公务员进行管理的基础。职位分类包括三个环节：（1）进行职位设置。各机关依照确定的职能、规格、编制限额以及结构比例，设置本机关公务员的具体职位。（2）确定职位的职责，这是职位分类的工作重心。规定特定行政职位必须完成的任务、达到的目标和责任。（3）确定每个职位的任职资格条件，即规定能够完成职位职责的资格和条件。增设、减少或者变更职位时，应当按照规定程序重新确定。

我国公务员职位目前主要有三个类别：综合管理类、专业技术类和行政执法类。国务院根据公务员法，对于具有职位特殊性，需要单独管理的，可以增设其他职位类别。

国家实行公务员职务与职级并行制度，根据公务员职位类别和职责设置公务员领导职务、职级序列。过去我国公务员法有职务规定，但无职级规定，造成公务员上升通道不充分。近年来，根据改革精神，部分地方和中央部委开展推行公务员职务与职级并行、职级与待遇挂钩制度试点工作，取得了显著成效，2018年修订的《公务员法》将其上升为法律规定。此项制度的目的旨在调动广大公务员的积极性、主动性和创造性，推进公务员分类管理，加强专业化建设，拓宽公务员尤其是基层公务员职业发展空间，实现对公务员的持续激励。

公务员领导职务根据宪法、有关法律和机构规格设置。领导职务层次分为：国家级正职、国家级副职、省部级正职、省部级副职、厅局级正职、厅局级副职、县处级正职、县处级副职、乡科级正职、乡科级副职。

公务员职级在厅局级以下设置。其中，综合管理类公务员职级序列分为：一级巡视员、二级巡视员、一级调研员、二级调研员、三级调研员、四级调研员、一级主任科员、二级主任科员、三级主任科员、四级主任科员、一级科员、二级科员。综合管理类以外其他职位类别公务员的职级序列，由国家另行规定。

公务员的领导职务、职级应当对应相应的级别。公务员领导职务、职级与级别的对应关系，由国家规定。根据工作需要和领导职务与职级的对应关系，公务员担任的领导职务和职级可以互相转任、兼任；符合规定资格条件的，可以晋升领导职务或者职级。公务员的级别根据所任领导职务、职级及其德才表现、工作实绩和资历确定。公务员在同一领导职务、职级上，可以按照国家规定晋升级别。国家根据人民警察、消防救援人员以及海关、驻外外交机构等公务员的工作特点，设置与其领导职务、职级相对应的衔级。

公务员的领导职务、职级与级别是确定公务员工资以及其他待遇的依据。

二、公职的取得

公职的取得是关于公务员录用和任用的制度。

1.公务员的录用。录用公务员是根据法定程序和方法，将符合条件的人员吸收为公务员的制度。录用制度适用于初次进入行政机关，担任一级主任科员以下及其他相当职级层次的公务员。录用的主要方式是考试和考核。录用采取公开考试、严格考核、平等竞争和择优录取的办法。

录用公务员的条件，分为机关职位条件和报考资格条件。机关职位条件，是指在录用机关的编制限额以内和具有相应职务空缺。这一条件禁止有关机关在编制管理和职位管理以外进行公务员招考活动。报考资格条件分为法定资格条件和机关拟定资格条件。法律规定公民担任国家公职的基本条件如下：具有中华人民共和国国籍，年满18周岁，拥护中华人民共和国宪法、拥护中国共产党领导和社会主义制度，具有良好的政治素质和道德品行，具有正常履行职责的身体条件和心理素质，具有符合职位要求的文化程度与工作能力和法律规定的其他条件。机关拟定资格条件是省级以上公务员主管部门根据拟任职位要求规定的资格条件。国家对行政机关中初次从事行政处罚决定法制审核、行政复议、行政裁决、法律顾问的公务员实行统一法律职业资格考试制度，由国务院司法行政部门商有关部门组织实施。报考资格条件说明，担任我国国家公职是我国公民特有的法律权利，只有符合法定和机关拟定条件的公民才具有报考和担任国家公职的资格。不过，根据《公务员法》的规定，下列人员不得录用为公务员：因犯罪受过刑事处罚的；被开除中国共产党党籍的；被开除公职的；被依法列为失信联合惩戒对象的；有法律规定不得录用为公务员的其他情形的。

公务员录用程序是选拔和确定报考人是否符合录用条件的法定过程。录用程序的主要内容是：发布招考公告、对报考人员进行资格审查；对审查合格的进行录用考试，录用考试采取笔试和面试的方式进行；根据考试成绩确定考察人选，并对其进行报考资格复审、考察和体检；根据考试成绩、考察情况和体检结果，提出拟录用人员名单，并予以公示。公示期满，中央一级招录机关将拟录用人员名单报中央公务员主管部门备案；地方各级招录机关将拟录用人员名单报省级或者设区的市级公务员主管部门审批。新录用的公务员试用期为1年。试用期满合格的，予以任职；不合格的，取消录用。

2.公务员的任免。任免公务员是关于任用或者免除公务员职务的制度。公务员领导职务实行选任制、委任制和聘任制。公务员职级实行委任制和聘任制。领导成员职务按照国家规定实行任期制。选任制公务员，在选举结果生效时即任当选职务。任期届满不再连任；或者任期内辞职、被罢免、被撤职的，其所任职务即终止。委任制公务员试用期满考核合格，职务、职级发生变化，以及其他情形需要任免职务、职级的，应当按照管理权限和规定的程序任免。聘任制公务员，机关根据工作需要，经省级以上公务员主管部门批准，可以对专业性较强的职位和辅助性职位实行聘任制。机关聘任公务员可以参照公务员考试录用的程序进行公开招聘，也可以从符合条件的人员中直接选聘。机关与所聘公务员之间应当通过订立聘任合同确定双方的权利义务，机关根据公务员法和聘任合同对所聘公务员进行管理。

初任法官、初任检察官采用考试、考核的办法，按照德才兼备的标准，从通过国家统一法律职业资格考试取得法律职业资格并且具备法官、检察官条件的人员中择优提出人选。国家对初任法官、检察官实行统一法律职业资格考试制度，由国务院司法行政部门商有关部门组织实施。

三、公职的履行

公务员履行公职期间的管理制度主要有考核，奖励，监督与惩戒，职务、职级任免和职务、职级升降，培训，职务交流和回避等。职务、职级任免上面已经提到，这里不再讨论。

1.考核。它是对公务员履行职务情况进行考察核查并且作出评价的活动。主要事项有考核的作用、考核的内容、考核的程序等。考核的作用，是为公务员调整职务、级别和工资以及公务员奖励、培训、辞退提供依据。考核的内容，应当按照管理权限，全面考核公务员的德、能、勤、绩、廉，重点考核政治素质和工作实绩。考核指标根据不同职位类别、不同层级机关分别设置。考核分为平时考核、专项考核和定期考核等方式。定期考核以平时考核、专项考核为基础。考核的程序，对非领导成员的公务员的定期考核采取年度考核的方式，先由个人按照职位职责和有关要求进行总结，主管领导人员在听取群众意见后提出考核等次建议，由本机关负责人或者授权的委员会确定考核等次。对领导成员的考核，由主管机关按照有关规定办理。定期考核的结果分为优秀、称职、基本称职和不称职四个等次。定期考核的结果应当以书面形式通知公务员本人。

2.奖励。它是对工作表现突出、有显著成绩和贡献或者有其他突出事迹的公务员或者公务员集体的褒奖和鼓励。主要事项有奖励原则、奖励种类、奖励程序和撤销奖励。奖励的原则，是坚持定期奖励与及时奖励相结合、精神鼓励与物质鼓励相结合、以精神奖励为主的原则。奖励的种类有：嘉奖、记三等功、记二等功、记一等功、授予荣誉称号；给予公务员或者公务员集体奖励，按照规定的权限和程序决定或者审批。按照国家规定，可以向参与特定时期、特定领域重大工作的公务员颁发纪念证书或者纪念章。公务员或者公务员集体有以下情形之一的应当撤销奖励：弄虚作假，骗取奖励的；申报奖励时隐瞒严重错误或者严重违反规定程序的；有严重违纪违法等行为，影响称号声誉的；法律法规规定应当撤销奖励的其他情形。

3.监督与惩戒。惩戒，是指对违反法律和纪律应当承担纪律责任的公务员所给予的处分。除了刑事处罚以外，处分是保障公务纪律、维护国家公共管理秩序和限制剥夺公务员权利的最重要手段。不过，处分并非目的。因此，公务员法要求机关应当对公务员的思想政治、履行职责、作风表现、遵纪守法等情况进行监督，开展勤政廉政教育，建立日常管理监督制度。对公务员监督发现问题的，应当区分不同情况，予以谈话提醒、批评教育、责令检查、诫勉、组织调整、处分。对公务员涉嫌职务违法和职务犯罪的，应当依法移送监察机关处理。而公务员应当自觉接受监督，按照规定请示报告工作、报告个人有关事项。

(1)处分的种类和程序。处分的种类包括:警告、记过、记大过、降级、撤职、开除。处分程序,是由处分决定机关决定对公务员违纪的情况进行调查,并将调查认定的事实及拟给予处分的依据告知公务员本人。公务员有权进行陈述和申辩。处分决定机关不得因公务员申辩而加重处分。处分决定机关认为对公务员应当给予处分的,应当在规定的期限内,按照管理权限和规定的程序作出处分决定。处分决定应当以书面形式通知公务员本人。

(2)处分的合法要件和处分的适用。处分决定的合法要件,是事实清楚、证据确凿、定性准确、处理适当、程序合法、手续完备。对违纪行为情节轻微,经过批评教育后改正的,可以免予行政处分。公务员受开除以外的处分,在受处分期间有悔改表现,并且没有再发生违纪行为的,处分期满后自动解除。

(3)禁止性纪律和反对上级错误权。《公务员法》第59条规定了禁止公务员从事的18项行为,对公务员个人的违法意愿表达行为和其他不符合公职要求的行为进行了严格禁止,违反者将受到纪律处分。

反对上级错误权包括公务员对错误决定命令的建议权和执行明显违法决定命令的法律责任。公务员在执行公务时,认为上级的决定或者命令有错误的,可以向上级提出改正或者撤销该决定或者命令的意见;上级不改变该决定或者命令,或者要求立即执行的,公务员应当执行该决定或者命令,执行后果由上级负责,公务员不承担责任。但是,公务员执行明显违法的决定或者命令的,应当依法承担相应的责任。

(4)行政机关公务员处分。2007年由国务院颁布的《行政机关公务员处分条例》,对行政机关公务员的处分作出更为具体、详细的规定。同时,值得注意的是,2020年通过的《公职人员政务处分法》第2条第2款规定:该法第二章、第三章适用于公职人员任免机关、单位对违法的公职人员给予处分。处分的程序、申诉等适用其他法律、行政法规、国务院部门规章和国家有关规定。

第一,对行政机关公务员处分的设定。一是只有法律、法规、规章以及国务院决定有权设定行政机关公务员处分事项,行政机关不得以其他形式设定行政机关公务员处分事项。二是行政机关公务员违反法律、法规、规章以及行政机关的决定和命令,应当承担纪律责任的,依照《行政机关公务员处分条例》给予处分。三是法律、其他行政法规、国务院决定对行政机关公务员处分有规定的,依照该法律、行政法规、国务院决定的规定执行;法律、其他行政法规、国务院决定对行政机关公务员应当受到处分的违法违纪行为作了规定,但是未对处分幅度作规定的,适用《行政机关公务员处分条例》第三章与其最相类似的条款有关处分幅度的规定。四是地方性法规、部门规章、地方政府规章可以补充规定《行政机关公务员处分条例》第三章未作规定的应当给予处分的违法违纪行为以及相应的处分幅度。

第二,行政机关公务员处分的适用。除公务员法的要求外,《行政机关公务员处分条例》还对合并处分、从重处分、从轻处分、减轻处分和免予处分等适用问题作出了规定。行政机关公务员同时有两种以上需要给予处分的行为的,应当分别确定其处分。应当给予的处分种类不同的,执行其中最重的处分;应当给予撤职以下多个相同种类处分的,执行该处分,并在一个处分期以上、多个处分期之和以下,决定处分期。行政机关公务员在受处分期间受到新的处分的,其处分期为原处分期尚未执行的期限与新处分期限之和。处分期最长不得超过48个月。遇有行政机关公务员在2人以上的共同违法违纪行为中起主要作用,隐匿、伪造、销毁证据,串供或者阻止他人揭发检举、提供证据材料,包庇同案人员,以及法律、法规、规章规定的其他从重情节这些情形之一的,应当对行政机关公务员从重处分。相反,遇有行政机关公务员主动交代违法违纪行为、主动采取措施并有效避免或者挽回损失、检举他人重大违法违纪行为且情况属实这些情形之一的,应当对行政机关公务员从轻处分。同时,遇有行政机关公务员主动交代违法违纪行为,并主动采取措施有效避免或者挽回损失的，应当减轻处分；行政机关公务员违纪行为情节轻微，经过批评教育后改正的，可以免予处分。

第三，行政机关公务员违法违纪行为及其适用的处分。《行政机关公务员处分条例》第三章规定了行政机关公务员具体违法违纪行为的法律特征和形态，并规定了从事这些行为受到的处分种类和幅度。

第四，行政机关公务员处分的权限。对行政机关公务员给予处分，由任免机关或者监察机关承担，处分的权限根据管理权限确定。具体为：一是对经全国人大及其常委会决定任命的国务院组成人员给予处分，由国务院决定。其中，拟给予撤职、开除处分的，由国务院向全国人大提出罢免建议，或者向全国人大常委会提出免职建议。罢免或者免职前，国务院可以决定暂停其履行职务。二是对经地方各级人大及其常委会选举或者决定任命的地方各级人民政府领导人员给予处分，由上一级人民政府决定。拟给予经县级以上地方人大及其常委会选举或者决定任命的县级以上地方人民政府领导人员撤职、开除处分的，应当先由本级人民政府向同级人大提出罢免建议。其中，拟给予县级以上地方人民政府副职领导人员撤职、开除处分的，也可以向同级人大常委会提出撤销职务的建议。拟给予乡镇人民政府领导人员撤职、开除处分的，应当先由本级人民政府向同级人大提出罢免建议。罢免或者撤销职务前，上级人民政府可以决定暂停其履行职务；遇有特殊紧急情况，省级以上人民政府认为必要时，也可以对其作出撤职或者开除的处分，同时报告同级人大常委会，并通报下级人大常委会。三是对地方各级人民政府工作部门正职领导人员给予处分，由本级人民政府决定。其中，拟给予撤职、开除处分的，由本级人民政府向同级人大常委会提出免职建议。免去职务前，本级人民政府或者上级人民政府可以决定暂停其履行职务。

此外，《行政机关公务员处分条例》还对处分的程序，尤其是任免机关办理处分的程序，以及对处分不服提出申诉等事项作出了规定。

4.职务、职级升降。是指公务员职务、职级的晋升和降低。职务、职级晋升是对公务员职务的向上调整。公务员的职务、职级实行能上能下。对不适宜或者不胜任现任职务、职级的，应当进行调整。公务员在年度考核中被确定为不称职的，按照规定程序降低一个职务或者职级层次任职。

公务员晋升领导职务，应当具备拟任职务所要求的政治素质、工作能力、文化程度和任职经历等方面的条件和资格。公务员领导职务应当逐级晋升。特别优秀的或者工作特殊需要的，可以按照规定破格或者越级晋升。公务员晋升领导职务，按照下列程序办理：动议；民主推荐；确定考察对象，组织考察；按照管理权限讨论决定；履行任职手续。厅局级正职以下领导职务出现空缺且本机关没有合适人选的，可以通过适当方式面向社会选拔任职人选。公务员晋升领导职务的，应当按照有关规定实行任职前公示制度和任职试用期制度。

公务员职级应当逐级晋升，根据个人德才表现、工作实绩和任职资历，参考民主推荐或者民主测评结果确定人选，经公示后，按照管理权限审批。

5.培训。培训是使公务员适应工作职责和素质需要的培养训练制度，公务员培训情况和学习成绩是公务员考核的内容和任职、晋升的依据之一，参加培训是公务员的基本权利之一。国家采取分级分类的公务员培训措施，包括公务员初任培训、任职培训、专业培训和在职培训等。国家有计划地加强对优秀年轻公务员的培训。

6.职务交流和回避。

（1）职务交流。国家实行公务员交流制度，交流方式包括调任、转任等。调任是国有企业、高等院校和科研院所以及其他不参照《公务员法》管理的事业单位中从事公务的人员调入机关担任领导职务或者四级调研员以上及其他相当层次的职级。转任是公务员在不同职位、不同地区、不同部门之间的职务变动。根据工作需要，机关可以采取挂职方式选派公务员承担重大工程、重大项目、重点任务或者其他专项工作。公务员在挂职期间，不改变与原机关的人事关系。

（2）回避。回避是为保证公正履行公务，限制公务员任职和执行公务条件的制度。回避分为任职回避和执行公务回避，《公务员法》第74～76条分别规定了应当实行回避的情形。公务员有应当回避情形的，本人应当申请回避，利害关系人有权申请公务员回避。其他人员可以向机关提供公务员需要回避的情况。机关根据公务员本人或者利害关系人的申请，经审查后作出是否回避的决定，也可以不经申请直接作出回避决定。

四、公职的退出

公务员退出公职的制度主要是退休、辞职和辞退。

1.退休。退休是因为客观原因或者条件的变化消灭公务员与国家之间公职关系的制度。所谓客观原因或者条件的变化，是指公务员达到国家规定的退休年龄或者完全丧失工作能力。公务员退休后从国家获得的待遇，是享受国家提供的养老金和其他待遇。公务员也可以根据《公务员法》第93条的规定提前退休。

2.辞职。辞职分为辞去公职和辞去领导职务两种。辞去公职，是公务员出于个人原因，申请并经任免机关批准退出国家公职，消灭公务员与机关之间公职关系的制度。辞去公职的程序是，首先向任免机关提出书面申请，任免机关在法定时间内予以审批。遇有《公务员法》第86条规定情形的，公务员不得辞去公职。辞去领导职务分为四种：一是法定辞职，即因为工作变动依法需要辞去现任职务的，应当履行辞职手续；二是个人辞职，即因个人原因或者其他原因自愿提出辞去领导职务；三是引咎辞职，即因工作严重失误、失职造成重大损失或者恶劣社会影响，或者对重大事务负有领导责任应当引咎辞职；四是责令辞职，领导成员因其他原因不再适合担任现任领导职务的，或者应当引咎辞职本人不提出辞职的，应当责令其辞去领导职务。

3.辞退。辞退是因为公务员担任公职存在缺陷，国家单方面解除公务员与机关之间公职关系的制度。辞退的条件，是按照《公务员法》第88条规定的五种情形。辞退的程序，是按照管理权限决定；辞退决定应当以书面形式通知被辞退的公务员，并应当告知辞退依据和理由。被辞退的公务员，可以领取辞退费或者根据国家有关规定享受失业保险。遇有以下情形不得辞退公务员：因公致残，被确认丧失或者部分丧失工作能力的；患病或者负伤，在规定的疗养期内的；女性公务员在孕期、产假、哺乳期内的；法律、行政法规规定的其他不得辞退的情形。

五、公职的保障

对公务员公职的保障制度，分为物质保障和权益保障。

物质保障，是指公务员的工资保险福利制度。工资是公务员工作报酬的货币表现。公务员实行国家统一规定的工资制度。公务员工资制度贯彻按劳分配的原则，体现工作职责、工作能力、工作实绩、资历等因素，保持不同领导职务、职级、级别之间的合理工资差距。国家建立公务员工资的正常增长机制。公务员工资包括基本工资、津贴、补贴和奖金。公务员按照国家规定享受地区附加津贴、艰苦边远地区津贴、岗位津贴等津贴。公务员按照国家规定享受住房、医疗等补贴、补助。公务员在定期考核中被确定为优秀、称职的，按照国家规定享受年终奖金。公务员工资应当按时足额发放。公务员按照国家规定享受福利待遇。国家根据经济社会发展水平提高公务员的福利待遇。公务员执行国家规定的工时制度，按照国家规定享受休假。公务员在法定工作日之外加班的，应当给予相应的补休，不能补休的按照国家规定给予补助。公务员依法参加社会保险，按照国家规定享受保险待遇。公务员因公牺牲或者病故的，其亲属享受国家规定的抚恤和优待。任何机关不得违反国家规定自行更改公务员工资、福利、保险政策，擅自提高或者降低公务员的工资、福利、保险待遇。任何机关不得扣减或者拖欠公务员的工资。

权益保障，是指公务员的申诉控告制度，国

家有义务保障公务员申诉权和控告权的依法实现。申诉权的内容是：公务员对涉及本人的处分等人事处理决定不服，可以向原处理机关申请复核；对复核结果不服的，可以按照规定向同级公务员主管部门或者作出该人事处理的机关的上一级机关提出申诉，也可以不经复核直接提出申诉。受理公务员申诉的机关应当组成公务员申诉公正委员会，负责受理和审理公务员的申诉案件。公务员对监察机关作出的涉及本人的处理决定不服向监察机关申请复审、复核的，按照有关规定办理。公务员申诉的受理机关审查认定人事处理有错误的，原处理机关应当及时予以纠正。机关因错误的具体人事处理对公务员造成名誉损害的，应当赔礼道歉、恢复名誉、消除影响；造成经济损失的，应当依法给予赔偿。控告权的内容是，公务员认为机关及其领导人侵犯其合法权益的，可以依法向上级机关或者有关的专门机关提出控告。受理控告的机关应当按照规定及时处理。复核、申诉期间不停止人事处理的执行。公务员不因申请复核、提出申诉而被加重处理。

对于聘任制公务员的权益保障，可以通过国家设立的人事争议仲裁程序解决聘任制公务员与所在机关之间因履行聘任合同发生的争议。当事人对仲裁裁决不服的，可以向人民法院提起诉讼。

【本章主要法律规定】

1.《公务员法》

2.《行政机关公务员处分条例》

本编重点、难点与疑点辨析

行政管理或公共管理是带有国家权力属性的活动；为保证其合法性和正当性，必须由符合条件、要求的特定主体、人员从事。因此，本编的重点是行政组织法的理论和制度，特别是运用行政组织法理论和制度分析行政活动的主体的合法性，以及公务员管理制度的要求。

本编的难点是对不同形态的组织是否为行政主体的判断，往往与行政复议被申请人、行政诉讼被告、行政赔偿义务机关等的确定密切相关。不同的组织、机构具有不同的特性，表现形式也不同，要判断是否为行政主体关键是要对照行政主体的要求。但凡能够以自己的名义独立实施行政管理职能并承受一定法律后果的组织，均具有行政主体地位，可以成为行政复议的被申请人和行政诉讼的被告。行政主体具有下列特征：一是组织；二是依法享有行政职权的组织；三是能够以自己的名义独立对外行使行政职权的组织；四是能够独立承担相应法律后果的组织。在行政主体的四个特征或要素中，依法享有行政职权是关键，能够以自己的名义独立对外是标识。

本编中，请注意下列概念的区别：

1.行政主体与行政机关

行政机关是从国家机关角度的划分，与人民代表大会、人民法院、人民检察院等国家机关相对应，其主要职能是行使行政职权，是最主要的行政主体。但是，行政机关有双重身份；其从事民事活动时，身份并非行政主体，而是机关法人。除行政机关可以成为行政主体外，法律、法规授权的组织也可成为行政主体。

2.行政授权与行政委托

行政授权是由法律、法规授予行政机关之外的组织行政管理职权，该组织由此获得行政主体资格，可以自己的名义对外进行行政管理并承担相应的法律后果。行政委托是行政机关基于管理需要，依法将自己的行政职权委托其他组织具体行使，行为后果仍由该行政机关承担的安排。二者的比较如下：

区别项	行政授权	行政委托
权力来源	法律、法规	行政机关
权力行使者	组织	组织
制度目的	解决行政职权的归属	解决是否亲自行为问题
效果	创设行政主体	创设行为主体
法律地位	组织本身承担法律后果	行政机关承担法律后果

3.政务处分与行政机关公务员处分

政务处分是由监察机关依法对违法的公职人员给予的处分，行政机关公务员处分是公务员任免机关或者监察机关对违反法律、法规、规章以及行政机关的决定和命令的行政机关公务员给予的处分。二者的关系如下：

项目		政务处分	行政机关公务员处分
相同点	性质	制裁	制裁
	目的	促进公职人员依法履职、秉公用权、廉洁从政从业、坚持道德操守	规范行政机关公务员的行为,保证行政机关及其公务员依法履行职责
不同点	主体	监察机关	任免机关或者监察机关
	对象	公职人员(包括但不限于行政机关公务员)	行政机关公务员
	程序与救济途径	依据《公职人员政务处分法》	依据《公务员法》《行政机关公务员处分条例》

第三编

行政行为法

本编导读

行政行为是行政机关或行政主体行使权力的产物，总体上可分为抽象行政行为和具体行政行为两大类。具体行政行为在实践中运用十分普遍，表现多种多样。除行政处罚、行政强制、行政许可已有专门统一立法外，许多行为的要求分散在相关的法律规范之中。有关行政行为的法律规范，统称为行政行为法。

第五章
抽象行政行为

本章主要内容提示

行政法规、部门规章、地方政府规章和有普遍约束力的行政决定、命令，构成了行政规则体系。其中，前三者属于行政立法，须遵循严格的制定权限和制定程序。目前，对前三者既不能申请行政复议，也不能提起行政诉讼；对有普遍约束力的行政决定、命令，可以附带提起行政复议，也可以在行政诉讼中一并要求对其进行审查。

对行政规则的改变或者撤销的权限如下：

1.行政法规：全国人大常委会有权撤销同宪法和法律相抵触的行政法规。

2.规章：

（1）国务院有权改变或者撤销不适当的部门规章和地方政府规章；

（2）地方人大常委会有权撤销本级人民政府制定的不适当的规章；

（3）省级人民政府有权改变或者撤销下一级人民政府制定的不适当的规章。

3.有普遍约束力的决定、命令：县级以上地方人民政府有权改变或者撤销各工作部门的不适当的命令、指示和下级人民政府的不适当的决定、命令。

第一节　抽象行政行为概述

一、抽象行政行为的概念

抽象行政行为，是指行政机关制定行政法规、规章和有普遍约束力的决定、命令等行政规范性文件的行为。抽象行政行为本身是一个相对于“具体行政行为”的理论概念。目前，有关行政机关制定抽象性规则的主要法律法规有：《立法法》、《行政法规制定程序条例》和《规章制定程序条例》。

抽象行政行为的主要特点有：一是国家行政机关实施的行为。它不同于国家权力机关、司法机关、军事机关制定的法律、军事法规和司法解释，也不同于非政府组织制定的内部规则。二是一种制定规则的行为。它不同于处理具体行政事务的具体行政行为。

抽象行政行为的种类，可以分为执行性、补充性、自主性三种。执行性的抽象行政行为，是指为执行法律或者上位规则制定具体实施细则的行政行为，其特征是不创设新的权利义务；补充性的抽象行政行为，是指根据法律或者上位规则规定的基本原则和基本制度，对原法律或者上位规则需要补充完善的事项作出规定的抽象行政行为，其特征是在基本原则和基本制度约束下创设一部分补充性的新的权利义务；自主性的抽象行政行为，是指行政机关直接对法律或者上位规则尚未规定的事项，在根据宪法和组织法规定的管理权限内，根据行政管理的实际需要自主创设权利义务的抽象行政行为。

抽象行政行为与法律的关系是正确理解抽象行政行为性质的要点。行政机关的主要职能是执行法律，将人民代表机关制定的法律规定具体应用到对行政事务的管理活动中去。由于社会的发展和行政职能的变化，行政机关需要拥有制定行为规则的权力，以便实现其管理职能。尽管如此，由于行政机关对人民代表机关的从属关系，行政机关制定的普遍性规则在本质上仍然是对法律的执行。抽象行政行为的合法性，主要取决于它与法律的一致性。

二、行政规范性文件的适用

行政规范性文件是抽象行政行为的活动结果。行政法规、部门规章、地方政府规章和有普遍约束力的行政决定命令，构成行政规范性文件体系。行政规范性文件的适用，是指上述行政规范性文件在适用中的相互关系及其处理原则。作为一项重要原则，行政法规、规章不溯及既往，但为了更好地保护公民、法人和其他组织的权利和利益而作的特别规定除外。

(一)效力等级

效力等级是处理行政规范性文件相互关系的基础。宪法具有最高的法律效力，行政法规、规章都不得同宪法相抵触。法律的效力高于行政法规、规章。行政法规的效力高于地方性法规、规章。地方性法规的效力高于本级和下级地方政府规章。省、自治区的人民政府制定的规章的效力高于本行政区域内的设区的市、自治州的人民政府制定的规章。

部门规章之间、部门规章与地方政府规章之间具有同等效力，在各自的权限范围内施行。

(二)规则冲突

同一机关制定的行政法规、规章，特别规定与一般规定不一致的，适用特别规定。新的规定与旧的规定不一致的，适用新的规定。行政法规之间对同一事项的新的一般规定与旧的特别规定不一致，不能确定如何适用时，由国务院裁决。

地方性法规、规章之间不一致时，由有关机关依照下列规定的权限作出裁决：(1)地方性法规与部门规章之间对同一事项的规定不一致，不能确定如何适用时，由国务院提出意见。国务院认为应当适用地方性法规的，应当决定在该地方适用地方性法规的规定；认为应当适用部门规章的，应当提请全国人民代表大会常务委员会裁决。(2)部门规章之间、部门规章与地方政府规章之间对同一事项的规定不一致时，由国务院裁决。

第二节　行政法规

行政法规是国务院为领导和管理国家各项行政工作，根据宪法和法律，按照有关程序制定发布的政治、经济、教育、科技、文化、外事等各类法规的总称。行政法规以宪法和法律为依据，其效力高于地方性法规、规章和有普遍约束力的行政决定、命令。现行《宪法》第89条规定，制定行政法规是国务院的职权之一。

《立法法》和《行政法规制定程序条例》是目前规范行政法规制定行为的主要根据。影响行政法规法律效力的主要法律问题，是制定权限、制定程序和监督程序。

一、制定权限

制定权限，是指关于制定行政法规必须具备的条件和可以对什么事项作出规定的制度。

在制定条件方面，国务院制定行政法规应当以宪法和法律为根据。为了理解这里的“根据”原则，可以与地方人大制定地方性法规的情形进行比较。省、自治区、直辖市的人民代表大会及其常务委员会根据本行政区域的具体情况和实际需要，在不同宪法、法律、行政法规相抵触的前提下，可以制定地方性法规。因此，制定地方性法规的前提条件是所谓“不抵触”上位规则原则，而国务院制定行政法规则必须以上位规则为根据，即所谓“根据”原则。这种宪法和法律的“根据”，既可以是宪法或者法律对具体事项的规定，也可以是宪法或者法律对有关事项的一般性规定。在行政法规的规定事项方面，有以下三个方面：

第一，执行具体法律规定事项，即为执行法律的规定需要制定行政法规的事项。

第二，实施宪法规定职权事项，即《宪法》第89条规定的国务院行政管理职权的事项。这里有两点需要明确：其一，必须属于行政管理事项，行政法规不得规定其权限范围以外的事项；其二，必须尊重全国人大及其常委会的专属立法权，行政法规不得将属于全国人大及其常委会的专属立法事项纳入自己的规定事项。

第三，全国人大授权事项。应当由全国人民代表大会及其常务委员会制定法律的事项，国务院可以根据全国人民代表大会及其常务委员会的授权决定先制定行政法规。但是有关犯罪和刑罚、对公民政治权利的剥夺、限制人身自由的强制措施和处罚、司法制度等事项不得授权。授权决定应当明确授权的目的和范围。

对于授权法规，国务院负有以下几项重要义务：应当严格按照授权决定行使被授予的权力，不得将被授予的权力转授给其他机关，如不得将这一授权再转授给国务院部门制定规章；根据授权制定的法规应当报授权决定规定的机关备案；应当在授权期限届满的6个月以前（授权的期限不得超过5年，授权决定另有规定的除外），向授权机关报告授权决定实施的情况，并提出是否需要制定有关法律的意见；需要继续授权的，可以提出相关意见，由全国人民代表大会及其常务委员会决定；授权立法事项，经过实践检验，制定法律的条件成熟时，国务院应当及时提请由全国人民代表大会及其常务委员会制定法律。法律制定后，相应立法事项的授权终止。

二、制定程序

国务院制定行政法规，需要经历立项、起草、审查、决定与公布、解释程序。

（一）立项

立项是决定进行行政法规制定工作的程序；它解决国务院是否应当就特定行政管理事务制定行政法规的问题，是行政法规制定程序的第一个环节。行政事务复杂多变，哪些事情需要制定行政法规，在什么时间制定行政法规，需要对其必要性、可行性和及时性作出判断，这就是立项要解决的问题。

立项由国务院依职权决定，国务院于每年年初编制本年度的立法工作计划。国务院法制机构负责拟订国务院年度立法工作计划。拟订立法工作计划有两个来源：一是国务院有关部门认为需要制定行政法规的，应当于国务院编制年度立法工作计划前，向国务院报请立项。国务院有关部门报送的行政法规立项申请，应当说明立法项目所要解决的主要问题、依据的党的路线方针政策和决策部署以及拟确立的主要制度。二是国务院法制机构应当向社会公开征集行政法规制定项目建议。国务院法制机构应当根据国家总体工作部署，对行政法规立项申请和公开征集的行政法规制定项目建议进行评估论证，突出重点，统筹兼顾，拟订国务院年度立法工作计划，报党中央、国务院批准后向社会公布。国务院年度立法计划中的法律项目应当与全国人民代表大会常务委员会的立法规划和立法计划相衔接。

列入国务院年度立法工作计划的行政法规项目应当符合下列要求：贯彻落实党的路线方针政策和决策部署，适应改革、发展、稳定的需要；有关的改革实践经验基本成熟；所要解决的问题属于国务院职权范围并需要国务院制定行政法规的事项。

对列入国务院年度立法工作计划的行政法规项目，承担起草任务的部门应当抓紧工作，按照要求上报国务院；上报国务院前，应当与国务院法制机构沟通。国务院法制机构应当及时跟踪了解国务院各部门落实国务院年度立法工作计划的情况，加强组织协调和督促指导。

国务院年度立法工作计划在执行中可以根据实际情况予以调整。

（二）起草

起草是提出行政法规初期方案和草稿的程序，它是审查和决定程序的基础。

起草工作机构。起草工作由国务院组织，可以通过年度立法工作计划，确定由国务院的一个或者几个部门承担具体起草工作，也可以确定由国务院法制机构起草或者组织起草。不过，为防止立法出现部门化，重要行政管理的行政法规草案应由国务院法制机构组织起草。

起草要求。起草行政法规应当遵循基本要求：一是贯彻落实党的路线方针政策和决策部署，符合宪法和法律的规定，遵循立法法确定的立法原则。二是制定政治方面法律的配套行政法规，应当按照有关规定及时报告党中央。制定经济、文化、社会、生态文明等方面重大体制和重大政策调整的重要行政法规，应当将行政法规草案或者行政法规草案涉及的重大问题按照有关规定及时报告党中央。三是弘扬社会主义核心价值观。四是体现全面深化改革精神，科学规范行政行为，促进政府职能向宏观调控、市场监管、社会管理、公共服务、环境保护等方面转变。五是符合精简、统一、效能的原则，相同或者相近的职能规定由一个行政机关承担，简化行政管理手续。六是切实保障公民、法人和其他组织的合法权益，在规定其应当履行的义务的同时，应当规定其相应的权利和保障权利实现的途径。七是体现行政机关的职权与责任相统一的原则，在赋予有关行政机关必要的职权的同时，应当规定其行使职权的条件、程序和应承担的责任。

听取意见。行政法规在起草过程中，起草部门应当深入调查研究，总结实践经验，广泛听取有关机关、组织和公民的意见。涉及社会公众普遍关注的热点难点问题和经济社会发展遇到的突出矛盾，减损公民、法人和其他组织权利或者增加其义务，对社会公众有重要影响等重大利益调整事项的，应当进行论证咨询。听取意见可以采取召开座谈会、论证会、听证会等多种形式。起草行政法规，起草部门应当将行政法规草案及其说明等向社会公布，征求意见，但是经国务院决定不公布的除外。向社会公布征求意见的期限一般不少于30日。起草专业性较强的行政法规，起草部门可以吸收相关领域的专家参与起草工作，或者委托有关专家、教学科研单位、社会组织起草。

工作协调。起草行政法规，起草部门应当就涉及其他部门的职责或者与其他部门关系紧密的规定，与有关部门充分协商，涉及部门职责分工、行政许可、财政支持、税收优惠政策的，应当征得机构编制、财政、税务等相关部门同意。

重大决策。起草部门对涉及有关管理体制、方针政策等需要国务院决策的重大问题提出解决方案，报国务院决定。

送审稿的报送。首先是送审稿的签署。报送应当由起草部门主要负责人签署。几个部门共同起草的，应当由该几个部门主要负责人共同签署。其次是一并报送的事项。起草部门将行政法规送审稿报送国务院审查时，应当一并报送行政法规送审稿的说明和有关材料。行政法规送审稿的说明应当对立法的必要性，主要思路，确立的主要制度，征求有关机关、组织和公民意见的情况，各方面对送审稿主要问题的不同意见及其协调处理情况，拟设定、取消或者调整行政许可、行政强制的情况等作出说明。有关材料主要包括所规范领域的实际情况和相关数据、实践中存在的主要问题、国内外的有关立法资料、调研报告、考察报告等。

（三）审查

1.审查机构和审查内容。审查的对象是报送国务院的送审稿，审查的目的和工作结果是在对送审稿修改的基础上，形成行政法规草案和对草案的说明。

负责审查的机构是国务院法制机构。国务

院法制机构的审查内容有：(1)是否严格贯彻落实党的路线方针政策和决策部署，是否符合宪法和法律的规定，是否遵循立法法确定的立法原则；(2)是否符合起草要求；(3)是否与有关行政法规协调、衔接；(4)是否正确处理有关机关、组织和公民对送审稿主要问题的意见；(5)其他需要审查的内容。

2.征求意见和协调意见。征求意见包括发送征求意见、向社会公布、实地听取和论证咨询。发送征求意见的对象，是国务院有关部门、地方人民政府、有关组织和专家。向社会公布，是将行政法规送审稿或者修改稿及其说明等向社会公布，征求意见。向社会公布征求意见的期限一般不少于30日。实地听取，是对行政法规送审稿涉及的主要问题，到基层进行实地调查研究，听取基层有关机关、组织和公民的意见。行政法规送审稿涉及重大利益调整的，国务院法制机构应当进行论证咨询，广泛听取有关方面的意见。论证咨询可以采取座谈会、论证会、听证会、委托研究等多种形式。行政法规送审稿涉及重大利益调整或者存在重大意见分歧，对公民、法人或者其他组织的权利义务有较大影响，人民群众普遍关注的，国务院法制机构可以举行听证会，听取有关机关、组织和公民的意见。

协调意见，是对主要制度、方针政策、管理体制、权限分工等有不同意见的，由国务院法制机构进行协调，力求达成一致意见。对有较大争议的重要立法事项，国务院法制机构可以委托有关专家、教学科研单位、社会组织进行评估。经过充分协调不能达成一致意见的，国务院法制机构、起草部门应当将争议的主要问题、有关部门的意见以及国务院法制机构的意见及时报国务院领导协调，或者报国务院决定。

3.审查处理。缓办和退回。可以缓办或者退回有关部门的情形是：制定行政法规的基本条件尚不成熟或者发生重大变化的；有关部门对送审稿规定的主要制度存在较大争议的，起草部门未征得机构编制、财政、税务等相关部门同意的；未按照《行政法规制定程序条例》有关规定公开征求意见的；上报送审稿不符合《行政法规制定程序条例》第15条、第16条、第17条规定的。

形成草案。国务院法制部门在认真研究各方面意见，与起草部门协商后，对行政法规送审稿进行修改，形成行政法规草案和对草案的说明。

提请审议。行政法规草案由国务院法制机构主要负责人提出提请国务院常务会议审议的建议；对调整范围单一、各方面意见一致或者依据法律制定的配套行政法规草案，可以采取传批方式，由国务院法制机构直接提请国务院审批。

(四)决定与公布

1.行政法规草案的审议和审批。行政法规草案由国务院常务会议审议，或者由国务院审批。国务院常务会议审议行政法规时，由国务院法制机构或者起草部门做说明。

2.行政法规的签署公布。国务院对行政法规草案提出审议意见后，由国务院法制机构对行政法规草案进行修改形成草案修改稿，报请总理签署国务院令公布施行。签署公布行政法规的国务院令应当载明该行政法规的施行日期。

不过，有关国防建设的行政法规，可以由国务院总理、中央军事委员会主席共同签署，国务院、中央军事委员会令公布。

行政法规签署公布后，及时在国务院公报和中国政府法制信息网以及在全国范围内发行的报纸上刊载。在国务院公报上刊登的行政法规文本为标准文本。国务院法制机构应当及时汇编出版行政法规的国家正式版本。

3.施行日期与备案。行政法规应当自公布之日起30日后施行。但是涉及国家安全、外汇汇率、货币政策的确定以及公布后不立即施行将有碍行政法规施行的，可以自公布之日起施行。

行政法规在公布后的30日内由国务院办公厅报全国人民代表大会常务委员会备案。

(五)解释

1.行政法规有下列情形之一的，由国务院

解释:(1)行政法规的规定需要进一步明确具体含义的;(2)行政法规制定后出现新的情况,需要明确适用行政法规依据的。有权向国务院提出行政法规解释要求的,是国务院各部门和省、自治区、直辖市人民政府;国务院法制机构研究拟订行政法规解释草案,报国务院同意后,由国务院公布或者由国务院授权国务院有关部门公布;行政法规的解释与行政法规具有同等效力。

2.属于行政工作中具体应用行政法规的问题的解释。省、自治区、直辖市人民政府法制机构以及国务院有关部门法制机构请求国务院法制机构解释的,国务院法制机构可以研究答复。其中涉及重大问题的,由国务院法制机构提出意见,报国务院同意后答复。

(六)相关事宜的安排

行政法规的修改、废止程序适用《行政法规制定程序条例》的有关规定。行政法规修改、废止后,应当及时公布。

拟订国务院提请全国人民代表大会或者全国人民代表大会常务委员会审议的法律草案,参照《行政法规制定程序条例》的有关规定办理。

国务院可以根据改革发展的需要,决定就行政管理等领域的特定事项,在规定期限和范围内暂时调整或者暂时停止适用行政法规的部分规定。

国务院法制机构或者国务院有关部门应当根据全面深化改革、经济社会发展需要以及上位法规定,及时组织开展行政法规清理工作。对不适应全面深化改革和经济社会发展要求、不符合上位法规定的行政法规,应当及时修改或者废止。

国务院法制机构或者国务院有关部门可以组织对有关行政法规或者行政法规中的有关规定进行立法后评估,并把评估结果作为修改、废止有关行政法规的重要参考。

三、监督程序

全国人大常委会有权撤销同宪法和法律相抵触的行政法规。行政法规有下列情形的,可以由有权机关予以改变或者撤销:超越权限的;违反上位法规定的;违背法定程序的。而发现抵触有两个途径:一是通过审查申请或建议,二是报送备案的审查。

审查申请或建议提出的程序是:中央军委、国家监察委员会、最高人民法院、最高人民检察院和各省、自治区、直辖市的人民代表大会常务委员会认为行政法规同宪法或者法律相抵触,或者存在合宪性、合法性问题的,可以向全国人大常委会书面提出进行审查的要求,由全国人大有关的专门委员会和常务委员会工作机构进行审查、提出意见。其他的国家机关和社会团体、企业事业组织以及公民,认为行政法规同宪法或者法律相抵触的,可以向全国人民代表大会常务委员会提出进行审查的建议,由常委会的工作机构进行审查,必要时送有关的专门委员会进行审查、提出意见。

报送备案的审查方式是:全国人大专门委员会、常务委员会工作机构可以对报送备案的行政法规进行主动审查,并可以根据需要进行专项审查。

全国人大专门委员会、常务委员会工作机构在审查中认为行政法规同宪法或者法律相抵触,或者存在合宪性、合法性问题的,可以向制定机关提出书面审查意见;也可以由宪法和法律委员会与有关的专门委员会、常务委员会工作机构召开联合审查会议,要求制定机关到会说明情况,再向制定机关提出书面审查意见。制定机关应当在2个月内研究提出是否修改或者废止的意见,并向全国人大宪法和法律委员会、有关的专门委员会或者常务委员会工作机构反馈。制定机关按照所提意见对行政法规进行修改或者废止的,审查终止。相反,全国人大宪法和法律委员会、有关的专门委员会、常务委员会工作机构经审查认为行政法规同宪法或者法律相抵触,或者存在合宪性、合法性问题需要修改或者废止,而制定机关不予修改或者废止的,应当向委员长会议提出予以撤销的议案、建议,由委员长会议决定提请常务委员会会议审议决定。

第三节 规章和有普遍约束力的决定、命令

一、国务院部门规章

（一）概念和原则

国务院部门规章，是指国务院有关部门以及法律规定的机构，依法按照部门规章制定程序制定发布的行政规范性文件的总称。部门规章中的法律问题，主要是制定机关、制定权限、制定程序和监督程序。

国务院部门的规章制定权，首先源自1982年宪法。《宪法》第90条规定，国务院各部、各委员会根据法律和国务院的行政法规、决定、命令，在本部门的权限内，发布命令、指示和规章。《立法法》和《规章制定程序条例》对国务院部门规章的制定机关、制定权限、制定程序和监督程序作出了统一明确的规定。在此之前的1990年国务院还发布了《法规、规章备案规定》。

制定规章需要遵循的基本原则是：一致性原则、权利保障原则、权力责任统一原则、体现改革精神原则、精简统一效率原则。这些原则不但适用于部门规章，也适用于地方政府规章。一致性原则要求制定规章应当贯彻落实党的路线方针政策和决策部署，遵循立法法确定的立法原则，符合宪法、法律、行政法规和其他上位法的规定。权利保障原则要求制定规章，应当切实保障公民、法人和其他组织的合法权益，在规定其应当履行的义务的同时，应当规定其相应的权利和保障权利实现的途径。权力责任统一原则的要求是在赋予有关行政机关必要的职权的同时，应当规定其行使职权的条件、程序和应承担的责任。体现改革精神原则的要求是科学规范行政行为，促进政府职能向宏观调控、市场监管、社会管理、公共服务、环境保护等方面转变。精简统一效率的原则是相同或者相近的职能应当规定由一个行政机关承担，简化行政管理手续。

（二）制定机关

《立法法》第91条第1款规定，国务院各部、委员会、中国人民银行、审计署和具有行政管理职能的直属机构以及法律规定的机构，可以根据法律和国务院的行政法规、决定、命令，在本部门的权限范围内，制定规章。根据此规定，国务院部门规章的制定机关是国务院各部、委员会、中国人民银行、审计署和具有行政管理职能的直属机构以及法律规定的机构。这类制定机关可以分为国务院组成部门、直属机构和法律规定的机构三大类。国务院部委和中国人民银行、审计署是国务院组成部门。国务院直属机构是主管国务院某项专门业务的部门，如中华人民共和国海关总署、国家税务总局等。直属机构的数量和职能因各届政府的机构设置和法律的规定而有所不同。法律规定的机构指虽然不属于上述两类机构，但经全国人大及其常委会制定的单行法律授权可以制定规章的机构，如国家保密局、国家密码管理局，二者分别由相关的法律授权。《保守国家秘密法》第41条规定，国家保密行政管理部门依照法律、行政法规的规定，制定保密规章和国家保密标准。《密码法》第42条规定，国家密码管理部门依照法律、行政法规的规定，制定密码管理规章。

（三）制定权限

根据《立法法》第91条的规定，部门规章规定的事项，应当属于执行法律或者国务院的行政法规、决定、命令的事项。对此应当理解为，部门规章的制定权限，应当以法律或者国务院的行政法规、决定、命令中对具体事项的规定为根据。也就是说，部门规章是执行性或者补充性的行政规范，而不是自主性的行政规范。在缺乏法律或者国务院行政法规和决定、命令的情形下，国务院部门不得只是以管理需要为由主动地制定和发布部门规章。《立法法》第91条第2款规定，没有法律或者国务院的行政法规、决定、命令的依据，部门规章不得设定减损公民、法人和其他组织权利或者增加其义务的规范，不得增加本部门的权力或者减少本部门的法定职责。

超越一个国务院部门规章制定权限的，是

涉及两个以上国务院部门职权范围的事项。对此有两个解决办法：一是提请国务院制定行政法规。它一般适用于以下情形：需要制定的事项涉及两个以上国务院部门的职权，但是对它们的职权范围尚有待于国务院作出明确划分；规章中将规定的措施只能由国务院规定或者采取的；法律规定应当由国务院作出规定的；国务院认为应当由国务院制定行政法规的。二是由国务院有关部门联合制定规章。它一般适用于以下情形：需要规定的事项涉及两个以上部门职权，国务院已经对它们的职权划分作出了明确规定；涉及两个以上国务院部门职权的事项，法律规定由国务院有关部门作出规定的。涉及国务院两个以上部门职权范围的事项，制定行政法规条件尚不成熟，需要制定规章的，国务院有关部门应当联合制定规章，否则国务院有关部门单独制定的规章无效。

（四）制定程序

规章制定程序，是指规章立项、起草、审查、决定、公布等的程序。修改和废止规章的程序，参照制定程序的有关规定进行。国务院部门可以依照职权及时修改或者废止与新公布的法律、行政法规或者其他上位法的规定不一致的，或者与法律、行政法规或者其他上位法相抵触的部门规章。

1.立项。是决定进行部门行政规章制定工作的程序。立项决定权是享有部门规章制定权的国务院部门。国务院部门内设机构或者其他机构认为需要制定部门规章的，应当向该部门报请立项。报送制定规章的立项申请，应当对制定规章的必要性、所要解决的主要问题、拟确立的主要制度等作出说明。国务院部门可以向社会公开征集规章制定项目建议。国务院部门法制机构应当对制定规章的立项申请和公开征集的规章制定项目建议进行评估论证，拟订本部门年度规章制定工作计划，报本部门批准后向社会公布。年度规章制定工作计划应当明确规章的名称、起草单位、完成时间等。国务院部门应当加强对执行年度规章制定工作计划的领导。对列入年度规章制定工作计划的项目，承担起草工作的单位应当抓紧工作，按照要求上报本部门决定。国务院部门法制机构应当及时跟踪了解本部门年度规章制定工作计划执行情况，加强组织协调和督促指导。年度规章制定工作计划在执行中，可以根据实际情况予以调整，对拟增加的规章项目应当进行补充论证。

2.起草。是国务院部门提出规章初步方案形成送审稿的程序。起草由国务院部门组织。国务院部门可以确定内设机构或者其他机构具体负责起草工作，也可以确定由其法制机构起草或者组织起草。起草专业性较强的规章，可以吸收相关领域的专家参与起草工作，或者委托有关专家、教学科研单位、社会组织起草。

起草程序中的听取意见。起草规章应当广泛听取有关机关、组织和公民的意见。听取意见的形式有书面征求意见、座谈会、论证会、听证会等。起草规章，除依法需要保密的外，应当将规章草案及其说明等向社会公布，征求意见。向社会公布征求意见的期限一般不少于30日。起草规章，涉及社会公众普遍关注的热点难点问题和经济社会发展遇到的突出矛盾，减损公民、法人和其他组织权利或者增加其义务，对社会公众有重要影响等重大利益调整事项的，起草单位应当进行论证咨询，广泛听取有关方面的意见。起草的规章涉及重大利益调整或者存在重大意见分歧，对公民、法人或者其他组织的权利义务有较大影响，人民群众普遍关注，需要进行听证的，起草单位应当举行听证会听取意见。听证会依照下列程序组织：听证会公开举行，起草单位应当在举行听证会的30日前公布听证会的时间、地点和内容；参加听证会的有关机关、组织和公民对起草的规章，有权提问和发表意见；听证会应当制作笔录，如实记录发言人的主要观点和理由；起草单位应当认真研究听证会反映的各种意见，起草的规章在报送审查时，应当说明对听证会意见的处理情况及其理由。

起草规章中的征求意见。起草部门规章，涉及国务院其他部门的职责或者与国务院其他部门关系紧密的，起草单位应当充分征求国务院其他部门的意见。

起草规章中送审稿的报送。起草单位应当将规章送审稿及其说明、对规章送审稿主要问题的不同意见和其他有关材料按规定报送审查。报送审查的规章送审稿，应当由起草单位主要负责人签署；几个起草单位共同起草的规章送审稿，应当由该几个起草单位主要负责人共同签署。规章送审稿的说明应当对制定规章的必要性、规定的主要措施、有关方面的意见及其协调处理情况等作出说明。有关材料主要包括所规范领域的实际情况和相关数据、实践中存在的主要问题、汇总的意见、听证会笔录、调研报告、国内外有关立法资料等。

3.审查。审查是对送审稿进行修改形成部门规章草案的程序。审查主体是规章制定部门的法制机构。法制机构根据《规章制定程序条例》的要求进行审查，并可以缓办或者退回起草单位。

审查内容。包括是否符合规章制定的基本原则；是否符合社会主义核心价值观的要求；是否与有关规章协调、衔接；是否正确处理有关机关、组织和公民对规章送审稿主要问题的意见；是否符合立法技术要求；需要审查的其他内容。

审查程序中的听取建议和协调。法制机构应当将规章送审稿或者规章送审稿涉及的主要问题发送有关机关、组织和专家征求意见，可以将规章送审稿或者修改稿及其说明等向社会公布征求意见。向社会公布征求意见的期限一般不少于30日。法制机构在审查中应当就规章送审稿涉及的主要问题，听取基层有关机关、组织和公民的意见。涉及重大利益调整的，法制机构应当进行论证咨询，广泛听取有关方面的意见。论证咨询可以采取座谈会、论证会、听证会、委托研究等多种形式。涉及重大利益调整或者存在重大意见分歧，对公民、法人或者其他组织的权利义务有较大影响，人民群众普遍关注，起草单位在起草过程中未举行听证会的，法制机构经本部门批准，可以举行听证会。有关机构或者部门对规章送审稿涉及的主要措施、管理体制、权限分工等问题有不同意见的，法制机构应当进行协调，力求达成一致意见。对有较大争议的重要立法事项，法制机构可以委托有关专家、教学科研单位、社会组织进行评估。经过充分协调不能达成一致意见的，法制机构应当将主要问题、有关机构或者部门的意见和法制机构的意见及时报本部门领导协调，或者报本部门决定。

形成规章草案。法制机构应当认真研究各方面的意见，与起草单位协商后，对规章送审稿进行修改，形成规章草案和对草案的说明，说明应当包括制定规章拟解决的主要问题、确立的主要措施以及与有关部门的协调情况等。规章草案和说明由法制机构主要负责人签署，提出提请本部门有关会议审议的建议。

4.决定和公布。决定是审议部门规章草案并作出最终决定的决策程序。公布是将经过决定程序的部门规章向社会公开公布使公众知晓的程序。部门规章应当由部门的部务会议或者委员会会议决定。有关会议对规章草案提出审议意见后，由法制机构对规章草案进行修改后形成草案修改稿，报请本部门首长签署命令予以公布。

公布规章的命令，应当载明该规章的制定机关、序号、规章名称、通过日期、施行日期、部门首长的署名以及公布日期。部门规章签署公布后，及时在国务院公报或者部门公报和中国政府法制信息网以及在全国范围内发行的报纸上刊载。在部门公报或者国务院公报上刊登的规章文本为标准文本。原则上，规章应当在公布之日起30日后施行，除非涉及国家安全、外汇汇率、货币政策的确定以及公布后不立即施行将有碍规章施行的，可以自公布之日起施行。

5.备案与解释。规章自公布之日起30日内，由法制机构依照《立法法》和《法规规章备案条例》的规定向有关机关备案。部门规章应当在公布后的30日内报国务院备案。

规章解释权属于规章制定机关。规章解释由规章制定机关的法制机构参照规章送审稿审查程序提出意见，报请制定机关批准后公布。进行规章解释的情形是：规章的规定需要进一步明确具体含义的；规章制定后出现新的情况，需要明确使用规章依据的。规章的解释同规章有同等效力。

（五）监督程序

部门规章和地方政府规章报国务院备案；地方政府规章应当同时报本级人民代表大会常务委员会备案；设区的市、自治州的人民政府制定的规章应当同时报省、自治区的人民代表大会常务委员会和人民政府备案。其他接受备案的机关对报送备案的地方性法规、自治条例和单行条例、规章的审查程序，按照维护法制统一的原则，由接受备案的机关规定。

国家机关、社会团体、企业事业组织、公民认为部门规章同法律、行政法规相抵触的，可以向国务院书面提出审查的建议，由国务院法制机构研究并提出处理意见，按照规定程序处理。

根据《立法法》第108条的规定，改变或者撤销规章的权限是：国务院有权改变或者撤销不适当的部门规章和地方政府规章，地方人民代表大会常务委员会有权撤销本级人民政府制定的不适当的规章，省、自治区的人民政府有权改变或者撤销下一级人民政府制定的不适当的规章。

根据《立法法》第107条的规定，规章有下列情形之一的，由有关机关依照《立法法》第108条规定的权限予以改变或者撤销：（1）超越权限的；（2）下位法违反上位法规定的；（3）规章之间对同一事项的规定不一致，经裁决应当改变或者撤销一方的规定的；（4）规章的规定被认为不适当，应当予以改变或者撤销的；（5）违背法定程序的。

二、地方政府规章

地方政府规章，是指有权地方人民政府依法根据地方政府规章制定程序制定发布的行政规则的总称。地方政府规章中的法律问题，同样是制定机关、制定权限、制定程序和监督程序。

（一）制定机关

地方政府规章的制定主体分为两类：一是省、自治区、直辖市的人民政府；二是设区的市、自治州的人民政府。

制定主体的范围有一个发展过程。现行宪法只是规定国务院的部委可以制定规章，对于地方政府是否可以制定规章没有作出明确规定。1982年12月公布的《关于修改〈地方各级人民代表大会和地方各级人民政府组织法〉的若干规定的决议》第8项决定增加“省、自治区、直辖市以及省、自治区的人民政府所在地的市和经国务院批准的较大的市的人民政府，还可以根据法律和国务院的行政法规，制定规章”。这是国家立法第一次规定地方政府可以制定规章。2000年通过的《立法法》确认了经济特区所在地的市人民政府作为地方政府规章制定机关的地位。2015年3月修订的《立法法》再度扩大了地方政府规章制定机关的范围，除已有的主体外，其他设区的市、自治州的人民政府也有权制定规章。因此，把原有“较大的市的人民政府”扩大到“设区的市、自治州的人民政府”。不过，其他设区的市、自治州的人民政府的规章制定权，需要由该省、自治区的人民代表大会常务委员会综合考虑本省、自治区所辖的设区的市的人口数量、地域面积、经济社会发展情况以及立法需求、立法能力等因素确定，并报全国人民代表大会常务委员会和国务院备案。同时，其开始制定规章的时间，与本省、自治区人民代表大会常务委员会确定的本市、自治州开始制定地方性法规的时间同步。2022年修改的《地方各级人民代表大会和地方各级人民政府组织法》第74条规定，省、自治区、直辖市的人民政府可以根据法律、行政法规和本省、自治区、直辖市的地方性法规，制定规章，报国务院和本级人民代表大会常务委员会备案。设区的市、自治州的人民政府可以根据法律、行政法规和本省、自治区的地方性法规，依照法律规定的权限制定规章，报国务院和省、自治区的人民代表大会常务委员会、人民政府以及本级人民代表大会常务委员会备案。依照前款规定制定规章，须经各该级政府常务会议或者全体会议讨论决定。

值得注意的是，根据2015年3月15日全国人大《关于修改〈中华人民共和国立法法〉的决定》、2023年3月13日全国人大《关于修改〈中华人民共和国立法法〉的决定》，广东省东莞市和中山市、甘肃省嘉峪关市、海南省儋州市四个不设区的地级市，比照适用《立法法》有关赋予设区的市地方立法权的规定。

（二）制定权限

省、自治区、直辖市人民政府的规章制定权限与设区的市、自治州的人民政府的政府规章制定权限有所不同。

根据《立法法》的规定，前者规定事项有两项：（1）为执行法律、行政法规、地方性法规的规定需要制定规章的事项。这种为满足执行需要制定的规章，既可以是根据法律法规明确要求制定的地方政府规章，也可以是省、自治区、直辖市人民政府自己认为有这种需要而制定的规章，但是它们应当都是执行性的规章。（2）属于本行政区域的具体行政管理事项。这是省、自治区、直辖市人民政府制定的政府规章不同于国务院部门规章的方面，即省、自治区、直辖市人民政府在制定权限方面有比部门规章更大的权限。行使这一权限有一定的规则，首先是要根据相关的法律、行政法规和地方性法规，其次是限于本行政区域的具体行政管理事项。

设区的市、自治州的人民政府制定地方政府规章权限要小，其权限仅在上述两个方面内，制定限于城乡建设与管理、生态文明建设、历史文化保护、基层治理等方面的事项的规章。不过，对于此前较大的市的人民政府已经制定的地方政府规章，涉及上述事项范围以外的，继续有效。

应当制定地方性法规但条件尚不成熟的，因行政管理迫切需要，无论是省、自治区、直辖市人民政府，还是设区的市、自治州的人民政府，可以先制定地方政府规章。规章实施满两年需要继续实施规章所规定的行政措施的，应当提请本级人民代表大会或者其常务委员会制定地方性法规。

同时，针对地方政府规章的制定权限，立法法明确没有法律、行政法规、地方性法规的依据，地方政府规章不得设定减损公民、法人和其他组织权利或者增加其义务的规范。

（三）制定程序

地方政府规章的制定程序，总体来说与部门规章的制定程序是大体一致的，主要根据都是《立法法》和《规章制定程序条例》。但是有一些特殊之处，以下只是讨论这些特殊之处：

1.立项方面，报请立项的可以是省、自治区、直辖市和设区的市、自治州的人民政府所属工作部门或者下级人民政府。省、自治区、直辖市和设区的市、自治州的人民政府，可以向社会公开征集规章制定项目建议。省、自治区、直辖市和设区的市、自治州的人民政府法制机构，应当对制定规章的立项申请和公开征集的规章制定项目建议进行评估论证，拟订本级人民政府年度规章制定工作计划，报本级人民政府批准后向社会公布。

2.起草方面，组织起草的可以是省、自治区、直辖市和设区的市、自治州的人民政府。它们可以确定由其一个部门或者几个部门具体负责起草工作，也可以确定由其法制机构起草或者组织起草。在起草中涉及本级人民政府其他部门的职责或者与其他部门关系紧密的，起草单位应当充分征求其他部门的意见。

3.审查方面，地方政府规章与国务院部门规章的审查程序基本一致。

4.决定和公布方面，地方政府规章应当经过政府常务会议或者全体会议决定。法制机构根据有关会议审议意见对规章草案进行修改形成草案修改稿后，由省长、自治区主席、市长或者自治州州长签署命令予以公布。地方政府规章签署公布后，及时在本级人民政府公报和中国政府法制信息网以及在本行政区域范围内发行的报纸上刊载，地方人民政府公报刊登的规章文本为标准文本。

（四）监督程序

地方政府规章与前述部门规章的程序基本一致的部分，这里不再重复。

国家机关、社会团体、企业事业组织、公民认为地方政府规章同法律、行政法规相抵触的，可以向国务院书面提出审查的建议，由国务院法制机构研究并提出处理意见，按照规定程序处理。国家机关、社会团体、企业事业组织、公民认为设区的市、自治州的人民政府规章同法律、行政法规相抵触或者违反其上位法的规定的，也可以由省、自治区的人民政府法制机构研究并提出处理意见，按照规定程序处理。

三、有普遍约束力的决定、命令

（一）概念

《行政诉讼法》第13条规定，人民法院不受理公民、法人或者其他组织对行政机关制定发布的具有普遍约束力的决定、命令提起的诉讼。2018年公布的最高人民法院《关于适用〈中华人民共和国行政诉讼法〉的解释》（以下简称《行诉法适用解释》）第2条对此解释：所谓具有普遍约束力的决定、命令，是指行政机关针对不特定对象发布的能反复适用的规范性文件。有普遍约束力的决定、命令的基本特征，是规范对象的不特定性和适用的反复性。上述法律和司法解释使"有普遍约束力的决定、命令"成为人民政府发布的决定、命令的一个基本种类。

（二）制定机构

制定发布行政决定、命令的机构，可以是国务院和地方各级人民政府。《宪法》第89条规定，国务院有权发布决定和命令；第90条规定，各部、委员会在本部门的权限内发布命令、指示和规章。《地方各级人民代表大会和地方各级人民政府组织法》第73条和第76条分别规定，县级以上地方各级人民政府，乡、民族乡、镇的人民政府都有权发布决定、命令。

（三）制定权限

制定发布决定、命令是人民政府的普遍职权和表达其管理意志的普遍形式。各级人民政府有权以发布决定、命令的形式行使其各种职权。所谓各种职权，包括《宪法》第89条规定的国务院的职权；《地方各级人民代表大会和地方各级人民政府组织法》第73条规定的县级以上地方各级人民政府的职权，第76条规定的乡、民族乡、镇的人民政府的职权；以及各个单行法律法规赋予人民政府的职权。

行政机关发布决定、命令的重要条件是它的根据。《宪法》第89条规定，国务院发布决定、命令应当以宪法和法律为根据；第90条规定，各部、委员会发布命令、指示以法律和国务院的行政法规、决定、命令为根据。《地方各级人民代表大会和地方各级人民政府组织法》第73条和第76条规定：县级以上地方各级人民政府，发布决定、命令，是执行本级人民代表大会及其常务委员会的决议，以及上级国家行政机关的决定和命令；乡、民族乡、镇的人民政府发布决定和命令，是执行本级人民代表大会的决议和上级国家行政机关的决定和命令。

（四）制定程序和监督程序

在有普遍约束力的行政决定、命令的制定程序方面，依法不具有规章制定权的县级以上地方人民政府制定发布具有普遍约束力的决定、命令，参照有关规章的制定程序进行。《地方各级人民代表大会和地方各级人民政府组织法》第75条特别规定，县级以上的地方各级人民政府制定涉及个人、组织权利义务的规范性文件，应当依照法定权限和程序，进行评估论证、公开征求意见、合法性审查、集体讨论决定，并予以公布和备案。

监督程序按照宪法和有关组织法的规定，可以分为人民代表机关的监督、行政机关的监督和法院的监督。例如，《地方各级人民代表大会和地方各级人民政府组织法》第73条规定，县级以上地方各级人民政府有权改变或者撤销所属各工作部门的不适当的命令、指示和下级人民政府的不适当的决定、命令。《行政诉讼法》第53条规定，公民、法人或者其他组织认为行政行为所依据的国务院部门和地方人民政府及其部门制定的规范性文件不合法，在对行政行为提起诉讼时，可以一并请求对该规范性文件进行审查。这意味着公民、法人或者其他组织不能直接对规范性文件或有普遍约束力的行政决定、命令提起行政诉讼，但可以间接或者附带提出审查要求。为此，2018年公布的《行诉法适用解释》列专门部分作出具体规定。

【本章主要法律规定】

1.《立法法》
2.《行政法规制定程序条例》
3.《规章制定程序条例》
4.最高人民法院《关于适用〈中华人民共和国行政诉讼法〉的解释》第145～151条

第六章
具体行政行为概述

本章主要内容提示

个别性特征是具体行政行为区别于抽象行政行为的主要标志。除此之外，能否反复适用也是区分二者的重要标准。无效的具体行政行为是存在重大且明显违法情形的行为，自始无效；可撤销的具体行政行为是存在违法的行为，需经国家有权机关作出撤销决定后才能否定其法律效力。

第一节　具体行政行为的概念

一、具体行政行为的构成

具体行政行为，是我国行政法上的重要制度和行政法学上的重要概念。自1989年颁布的行政诉讼法以国家立法形式明确提出具体行政行为，并把它作为确立行政诉讼受案范围之后，具体行政行为以及其与抽象行政行为的区分就成为理论界和实务界关注的重要课题。经过2014年修正的《行政诉讼法》，扩大了行政诉讼基本受案范围，把"行政行为"作为行政诉讼受案的基本范围。这一变化在一定程度上弱化了具体行政行为与抽象行政行为区分的意义，不过具体行政行为在行政法学理论和制度上仍具有重要意义。即使在修改后的《行政诉讼法》中，因具体行政行为引起的行政案件仍是行政诉讼受案范围中的主要案件类别。

从理论上说，具体行政行为是对有共同法律特征的一类行政措施的概括，赋予具备这些特征的行政措施以确定的法律效果，形成一个特定的法律制度。这些共同法律特征具有构成要素的性质。因此了解具体行政行为概念的途径，就是认识具体行政行为的基本法律特征，并且以此掌握具体行政行为的构成要素。

具体行政行为，是行政机关依法就特定事项对特定的公民、法人和其他组织权利义务作出的行政职权行为，是狭义的具体行政行为，构成上述意义的具体行政行为的基本要素有以下各项：

1.具体行政行为是法律行为。具体行政行为是行政机关对公民、法人或者其他组织作出的行政意思表示。这种意思表示的目的是要发生一定的法律后果，使行政法上的权利义务得以建立、变更或者消灭。强调具体行政行为是法律行为，是为了指出它是行政法上的意志行为和有法律约束力的处理，以便与行政事实行为和准备性、部分性行政行为区分开来。

行政事实行为是不以建立、变更或者消灭当事人法律上权利义务为目的的行政活动。这种行为既可以是一种意思表示，也可以是一种实际操作。例如，提出供公众参考的信息、建议或者指导，交通管理部门在公共交通道路上设置交通安全指示标志，等等。

准备性、部分性行政行为，是为最终作出权利义务安排进行的程序性、阶段性工作行为。它主要会涉及一些行政监督检查活动。例如，公共交通管理部门在公共道路上对所有过往车辆进行的车速测量活动，各种车辆不得拒绝和躲避。但是这些义务属于公民对国家的一般义务，检测活动本身也不构成独立完整的具体行政行为。

上述两类行政行为虽然不构成行政法上的具体行政行为，但是它们仍然属于行政职务活动。这种活动引起侵害当事人合法权益的争议属于行政争议，可以通过行政复议和行政诉讼解决。

2.具体行政行为是对特定人与特定事项的处理。具体行政行为是对特定人或者特定事项的一次性处理，这表明处理的个别性是具体行政行为的重要特征。个别性特征是具体行政行为区别于抽象行政行为的主要标志。相比较而言，抽象行政行为是为不特定事项和不特定人安排的，可以反复适用的普遍性规则。具体行政行为的个别性特征，既可以取决于受到处理的特定的人，也可以是特定的事项，但都是不能反复适用的。这种个别性特征可以表现为以下三种形式：

第一，就特定事项对特定人的处理。它是人与事两方面特定性的结合，是具体行政行为的典型形式。例如，给予甲以工商营业许可，给予乙以100元的违反治安管理处罚。

第二，就特定事项对可以确定的一群人的处理。其条件是有确定的时间段和与特定事项有关的一群人。例如，在特定的时间段和区域以内禁止车辆通行。个别性在这里并不体现为人的数量，而在于人的范围和对象在特定的时间段里的可确定性。如果在行政决定公布的时候，受到该决定约束的人已经可以确定，那么行政机关对这些人所采取的措施就应当属于具体行政行为。

第三，就特定事项对不特定人的处理。例如，行政机关发布决定禁止使用有坍塌危险的桥梁。这里涉及的人尚未确定或者无法确定，这里具体行政行为个别性特征就只是取决于事项的特定性。事项的特定性是一个现实存在的特定事项或特定事实，而不是仅仅表现为一定标准特征的抽象事实或者事项。

具体行政行为与抽象行政行为的分类上确实也存在一些问题，并不是在任何情形下都可以按照一个或者两个标准贯彻到底的。例如，城市道路管理的交通信号、对产品型号的批准和对私人企业章程的批准行为，在区分上就有一定困难。对这种情形的处理，往往属于由立法者进行政策选择的领域，即出于政策的需要将一些事项归于具体行政行为或者抽象行政行为。

3.具体行政行为是外部性处理。具体行政行为是对公民、法人或者其他组织权利义务的安排，是实现行政职能的外部行为措施，而不是行政机关的内部措施。行政决定的外部要素，是确定其具体行政行为属性的重要标志。没有外部法律效力的行政决定不是具体行政行为。

行政机关之间和行政机关与行政机关工作人员之间也存在法律关系，上级有权对隶属于它的下级行政机关或者行政机关人员发布有法律约束力的职务命令和指示。但是，如果这种命令、指示没有规定可以直接影响外部公民、法人或者其他组织权利义务的内容，那么它只能是一种行政机关内部的管理措施，不适用关于具体行政行为的法律规则。当然，如果行政机关内的管理措施设立、变更或者消灭了行政机关工作人员的普通公民权利，就应当被看作具体行政行为。

二、具体行政行为的分类

根据不同的标准，可以对具体行政行为进行分类。常用的分类有以下这些：

1.依职权的和须申请的具体行政行为。划分标准是行政机关是否以当事人的申请作为开始具体行政行为的条件。前者指行政机关不需要公民、法人或其他组织申请，直接依职权采取具体行政行为；后者则需要经过当事人的申请，行政机关才能作出具体行政行为。

2.羁束的和裁量的具体行政行为。划分标准是具体行政行为受法律拘束的程度。立法对具体行政行为的范围、方法、手段等条件作出严格规定，行政机关采取时基本没有选择余地的，是羁束的具体行政行为；立法对具体行政行为的范围、方法、手段等方面给予行政机关根据实际情况裁量余地的，是裁量的具体行政行为。

3.授益的和负担的具体行政行为。划分标准是具体行政行为与当事人之间的权益关系。为当事人授予权利、利益或者免除负担义务的，是授益的具体行政行为；为当事人设定义务或者剥夺其权益的，是负担的具体行政行为。

4.要式的与不要式的具体行政行为。划分标准是具体行政行为是否需要具备法定的形式。需要具备书面文字等其他特定意义符号为生效必要条件的，是要式的具体行政行为；不需要具备书面文字或者其他特定意义符号就可以生效的，是不要式的具体行政行为。

第二节　具体行政行为的成立和效力

一、具体行政行为的成立

具体行政行为的成立，是指具体行政行为在法律上存在。只有首先确定具体行政行为的成立，才能对其进行法律评价确认其是否合法适当。具体行政行为成立的一般条件是：

1.在主体上，作出具体行政行为的是享有行政职权的行政机关，实施该具体行政行为的工作人员意志健全具有行为能力。如果作出行政决定的不是执行国家职务、可以承担国家责任的国家机关或者其他合法的实施者，该决定不能发生法律上的效力，也无法按照行政法上的救济方式追究法律责任。

2.在内容上，向对方当事人作出具有效果意思的表示。效果意思是行政机关作出行政决定所希望达到的法律效果，即设立、变更和消灭对方当事人的权利义务。行政机关要求对方当事人应当做什么或者不准做什么的意思，应当以正确和可识别的方式清楚地表示出来，使对方当事人知道行政机关为其安排了什么样的权利义务。

3.在程序上，按照法律规定的时间和方式进行送达。对方当事人履行义务的内容限于领受送达的内容，领受送达的时间是对方当事人开始履行义务的最早时间点。未经送达领受程序的具体行政行为，不发生法律约束力。

二、具体行政行为的效力

法律效力是具体行政行为法律制度中的核心因素。评价具体行政行为合法与否的实际意义，就在于对其法律效力的影响。

具体行政行为的效力可以分为若干种，主要包括公定力、确定力、拘束力和执行力。

公定力，是指具体行政行为一经作出，除非存在重大、明显违法情形，即假定其合法有效，任何机关、组织和个人未经法定程序不得否定其效力。

确定力，是指具体行政行为不再争议、不得更改的效力，具体行政行为因此取得不可撤销性。一般而言，具体行政行为作出后都会有一个可争议和可更改期。权益受到损害的当事人可以利用行政复议、行政诉讼或者其他法定途径获得救济，行政机关也可以通过行政监督程序撤回已经生效却有法律缺陷的具体行政行为。但是出于稳定行政管理关系的需要，这一期限不可能无限延长。当法定的不可争议不可更改期限到来时，该具体行政行为也就取得了确定力，当然这是形式意义的确定力。

拘束力，是指具体行政行为一经生效，行政机关和对方当事人都必须遵守，其他国家机关和社会成员必须予以尊重的效力。对于已经生效的具体行政行为，不但对方当事人应当接受并履行义务，作出具体行政行为的行政机关不得随意更改，而且其他国家机关也不得以相同的事实和理由再次受理和处理该同一案件，其他社会成员也不得对同一案件进行随意的干预。

执行力，是指使用国家强制力迫使当事人履行义务或者以其他方式实现具体行政行为权利义务安排的效力。这是具体行政行为具有国家意志性的体现。理论上，具体行政行为发生拘束力后，有关当事人应当积极主动地履行相关义务。如果当事人不能自动履行这些义务，具体行政行为所规定的权利和义务无法实现，具体行政行为的执行力就可以发生作用。有关机关可以根据法律的规定依职权或者依申请采取措施，强制实现具体行政行为的权利义务安排。

三、具体行政行为的无效、撤销和废止

具体行政行为的无效、撤销和废止，是终止具体行政行为效力的重要原因。以下先讨论具体行政行为效力的开始、停止和终止，然后讨论具体行政行为的无效、撤销和废止。

（一）具体行政行为效力的开始、停止和终止

具体行政行为效力的开始。符合具体行政行为的成立条件，不存在具体行政行为的无效因素，具体行政行为在理论上就可以开始发生法律效力。即使有关当事人对该具体行政行为不服或者有合法性疑问，在有权国家机关作出最终裁判或者停止执行的程序裁决以前，一般还是要遵守该具体行政行为。具体行政行为开始生效的时间，一般地说具体行政行为一经成立就可以立即生效。但是行政机关也可以安排某一事件发生后或者经过一段时间后才发生效力，这经常出现在附生效条件的具体行政行为中。

具体行政行为效力的停止。申请行政复议和提起行政诉讼会导致具体行政行为执行力的停止。我国《行政诉讼法》第56条规定了因为行政诉讼停止执行行政行为的四种情形，《行政复议法》第42条规定了因为申请行政复议停止具体行政行为执行的四种情形。

导致具体行政行为效力终止的原因，可以分为没有违法因素的和有违法因素的两类情形。没有违法因素的情形有：具体行政行为为其设定专属权益或者义务的自然人死亡，自然人放弃具体行政行为赋予的权益；具体行政行为为其设定专属义务的法人或者其他组织的不复存在；具体行政行为规定的法律义务已经履行完毕或者有关客观事实已经消失；新的立法规定取消已经实施的行政许可项目和其他行政管制项目，具体行政行为予以废止。有违法因素的情形主要有：无效的具体行政行为，可撤销的具体行政行为。

根据具体行政行为违法的严重程度，可以将具体行政行为分为无效的和可撤销的两大类。重大且明显违法的具体行政行为是无效的具体行政行为，从一开始就没有法律效力；普通违法的具体行政行为是当事人可以请求撤销的，或者行政机关承认可以予以撤回的具体行政行为。客观事实和立法变化导致具体行政行为与现行法律发生冲突，可以由行政机关予以废止。

（二）无效的具体行政行为

1.构成具体行政行为无效的条件。如果一个具体行政行为有重大和明显的法律缺陷，这种违法达到一个有正常理智的普通人的常识性理解都可以明显看出的程度，那么它就是无效的具体行政行为。这种无效行为的构成原则表明，如果具体行政行为有重大和明显的法律缺陷，那么应当首先考虑的是依法行政原则，对具体行政行为的确定力和行政法上的其他原则的考虑则处于次要地位。

无效具体行政行为可以表现为许多具体情形，不能做一次性穷尽列举。但是，如果一个具体行政行为发生如下情形，就可以构成无效的理由：

（1）要求从事将构成犯罪的违法行为。例如，命令违法侵入公民住宅、发行非法出版物、捕杀珍稀濒危动物并达到违反刑事法律的程度。

（2）明显缺乏法律依据的。例如，许可当地企业制作、销售传播淫秽内容的光盘。

（3）明显缺乏事实根据的，或者要求从事客观上不可能实施的行为。例如，根据没有查证的材料给予一个无辜的公民以治安处罚。

《行政诉讼法》第75条规定，行政行为有实施主体不具有行政主体资格或者没有依据等重大且明显违法情形，原告申请确认行政行为无效的，人民法院判决确认无效。

2.具体行政行为无效的后果。在实体法上，无效的具体行政行为自发布之时就没有任何法律约束力，因此当事人不受它的拘束，其他国家机关和其他社会成员也可以不尊重它。当事人不履行它所规定的义务，不承担法律责任。

在程序法上，该具体行政行为致使其合法权益受到损害的公民、法人或者组织，可以在任何时候主张该具体行政行为无效，有权国家机关可在任何时候宣布该具体行政行为无效，因为无效行政行为不具有确定力。但是在实际生活中，受到无效具体行政行为影响的人，一般会请求国家有关机关进行认定并宣布其无效，以避免由于自己法律认识错误造成违法的风险。

在后果处理上，具体行政行为被确定无效后，原则上应当尽可能恢复到具体行政行为发布以前的状态。行政机关应当返还从当事人处取得的利益（如罚没款物），取消要求当事人履行的所有义务，赔偿对当事人造成的损失。行政机关应当收回无效具体行政行为给予当事人的权益。如果此种收回给善意的当事人合法权益造成损害，行政机关应当予以赔偿。

（三）可撤销的具体行政行为

1.可撤销的具体行政行为的条件。构成可撤销具体行政行为的条件，主要是具体行政行为违法。《行政诉讼法》第70条确立了具体行政行为违法的基本标准。

2.可撤销的具体行政行为的后果。在程序法上，可撤销的具体行政行为必须经过法定程序由国家有权机关作出撤销决定，才能否定其法律效力，有关当事人、其他国家机关和其他社会成员无权擅自否定具体行政行为的法律效力。法定程序是指行政复议、行政诉讼和行政监督程序。行政复议和行政诉讼是权利救济程序，必须经过当事人的申请和提起程序。行政复议机关以决定撤销违法的具体行政行为，法院可以撤销违法的具体行政行为，以此消除具体行政行为的法律效力。如果超过了行政复议的申请期限或者行政诉讼的提起期限，当事人就不能再在权利救济程序中对具体行政行为效力提出异议。行政监督是指行政系统中的法制监督，包括行政主管机关内部的监督，上级行政机关对下级行政机关的监督。在这些监督制度的运行中如果发现具体行政行为违法，行政机关也可以主动地撤销违法的具体行政行为，这称为具体行政行为的撤回。

在实体法上，具体行政行为被撤销的效力可以溯及至该具体行政行为成立之日。根据法律规定的公共利益需要或当事人是否存在过错等情况，也可以自撤销之日起失效。但当事人在撤销决定作出之前一直要受该具体行政行为的约束。

在处理后果上，具体行政行为因为被撤销而丧失或者不能取得法律效力后，如果相关义务已经履行或者已经执行的，能够恢复原状的应当恢复原状。被撤销的具体行政行为给当事人造成损失的，应当由行政机关承担赔偿责任。

（四）具体行政行为的废止

1.具体行政行为废止的条件。废止是行政机关依职权使具体行政行为丧失法律效力的行为。废止的理由和条件是由于客观条件的变化，具体行政行为没有继续保持其效力的必要。废止的条件中没有违法或者明显不适当的因素，是废止区别于无效和可撤销制度的主要方面。具体行政行为废止的条件通常有：

（1）具体行政行为所依据的法律、法规、规章、政策，已经为有权机关依法修改、废止或撤销。具体行政行为如果继续维持效力，将与法律、法规、规章、政策抵触，所以必须废止原具体行政行为。

（2）具体行政行为所根据的客观事实已经发生重大变化或者已经不复存在，具体行政行为的继续存在已经没有事实根据，需要废止原来的具体行政行为。

（3）具体行政行为所期望的法律效果已经实现，没有继续存在的必要。

2.行政行为废止的法律结果。被废止的具体行政行为，自废止之日起丧失效力。原则上，具体行政行为废止之前给予当事人的利益、好处不再收回；当事人也不能对已履行的义务要求补偿。如果废止使当事人的合法权益受到严重损失，或者带来严重的社会不公正，行政机关应当给予受到损失的当事人以必要的补偿。

第三节　具体行政行为的一般合法要件

根据我国的行政诉讼法和行政复议法，判断具体行政行为合法性的基本标准有：(1)行使行政职权的主体合法；(2)合乎法定职权范围；(3)作出具体行政行为的证据确凿；(4)适用法律法规正确；(5)符合法定程序；(6)不滥用职权；(7)无明显不当。行政机关采取的具体行政行为，符合以上条件就是合法的，将得到司法审查机关或者行政复议机关的支持。否则就构成违法，将被撤销、变更。以下对事实证据、法律适用、法定程序和滥用职权几个要件做些讨论。

一、事实证据确凿

这一要件的直接意义，是要求行政决定应当有确实可靠的证据。证据是客观存在的、关联行政的和依法收集、认定的事实。这一要件的内容有以下几点：

第一，作出行政决定首先要有事实，即存在需要行使行政职权的客观事实。事实是行使行政职权的第一个法定条件，是判断行政合法性的第一个条件，也是保证行政职权不滥用的第一个条件。否则就无异于放纵任性的行政职权，国家利益和公民权利就没有安全保障。安全来自将行政职权联系在一定的事实条件上。没有事实不能行使权力；事实不变，行政决定就不能变。没有充分的证据就不能行使国家行政职权，没有证据就是违法行使行政权力。事实和证据有约束和稳定行政活动的功能。

第二，事实应当是确实充分的。只是有事实还不够，事实必须是客观的、合法的和与行政决定相关联的。

对于行政活动中的事实证据问题，行政诉讼法规定了一些重要的制度。(1)证据的法定种类，回答什么属于证据和证据表现为什么形式的问题。《行政诉讼法》第33条规定了八种证据，如果行政机关使用的证据材料不符合该条规定的证据特征和形式，那么在诉讼上就不能作为证据使用。(2)证据应当是充分的，不是零散的、残缺不全的，能够足以证明采取行政行为是正确合法的。在诉讼中，如果法院认为证据不够，法院有权向当事人、有关行政机关、其他的公民和组织收集。法院还可以组织证据的鉴定。经过取证和鉴定，法院确定行政机关所依据的证据不可靠不充分，就可以判决行政机关败诉。

二、正确适用法律法规

第一，行政管理是一种适用法律的国家活动。如果行政机关打算使自己的意志产生预定的法律效果，必须依法处理行政事务。

第二，将法律法规作为处理行政事务的根本准则和依据。行政机关的活动应当服从上级的指示、命令，执行国家发布的关于行政管理的文件，但是根本的依据是宪法和根据宪法制定的法律法规。将法律法规作为处理行政事务的准则和依据，是讲它的最高性，而不是讲它的唯一性。

第三，正确适用还表现在正确把握法律法规与调整对象的联系。法律法规的适用是有条件的。法律是对社会关系的调整，社会关系的性质和状况是适用法律的条件。适用法律不能取决于行政官员的恣意和偏好，而必须以法律所要求的事实条件作为适用法律的根据。

第四，只能适用有效的法律。适用法律的含义之一，是对现行有效法律的遵守。已经失去效力的法律和尚没有生效的法律，都不得适用。

如果行政机关在上述有关方面有缺陷，法院就可以在行政诉讼中以适用法律法规错误撤销行政决定，判决行政机关败诉。

三、符合法定程序

程序是实现行政管理目标过程中的行政方法和形式。法定程序赋予这些方法和形式以权利义务的法律属性，要求行政机关行使职权时必须遵守，成为判断行政行为是否正确合法的重要标准。例如，行政决定送达当事人，是行政决定生效的必要程序。送达之日是行政决定生效之时，生效的内容限于送达的内容。没有完成送达这一程序，行政决定的法律效力就是有缺陷的。行政诉讼法规定法定程序是行政行为合法的必要条件，在我国立法史上第一次将程序法提到与实体法同样重要的地位。

目前行政法中对行政程序规定得比较好的和体现时代精神的，是《行政处罚法》。该法规定了行政处罚的决定程序和执行程序。决定程序有简易程序、听证程序和一般程序，这三个决定程序中有一个共同的地方，就是当事人的程序权利必须得到满足，即当事人的了解权、陈述权和申辩权必须得到行政机关的尊重。如果行政机关不尊重不满足当事人的程序权利，行政处罚决定就无效。所以，这种对程序权利的尊重和满足，具有法律强制性。

四、不得超越职权和滥用职权

除了上面讲的三个基本条件以外，行政诉讼法还对行政机关提出了两个禁止性要求，即不得超越职权和滥用职权。行政机关的具体行政行为超越职权和滥用职权，侵犯当事人的合法权益，法院可以予以撤销。

关于超越职权的要件，是要求行政机关应当在法律授予的权限以内活动。不能以公共需要为理由对抗职责权限的要求，过于热心也会构成违法和侵权。法院不是按照行为人的动机，而是按照法律的规定来判断行政行为的合法性。

行政机关的职权范围主要由行政组织法和授权法规定。首先是国务院组织法、地方组织法，包括行政机构的编制方案和公务员的职位分类；其次是单行的授权法。行政机关一定要按照行政组织法的规定，在法定的职权范围内进行管理活动。作出具体行政行为的行政机关必须是享有事务和地域管辖权的行政机关。地域管辖权涉及交由主管部门的空间范围，事务管辖权涉及委托给主管部门的行政任务内容。

滥用职权是一个比较复杂的问题，它在不同的场合有不同的含义。在行政法上它是一个实质违法的概念和制度。行政机关的具体行政行为违反了授权法的立法目的，即使在形式上符合条件，它仍然是一个违法的具体行政行为。行政机关在进行行政管理时，不只是机械和简单地按照有关法律和有关条款办事，而且还要执行法律的精神和立法目的。这就需要对法律的立法背景、立法目的、基本原则、制度和规则之间的内在联系有正确的认识和理解。

五、无明显不当

明显不当指具体行政行为明显不合理，特别是行政机关行使行政裁量作出的具体行政行为明显逾越了合理性的限度。

具体行政行为表达中的明显疏忽，不具有违法性。行政意思的表达错误，如书写错误、计算错误、明显的遗漏以及数字化加工过程的错误，因为它不是行政意思本身的错误，所以应当排除其违法性，可以由行政机关进行更正。如果给公民权益造成损害，因为行政机关有过错，应当给予赔偿，但是不应当认定为违法。

应当区分具体行政行为原始的违法和客观情形变化后的“违法”。违法行政行为的规则只是约束原始性的违法行政行为，对后来的所谓“变化违法”要按照行政废止的规则处理。评价具体行政行为合法性的时间界限，是具体行政行为的发布时间。如果作出具体行政行为所根据的事实和法律状态发生变化，不应当影响具体行政行为的合法性问题，也不会构成违法。对于一次性可以执行完毕的具体行政行为是这样，对于延续性具体行政行为也是这样，如工商许可。

第七章
行政处罚

本章主要内容提示

1.行政处罚当事人的陈述和申辩权：

（1）行政机关不得因当事人陈述、申辩而给予更重的处罚。

（2）拒绝听取当事人的陈述和申辩，不得作出行政处罚决定。但是，当事人明确放弃陈述或申辩权利的除外。

2.行政处罚追究时效：

（1）违法行为在2年内未被行政机关发现的，不再给予行政处罚。法律另有规定的除外。

（2）违反治安管理行为在6个月内没有被公安机关发现的，不再处罚。

第一节　行政处罚概述

一、行政处罚法的概念

行政处罚，是指国家行政机关对构成行政违法行为的公民、法人或者其他组织实施的行政法上的制裁。2021年修订的《行政处罚法》第2条对行政处罚作出了明确规定，“指行政机关依法对违反行政管理秩序的公民、法人或者其他组织，以减损权益或者增加义务的方式予以惩戒的行为”。行政处罚是行政违法行为引起的法律后果。所谓行政违法，是指公民、法人或者其他组织违反国家行政管理秩序，依照法律应当由国家行政机关给予行政处罚的危害社会的行为。例如，公民违反治安秩序，公安机关应当依照治安管理处罚法对该公民给予拘留或其他法律规定的治安行政处罚。行政处罚的基本特征是：

第一，行政处罚是国家行政机关行使国家惩罚权的活动。行政处罚的本质是行政制裁，是通过减损权益或者增加义务的方式实现的。不具有国家行政职能的个人、企业事业单位和其他组织，为维护内部工作生活秩序，按照组织章程或群众公约所采取的处罚措施，不属于行政处罚。

第二，行政处罚是处理公民、法人或者其他组织违法行为的管理活动，不同于行政机关对行政机关工作人员的行政处分。行政处分是调整国家行政职务关系的行政纪律措施。行政机关工作人员执行国家公务，负有专门的职权和职责，应当受国家行政纪律的约束。行政处分和行政处罚既不应互相代替，也不能混淆。

第三，行政处罚是维护国家行政管理秩序的具体行政行为，不同于惩罚犯罪的刑罚。行政违法行为与犯罪都是危害社会的行为，行政处罚与刑罚都是维护国家公共利益和法律秩序的方法，但是刑事处罚是制裁犯罪的手段。犯罪是极端的反社会行为，刑罚是最严厉的国家制裁手段。因此，刑事法律只能由司法机关适用。行政违法危害的是国家行政管理秩序，社会危害程度较犯罪低，行政处罚的严厉程度也较刑罚低，而且在立法和实施上有分层次和分部门的多样性。正确区别行政处罚与刑事处罚，对于实行刑罚优先，禁止以罚代刑，维护国家公共利益有重要意义。

行政处罚法，是国家关于设定和实施行政处罚法律规范的总称。所有调整行政处罚设定和实施中发生的社会关系的法律规范都属于行政处罚法的范畴。行政处罚法的表现形式是法律、行政法规、地方性法规和行政规章。除上述形式以外的其他规范性文件不得设定行政处罚。

二、行政处罚的基本原则

（一）处罚法定原则

行政处罚是国家惩罚权的重要方面，是国家经常使用的强制手段和方法，涉及和影响公民、法人和其他组织多方面的权利和利益。为了克服行政处罚的随意性，防止和纠正对行政处罚的滥用，我国行政处罚实行法定原则，行政处罚的设定和实施必须依法进行。该原则有三方面含义：第一，公民、法人或者其他组织的行为，只有法律明文规定应予行政处罚的才受处罚，否则不受处罚；第二，行政处罚设定权只能由法律规定的国家机关在法定职权范围内行使；第三，行政处罚的适用，必须严格依照有关行政违法构成的实体法和适用行政处罚的程序法进行，否则行政处罚无效。

（二）公正公开的原则

公正原则的基本要求，是公民、法人或者其他组织所应承担的违法责任与所受到的行政处罚相适应。行政处罚机关应当首先查明违法事实和情节，并对违法行为的性质和社会危害程度作出正确评价，然后再依法给予行政处罚。任何畸轻或畸重，违法责任与行政处罚失当的，都属于背离公正原则的行政处罚。

公开原则的基本要求，是关于行政处罚的有关规定必须向社会公开。未经公布的规定，不能作为行政处罚的依据。

（三）处罚与教育相结合原则

处罚与教育相结合原则的基本要求，是行政处罚的设定和实施要同时发挥其强制制裁与促进认识转变的作用，使被处罚者不再危害社会和自觉守法，防止将行政处罚变为国家对违法行为简单机械的报复。首先是必须给予惩罚，否则就不足以制止违法行为和恢复正常秩序，不足以维护法律秩序和弥补国家、社会和公民个人因违法行为所遭受的损失，也不能使违法行为人通过遭受处罚痛苦而警觉醒悟停止危害社会；其次是通过处罚促使当事人变为守法者。法律规定被处罚人必须有责任能力，是可以教育和转化的人。任何放弃教育努力的处罚或者以罚代教的做法都不符合处罚与教育相结合的原则。

（四）保障当事人程序权利原则

保障当事人程序权利原则的基本要求，是正确处理惩罚与保护的相互关系，使无辜的人不受行政处罚，使违法行为人受到公正处理，使遭受违法处罚的人得到及时补救。通过保障当事人行使程序权利使行政处罚得到正确使用。当事人的程序权利有两类：一是在行政处罚决定过程中的陈述权、申辩权、被告知权和其他程序权；二是行政处罚决定作出后的申请复议权、提起诉讼权和请求国家赔偿权等救济权。这些程序权利是公民、法人和其他组织等行政处罚当事人对国家的公权利，是对国家的请求，需要以国家机关的义务行为来满足，它对监督国家机关依法行使职权具有重要意义。尊重当事人的程序权是行政处罚有效的法定条件之一。

第二节　行政处罚的种类与设定

一、行政处罚的种类

行政处罚法列举规定了六类行政处罚，并规定了其他行政处罚种类的规定办法。这六类处罚不是按照单一标准划分的，也没有穷尽性质。这种规定的主要根据是它们对公民、法人或者其他组织合法权益的影响程度和对行政管理秩序的保护作用，同时便于划分不同国家机关对各种行政处罚的设定权限。这六类行政处罚分别是：

1.警告、通报批评。警告、通报批评，属于申诫罚或声誉罚。警告是对行政违法行为人的谴责和告诫，是国家对行为人违法行为所做的正式否定评价。从国家方面来说，警告是国家行政机关的正式意思表示，会对相对一方产生不利影响，应当纳入法律约束的范围；对被处罚人来说，警告的制裁作用，主要是对当事人形成心理压力、不利的社会舆论环境。适用警告处罚的重要目的，是使被处罚人认识其行为的违法性和对社会的危害，纠正违法行为并不再继续违法。通报批评是对行政违法行为人的违法行为在一定范围内予以公布，公开予以谴责，希望违法行为人或其他人吸取教训、引以为戒。通报批评在实践中早有使用，并在2021年修订的《行政处罚法》中首次明确作为一种处罚种类。

2.罚款、没收违法所得、没收非法财物。罚款是行政机关对行政违法行为人强制收取一定数量金钱，剥夺一定财产权利的制裁方法。适用于对多种行政违法行为的制裁。没收违法所得，是行政机关将行政违法行为人占有的、通过违法途径和方法取得的财产收归国有的制裁方法；没收非法财物，是行政机关将行政违法行为人非法占有的财产和物品收归国有的制裁方法。

3. 暂扣许可证件、降低资质等级、吊销许可证件。暂扣许可证件或吊销许可证件是行政机关暂时或者永久地撤销行政违法行为人拥有的国家准许其享有某些权利或从事某些活动资格的文件，使其丧失权利和活动资格的制裁方法。降低资质等级是行政机关依法将行政违法行为人的资质等级予以降级或降格的制裁方法。

4. 限制开展生产经营活动、责令停产停业、责令关闭、限制从业。它是行政机关决定限制行政违法人开展生产经营活动或限制其从业，或者强制命令行政违法行为人暂时或永久地停止生产经营和其他业务活动的制裁方法。

5.行政拘留。它是治安行政管理机关（公安机关）对违反治安管理的人短期剥夺其人身自由的制裁方法。

6. 其他行政处罚。除上述五种行政处罚外，法律、行政法规规定的其他行政处罚。这意味着行政处罚新种类的创设权集中在全国人大和国务院，其他机关没有这种权力。

二、行政处罚的设定

设定行政处罚，是国家有权机关创设行政处罚、赋予行政机关行政处罚职权的立法活动。行政处罚法根据我国的立法体制，对不同法律文件规定行政处罚的权限划分作出了规定：

1.法律。分为有权可以设定的和必须行使权力进行设定的两方面。全国人大及其常委会制定的法律，可以设定各种行政处罚。但限制人身自由的行政处罚，只能由法律设定。

2.行政法规。分为它可以自主设定的处罚种类、同法律设定的行政处罚的关系和补充设定三方面。国务院制定的行政法规，可以设定除限制人身自由以外的行政处罚。如果法律对违法行为已经作出行政处罚规定，行政法规需要作出具体规定的，不得超出法律规定的给予行政处罚的行为、种类和幅度的范围。《行政处罚法》赋予行政法规补充设定权，即法律对违法行为未作出行政处罚规定，行政法规为实施法律，可以补充设定行政处罚。行政法规在拟补充设定行政处罚时，应当通过听证会、论证会等形式广泛听取意见，并向制定机关作出书面说明。行政法规报送备案时，应当说明补充设定行政处罚的情况。

3.地方性法规。分为它可以自主设定的处罚种类、同上位法律、行政法规设定的行政处罚的关系和补充设定三方面。有权地方人大制定的地方性法规可以设定除限制人身自由、吊销营业执照以外的行政处罚。如果法律、行政法规对违法行为已经作出行政处罚规定，地方性法规需要作出具体规定的，不得超出法律、行政法规规定的给予行政处罚的行为、种类和幅度的范围。《行政处罚法》赋予地方性法规补充设定权，即法律、行政法规对违法行为未作出行政处罚规定，地方性法规为实施法律、行政法规，可以补充设定行政处罚。地方性法规拟补充设定行政处罚的，应当通过听证会、论证会等形式广泛听取意见，并向制定机关作出书面说明。地方性法规报送备案时，应当说明补充设定行政处罚的情况。

4.部门规章。分为它可以自主设定的处罚种类和同上位法律、行政法规设定的行政处罚的关系两方面。国务院部门规章可以在法律、行政法规规定的给予行政处罚的行为、种类和幅度的范围内作出具体规定。尚未制定法律、行政法规的，可以设定警告、通报批评或者一定数额罚款的行政处罚，罚款的限额由国务院规定。

5.地方政府规章。分为它可以自主设定的处罚种类和同上位法律、法规设定的行政处罚的关系两方面。地方政府规章可以在法律、法规规定的给予行政处罚的行为、种类和幅度的范围内作出具体规定。这里的法规包括行政法规和地方性法规。尚未制定法律、法规的，地方政府规章对违反行政管理秩序的行为，可以设定警告、通报批评或者一定数额罚款的行政处罚。罚款的限额由省、自治区、直辖市人大常委会规定。

行政处罚法规定，除法律、法规和规章以外的其他规范性文件不得设定行政处罚。

对于已设定的行政处罚，国务院部门和省、自治区、直辖市政府及其有关部门应当定期组织评估行政处罚的实施情况和必要性，对不适当的行政处罚事项及种类、罚款数额等，应当提出修改或者废止的建议。

第三节 行政处罚的实施机关、管辖与适用

一、行政处罚的实施机关

行政处罚原则上应当由国家行政机关行使，因为行政处罚在性质上是一项重要的国家行政权和国家制裁权。但是考虑行政管理的实际需要和行政组织编制管理的现状，法律规定符合条件的非政府组织，经过法律、法规的授权或行政机关的委托可以实施行政处罚。

（一）行政主管机关

国家行政机关行使国家行政处罚权，应当符合法律的要求：第一，只有法律规定享有处罚权的行政机关才能有行政处罚权；第二，具有行政处罚权的行政机关只能在法定的职权范围内实施行政处罚。行政机关只能对自己主管业务范围内违反行政管理秩序的行为给予行政处罚。如何划分行政机关对违法案件的权限分工，由管辖制度加以解决。

行政机关综合执法是行政机关提高实施行政处罚效率的重要制度。行政机关一般是按业务特点设置工作部门的，单行的法律法规经常按照行业管理分工将行政处罚权授予某一行业行政主管机关。但是在行政管理实践中，往往需要将属于不同行政主管部门的处罚权集中于某一行政机关统一行使，以提高行政管理效率。针对这种情况，行政处罚法规定了综合执法制度。除限制人身自由的行政处罚权只能由公安机关和法律规定的其他机关行使外，国务院或者经国务院授权的省、自治区、直辖市人民政府可以决定一个行政机关行使有关行政机关的行政处罚权。国家在城市管理、市场监管、生态环境、文化市场、交通运输、应急管理、农业等领

域推行建立综合行政执法制度，相对集中行政处罚权。

（二）法律、法规授权的组织

作为行政机关行使行政处罚权的例外，某些组织在法定条件下可以成为行政处罚的实施者。按照行政处罚权的来源，这种组织可以分为两类：一类是法律、法规直接授予行政处罚实施权的，称为法律、法规授权的组织；另一类是行政机关委托给予行政处罚实施权的，称为行政机关委托的组织。这两类非政府组织实施行政处罚的条件和法律特征不同。

法律、法规授权的组织实施行政处罚的条件是：第一，该组织具有管理公共事务的职能；第二，法律、法规的明文授权；第三，在法定授权范围内行使行政处罚权。

法律、法规授权的组织实施行政处罚的法律特征是：第一，以自己的名义实施行政处罚；第二，以自己的名义参加行政复议或者行政诉讼，并承担相应的法律后果。

（三）行政机关委托的组织

行政机关委托的组织实施行政处罚的条件是：第一，该组织是依法成立并具有管理公共事务职能的事业组织；第二，该组织有熟悉有关法律、法规、规章和业务并取得行政执法资格的工作人员；第三，需要进行技术检查或者技术鉴定的，应当有条件组织进行相应检查鉴定的条件。

行政机关委托非政府组织实施行政处罚的条件是：第一，具有法律、法规或者规章的依据；第二，委托事项必须在该行政机关的法定权限以内；第三，对被委托组织实施行政处罚的行为进行监督；第四，对被委托组织实施行政处罚的行为后果承担法律责任；第五，委托应采用书面委托方式进行并向社会公开。委托书应当载明委托的具体事项、权限、期限等内容。委托行政机关和受委托组织应当将委托书向社会公布。

受委托实施行政处罚的组织的法律义务是：第一，以委托行政机关的名义实施行政处罚；第二，实施行政处罚不得超出委托范围；第三，不得再委托其他任何组织或者个人实施行政处罚。

二、行政处罚的管辖与适用

（一）行政处罚的管辖

管辖是关于行政机关处理行政处罚案件权限划分的制度。它对于及时处理行政处罚案件，防止和解决行政机关之间权限冲突具有重要作用。行政处罚法规定的管辖制度的主要内容是：

1.级别管辖。原则上，行政处罚案件由县级以上地方人民政府具有行政处罚权的行政机关管辖。这说明：第一，中央人民政府和乡级人民政府较少处理行政处罚案件；第二，县级以上地方人民政府的行政机关只有得到法律的明确授权才能处理行政处罚案件。所谓“原则上”，是说法律、行政法规另有规定的例外。

为满足基层执法需求，加强基层执法和处罚力量，2021年修订后的《行政处罚法》推进行政处罚权限和力量向基层延伸和下沉，规定省、自治区、直辖市根据当地实际情况，可以决定将基层管理迫切需要的县级人民政府部门的行政处罚权交由能够有效承接的乡镇人民政府、街道办事处行使，并定期组织评估，决定应当公布。为保证执法效果，承接行政处罚权的乡镇人民政府、街道办事处应当加强执法能力建设，按照规定范围、依照法定程序实施行政处罚。有关地方人民政府及其部门应当加强组织协调、业务指导、执法监督，建立健全行政处罚协调配合机制，完善评议、考核制度。

2.地域管辖。原则上，行政处罚由违法行为发生地的行政机关管辖。但是，法律、行政法规、部门规章另有规定的，从其规定。

3.指定管辖。两个以上行政机关都有管辖权的，由最先立案的行政机关管辖。对管辖发生争议的，应当协商解决，协商不成的，报请共同的上一级行政机关指定管辖；也可以直接由共同的上一级行政机关指定管辖。

4.行政处罚协助。行政机关因实施行政处罚的需要，可以向有关机关提出协助请求。协助事项属于被请求机关职权范围内的，应当依法予以协助。

5.行政处罚与刑事处罚的衔接。违法行为涉嫌犯罪的，行政机关应当及时将案件移送司法机关，依法追究刑事责任。对依法不需要追究刑事责任或者免予刑事处罚，但应当给予行政处罚的，司法机关应当及时将案件移送有关行政机关。行政处罚实施机关与司法机关之间应当加强协调配合，建立健全案件移送制度，加强证据材料移交、接收衔接，完善案件处理信息通报机制。

（二）行政处罚的适用

行政处罚的适用是关于行政处罚实施机关对行政违法行为人，根据违法情节裁量决定科以行政处罚的制度。它一般涉及三个方面的内容：是否科以行政处罚，科以何种处罚，以及科以什么程度的处罚。

1.责令改正。适用行政处罚必须能够有效制止违法行为对社会的危害。在许多情形下，行政处罚方法本身并不足以制止违法行为人继续危害社会。为了弥补某些行政处罚方法的不足，法律规定行政机关实施行政处罚时，应当责令当事人改正或者限期改正违法行为。当事人有违法所得，除依法应当退赔的外，应当予以没收。违法所得是指实施违法行为所取得的款项。法律、行政法规、部门规章对违法所得的计算另有规定的，从其规定。

2.重复处罚之禁止。对当事人的同一个违法行为，不得给予两次以上罚款的行政处罚。这是解决行政处罚中行政职权竞合、处罚法规竞合和违法行为竞合的重要规则。在行政管理中，一个违法行为可能同时违反两个以上法规，受两个以上行政处罚机关管辖，或构成两个以上行政违法行为。为使行政违法行为受到适当的处罚，行政处罚法规定了这一规则。同一个违法行为违反多个法律规范应当给予罚款处罚的，按照罚款数额高的规定处罚。

3.裁量情节。它是指行政处罚机关决定是否给予、给予轻或者重以及免除处罚所依据的各种情形。

不予处罚的情形有：(1)不满14周岁的未成年人有违法行为的，不予行政处罚，责令监护人加以管教。(2)精神病人、智力残疾人在不能辨认或者不能控制自己行为时有违法行为的，不予行政处罚，但应当责令其监护人严加看管和治疗。但是，间歇性精神病人在精神正常时有违法行为的，应当给予行政处罚。(3)违法行为轻微并及时改正，没有造成危害后果的，不予行政处罚；初次违法且危害后果轻微并及时改正的，可以不予行政处罚。(4)当事人有证据足以证明没有主观过错的，不予行政处罚。但是，法律、行政法规另有规定的，从其规定。对当事人的违法行为依法不予行政处罚的，行政机关应当对当事人进行教育。

应当从轻或者减轻行政处罚的情形有：(1)已满14周岁不满18周岁的未成年人有违法行为的；(2)主动消除或者减轻违法行为危害后果的；(3)受他人胁迫或者诱骗实施违法行为的；(4)主动供述行政机关尚未掌握的违法行为的；(5)配合行政机关查处违法行为有立功表现的；(6)法律、法规、规章规定其他应当从轻或者减轻行政处罚的。

可以从轻或者减轻行政处罚的情形有：尚未完全丧失辨认或者控制自己行为能力的精神病人、智力残疾人有违法行为的。

4.处罚的折抵。它是指行政处罚与刑事处罚双重适用的折抵。在一个行为同时构成行政违法和刑事犯罪，并受到行政处罚和刑事处罚的情况下，应当将行政拘留折抵相应刑期，将行政罚款折抵相应的刑罚罚金；行政机关尚未给予当事人罚款的，不再给予罚款。

5.追究时效。行政处罚追究时效，指行政机关追究当事人违法责任给予行政处罚的有效期限。原则上行政违法行为在2年内未被发现的，不再给予行政处罚；涉及公民生命健康安全、金融安全且有危害后果的，上述期限延长至5年。法律另有规定的除外。期限从违法行为发生之日起计算；违法行为有连续或者继续状态的，从行为终了之日起计算。

6. 从旧兼从轻。实施行政处罚，适用违法行为发生时的法律、法规、规章的规定。但是，作出行政处罚决定时，法律、法规、规章已被修改或者废止，且新的规定处罚较轻或者不认为是违法的，适用新的规定。

第四节　行政处罚的程序

一、行政处罚的决定程序

（一）一般规则

行政处罚法规定了适用于各种行政处罚决定程序的一般规则。

1.必须首先查明违法事实才能给予行政处罚。其基本要求是：先查证，后处罚；违法事实不清、证据不足的，不得给予行政处罚。所谓违法事实，是指客观存在的违法行为诸情况的总和。查清违法事实并有相应的证据支持，既是处罚决定程序的中心内容，也是处罚决定合法有效的必要条件。

行政处罚证据种类包括书证、物证、视听资料、电子数据、证人证言、当事人的陈述、鉴定意见和勘验笔录、现场笔录。证据必须经查证属实，方可作为认定案件事实的根据。以非法手段取得的证据，不得作为认定案件事实的根据。

针对目前行政机关经常使用且引发社会关注的电子技术监控设备收集证据，《行政处罚法》第41条专门作出规定。一是行政机关依照法律、行政法规规定利用电子技术监控设备收集、固定违法事实的，应当经过法制和技术审核，确保电子技术监控设备符合标准、设置合理、标志明显，设置地点应当向社会公布。二是电子技术监控设备记录违法事实应当真实、清晰、完整、准确。行政机关应当审核记录内容是否符合要求；未经审核或者经审核不符合要求的，不得作为行政处罚的证据。

2.保障当事人程序权利。当事人的程序权利主要指了解权、陈述和申辩权、听证权和其他权利。尊重和保证当事人了解权、陈述和申辩权，是行政处罚决定成立的法定要件之一。这里所说的了解权，是指行政机关在作出行政处罚决定之前，应当告知当事人拟作出的行政处罚内容及事实、理由、依据，并告知当事人依法享有的陈述、申辩、要求听证等权利。所谓陈述和申辩权，是指在处罚决定作出之前，当事人有权提出自己的意见，提出自己掌握的事实、所持理由和证据，并对行政机关的指控进行辩解，申明自己的主张。行政机关必须充分听取当事人的意见，对当事人提出的事实、理由和证据，应当进行复核；当事人提出的事实、理由或者证据成立的，行政机关应当采纳。行政机关不得因当事人陈述、申辩而给予更重的处罚。

3.公示制度。行政处罚的实施机关、立案依据、实施程序和救济渠道等信息应当公示。具有一定社会影响的行政处罚决定应当依法公开，如公开的行政处罚决定被依法变更、撤销、确认违法或者确认无效的，行政机关应当在3日内撤回行政处罚决定信息并公开说明理由。但是，行政机关及其工作人员对实施行政处罚过程中知悉的国家秘密、商业秘密或者个人隐私，应当依法予以保密。

4.全过程记录制度。行政机关应当依法以文字、音像等形式，对行政处罚的启动、调查取证、审核、决定、送达、执行等进行全过程记录，归档保存。

5.公正文明执法要求。行政处罚应当由具有行政执法资格的执法人员实施。执法人员不得少于两人，法律另有规定的除外。执法人员应当文明执法，尊重和保护当事人合法权益。执法人员与案件有直接利害关系或者有其他关系可能影响公正执法的，应当回避。当事人认为执法人员与案件有直接利害关系或者有其他关系可能影响公正执法的，有权申请回避。当事人提出回避申请的，行政机关应当依法审查，由行政机关负责人决定。决定作出之前，不停止调查。

（二）简易程序

行政处罚法区别行政处罚的不同情况，规定了简易程序、听证程序和普通程序三种程序。

简易程序是为事实确凿并有法定依据，处罚较轻情形设置的，主要特点是当事人程序权利简单，执法人员可以当场决定给予处罚。

1.适用简易程序的条件。有两项条件：第一，违法事实确凿并有法定依据；第二，处罚种类和幅度分别是对公民处以200元以下，对法人或者其他组织处以3000元以下的罚款或者警告的。但是，法律另有规定的，从其规定。

2.执法人员的权力和义务。主要权力是执法人员当场作出行政处罚决定并依照法律规定填写行政处罚决定书。主要义务是当场表明身份，出具和交付依法填写统一制作的行政处罚决定书，行政处罚决定书应当载明当事人的违法行为，行政处罚的种类和依据、罚款数额、时间、地点，申请行政复议、提起行政诉讼的途径和期限以及行政机关名称，并由执法人员签名或者盖章。行政处罚决定书应当场交付当事人。当事人拒绝签收的，应当在行政处罚决定书上注明。执法人员当场作出的行政处罚决定，应当报所属行政机关备案。

3.当事人的权利和义务。主要权利是行政处罚法规定的当事人的各种程序权利，要求执法人员依简易程序规定作出处罚决定的权利，对处罚决定不服依法申请行政复议或者提起行政诉讼的权利。主要义务是依法履行行政处罚决定。

（三）听证程序

听证程序，是在行政机关作出行政处罚决定之前，公开举行专门会议，由行政处罚机关调查人员提出指控、证据和处理建议，当事人进行申辩和质证的程序。听证程序的主要规则有：

1.举行听证会的条件。第一，适用于下列拟作出的行政决定：较大数额罚款；没收较大数额违法所得、没收较大价值非法财物；降低资质等级、吊销许可证件；责令停产停业、责令关闭、限制从业；其他较重的行政处罚；法律、法规、规章规定的其他情形。第二，经当事人依法提出听证要求，由行政机关组织。

2.听证会的进行程序。主要内容是由行政机关通知听证会举行的时间和地点；举行听证的方式是公开举行，涉及国家秘密、商业秘密或者个人隐私的除外；听证会由行政机关指定的非本案调查人员主持，当事人认为主持人与本案有直接利害关系的，有权申请回避；当事人可以亲自参加听证，也可以委托1～2人代理；听证的举行，由调查人员提出当事人违法的事实、证据和行政处罚建议，当事人进行申辩和质证。当事人及其代理人无正当理由拒不出席听证或者未经许可中途退出听证的，视为放弃听证权利，行政机关终止听证；听证应当制作笔录，笔录应当交当事人或者其代理人核对无误后签字或者盖章。当事人或者其代理人拒绝签字或者盖章的，由听证主持人在笔录中注明。

3.处罚决定的作出。由行政机关在听证结束后，依照普通程序的有关规定作出处罚决定。

当事人对限制人身自由的行政处罚有异议的，依照治安管理处罚法的有关规定执行。

（四）普通程序

普通程序是普遍适用的行政处罚程序，它适用于除适用简易程序和听证程序以外的其他行政处罚。普通程序的主要规则有：

1.行政调查。除了在简易程序中可以当场作出行政处罚以外，行政机关发现公民、法人或者其他组织有依法应当给予行政处罚违法行为的，必须进行全面、客观和公正的调查，收集有关证据。必要时，依照法律、法规的规定，可以进行检查。符合立案标准的，行政机关应当及时立案。

行政处罚法规定了行政调查和行政检查中行政机关及其执法人员的权利义务。主要有以下各项：第一，执法人员在调查或者进行检查时，应当主动向当事人或者有关人员出示执法证件。当事人或者有关人员有权要求执法人员出示执法证件。执法人员不出示执法证件的，当事人或者有关人员有权拒绝接受调查或者检查。第二，执法人员有要求当事人如实回答询问并协助调查或检查的权力。第三，行政机关在收集证据时，可以抽样取证。第四，实行先行登记保存制度。在登记保存证据期间，当事人或有关人员有不得销毁或者转移证据的义务。这种方法适用于证据可能灭失或者以后难以取得的情况。在实施中，须经行政机关负责人批准并登记保存，并在7日内作出处理决定。

2.行政处罚决定。行政处罚决定由行政机关负责人在对调查结果进行审查后，根据不同情况作出决定。行政处罚法规定了作出行政处罚决定的条件和决定的种类。对情节复杂或者重大违法行为给予行政处罚，应由行政机关负责人集体讨论后作出。在行政机关负责人作出决定之前，有下列情形之一，应当由从事行政处罚决定法制审核的人员进行法制审核；未经法制审核或者审核未通过的，不得作出决定：涉及重大公共利益的；直接关系当事人或者第三人重大权益，经过听证程序的；案件情况疑难复杂、涉及多个法律关系的；法律、法规规定应当进行法制审核的其他情形。行政机关中初次从事行政处罚决定法制审核的人员，应当通过国家统一法律职业资格考试取得法律职业资格。《行政处罚法》还规定了行政处罚决定书的载明事项和制作方法。在行政处罚决定作出之前，行政机关及其执法人员应当保证当事人享有和行使了解权和陈述、申辩的权利。

3. 行政处罚决定作出期限和送达。行政机关应当自行政处罚案件立案之日起90日内作出行政处罚决定。但是，法律、法规、规章另有规定的，从其规定。行政处罚决定书应当在宣告后当场交付当事人；当事人不在场的，行政机关应当在7日内依照《民事诉讼法》的有关规定，将行政处罚决定书送达当事人。当事人同意并签订确认书的，行政机关可以采用传真、电子邮件等方式，将行政处罚决定书等送达当事人。

二、行政处罚的执行程序

行政处罚执行制度的主要内容是：

（一）一般规定

1.当事人应当及时履行行政处罚决定规定的义务。当事人确有经济困难，需要延期或者分期缴纳罚款的，经当事人申请和行政机关批准，可以暂缓或者分期缴纳。

2.原则上，在当事人申请行政复议或提起行政诉讼期间，行政处罚不停止执行。

3.行政机关应当健全对行政处罚的监督制度。

（二）罚款的收缴

原则上，作出罚款决定的行政机关应当与收缴罚款的机构分离。作出处罚决定的行政机关及其执法人员不得自行收缴罚款。当事人应当在法定期限内，到指定的银行或者通过电子支付系统缴纳罚款。银行应当收受罚款，并将罚款直接上缴国库。对上述原则规定的例外情形，应当依照行政处罚法规定的当场收缴罚款的条件和收缴办法办理。

对于罚款、没收违法所得或者没收非法财物拍卖的款项，必须全部上缴国库。任何行政机关或者个人不得以任何形式私分、截留；财政部门不得以任何形式向行政处罚决定机关返还。

（三）行政处罚决定的强制执行

除经申请和批准当事人可以暂缓或分期缴纳罚款的以外，当事人逾期不履行行政处罚决定的，作出行政处罚决定的行政机关可以采取以下措施：

1.到期不缴纳罚款的，每日按罚款数额的3%加处罚款，加处罚款的数额不得超出罚款的数额；

2.根据法律规定，将查封、扣押的财物拍卖、依法处理或者将冻结的存款、汇款划拨抵缴罚款；

3.根据法律规定，采取其他行政强制执行方式；

4.依照《行政强制法》的规定申请人民法院强制执行。行政机关批准延期、分期缴纳罚款的，申请人民法院强制执行的期限，自暂缓或者分期缴纳罚款期限结束之日起计算。

第五节　治安管理处罚

行政处罚在不同行政部门得到广泛的使用，治安管理处罚是其中最具有普遍性的行政部门处罚之一。2005年颁布的《治安管理处罚法》是进行治安管理处罚的基本法律依据。

一、治安管理处罚概述

治安管理处罚，是公安机关给予实施治安违法行为的公民、法人和其他组织的行政制裁。治安违法行为是公民、法人和其他组织违反治安管理秩序，依照治安管理处罚法和行政处罚法应当给予行政处罚的危害社会的行为。

确定违反治安管理行为的社会危害性、行政违法性和应受行政处罚性，是给予治安管理处罚的前提。违反治安管理行为，首先是具有社会危害性的行为，包括扰乱公共秩序、妨害公共安全，侵犯人身权利、财产权利，妨害社会管理。危害社会的治安违法行为同时构成民事侵权的，还应当承担民事责任。其次是达到依法应当受到治安管理处罚的程度。违反治安管理行为应受治安管理处罚的程度，是该行为危害社会但尚未构成犯罪依照治安管理处罚法和行政处罚法应当给予行政处罚。治安管理处罚法和行政处罚法是确定违反治安管理行为的行政违法性和应受行政惩罚性的法律根据。治安管理处罚法和行政处罚法没有规定应予处罚的行为，不应当受到治安管理处罚。分清违反治安管理行为与刑事犯罪和民事侵权的关系，是认定行政违法性和应受惩罚性的重要方面。

治安管理处罚应当遵循的基本原则是：(1)违法行为与行政处罚相适应原则。治安管理处罚必须以事实为根据，与违反治安管理行为的性质、情节以及社会危害程度相当。(2)公开、公正，尊重和保障人权，保护公民的人格尊严原则。(3)教育与处罚相结合原则。

二、治安处罚的种类和适用

(一)治安处罚的种类

根据《治安管理处罚法》的规定，治安处罚共有四个主罚种类和一个附加罚种类。四个主罚种类是警告、罚款、行政拘留和吊销公安机关发放的许可证；一个附加罚种类是限期出境或者驱逐出境，适用对象仅限于违反治安管理的外国人。除了法律规定的上述处罚之外，公安机关不得采取其他处罚措施，如不得采取没收和责令停产停业处罚措施。

(二)治安处罚的适用

治安处罚的适用，是公安机关根据违法行为人的责任能力和行为情节，决定是否给予处罚、给予何种处罚和给予何种程度处罚程序的活动，是执行违法行为与处罚相适应原则保证处罚公正的重要制度。

1.应受处罚的违法行为主体。违法行为主体有自然人和单位两种，对符合法定条件的违法行为主体应当给予治安行政处罚。

对违反治安管理的自然人进行处罚，自然人应当具备责任年龄和责任能力两方面的条件。责任年龄是承担行政违法责任必须达到的年龄。不满14周岁的人违反治安管理的，不给予治安行政处罚；已满14周岁不满18周岁的人违反治安管理的，应当从轻或者减轻处罚。责任能力是行为人对自己行为的辨认能力和控制能力。达到责任年龄的人一般应当具有责任能力，但是对于精神病人、盲人或者又聋又哑的人应当根据治安管理处罚法的规定决定不予处罚、减轻或者从轻处罚。单位违反治安管理的，应当对其直接负责的主管人员和其他直接责任人员给予行政处罚。其他法律、行政法规对同一行为规定给予单位处罚的，依照其规定处罚。

2.多个违法行为和共同违法行为。多个违法行为，是指一个违法人实施了两种以上违反治安管理的行为，对其应当分别作出处罚决定，合并执行。行政拘留处罚合并执行的，最长不超过20日。共同违法行为，是指两个以上行为人共同实施的违反治安管理行为，应当根据行为人在违反治安管理行为中所起的作用，分别处罚。教唆、胁迫、诱骗他人违反治安管理的，按照教唆、胁迫、诱骗的行为处罚。

3.减轻处罚、不予处罚、从重处罚和不执行处罚。减轻处罚是低于法定处罚的处罚；不予处罚是宣告行为违法但不给予处罚。对具有以下情形的违反治安管理行为应当减轻处罚或者不予处罚：情节特别轻微的，主动消除或者减轻违法后果，并取得被侵害人谅解的；出于他人胁迫或者诱骗的；主动投案，向公安机关如实陈述自己的违法行为的；有立功表现的。

从重处罚是在法定处罚幅度内给予严厉程

度较高的处罚。对具有以下情形的违反治安管理行为应当从重处罚：有较严重后果的；教唆、胁迫、诱骗他人违反治安管理的；对报案人、控告人、举报人、证人打击报复的；6个月内曾受过治安管理处罚的。

不执行处罚是放弃执行应当给予的处罚。对具有以下情形的违反治安管理行为人，依照治安管理处罚法应当给予行政拘留处罚的，不执行行政拘留处罚：已满14周岁不满16周岁的；已满16周岁不满18周岁，初次违反治安管理的；70周岁以上的；怀孕或者哺乳自己不满1周岁婴儿的。

4.调解与处罚。违反治安管理是危害社会的行为，应当依法予以处罚，原则上不实行以当事人之间达成协议为中心内容的行政调解。但是治安管理处罚法规定了例外，即对于因民间纠纷引起的打架斗殴或者损毁他人财物等违反治安管理行为，情节较轻的，公安机关可以调解处理。经公安机关调解，当事人达成协议的，不予处罚。经调解未达成协议或者达成协议后不履行的，公安机关应当依照本法的规定对违反治安管理行为人给予处罚，并告知当事人可以就民事争议依法向人民法院提起民事诉讼。

5.追究时效。追究时效是公安机关追究行政违法责任给予治安行政处罚的有效期限，是行政处罚消灭的制度之一。治安管理处罚法规定，违反治安管理行为在6个月内没有被公安机关发现的，不再处罚。期限从违反治安管理行为发生之日起计算；违反治安管理行为有连续或者继续状态的，从行为终了之日起计算。

三、违反治安管理的行为和处罚

按照依法行政的原则，治安管理处罚法规定了各种具体违反治安管理行为的法律特征和状况，并规定了各种具体违法行为应当受到的治安管理行政处罚的种类和幅度。对于治安管理处罚法没有明文规定的行为，不得进行治安管理处罚。

治安管理处罚法规定的各种具体违反治安管理的行为和处罚分为四类：扰乱公共秩序的行为和处罚、妨害公共安全的行为和处罚、侵犯人身权利、财产权利的行为和处罚与妨害社会管理的行为和处罚。扰乱公共秩序的行为，是对生产和生活等正常社会活动秩序的侵害；妨害公共安全的行为，是对不特定多数人生命健康和财产安全的危害；侵犯人身权利、财产权利的行为，是对特定人和特定财产的侵害；妨害社会管理的行为，是以危害国家机关正常管理为中心内容的其他违反治安管理的行为。法律将这四部分行政违法行为纳入治安管理的范畴，通过治安管理处罚保护国家公共利益和公民、法人和其他组织的合法权益。

四、处罚程序

治安管理处罚程序由调查、决定和执行三部分组成。

调查是关于治安管理机关查证违反治安管理案件过程的制度。治安管理机关调查活动的内容，主要包括对报案、控告、举报和投案的受理，对违反治安管理行为人的传唤和询问，对行为人、有关场所和物品的检查。调查活动应当遵守治安管理处罚法关于依法收集证据、保守秘密和回避的规定。

决定是关于治安管理机关对违反治安管理案件作出处理结论过程的制度。这一制度的内容，主要包括决定机关管辖权、证据、当事人程序权利、决定的种类和形式、决定的送达、当场决定、结案期限和权利救济途径。

执行是关于治安管理机关实施治安管理处罚决定过程的制度。治安管理处罚法规定了拘留和罚款处罚的执行。

五、执法监督

治安管理处罚法规定了社会和公民对治安管理的执法监督，它是维护执法秩序和救济当事人权利相结合的综合性监督制度。

社会和公民监督的主体是任何单位和个人，监督的手段是向有关国家机关检举和控告，监督的内容是治安管理机关和人员不严格执法和违法违纪。不限于维护检举人和控告人自己的合法权益，是这种监督区别于申请行政复议和提起行政诉讼的主要特征。

社会和公民监督的目的必须通过国家机关的监督活动才能实现。国家机关是指收到检举和控告的公安机关、人民检察院和监察机关。这些国家机关对治安管理执法活动监督的方式，是通过其职能活动查证和处理治安管理机关和人员不严格执法和违法违纪行为。处理的手段是给予有关人员以行政处分、刑事处罚，向受到侵权的公民、法人和其他组织进行赔礼道歉和行政赔偿。治安管理处罚法关于治安管理机关的活动原则和禁止性规定，是公民和单位进行检举和控告和有关国家机关进行查处的法律根据。

【本章主要法律规定】

1.《行政处罚法》

2.《治安管理处罚法》

第八章 行政强制

本章主要内容提示

与行政处罚、行政许可的设定相比，行政强制的设定更为严格和复杂。

1.对行政强制措施，法律、行政法规和地方性法规享有设定权。

2.限制公民人身自由的行政强制措施、冻结存款、汇款，以及其他应由法律设定的行政强制措施，均属于法律保留事项。

3.对行政强制执行只有法律有设定权，法律没有规定行政机关强制执行的，应申请法院强制执行。

第一节 行政强制概述

一、行政强制的界定

通常认为，行政强制是指为了实施行政管理或达成行政管理目的，对公民、法人或者其他组织的人身、财产、行为等采取强制性措施的制度。行政强制是行政强制措施和行政强制执行两项制度的合称，二者虽有区别，但有内在的关联。

(一)行政强制措施的概念和特征

行政强制措施，是指行政机关在行政管理过程中，为制止违法行为、防止证据损毁、避免危害发生、控制危险扩大等情形，依法对公民的人身自由实施暂时性限制，或者对公民、法人或者其他组织的财物实施暂时性控制的行为。

行政强制措施有以下特征：第一，预防性和制止性。行政强制措施的目的在于预防、制止或控制危害社会行为的发生或扩大。第二，临时性和中间性。行政强制措施常常是行政机关作出最终处理决定的前奏和准备。第三，主体只能是行政机关和经授权的组织。

(二)行政强制执行的概念和特征

行政强制执行是行政机关或由行政机关申请法院对不履行行政机关依法作出的行政处理决定中规定的义务，采取强制手段，强迫其履行义务，或达到与履行义务相同状态的行为。

行政强制执行有以下特征：

第一，行政强制执行的执行主体包括行政机关和人民法院。与实施行政强制措施的主体只能是行政机关和经授权的组织不同，行政强制执行的主体除行政机关和经授权的组织外，还包括法院。

第二，行政强制执行以公民、法人或者其他组织不履行具体行政行为所确定的义务为前提。公民、法人或者其他组织所负义务是生效具体行政行为确定的义务，如果公民、法人或者其他组织自动履行义务，则不产生强制执行问题。行政强制执行只能在公民、法人或者其他组织不履行义务时才能进行。

第三，行政强制执行目的在于以强制的方式迫使当事人履行义务，或达到与履行义务相同的状态，即实现具体行政行为所确定的义务内容。

二、行政强制的性质、意义和立法

为应对多样的社会活动，行政机关拥有多种处理手段和管理方式，行政强制即为其中一种管理手段，它是行政机关排除来自公民、法人或者其他组织阻力的一种工具，是行政机关权力行使的最后手段。缺少这一手段的保障，行政机关可能无法进行有效管理。

无论是行政强制措施还是行政强制执行，都是行政机关行使权力中表现最为激烈，对公民、法人或者其他组织影响巨大的行为方式，它可以使公民、法人或者其他组织的人身或财产直接受损。

从行政执法的运作过程来看，一旦行政机关动用行政强制，事实上即意味着行政机关与公民、法人或者其他组织双方的友好合作宣告结束，行政机关的权力和公民、法人或者其他组织的人身或财产权利进入了直接交锋。因此，行政强制制度的正确运用，能够保证令行禁止，实现良好的法治秩序；反之，行使不当或一旦滥用，必然会给公民、法人或者其他组织带来巨大损害。正因如此，行政强制立法在行政机关与公民权益保护之间的导向选择，就至关重要。

鉴于行政强制的性质，自改革开放以来我国开始重视行政强制的立法，逐步形成了一套行政强制制度。不过，一直以来对行政强制的立法基本采用的是分散立法，由单行法律、法规对行政强制作出规定。虽然分散立法对规范行政强制起到了积极作用，但这一立法模式也给行政强制制度带来了一定的问题，例如，设定权不明确、规定缺乏统一、程序规定欠缺，同时实践中滥用强制权的现象突出，当然也存在强制执行难的问题。《行政强制法》于2011年6月30日经第十一届全国人民代表大会常务委员会第二十一次会议通过，自2012年1月1日起施行。

根据《行政强制法》的规定，除应对突发事件时行政机关采取应急措施或者临时措施，以及行政机关采取金融业审慎监管措施、进出境货物强制性技术监控措施外，所有的行政强制的设定和实施均应适用行政强制法。《行政强制法》共有71条，分为7章。

三、行政强制的基本原则

行政强制的基本原则指贯穿于行政强制制度之中，体现行政法治的内在精神和理念，要求行政机关、公务员及相关主体从事行政强制活动时必须坚持和遵循的基本要求。《行政强制法》第4~8条则分别确立了五项行政强制的基本原则，具体为：行政强制法定原则、适当原则或非强制优先原则、教育与强制相结合原则、不得谋利原则和权利保障原则。

（一）行政强制法定原则

《行政强制法》第4条规定：“行政强制的设定和实施，应当依照法定的权限、范围、条件和程序。”该规定确立了行政强制法定原则，指行政强制权的设定及其行使必须依法进行，不得违反法律规定。没有法律规定或授权，不得设定行政强制；对于依法享有强制权的行政机关及其他机关，必须严格按照法律行使行政强制权。

根据《行政强制法》第4条的规定，行政强制法定原则包括设定法定和实施法定两个方面：

1.设定法定。是指行政强制的设定权由法律规定，它涉及行政机关限制、剥夺或其他影响公民、法人或者其他组织权利的正当性和权限问题。行政强制作为激烈的行政管理手段，其设定至关重要。根据行政强制法的规定，行政强制原则上只有全国人民代表大会及其常委会制定的法律才有权设定，行政法规和地方性法规能否具有或具有什么样的设定权，有赖于法律的明确授权。除法律、行政法规和地方性法规外，其他任何规范不得设定对公民、法人或者其他组织不利的行政强制行为。

2.实施法定。对由立法依法设定的行政强制，享有行政强制权的机关必须依照法律规定的权限、范围、条件和程序行使该权力。（1）权限法定。行政机关及相关主体实施行政强制必须遵循权限法定的要求，没有行政强制权的机关和组织不得实施行政强制。（2）范围法定。对享有行政强制权的行政机关及相关主体，应严格按照法律事先规定的权限范围，不得逾越权限范围。（3）条件法定。行政强制权的行使皆需要具有一定的条件，行政强制法及相关单行法均会对行政机关及相关主体行使行政强制权的条件、情况作出明示或默示规定。行政机关及相关主体只有在满足或符合法律规定的条件时，方能行使行政强制权，采取行政强制，否则构成违法。（4）程序法定。行政强制合法不仅包括结果合法，而且包括程序合法，二者缺一不可。行政强制法亦对程序十分重视，使用大量条文对行政强制程序作出规定。

（二）行政强制适当原则

《行政强制法》第5条规定："行政强制的设定和实施，应当适当。采用非强制手段可以达到行政管理目的的，不得设定和实施行政强制。"该规定所确立的行政强制适当原则，是行政强制至关重要的原则，对其理解直接关系到行政强制法的适用。

所谓行政强制适当原则，指行政强制的设定和实施应当保证行政强制手段与行政强制目的关系的恰当与适中，即设定和实施的行政强制应当出于行政管理所必需，在有多种行政强制手段可采用时应使用损害最小的手段。

根据《行政强制法》第5条的规定，适当原则包括以下三方面的要求：

1.行政强制手段适当。即行政机关所采取的行政强制手段必须为达到的结果相适当，手段与结果之间要匹配。

2.非强制手段优先。即采用非强制手段可以达到行政管理目的的，不得设定和实施行政强制。这是行政强制适当原则的核心。非强制手段优先原则的确立，明确限定了行政强制在行政管理中的定位，行政强制既不是行政管理的第一位选择，也不是能够频繁使用的手段，除非不得已，行政机关不得动用行政强制，立法机关也不能为行政机关创设行政强制手段。

3.此原则既适用于行政强制的实施，也适用于行政强制的设定。根据《行政强制法》第5条的规定，适当原则不仅对行政机关具体实施行政强制行为有约束力，而且对立法机关为行政机关设定行政强制行为也有约束力。

（三）教育与强制相结合原则

《行政强制法》第6条规定："实施行政强制，应当坚持教育与强制相结合。"该规定确立了教育与强制相结合原则。

教育与强制相结合原则指行政机关在实施行政强制时，不能一味强调强制，而应当与说服教育相结合，通过说服教育工作尽可能促使当事人自觉履行义务，在说服教育无效的情况下应及时通过强制实现法律目的。具体有以下要求：在实施行政强制时应树立教育与强制并举的观念；先教育后强制；运用多种手段进行宣传教育。

（四）不得谋利原则

不得谋利原则指行政机关及其工作人员应当始终坚持行政强制权的行使为公共利益的要求，不得利用行政强制权为单位或个人谋取利益。《行政强制法》第7条规定："行政机关及其工作人员不得利用行政强制权为单位或者个人谋取利益。"

结合行政强制法的其他规定和行政实践，不得谋利原则包含两方面的要求：

1.不得谋利的主体不限于行政机关工作人员，行政机关本身也包括其中。在现实中，虽然多数情况下滥用行政强制权或行政权力的主体主要表现为行政机关工作人员，但行政机关同样可以构成谋利的主体。

2.不得谋利的对象包括单位和个人。根据《行政强制法》第7条的规定，不得谋利包括不得为单位谋取利益和不得为个人谋取利益，而结合行政强制法的规定，不得谋利原则中的"单位"和"个人"不限于行政机关及其工作人员本身，运用行政强制权为任何单位和任何个人谋取利益均在被禁止之列。

（五）权利保障原则

《行政强制法》第8条规定："公民、法人或者其他组织对行政机关实施行政强制，享有陈述权、申辩权；有权依法申请行政复议或者提起行政诉讼；因行政机关违法实施行政强制受到损害的，有权依法要求赔偿。公民、法人或者其他组织因人民法院在强制执行中有违法行为或者扩大强制执行范围受到损害的，有权依法要求赔偿。"该条规定确立了行政强制权利保障原则。

第二节　行政强制的种类和设定

行政强制的设定是由立法创设行政强制，本质是国家对行政强制的立法规定，涉及哪些法律规范可以对哪一（些）种类的行政强制作出规定。行政强制包括行政强制措施和行政强制执行，二者的种类不同，设定也有很大差异。

一、行政强制措施的种类和设定

（一）种类

行政强制措施可以划分为不同的类别，《行政强制法》第9条对此作出明确规定，内容为"行政强制措施的种类：（一）限制公民人身自由；（二）查封场所、设施或者财物；（三）扣押财物；（四）冻结存款、汇款；（五）其他行政强制措施"。

限制公民人身自由的强制措施，指为制止违法行为、避免危害发生、控制危险扩大等情形，行政机关依法对公民的人身自由实施暂时性限制。例如，强制驱散游行示威者。

查封场所、设施或者财物，扣押财物，冻结存款、汇款，上述三类行政强制措施属于对物采用的强制措施。查封是行政机关对公民、法人或者其他组织的场所或物品进行封存，不准转移和处理的措施，可以适用于财物，也可适用于场所和设施；扣押指行政机关将公民、法人或者其他组织的财物移至另外场所加以扣留，不准被执行人占有、使用和处分的措施；冻结指限制金融资产流动的行政强制措施，包括冻结存款和冻结汇款。

除以上述四类之外的行政强制措施，行政强制法未沿用行政处罚法的做法作出限定，仅用"其他行政强制措施"作概括。

（二）设定

与行政处罚、行政许可的设定相比，行政强制法对包括行政强制措施在内的行政强制设定采取了从严的思路。

1.法律的设定权。法律可以对所有的行政强制措施进行设定，但下列行政强制措施的设定由法律保留：限制公民人身自由的行政强制措施、冻结存款、汇款，以及其他应由法律设定的事项，这些措施只能由法律作出设定。

2.行政法规的设定权。行政法规对行政强制措施的设定相对复杂，包括两种情形：第一种情形是某一领域或事项尚未制定法律。在此情形下，如相关事项属于国务院行政管理职权事项的，行政法规可以设定由法律保留的行政强制措施之外的措施，即限制公民人身自由的行政强制措施、冻结存款、汇款，以及其他应由法律设定的行政强制措施以外的其他行政强制措施。第二种情形是某一领域或事项已出台法律。在此情形下，如已制定的法律设定了行政强制措施，且对行政强制措施的对象、条件、种类作了规定的，行政法规只能对已创设的行政强制措施作出细化规定，不得作出扩大规定；如已制定的法律未设定行政强制措施，行政法规原则上不得设定行政强制措施。不过，在符合特定条件时行政法规可以设定行政强制措施，即单行法律规定特定事项由行政法规规定具体管理措施，那么，行政法规可以设定由法律保留设定的行政强制措施之外的其他行政强制措施。

3.地方性法规的设定权。根据行政强制法

的规定，地方性法规对行政强制措施的设定权为，尚未制定法律、行政法规，且属于地方性事务的，可以设定的行政强制措施有两类，即查封场所、设施或者财物和扣押财物。

对法律已设定的行政强制措施，地方性法规只能对法律所规定的行政强制措施的对象、条件、种类作出细化规定，加以具体化，扩大规定无效。如法律中未设定行政强制措施的，地方性法规不得设定行政强制措施。

除法律、法规以外的其他规范性文件，均不得设定行政强制措施。

二、行政强制执行的方式和设定

（一）行政强制执行方式

行政强制执行的方式因执行主体不同而不同。如果行政机关的具体行政行为需要申请法院执行，则由法院主要使用相应的强制方式强制当事人履行；如果行政机关有自行强制执行权，则由行政机关依法律规定的方式强制执行。

应当说，不同的行政机关可以采取的行政强制执行方式应依法律规定。概括而言，可以分为三类：

一是代履行。也可称为代执行，指如当事人拒不履行的义务为可由他人代替履行的义务时，行政机关请他人代为履行，并要求当事人承担相应费用的执行方式。代履行有两个特征：第一，当事人应履行的义务为可替代义务，即此义务可以当事人亲自履行，也可以由他人履行，如排除妨碍、恢复原状属于此种义务。如某项义务必须当事人亲自履行，不能适用代履行。第二，代履行的费用应由当事人承担。

二是执行罚。指在当事人逾期不履行义务时，行政机关要求当事人承担一定的金钱给付义务，促使其履行义务的执行方式。如当事人不缴纳罚款，行政机关依法加处罚款或者滞纳金。值得注意的是，这里虽用的是罚款，但不是行政处罚，而是一种行政强制执行方式。

三是直接强制。指行政机关直接对当事人人身或财产实施强制，迫使其履行义务或实现与履行义务相同状态的执行方法。一般包括划拨存款、汇款，拍卖或者依法处理查封、扣押的场所、设施或者财物等。

《行政强制法》第12条规定的行政强制执行方式有：加处罚款或者滞纳金；划拨存款、汇款；拍卖或者依法处理查封、扣押的场所、设施或者财物；排除妨碍、恢复原状；代履行；其他强制执行方式。

（二）设定

《行政强制法》第13条规定："行政强制执行由法律设定。法律没有规定行政机关强制执行的，作出行政决定的行政机关应当申请人民法院强制执行。"此规定要求行政机关的自行强制执行必须由法律设定，包括行政法规、地方性法规不得设定行政机关强制执行，因此，此规定限缩了行政强制法实施前授权行政机关能够自行强制执行的范围。

三、设定的论证和评价

根据《行政强制法》的规定，无论是对行政强制措施的设定还是对行政强制执行的设定，在设定前必须进行论证，设定后必须进行评价。

在起草法律草案、法规草案，拟设定行政强制的，起草单位应当采取听证会、论证会等形式听取意见，并向制定机关说明设定该行政强制的必要性、可能产生的影响以及听取和采纳意见的情况。

行政强制设定后应进行评价。行政强制的设定机关应当定期对其设定的行政强制进行评价，并对不适当的行政强制及时予以修改或者废止；行政强制的实施机关可以对已设定的行政强制的实施情况及存在的必要性适时进行评价，并将意见报告该行政强制的设定机关；公民、法人或者其他组织可以向行政强制的设定机关和实施机关就行政强制的设定和实施提出意见和建议。有关机关应当认真研究论证，并以适当方式予以反馈。

第三节　行政强制措施实施程序

行政强制法用了相当大的笔墨对行政强制措施程序作出规定，意在增加可操作性和规范性。

一、实施行政强制措施的主体

行政强制措施由法律、法规规定的行政机关在法定职权范围内实施。特别值得注意的是，《行政强制法》第17条第2款授予行使相对集中行政处罚权的行政机关采取行政强制措施的权力，即依据行政处罚法的规定行使相对集中行政处罚权的行政机关，可以实施法律、法规规定的与行政处罚权有关的行政强制措施。

行政强制法明确规定行政强制措施权不得委托，同时规定行政强制措施应当由行政机关具备资格的行政执法人员实施，其他人员不得实施。

二、一般程序要求

实施行政强制措施的一般程序，指行政机关实施各类行政强制措施均需要遵守的程序环节和要求。

1.报告和批准。实施前须向行政机关负责人报告并经批准。情况紧急，需要当场实施行政强制措施的，行政执法人员应当在24小时内向行政机关负责人报告，并补办批准手续。行政机关负责人认为不应当采取行政强制措施的，应当立即解除。

2.表明身份。实施行政强制措施时，应由2名以上行政执法人员实施。实施时，执法人员应出示执法身份证件，表明身份。

3.通知当事人到场。当事人不到场的，邀请见证人到场，由见证人和行政执法人员在现场笔录上签名或者盖章。

4.告知和说明理由。执法人员应当场告知当事人采取行政强制措施的理由、依据以及当事人依法享有的权利、救济途径。

5.听取当事人的陈述和申辩。

6.制作现场笔录。现场笔录由当事人和行政执法人员签名或者盖章，当事人拒绝的，在笔录中予以注明。

三、特别程序要求

除一般程序要求外，行政机关实施限制公民人身自由、查封扣押、冻结等行政强制措施的，还须遵循特别程序要求。

（一）实施限制公民人身自由的强制措施

当场告知或者实施行政强制措施后立即通知当事人家属实施行政强制措施的行政机关、地点和期限。在紧急情况下当场实施行政强制措施的，在返回行政机关后，立即向行政机关负责人报告并补办批准手续。如法律规定对此类措施的其他程序作出规定，应从其规定。

行政机关实施限制人身自由的行政强制措施不得超过法定期限。实施行政强制措施的目的已经达到或者条件已经消失，应当立即解除。

（二）查封、扣押

1.对象要求。限于涉案的场所、设施或者财物，不得查封、扣押与违法行为无关的场所、设施或者财物，不得查封、扣押公民个人及其所扶养家属的生活必需品，对当事人的场所、设施或者财物已被其他国家机关依法查封的，不得重复查封。

2.形式要求。行政机关决定实施查封、扣押的，应当制作并当场交付查封、扣押决定书和清单。查封、扣押决定书应当载明的事项有：当事人的姓名或者名称、地址；查封、扣押的理由、依据和期限；查封、扣押场所、设施或者财物的名称、数量等；申请行政复议或者提起行政诉讼的途径和期限；行政机关的名称、印章和日期。查封、扣押清单一式两份，由当事人和行政机关分别保存。

3.期限。查封、扣押的期限不得超过30日，如法律、行政法规另有规定的，从其规定。情况复杂的，经行政机关负责人批准，可以延长，但是延长期限不得超过30日。延长查封、扣押的决定应当及时书面告知当事人，并说明理由。

对物品需要进行检测、检验、检疫或者技术鉴定的，查封、扣押的期间不包括检测、检验、检疫或者技术鉴定的期间。检测、检验、检疫或者技术鉴定的期间应当明确，并书面告知当事人。检测、检验、检疫或者技术鉴定的费用由行政机关承担。

4.保管及费用。对查封、扣押的场所、设施或者财物，行政机关应当妥善保管，不得使用或者损毁；造成损失的，应当承担赔偿责任。对查封的场所、设施或者财物，行政机关可以委托第三人保管，第三人不得损毁或者擅自转移、处置。因第三人的原因造成的损失，行政机关先行赔付后，有权向第三人追偿。

因查封、扣押发生的保管费用由行政机关承担。

5.处置。行政机关采取查封、扣押措施后，应当及时查清事实，在法定期限内作出处理决定。行政机关有三种处置方式：

第一，没收。对违法事实清楚，依法应当没收的非法财物予以没收。

第二，销毁。法律、行政法规规定应当销毁的，依法销毁。

第三，解除查封、扣押。有下列情形之一的，行政机关应当及时作出解除查封、扣押决定：当事人没有违法行为；查封、扣押的场所、设施或者财物与违法行为无关；行政机关对违法行为已经作出处理决定，不再需要查封、扣押；查封、扣押期限已经届满；其他不再需要采取查封、扣押措施的情形。

（三）冻结

1.只能由法律规定的行政机关实施。冻结这一强制措施的实施主体只能由法律规定的行政机关实施，其他任何行政机关或者组织不得冻结存款、汇款。

2.对象要求。冻结存款、汇款的数额应当与违法行为涉及的金额相当；已被其他国家机关依法冻结的，不得重复冻结。

3.冻结通知书。行政机关依照法律规定决定实施冻结存款、汇款时，在遵守一般程序要求的同时，还应向金融机构交付冻结通知书。金融机构接到行政机关依法作出的冻结通知书后，应当立即予以冻结，不得拖延，不得在冻结前向当事人泄露信息。

4.冻结决定书。作出决定的行政机关应当在3日内向当事人交付冻结决定书。冻结决定书应当载明下列事项：当事人的姓名或者名称、地址；冻结的理由、依据和期限；冻结的账号和数额；申请行政复议或者提起行政诉讼的途径和期限；行政机关的名称、印章和日期。

5.期限。除法律另有规定的，冻结的期限为30日。自冻结存款、汇款之日起30日内，行政机关应当作出处理决定或者作出解除冻结决定；情况复杂的，经行政机关负责人批准，可以延长，但是延长期限不得超过30日。延长冻结的决定应当及时书面告知当事人，并说明理由。

6.冻结决定的解除。有下列情形之一的，行政机关应当及时作出解除冻结决定：当事人没有违法行为；冻结的存款、汇款与违法行为无关；行政机关对违法行为已经作出处理决定，不再需要冻结；冻结期限已经届满；其他不再需要采取冻结措施的情形。行政机关作出解除冻结决定的，应当及时通知金融机构和当事人。金融机构接到通知后，应当立即解除冻结。行政机关逾期未作出处理决定或者解除冻结决定的，金融机构应当自冻结期满之日起解除冻结。

第四节　行政机关强制执行程序

一、行政机关自行强制执行权限

我国行政强制执行实行由行政机关和法院共享强制执行权的模式，二者各自的权限涉及行政强制执行的运行。行政强制法对此前行政机关和法院各自的强制执行权进行了一定的调整，规定“法律没有规定行政机关强制执行的，作出行政决定的行政机关应当申请人民法院强制执行”。根据此规定，行政机关自行强制执行权的取得需要由全国人大及其常委会制定的法律授权。

不过，行政强制法在规定单行法律可以授

权行政机关自行强制执行时，也给予行政机关可以自行强制执行的两项授权。一是对违法建筑物、构筑物、设施等强制拆除。根据《行政强制法》第44条的规定，行政机关进行强制拆除的条件是，当事人在法定期限内不申请行政复议或者提起行政诉讼，又不拆除。同时，在程序上，行政机关应予以公告，限期当事人自行拆除。二是符合特定条件时对金钱给付义务的直接强制执行。对行政机关依法作出金钱给付义务的行政决定，当事人逾期不履行的，行政机关可以依法采取加处罚款或者滞纳金进行间接强制执行。如当事人仍不履行，法律将授予自行强制执行权的行政机关自然可以直接强制执行；没有授予的，原则上要申请法院执行。不过，若当事人在法定期限内不申请行政复议或者提起行政诉讼，经催告仍不履行的，且行政机关在实施行政管理过程中已经采取查封、扣押措施时，该行政机关即取得强制执行权，可以将查封、扣押的财物依法拍卖抵缴罚款。

二、一般程序及要求

对行政机关自行强制执行程序，无论采取何种措施均应遵循下列程序环节：

一是督促催告。在进行强制执行前，行政机关应利用催告的方式，作最后一次的督促，让当事人自觉履行义务。行政机关作出强制执行决定前，应当事先催告当事人履行义务。催告应当以书面形式作出，并载明下列事项：履行义务的期限；履行义务的方式；涉及金钱给付的，应当有明确的金额和给付方式；当事人依法享有的陈述权和申辩权。

二是陈述与申辩。当事人收到催告书后有权进行陈述和申辩。行政机关应当充分听取当事人的意见，对当事人提出的事实、理由和证据，应当进行记录、复核。当事人提出的事实、理由或者证据成立的，行政机关应当采纳。

三是作出强制执行决定和送达。经催告，当事人逾期仍不履行行政决定，且无正当理由的，行政机关可以作出强制执行决定。强制执行决定应当以书面形式作出，并载明下列事项：当事人的姓名或者名称、地址；强制执行的理由和依据；强制执行的方式和时间；申请行政复议或者提起行政诉讼的途径和期限；行政机关的名称、印章和日期。在催告期间，对有证据证明有转移或者隐匿财物迹象的，行政机关可以作出立即强制执行决定。催告书、行政强制执行决定书应当直接送达当事人。当事人拒绝接收或者无法直接送达当事人的，应当依照民事诉讼法的有关规定送达。

四是采取强制执行措施。文书经送达后，行政机关根据执行内容、标的等不同，分别采取不同的强制执行方式，并遵循不同的程序规定。行政机关不得在夜间或者法定节假日实施行政强制执行。但是，情况紧急的除外。行政机关不得对居民生活采取停止供水、供电、供热、供燃气等方式迫使当事人履行相关行政决定。

三、特别程序及要求

除一般程序要求外，针对具体强制执行措施，行政机关还应遵循特别程序要求。

（一）金钱给付义务的执行

1.先采取间接强制措施。行政机关依法作出金钱给付义务的行政决定，当事人逾期不履行的，行政机关可以依法加处罚款或者滞纳金。加处罚款或者滞纳金的标准应当告知当事人。加处罚款或者滞纳金的数额不得超出金钱给付义务的数额。

2.自行强制执行或申请法院执行。行政机关实施加处罚款或者滞纳金超过30日，经催告当事人仍不履行的，具有行政强制执行权的行政机关可以强制执行，没有行政强制执行权的行政机关应当申请人民法院强制执行。

3.执行的程序要求。划拨存款、汇款应当由法律规定的行政机关决定，并书面通知金融机构。金融机构接到行政机关依法作出划拨存款、汇款的决定后，应当立即划拨。依法拍卖财物，由行政机关委托拍卖机构依照拍卖法的规定办理。划拨的存款、汇款以及拍卖和依法处理所得的款项应当上缴国库或者划入财政专户。任何行政机关或者个人不得以任何形式截留、私分或者变相私分。

（二）代履行

1.适用范围。行政机关依法作出要求当事人履行排除妨碍、恢复原状等义务的行政决定，当事人逾期不履行，经催告仍不履行，其后果已经或者将危害交通安全、造成环境污染或者破坏自然资源的，行政机关可以代履行，或者委托没有利害关系的第三人代履行。

2.程序。原则上，代履行应当遵守下列规定：第一，代履行前送达决定书。代履行决定书应当载明当事人的姓名或者名称、地址，代履行的理由和依据、方式和时间、标的、费用预算以及代履行人。第二，催告履行。代履行3日前，催告当事人履行，当事人履行的，停止代履行。第三，代履行。代履行时，作出决定的行政机关应当派员到场监督，代履行完毕，行政机关到场监督的工作人员、代履行人和当事人或者见证人应当在执行文书上签名或者盖章。代履行不得采用暴力、胁迫以及其他非法方式。

对需要立即清除道路、河道、航道或者公共场所的遗洒物、障碍物或者污染物，当事人不能清除的，行政机关可以决定立即实施代履行；当事人不在场的，行政机关应当在事后立即通知当事人，并依法作出处理。

3.费用。代履行的费用按照成本合理确定，由当事人承担。但是，法律另有规定的除外。

四、中止执行、终结执行和执行和解

（一）中止执行

有下列情形之一的，中止执行：当事人履行行政决定确有困难或者暂无履行能力的；第三人对执行标的主张权利，确有理由的；执行可能造成难以弥补的损失，且中止执行不损害公共利益的；行政机关认为需要中止执行的其他情形。

中止执行的情形消失后，行政机关应当恢复执行。对没有明显社会危害，当事人确无能力履行，中止执行满3年未恢复执行的，行政机关不再执行。

（二）终结执行

有下列情形之一的，终结执行：公民死亡，无遗产可供执行，又无义务承受人的；法人或者其他组织终止，无财产可供执行，又无义务承受人的；执行标的灭失的；据以执行的行政决定被撤销的；行政机关认为需要终结执行的其他情形。

在执行中或者执行完毕后，据以执行的行政决定被撤销、变更，或者执行错误的，应当恢复原状或者退还财物；不能恢复原状或者退还财物的，依法给予赔偿。

（三）执行和解

实施行政强制执行，行政机关可以在不损害公共利益和他人合法权益的情况下，与当事人达成执行协议。执行协议可以约定分阶段履行；当事人采取补救措施的，可以减免加处的罚款或者滞纳金。执行协议应当履行。当事人不履行执行协议的，行政机关应当恢复强制执行。

第五节　申请法院强制执行

一、适用条件

《行政强制法》第53条规定：“当事人在法定期限内不申请行政复议或者提起行政诉讼，又不履行行政决定的，没有行政强制执行权的行政机关可以自期限届满之日起3个月内，依照本章规定申请人民法院强制执行。”

《行诉法适用解释》第156条规定，没有强制执行权的行政机关申请人民法院强制执行其行政行为，应当自被执行人的法定起诉期限届满之日起3个月内提出。逾期申请的，除有正当理由外，人民法院不予受理。

综合相关规定，行政机关根据申请执行其行政行为，应当具备以下条件：一是行政行为依法可以由人民法院执行；二是行政行为已经生效并

具有可执行内容；三是申请人是作出该行政行为的行政机关或者法律、法规、规章授权的组织；四是被申请人是该行政行为所确定的义务人；五是被申请人在行政行为确定的期限内或者行政机关催告期限内未履行义务；六是申请人在法定期限内提出申请；七是被申请执行的行政案件属于受理执行申请的人民法院管辖。

二、行政机关提出申请

（一）申请前的催告

行政机关申请人民法院强制执行前，应当催告当事人履行义务。催告书送达10日后当事人仍未履行义务的，行政机关可以申请法院强制执行。

（二）管辖法院

行政机关申请人民法院强制执行其行政行为的，由申请人所在地的基层人民法院受理；执行对象为不动产的，由不动产所在地的基层人民法院受理。基层人民法院认为执行确有困难的，可以报请上级人民法院执行；上级人民法院可以决定由其执行，也可以决定由下级人民法院执行。

（三）申请材料

行政机关向人民法院申请强制执行，应当提供下列材料：强制执行申请书；行政决定书及作出决定的事实、理由和依据；当事人的意见及行政机关催告情况；申请强制执行标的情况；法律、行政法规规定的其他材料。

强制执行申请书应当由行政机关负责人签名，加盖行政机关的印章，并注明日期。

三、法院的受理、审理和裁定

（一）受理

人民法院对符合条件的申请，应当在5日内立案受理，并通知申请人；对不符合条件的申请，应当裁定不予受理。行政机关对不予受理裁定有异议，在15日内向上一级人民法院申请复议的，上一级人民法院应当在收到复议申请之日起15日内作出裁定。

（二）审查

1.审查方式。法院对行政机关强制执行的申请进行书面审查，即通过审阅书面材料方式进行审查。不过，根据行政强制法的规定，法院在作出裁定前也可以采用其他方式进行审查。《行政强制法》第58条规定："人民法院发现有下列情形之一的，在作出裁定前可以听取被执行人和行政机关的意见：（一）明显缺乏事实根据的；（二）明显缺乏法律、法规依据的；（三）其他明显违法并损害被执行人合法权益的。"

2.审查期限与案件处理。对一般的强制执行案件，法院的审查期限为7日。经审查，如行政机关提交的申请材料齐全，且行政决定具备法定执行效力的，法院应当自受理之日起7日内作出执行裁定。

对出现《行政强制法》第58条规定情形的案件，法院的审查期限为30日。法院应当自受理之日起30日内作出是否执行的裁定。裁定不予执行的，应当说明理由，并在5日内将不予执行的裁定送达行政机关。行政机关对人民法院不予执行的裁定有异议的，可以自收到裁定之日起15日内向上一级人民法院申请复议，上一级人民法院应当自收到复议申请之日起30日内作出是否执行的裁定。

不过，因情况紧急，为保障公共安全，行政机关可以申请人民法院立即执行。经人民法院院长批准，人民法院应当自作出执行裁定之日起5日内执行。

3.费用。行政机关申请人民法院强制执行，不缴纳申请费。强制执行的费用由被执行人承担。法院以划拨、拍卖方式强制执行的，可以在划拨、拍卖后将强制执行的费用扣除；依法拍卖财物，由人民法院委托拍卖机构依照拍卖法的规定办理。

划拨的存款、汇款以及拍卖和依法处理所得的款项应当上缴国库或者划入财政专户，不得以任何形式截留、私分或者变相私分。

【本章主要法律规定】

1.《行政强制法》

2.最高人民法院《关于适用〈中华人民共和国行政诉讼法〉的解释》第152～161条

第九章
行政许可

本章主要内容提示

行政许可与行政处罚的比较：

1.在行政委托上，可以委托实施行政许可的受托者只能是行政机关；而可以委托实施行政处罚的受托者是依法成立并具有管理公共事务职能的组织。

2.行政许可中，行政机关应当根据听证笔录作出行政许可决定；而在行政处罚中则无此要求，听证笔录只是行政机关作出处罚决定的基础之一。

第一节　行政许可概述

行政许可是重要的管理制度，2003年全国人大常委会颁布了《行政许可法》，对行政许可制度加以规范。2019年，全国人大常委会对该法部分条款（第5条、第31条、第72条）进行了修改。

《行政许可法》第2条规定："本法所称行政许可，是指行政机关根据公民、法人或者其他组织的申请，经依法审查，准予其从事特定活动的行为。"第3条规定："有关行政机关对其他机关或者对其直接管理的事业单位的人事、财务、外事等事项的审批，不适用本法。"由此可见，行政许可法规范的行政许可特征有：一是外部性许可，行政系统内部审批或行政机关对有行政隶属关系的事项的审批，不在行政许可法规范的范围之内。二是一种依申请的具体行政行为，只能依公民、法人或者其他组织的申请而发生。三是一种授益性行政行为。行政许可准予申请人从事特定的活动，即赋予了相对人从事特定活动的权利或资格。

我国行政许可制度的基本原则有：依法设定和实施行政许可的原则，公开、公平、公正、非歧视的原则，提高办事效率、提供优质服务的便民原则，保证公民、法人和其他组织陈述权、申辩权和提供法律救济的原则，依法变更或者撤回生效许可并给予补偿的信赖保护原则，对行政机关实施许可和对被许可人从事许可事项活动实行法律监督的原则。

第二节　行政许可的设定

一、行政许可的设定原则

一般性指导原则。有四个方面：遵循经济和社会发展规律，有利于发挥公民、法人和其他组织的积极性和主动性，维护公共利益和社会秩序，促进经济、社会和生态环境协调发展。

可设定事项原则。可以设定行政许可的事项，主要有《行政许可法》第12条规定的六个方面。这六个方面总起来说是指公民、法人和其他组织从事的公共相关性特定活动。所谓公共相关性特定活动，主要是指那些可能对公共安全、宏观经济、生态环境和经济秩序造成不利影响或者危害的自由活动，或者开发利用自然资源、占用公共资源、进入特定行业市场的活动。

设定许可的优先原则。如果通过实行以下原则能够解决行使自由权的公共相关性问题，就可以不设定行政许可。因此，以下原则具有设定优先性：公民、法人或者其他组织自主决定、市场竞争机制有效调节、行业组织或者中介机构自律管理、行政机关采取事后监督等其他管理方式解决。

二、行政许可的设定权限和形式

设定行政许可是国家机关创制有关行政许可权利义务的活动，设定行政许可应当规定行政许可的实施机关、条件、程序和期限。设定权限是关于在相关国家机关中分配行政许可设定权的制度。设定形式是设定行政许可可以采取的文件形式，即只能采用法律、行政法规和地方性法规的形式，其他规范性文件一律不得设定行政许可。

（一）经常性行政许可的设定

经常性行政许可，由全国人大及其常委会以法律、国务院以行政法规、有权地方人大及其常委会以地方性法规来设定。它们之间的相互关系，按照法律、行政法规和地方性法规的效力等级来确定，即上一个等级没有设定的，下一个等级才可以设定。

对于国务院行政法规设定的有关经济事务的行政许可，省、自治区和直辖市人民政府可以根据本行政区域经济和社会发展情况，认为可以通过前述设定的优先原则所列方式解决的，经过报国务院批准的程序后，可以在本行政区域内停止实施该行政许可。

（二）非经常性行政许可的设定

国务院可以以决定形式，省、自治区和直辖市人民政府可以以规章形式设定非经常性行政许可。国务院设定非经常性行政许可的条件是：第一，尚未制定法律；第二，在有必要的时候；第三，实施后，除了临时行政许可事项以外，国务院应当及时提请全国人民代表大会及其常委会制定法律，或者自行制定行政法规。省、自治区和直辖市人民政府设定非经常性行政许可（临时性的行政许可）条件是：第一，尚未制定法律、行政法规和地方性法规；第二，因行政管理的需要，确须立即实施行政许可；第三，实施满一年需要继续实施的，应当提请本级人民代表大会及其常委会制定地方性法规。

（三）实施行政许可具体规定的制定

行政法规、地方性法规和规章可以在上位法设定的行政许可事项范围内，对实施该行政许可作出具体规定。制定具体规定的规则有二：（1）不得增设行政许可；（2）对行政许可条件作出的具体规定，不得增设违反上位法的其他条件。

三、行政许可的设定程序

（一）起草程序

起草拟设定行政许可的法律、法规和规章，起草单位有两个重要程序义务：一是应当听取意见，可以采用听证会、论证会或者其他形式；二是向制定机关作出说明，内容是设定必要性、对经济社会可能产生的影响、听取意见和采纳意见的情况。

（二）评价程序

这种设定后评价程序，有三个方面：一是设

定机关的定期评价。对已经设定的行政许可，认为通过上述设定优先原则所列方式能够解决的，应当对许可规定及时予以修改或者废止。二是实施机关的适时评价。评价内容是实施情况和继续存在的必要性，评价意见向设定机关报告。三是公民、法人或者其他组织提出意见和建议。提出的内容包括行政许可的设定和实施，接受意见的是设定机关和实施机关。

第三节 行政许可的实施机关

实施行政许可原则上应当由行政机关进行。行政机关的实施权限由法律规定。"法律规定"说明，行政许可的实施权既不产生于实施机关自己的假定，也不产生于实施机关与其他人的约定。

行政机关实施行政许可，有三个重要制度：一是委托其他行政机关实施行政许可；二是一个行政机关行使有关行政机关的行政许可权；三是在涉及一个机关内设多个机构、地方人民政府两个以上部门分别实施行政许可的情形下，进行统一受理、统一送达、统一办理或者联合办理、集中办理。

具有管理公共事务职能的组织，可以在法律、法规授权范围内以自己的名义实施行政许可。被授权的组织适用行政许可法有关行政机关的规定。

第四节 行政许可的实施程序

行政许可的实施程序可以分为普通程序制度和特别程序制度两个部分。

普通程序制度，包括申请与受理、审查与决定、期限、听证、变更与延续。其中有以下几类规则尤其应当得到重视：一是申请人对其申请材料实质内容的真实性负责；二是行政机关在审查申请的过程中，应当听取申请人、利害关系人的意见，申请人、利害关系人有权进行陈述和申辩；三是行政机关依法作出不予行政许可的书面决定的，应当说明理由，并告知申请人享有依法申请行政复议或者提起行政诉讼的权利；四是通过举行听证进行审查决定的，行政机关应当根据听证笔录，作出行政许可决定。

特别程序制度，包括国务院实施行政许可，特别许可，赋予公民特定资格和赋予法人或者其他组织特定资格、资质，对重要设备、设施、产品和物品进行的检验、检测和检疫，确定企业或者其他组织主体资格，有数量限制的行政许可。行政许可法有关上述制度的特别规定具有优先适用的效力。没有作出特别规定的，才适用普通程序的规定。

第五节 行政许可的费用

行政许可费用方面有两个基本制度，即禁止收费原则和法定例外的实施。

行政机关实施行政许可和对行政许可事项进行监督检查，禁止收取任何费用。对于行政机关提供的行政许可申请书格式文本，也不得收费。

行政机关实施行政许可收取费用的，必须以法律和行政法规的规定为依据，并且应当遵守以下重要规则：按照公布的法定项目和标准收费；所收取的费用必须全部上缴国库；财政部门不得向行政机关返还或者变相返还实施行政许可所收取的费用。

第六节 监督检查

在我国行政许可制度中设立监督检查，是为了解决行政机关“重许可轻监督”，影响行政许可有效实行的问题。监督检查制度有四个方面，即上级对下级行政机关实施行政许可的监督检查、对被许可人从事行政许可事项活动的监督检查、对被许可人履行法定义务的监督检查和对行政许可的撤销和注销。

上级对下级行政机关的监督检查按照行政层级监督制度进行，目的是及时纠正行政许可实施中的行政违法行为。对被许可人从事行政许可事项活动的监督检查，主要是关于行政机关获得被许可人从事行政许可事项活动信息的权利义务。被许可人的法定义务，是指在使用特别许可，或者设计、建造、安装和使用直接关系公共安全和人身安全的重要设备和设施的公共义务。撤销是使构成违法的行政许可丧失效力的处理，注销是使由于客观原因或者法律原因不可能继续存在的行政许可失去效力的处理。

第七节 行政许可诉讼

对于因行政许可引发的行政争议，哪些可以进入行政诉讼，如何确定被告，法院如何审理和裁判等，是行政许可制度中的重要问题。2009年12月14日，最高人民法院公布《关于审理行政许可案件若干问题的规定》（以下简称《许可规定》）对相关问题作出规定，这是最高人民法院首次针对一种行政行为作出司法解释，涉及的主要内容如下：

一、行政许可案件的受案范围

行政许可作为一项制度，其运作会衍生出多种类别的行为，同时行政许可是一项动态过程，在决定作出前可能出现不少过程性行为，当事人可以针对其中哪些行为提出行政诉讼，是行政许可诉讼首先遇到的问题。根据《许可规定》的规定，下列行为可以进入行政诉讼：

1.行政机关作出的行政许可决定以及相应的不作为。针对当事人提出的许可申请，行政机关审查后，或作出准予许可决定，或作出不予许可决定，当然也可能不予答复，对此公民、法人或者其他组织认为侵犯其合法权益，可以提起行政诉讼。这是行政许可案件的常见形式。

2.行政许可管理行为及相应的不作为。行政机关准予许可之后，针对被许可人的情况和客观情形可以采取一系列的管理行为，这些行为及相应的不作为同样会侵犯当事人的权益。故《许可规定》规定：“行政机关就行政许可的变更、延续、撤回、注销、撤销等事项作出的有关具体行政行为及其相应的不作为侵犯其合法权益，提起行政诉讼的，人民法院应当依法受理。”

3.未公开行政许可决定或者未提供行政许可监督检查记录。行政许可法课以行政机关公开行政许可决定和提供监督检查记录的义务，公民、法人或者其他组织认为行政机关未履行这些义务侵犯其合法权益，可以提起行政诉讼。

4.具有事实上终止性的过程行为。《许可规定》第3条规定：“公民、法人或者其他组织仅就行政许可过程中的告知补正申请材料、听证等通知行为提起行政诉讼的，人民法院不予受理，但导致许可程序对上述主体事实上终止的除外。”据此，行政机关在行政许可实施过程中采用的程序行为或过程行为原则上不可诉，当事人可以通过诉行政机关作出的最终决定寻求救济。不过，鉴于实践中一些程序行为或过程行为具有事实上的最终性，且影响公民、法人或者其他组织的合法权益，不赋予当事人对其的诉权，难以有效保护当事人的权益，作为例外，《许可规定》允许对这些行为提起诉讼。

二、被告

（一）一般情形

通常，公民、法人或者其他组织对属于行政许可诉讼受案范围的行政行为提起行政诉讼的，应以作出该决定或行为的机关为被告。

（二）特殊情形

1.经上级批准、由下级决定的被告确定。实践中，一些行政许可依法须经上级行政机关批准，而后由下级机关作出决定。对此情形，当事人原则上应以作出行政许可决定的下级机关为被告。但是，如当事人对批准或者不批准行为不服一并提起诉讼的，以上级行政机关为共同被告。

2.下级初审，上级决定的被告确定。行政许可依法须经下级行政机关或者管理公共事务的组织初步审查并上报，当事人对不予初步审查或者不予上报不服提起诉讼的，以下级行政机关或者管理公共事务的组织为被告。当然，当事人只对最终决定不服，则应以最终作出决定的上级机关为被告。

3.统一办理行政许可的被告确定。对行政机关依据《行政许可法》第26条第2款规定统一办理行政许可的，当事人对行政许可行为不服提起诉讼，以对当事人作出具有实质影响的不利行为的机关为被告。

三、法院对行政许可案件的审理

法院对行政许可案件的审理原则上需要遵循一般的审理规则，但《许可规定》对以下三点作出特别规定。

（一）被告不履行举证责任及处理

根据行政诉讼法及相关解释的规定，对被诉行政行为的合法性，由被告承担举证责任；被告未在法定期限内提供证据的，视为被诉行政行为没有证据。这一要求在多数行政案件中，尤其是被诉行政行为为不利决定时，对保护当事人合法权益有十分积极的意义。不过，行政许可这类授益行政行为略有特殊。虽然毫无疑问，此类行为一旦被诉，理应由被告承担举证责任。但若出现被告不履行举证责任，法院便认定被诉行为没有证据，往往将直接对行政许可申请人或利害关系人的合法权益造成不利影响。因此，《许可规定》结合行政许可案件的特殊性，设置了特殊规则。“被告不提供或者无正当理由逾期提供证据的，与被诉行政许可行为有利害关系的第三人可以向人民法院提供；第三人对无法提供的证据，可以申请人民法院调取；人民法院在当事人无争议，但涉及国家利益、公共利益或者他人合法权益的情况下，也可以依职权调取证据。”如果“第三人提供或者人民法院调取的证据能够证明行政许可行为合法的，人民法院应当判决驳回原告的诉讼请求”。

（二）新法与旧法的适用

在行政许可案件审理中，关系到新法与旧法的适用问题上有两点值得注意：

1.行政机关受理许可申请后尚未作出许可决定，法律规范发生变更的适用。根据《许可规定》第9条的规定，法院原则上应适用新法，“人民法院审理行政许可案件，应当以申请人提出行政许可申请后实施的新的法律规范为依据”。

但是，在符合下列两个条件时，法院应以旧法为依据：第一，行政机关在旧法生效期受理许可申请，本应在旧法生效期间作出决定，但无正当理由拖延审查至新法实施后方作决定；第二，适用新法不利于申请人。

2.准予许可决定违反旧法但符合新法的处理。《许可规定》第10条规定：“被诉准予行政许可决定违反当时的法律规范但符合新的法律规范的，判决确认该决定违法；准予行政许可决定不损害公共利益和利害关系人合法权益的，判决驳回原告的诉讼请求。”

（三）对关联行政行为的审查

《许可规定》规定："作为被诉行政许可行为基础的其他行政决定或者文书存在以下情形之一的，人民法院不予认可：（一）明显缺乏事实根据；（二）明显缺乏法律依据；（三）超越职权；（四）其他重大明显违法情形。"据此，法院有权对关联行政行为进行审查，但审查强度有限，即只有在该行为明显违法时，法院才不予认可。

四、判决

（一）不予许可案件的判决

针对被告所作出的不予许可决定而形成的案件，法院审理后应根据原告的诉讼请求和案件的具体情况作出判决。不过，较为复杂和重要的一种情形是，被告不予许可决定错误或违法，而原告请求准予许可且理由成立时，法院应如何判决。这一问题既关系到原告权益保护，也关系到司法权与行政权的协调。在行政诉讼法框架下，对法院而言，最简单且最不会侵犯行政权的判决形式，是单纯作出撤销判决，对是否给予当事人许可不予置评，但这一做法显然不利于保护原告的权益。相反，如果法院不管行政机关对许可是否享有裁量权，一概直接责令行政机关作出许可决定，则又有侵犯行政权的嫌疑或可能。

《许可规定》并没有对不予许可案件如何判决作全面规定，而只是申明法院可以判决责令被告作出准予许可决定，并对相应的条件作出规定。第11条规定："人民法院审理不予行政许可决定案件，认为原告请求准予许可的理由成立，且被告没有裁量余地的，可以在判决理由写明，并判决撤销不予许可决定，责令被告重新作出决定。"

（二）查阅许可决定及有关档案材料或者监督检查记录案件请求成立的判决

被告无正当理由拒绝原告查阅行政许可决定及有关档案材料或者监督检查记录的，人民法院可以判决被告在法定或者合理期限内准予原告查阅。

五、行政许可中的赔偿和补偿及诉讼问题

（一）赔偿问题

因行政许可给原告合法权益造成损失而赔偿，如此责任完全可归因于行政机关，赔偿问题简单明了。复杂的是，原告的损失是多种原因共同作用的结果，如何确定行政机关的赔偿责任。

《许可规定》主要区分了三种情形：一是被告在实施行政许可过程中，与他人恶意串通共同违法侵犯原告合法权益的，应当承担连带赔偿责任；二是被告与他人违法侵犯原告合法权益的，应当根据其违法行为在损害发生过程和结果中所起作用等因素，确定被告的行政赔偿责任；三是被告已经依照法定程序履行审慎合理的审查职责，因他人行为导致行政许可决定违法的，不承担赔偿责任。

《许可规定》同时明确，在行政许可案件中，当事人请求一并解决有关民事赔偿问题的，人民法院可以合并审理。

（二）补偿问题

《行政许可法》第8条第2款规定："行政许可所依据的法律、法规、规章修改或者废止，或者准予行政许可所依据的客观情况发生重大变化的，为了公共利益的需要，行政机关可以依法变更或者撤回已经生效的行政许可。由此给公民、法人或者其他组织造成财产损失的，行政机关应当依法给予补偿。"《许可规定》针对该款的落实提供了两方面的具体规则：

1.补偿标准。法律、法规、规章或者规范性文件对变更或者撤回行政许可的补偿标准未作规定的，一般在实际损失范围内确定补偿数额；行政许可属于《行政许可法》第12条第2项规定情形的，一般按照实际投入的损失确定补偿数额。

2.补偿请求程序。如果公民、法人或者其他组织仅主张行政补偿的，应当先向行政机关提出申请；行政机关在法定期限或者合理期限内不予答复或者对行政机关作出的补偿决定不服的，可以依法提起行政诉讼。

【本章主要法律规定】

1.《行政许可法》

2.最高人民法院《关于审理行政许可案件若干问题的规定》

第十章
其他行政行为

本章主要内容提示

本章主要是对行政征收与征用、行政确认、行政合同（行政协议）、行政给付、行政奖励和行政裁决的分析。这些行政行为在实践中运用较多，且每类行政行为都有自己的特点。

第一节　行政征收与征用

一、行政征收

（一）界定和种类

目前，国内对行政征收的界定不完全统一。广义的行政征收是行政机关依法向公民、法人或者其他组织强制性收取税费或私有财产的行政行为。它具有两个重要特征：一是处分性。征收行为的直接法律效果是行政机关对公民、法人或者其他组织财产所有权的处分，即将财产的所有权从公民、法人或者其他组织转移给国家。不过，与行政处罚不同，行政征收不具有惩戒性。二是强制性。征收行为是行政机关基于征收权强制公民、法人或者其他组织服从的行为，公民、法人或者其他组织必须服从。

行政征收有两种类型：一种税费征收，另一种是公益征收。前者指行政机关为取得财政收入或进行经济调控依法强制无偿取得公民、法人或者其他组织财产所有权的行政行为。包括征税和行政收费。后者指行政机关为了公共利益需要依法以强制方式取得公民、法人或者其他组织财产权益，并给予相应补偿的行政行为，如房屋征收。二者显而易见的区别是，税费征收是无偿的，而公益征收则需要给予相对人补偿。

（二）主要方式

1.征税。行政征税是税务行政机关依法强制、无偿地向纳税义务人收取税款的行政行为，包括对内税收征收和涉外税收征收两个方面。对内征收的税有商品税、所得税、财产税和行为税；对外征收的税包括关税、反倾销税、反补贴税等。

2.行政征费。行政收费是行政机关在国家税收之外向公民、法人或者其他组织征收的各种费用。

3.土地征收。指国家为了公共利益需要，依法对集体所有的土地进行征收并给予补偿。《土地管理法》对土地征收主体、程序、补偿等作出了较明确的规定。

4.房屋征收。指国家为了公益利益需要，依法对房屋进行征收并给予补偿。由国务院制定的《国有土地上房屋征收与补偿条例》，对国有土地上房屋征收作出了规定。

二、行政征用

行政征用指行政机关为了公共利益需要依法强制性使用公民、法人或者其他组织的财产，并给予补偿的行政行为。例如，《民法典》第117条规定：为了公共利益的需要，依照法律规定的权限和程序征收、征用不动产或者动产的，应当给予公平、合理的补偿。第245条规定：因抢险救灾、疫情防控等紧急需要，依照法律规定的权限和程序可以征用组织、个人的不动产或者动产。被征用的不动产或者动产使用后，应当返还被征用人。组织、个人的不动产或者动产被征用或者征用后毁损、灭失的，应当给予补偿。《突发事件应对法》第12条规定：有关人民政府及其部门为应对突发事件，可以征用单位和个人的财产。被征用的财产在使用完毕或者突发事件应急处置工作结束后，应当及时返还。财产被征用或者征用后毁损、灭失的，应当给予补偿。

行政征用具有下列特征：

一是限制性。与行政征收的效果是导致财产的所有权从公民、法人或者其他组织转移给国家不同，行政征用只是限制了公民、法人或者其他组织对其财产的使用，不产生所有权的转移。这是行政征用与行政征收的重大区别。

二是强制性。行政征用是国家单方意志体现，不以公民、法人或者其他组织同意为前提。

三是补偿性。行政征用具有补偿性，在这一点与公益征收有一定的相同性。

第二节 行政确认

一、行政确认的内涵和作用

行政确认是行政机关依法对公民、法人或者其他组织的法律地位、法律关系或有关法律事实进行甄别和给予确定、认定、证明，予以宣告的行政行为。如颁发结婚证、颁发房屋产权证书，都属于行政确认。行政确认具有如下特征：

一是确认性。行政确认不以改变或变更法律状态为目的，只是对既存或既定法律状态的确认，确认性是行政确认的本质特征，是行政确认有别于行政处罚、行政许可等行政行为的关键之处。

二是独立性。在许多行政行为中，都会涉及对法律地位、法律关系或有关法律事实的甄别、确定，不过这些确定或确认只是附属于某一行政行为的一个环节，不具有独立性。行政确认不同于这些确认环节，是一类独立存在的行政行为。

三是要式性。行政机关作出行政确认时，需要遵循一定的程序，并以书面形式为之。

通过行政确认对公民、法人或者其他组织的法律地位、法律关系或有关法律事实的确定和宣告，可以明晰法律状态，具有多重意义。对当事的公民、法人或者其他组织而言，可以证明身份、地位等，保障自身权利；对社会和公众而言，可以清晰地知晓他人的法律状态，减少或避免纠纷的出现；对管理机关而言，可以借助行政确认处理和解决相关问题，维持社会秩序。

二、行政确认的基本原则

目前，我国尚无对行政确认的统一法律规定，其应遵循下列原则：

一是依法确认。行政确认是具有法律效力的行为，具有严肃性和影响性，须依法进行。行政机关应当在法律授权范围内，依法定权限、程序和要求进行确认。

二是客观公正。行政机关作出行政确认，应当秉持客观公正立场，实事求是，在查明事实的基础上，依照法律规定的要求和标准进行甄别和判断，要防止主观臆断、随意确认。

三是提高效率。行政机关进行行政确认应当为公民、法人或者其他组织提供便利，方便当事人，提高办事效率。

三、行政确认的形式

行政确认主要是对法律事实和法律关系的确认，主要有下列表现形式：

1.确定。指对公民、法人或者其他组织的法律地位、权利义务的确定，如颁发土地使用证。

2.登记。指行政机关依法在有关登记簿册中记载公民、法人或者其他组织的特定情况或事实，并正式确认的行为，如户口登记。

3.证明。指行政机关向其他人明确被证明对象的法律地位、权利义务或特定事实状况，如学历证明。

4.认定。指行政机关对公民、法人或者其他组织既有的法律地位、权利义务以及请求确认的其他事项是否符合法律规定的承认和肯定，如对企业性质的认定。

5.鉴证。指行政机关通过对某一事项或法律关系进行识别和判断，确认或证明其合法性或效力的行为，如文化主管部门对文化制品是否合法的鉴证。

第三节　行政合同

一、行政合同的种类

行政合同，也称行政协议，是指行政机关为实现行政职能，同公民、法人和其他组织经过协商设立、变更和终止双方行政法上权利义务的协议。行政机关之间的工作协作协议和行政机关内部管理协议，也有被称为行政合同的情形，但是不属于这里讨论的范围。2019年11月12日，由最高人民法院通过的《关于审理行政协议案件若干问题的规定》(以下简称《行政协议规定》)，对行政合同的界定是“行政机关为了实现行政管理或者公共服务目标，与公民、法人或者其他组织协商订立的具有行政法上权利义务内容的协议”。

行政机关设立、变更和终止公民、法人或者其他组织的权利义务，不仅可以通过行政机关单方命令，还可以合同方式通过双方协商一致来进行。在市场经济条件下，合同以其不同于行政命令的自愿性、有偿性、竞争性，成为当代政府实现行政职能的重要方式，有助于改善和提高行政效率。行政合同的本质是利用协商机制和市场机制实现行政职能。所以在被称为行政合同的协议中，总是会同时存在民事因素和行政因素，因为合同中行政因素的种类和作用程度的差异，所以就有不同意义和不同结构的行政合同。行政合同在理论和制度上远没有达到像纯粹民事合同那样高的一致性，这也为各国根据特定情况和时代需求建立独特的行政合同制度提供了可能。

行政机关利用合同方式实现行政职能，既可以是完全的民事合同，也可以是行政合同。民事合同的订立、履行和法律责任机制，在许多情形下不能为行政机关所代表的国家公共利益提供充分的保障，也不能解决行政机关职权行为问题。因此需要在法律上设立一些专门制度，解决行政机关利用合同机制实现行政职能的特殊问题，行政合同制度在很大程度上就是为满足这种需要而产生并发挥作用的。行政合同事项的法律适用，一般是首先适用行政合同的专门规则，行政合同专门规则没有规定的适用民事合同规则。所以关于行政合同法的讨论，一般限于行政合同的专门规则。

合同或者承包作为重要的政策和法律工具，在我国从20世纪80年代开始的经济体制改革中一直发挥着重要作用，特别是在农村集体土地使用权的承包和城市国有企业经营权的承包方面。这两类承包合同有较多的行政因素或者公共因素，政府的参与和干预确有必要。但是由于对政府参与和干预的规范尚不完善，致使行政侵权现象多有发生。对此，《行政诉讼法》第12条第1款第7项和《行政复议法》第11条第8项分别将行政机关侵犯法律规定的经营自主权或者农村土地承包经营权、农村土地经营权的争议纳入行政诉讼和行政复议的受案范围。但是解决上述问题的根本出路，是建立健全行政合同法律制度，而不是简单地否认行政管理的作用或者力图将行政因素排除出合同机制。只要合同中存在国家公共利益和国家职权因素，行政的参与和干预就是不能完全回避的。一般而言，行政合同有一些普通民事合同所不具备的特征：

1.主体特征，即行政合同一方当事人必须为行政机关。行政机关是行政合同不可或缺的当事人，涉及国家公共利益和行政职权方面的权利义务需要由行政机关来享有和承担。公民、法人或者其他组织之间缔结的合同一般不属于行政合同，只是在特定情况下才将合同内容的行政性质作为确定行政合同的标志，排除行政机关这一主体要件。

2.目的特征，即必须是为了实现行政管理或者公共服务目标。行政合同是行政机关以合同或协议方式行使公权力，其或直接进行行政管理或为实现公共服务目标。这是行政合同区别于民事合同的本质特征。

3.内容特征，即合同内容必须具有行政法上的权利义务内容。行政合同双方当事人承担更多的公法责任。行政合同涉及国家公共利益和公共安全，合同当事人不仅享有行政合同带来的利益，而且要承担专门的行政合同责任。这种合同责任不仅有普通的违约责任，而且要根据法律规定承担必要的行政处罚责任。行政当事人的合同自由范围受到法律的限制，违反法律的限制规定将对国家承担法律责任；经与对方当事人协商一致后，行政当事人可以享有为维护公共利益和公共安全所必需的行政公益权，并且以向对方承担经济补偿义务作为平衡手段。行政合同属于公法性质，因此引发的争议应当通过行政诉讼加以解决。对此，行政诉讼法作出明确规定。

4.意思特征，即协议双方当事人必须协商一致，行政合同是行政机关与公民、法人或者其他组织合意的结果，不是行政机关单方意思表示。

关于行政合同的种类，大致可以分为财产性行政合同和管理性行政合同两大类。

财产性行政合同，是指行政机关为了提高国有资产的使用效益及所需货物和服务的采购效益而订立的合同。前者的典型形态是国有土地的出让合同。房地产管理法对国有土地出让合同作出了规定。这种合同的根据是国有土地的有偿、有期限使用制度，国家土地出让的目的是提高国有土地资产的使用效益。但是，由于国有土地资源的稀缺性和对国民经济社会发展的重要性，所以法律对国有土地使用权的用途、流转、因社会公共利益需要提前收回等规定了行政机关的公益权和行政处罚等行政法上的法律责任。后者的典型形态是国家订货合同。

管理性行政合同，是指规定行政管理职权的行使为内容的合同。它的典型形态是政府特许权协议。政府特许是行政机关以合同方式授予当事人独占性权利。当事人享有的独占权以政府行使禁止其他人从事相同活动的行政职权为条件，因此政府行政职权的行使成为合同标的。除此之外，地方政府以吸引投资，吸引人才提供优越行政条件为目的，同企业、事业单位或者个人订立的关于减免税收、简化行政程序等内容的合同，也属于管理性行政合同。

二、行政合同的订立和效力

（一）行政机关的缔约能力

行政机关的缔约能力，是指行政当事人缔结行政合同应当具有相应的权利能力和行为能力。主要内容是行政机关是否可以缔结行政合同和缔结什么种类的行政合同，包括行政管理权限和财产债务清偿能力。例如，缔结政府特许权合同的行政机关需要有法律赋予的行政特许权，缔结国有土地出让合同的行政机关享有土地管理权限，缔结国家订货合同的行政机关有相应的财政预算。

享有缔结行政合同权利能力和行为能力的行政机关，需要委托代理人订立行政合同的，应当依照法律规定的条件进行委托，并对委托代理人的活动进行监督。

（二）行政合同的形式

行政合同的形式应当依法决定，基本排除当事人之间的自由约定。原则上应当采用书面形式，法律、法规另有规定的除外。

（三）行政合同的内容

行政合同的内容，由当事人约定。行政机关在合同内容的协商中，不得超越其权限并须符合法律授权的目的和其他要求。一个重要的原则是，行政当事人缔结行政合同不得超越权限，对方当事人有对此给予特别注意的义务。超越权限缔约会导致非常严重的消极法律后果。根据《行政协议规定》的规定，行政机关订立、履行、变更、解除行政协议的行为应当符合法性要求，行政机关应具有法定职权，正确适用法律法规，遵守法定程序，履行相应法定职责，不得滥用职权，不应出现明显不当。

行政合同的主要条款，除遵循民事合同有关法律的规定外，国家行政主管部门可以依法作出规定。行政机关提出的合同格式条款，应当符合行政合同格式条款的法律规则，并经国家行政主管部门批准。

（四）订立方式

行政合同的订立遵守要约、承诺规则，原则上应当依法采用招标或者其他竞争性方式。不采用竞争方式订立合同的，应当符合法律、法规、规章规定的条件。行政合同的订立程序和条件，必须由行政机关和其他公共机构在订立合同以前的合理时间内公布。

理论上，行政机关授予行政合同，必须根据经过行政合同订立程序所形成的行政合同案卷。任何影响行政合同授予的指示和表示必须全部记入行政合同案卷。行政合同案卷的必备内容由国家主管部门规定。行政合同案卷可以供利害关系人查阅。利害关系人认为合同的授予考虑了案卷以外的因素，可以提出质疑，要求授予合同的行政机关立即提供书面文件说明理由。利害关系人对行政机关的答复不满意的，可以向国家主管部门投诉。

同行政机关订立行政合同的对方当事人，有义务注意行政机关权限范围和债务履行能力，有权要求行政机关和其他机构提供相应的有效文件。行政机关在签订行政合同前，有义务向对方当事人提供证明其权限范围和证明其有履行债务能力的有效文件。

（五）合同的效力

关于行政合同的生效，依法成立的行政合同自成立时生效。法律、行政法规规定应当办理批准、登记、备案等手续生效的，应当依照其规定。

根据最高人民法院发布的司法解释的规定，法律、行政法规规定应当经过其他机关批准等程序后生效的行政协议，未获得批准的协议未生效。行政协议存在《行政诉讼法》第75条规定的重大且明显违法情形的，行政协议构成无效。同时，在行政诉讼中，法院可以适用民事法律规范确认行政协议无效。

三、行政合同的履行

行政合同依法成立后，在当事人之间产生法律约束力，各方都应当全面履行合同规定的义务。

（一）行政指导和监督

行政机关当事人可以依照法律的规定或者行政合同的约定，对另外一方当事人正确及时履行行政合同的情况进行指导和监督。行政指导和监督时可以要求对方当事人提供反映实际履行状况的资料和说明，可以提出告诫和整改意见。行政合同应当规定关于行政指导和监督的条款，该条款应当包括行政指导和监督的范围、方式、时间、费用等必要事项。行政机关的指导和监督活动违反法律规定和行政合同约定造成对方当事人损失的，应当承担赔偿责任。

（二）行政合同的变更和终止

行政合同的继续履行将构成对国家公共利益重大危害、重大损失或者重大不利的，行政机关当事人可以向对方当事人提出变更或者终止行政合同，并向对方当事人提供书面说明文件。书面说明文件应当包括变更或者终止的法律依据、事实根据、行政理由、补偿方式和数额以及其他相关事项。对方当事人对行政机关说明文件内容不接受的，可以要求进行协商。因行政机关原因变更或者终止行政合同的，行政机关应向对方当事人提供经济补偿。

行政合同应当规定行政机关提出变更或者终止行政合同的条款。该条款应当写明变更或者终止的条件、程序和补偿等事项。

四、行政合同(行政协议)诉讼

《行政诉讼法》第12条把行政合同(行政协议)纳入行政诉讼受案范围,从而在行政诉讼法上明确了行政合同诉讼。《行政协议规定》对此类诉讼涉及的问题作出了较全面规定。

(一)受案范围

行政合同诉讼受案范围的确定,与对行政合同(行政协议)的整体界定有内在关联。如前所述,《行政协议规定》第1条对行政合同作出了界定,即"行政机关为了实现行政管理或者公共服务目标,与公民、法人或者其他组织协商订立的具有行政法上权利义务内容的协议,属于行政诉讼法第十二条第一款第十一项规定的行政协议"。这构成了行政合同诉讼的基本范围。不过,由于现实的复杂性,对行政合同的辨识仍会存在争议。《行政协议规定》从肯定性列举和否定性列举两个方面作出了进一步厘定。

1. 肯定性列举

《行政协议规定》第2条规定,公民、法人或者其他组织就下列行政协议提起行政诉讼的,法院应当依法受理:政府特许经营协议;土地、房屋等征收征用补偿协议;矿业权等国有自然资源使用权出让协议;政府投资的保障性住房的租赁、买卖等协议;符合本规定第1条规定的政府与社会资本合作协议;其他行政协议。

在上述纳入肯定性列举范围的行政协议中,政府特许经营协议和土地、房屋征收补偿协议是行政诉讼法明确列出的事项。矿业权等国有自然资源使用权出让协议,政府投资的保障性住房的租赁、买卖等协议,符合本规定第1条规定的政府与社会资本合作协议,是此次司法解释加以明确的事项。

针对上述行政协议,如行政协议约定仲裁条款的,这些条款原则上无效。《行政协议规定》第26条规定:"行政协议约定仲裁条款的,人民法院应当确认该条款无效,但法律、行政法规或者我国缔结、参加的国际条约另有规定的除外。"

2.否定性列举

《行政协议规定》第3条明确规定,因行政机关订立的下列协议提起诉讼的,不属于人民法院行政诉讼的受案范围:行政机关之间因公务协助等事由而订立的协议;行政机关与其工作人员订立的劳动人事协议。

(二)当事人

因行政协议的订立、履行、变更、终止等发生纠纷的,公民、法人或者其他组织是原告,行政机关是被告。

1.原告

根据《行政协议规定》的规定,下列与行政协议有利害关系的公民、法人或者其他组织提起行政诉讼的,具有原告资格,法院应当依法受理:

第一,参与招标、拍卖、挂牌等竞争性活动,认为行政机关应当依法与其订立行政协议但行政机关拒绝订立,或者认为行政机关与他人订立行政协议损害其合法权益的公民、法人或者其他组织;

第二,认为征收征用补偿协议损害其合法权益的被征收征用土地、房屋等不动产的用益物权人、公房承租人;

第三,其他认为行政协议的订立、履行、变更、终止等行为损害其合法权益的公民、法人或者其他组织。

行政协议原告有权提出下列具体的诉讼请求,其构成了《行政诉讼法》第49条第3项规定的"有具体的诉讼请求":

第一,请求判决撤销行政机关变更、解除行政协议的行政行为,或者确认该行政行为违法;

第二,请求判决行政机关依法履行或者按照行政协议约定履行义务;

第三,请求判决确认行政协议的效力;

第四,请求判决行政机关依法或者按照约定订立行政协议;

第五,请求判决撤销、解除行政协议;

第六,请求判决行政机关赔偿或者补偿;

第七，其他有关行政协议的订立、履行、变更、终止等诉讼请求。

《行政协议规定》规定，公民、法人或者其他组织向人民法院提起民事诉讼，生效法律文书以涉案协议属于行政协议为由裁定不予立案或者驳回起诉，当事人又提起行政诉讼的，人民法院应当依法受理。

2.被告

行政机关不能以原告身份起诉公民、法人或者其他组织，只能作为行政合同诉讼的被告。《行政协议规定》同时明确规定，法院受理行政协议案件后，被告就该协议的订立、履行、变更、终止等提起反诉的，人民法院不予准许。

因行政机关委托的组织订立的行政协议发生纠纷的，委托的行政机关是被告。

（三）管辖与起诉期限

1.管辖

《行政协议规定》第7条规定，当事人书面协议约定选择被告所在地、原告所在地、协议履行地、协议订立地、标的物所在地等与争议有实际联系地点的人民法院管辖的，人民法院从其约定，但违反级别管辖和专属管辖的除外。

2.起诉期限

《行政协议规定》规定，公民、法人或者其他组织对行政机关不依法履行、未按照约定履行行政协议提起诉讼的，诉讼时效参照民事法律规范确定；对行政机关变更、解除行政协议等行政行为提起诉讼的，起诉期限依照行政诉讼法及其司法解释确定。

《行政协议规定》同时规定，2015年5月1日后订立的行政协议发生纠纷的，适用行政诉讼法及本规定。2015年5月1日前订立的行政协议发生纠纷的，适用当时的法律、行政法规及司法解释。

（四）审理

1.举证责任

根据《行政协议规定》的规定，被告对于自己具有法定职权、履行法定程序、履行相应法定职责以及订立、履行、变更、解除行政协议等行为的合法性承担举证责任。

原告主张撤销、解除行政协议的，对撤销、解除行政协议的事由承担举证责任。

对行政协议是否履行发生争议的，由负有履行义务的当事人承担举证责任。

2.合法性审查

人民法院审理行政协议案件，应当对被告订立、履行、变更、解除行政协议的行为是否具有法定职权、是否滥用职权、适用法律法规是否正确、是否遵守法定程序、是否明显不当、是否履行相应法定职责进行合法性审查。

原告认为，被告未依法或者未按照约定履行行政协议的，人民法院应当针对其诉讼请求，对被告是否具有相应义务或者履行相应义务等进行审查。

3.调解

人民法院审理行政协议案件，可以依法进行调解。人民法院进行调解时，应当遵循自愿、合法原则，不得损害国家利益、社会公共利益和他人合法权益。

4.法律适用

人民法院审理行政协议案件，应当适用《行政诉讼法》的规定；《行政诉讼法》没有规定的，参照适用《民事诉讼法》的规定。人民法院审理行政协议案件，可以参照适用民事法律规范关于民事合同的相关规定。

《行政协议规定》第18条规定，当事人依据民事法律规范的规定行使履行抗辩权的，人民法院应予支持。

（五）裁判

1.确认协议无效或有效

行政协议存在《行政诉讼法》第75条规定的重大且明显违法情形的，人民法院应当确认行政协议无效。人民法院可以适用民事法律规范确认行政协议无效。

行政协议无效的原因在一审法庭辩论终结前消除的，人民法院可以确认行政协议有效。

2.确认协议未生效及补救

法律、行政法规规定应当经过其他机关批准等程序后生效的行政协议，在一审法庭辩论终结前未获得批准的，人民法院应当确认该协议未生效。

行政协议约定被告负有履行批准程序等义务而被告未履行，原告要求被告承担赔偿责任的，人民法院应予支持。

3.判决撤销协议

原告认为行政协议存在胁迫、欺诈、重大误解、显失公平等情形而请求撤销，人民法院经审理认为符合法律规定可撤销情形的，可以依法判决撤销该协议。

4.判决撤销变更、解除协议的行政行为

被告变更、解除行政协议的行政行为存在《行政诉讼法》第70条规定情形的，人民法院判决撤销或者部分撤销，并可以责令被告重新作出行政行为。

5.判决被告继续履行协议、采取补救措施

被告变更、解除行政协议的行政行为违法，人民法院可以依据《行政诉讼法》第78条的规定判决被告继续履行协议、采取补救措施；给原告造成损失的，判决被告予以赔偿。

被告未依法履行、未按照约定履行行政协议，人民法院可以依据《行政诉讼法》第78条的规定，结合原告诉讼请求，判决被告继续履行，并明确继续履行的具体内容；被告无法履行或者继续履行无实际意义的，人民法院可以判决被告采取相应的补救措施；给原告造成损失的，判决被告予以赔偿。

原告要求按照约定的违约金条款或者定金条款予以赔偿的，人民法院应予支持。

6.判决解除协议

原告请求解除行政协议，人民法院认为符合约定或者法定解除情形且不损害国家利益、社会公共利益和他人合法权益的，可以判决解除该协议。

7.确认变更、解除协议的行政行为合法及补救措施

在履行行政协议过程中，可能出现严重损害国家利益、社会公共利益的情形，被告作出变更、解除协议的行政行为后，原告请求撤销该行为，人民法院经审理认为该行为合法的，判决驳回原告诉讼请求；给原告造成损失的，判决被告予以补偿。

8.判决赔偿、补偿或采取补救措施

行政协议无效、被撤销或者确定不发生效力后，当事人因行政协议取得的财产，人民法院应当判决予以返还；不能返还的，判决折价补偿。因被告的原因导致行政协议被确认无效或者被撤销，可以同时判决责令被告采取补救措施；给原告造成损失的，人民法院应当判决被告予以赔偿。

被告明确表示或者以自己的行为表明不履行行政协议，原告在履行期限届满之前向人民法院起诉请求其承担违约责任的，人民法院应予支持。

被告或者其他行政机关因国家利益、社会公共利益的需要依法行使行政职权，导致原告履行不能、履行费用明显增加或者遭受损失，原告请求判令被告给予补偿的，人民法院应予支持。

原告以被告违约为由请求人民法院判令其承担违约责任，人民法院经审理认为行政协议无效的，应当向原告释明，并根据原告变更后的诉讼请求判决确认行政协议无效；因被告的行为造成行政协议无效的，人民法院可以依法判决被告承担赔偿责任。原告经释明后拒绝变更诉讼请求的，人民法院可以判决驳回其诉讼请求。

（六）相对人不依法、不依约履行行政协议的执行

根据《行政协议规定》的规定，分两种情形：

一种情形是，公民、法人或者其他组织未按照行政协议约定履行义务，经催告后不履行，行政机关可以作出要求其履行协议的书面决定。公民、法人或者其他组织收到书面决定后在法定期限内未申请行政复议或者提起行政诉讼，且仍不履行，协议内容具有可执行性的，行政机关可以向人民法院申请强制执行。

另一种情形是，法律、行政法规规定行政机关对行政协议享有监督协议履行的职权，公民、法人或者其他组织未按照约定履行义务，经催告后不履行，行政机关可以依法作出处理决定。公民、法人或者其他组织在收到该处理决定后在法定期限内未申请行政复议或者提起行政诉讼，且仍不履行，协议内容具有可执行性的，行政机关可以向人民法院申请强制执行。

第四节 行政给付

一、行政给付的概念

行政给付有狭义和广义之分。狭义的行政给付，是政府提供必需的生存条件、防范生活风险和社会共同生活条件的行政义务。例如，政府向公民提供最低生活保障金，提供失业、疾病、养老保险，提供公共交通通讯和生活用水、用电、用气。广义的行政给付，是政府满足公民社会权和其他公法受益权行政义务的总和。由于社会权利的范围不断扩张，对政府的给付义务内容也提出新的要求，广义的行政给付是一个开放的发展概念。它实际上是对现代国家积极行政职能的概括和对政府维护社会公平正义作用的反映。

在市场经济条件下，确立政府的行政给付和公民的社会权利与其他公法受益权利，是发展我国现代行政法的重要内容。在全面建设社会主义现代化国家新征程中，我国政府维护社会公平正义的职能日益得到加强，逐渐成为政府行政职能的主导方面。改善公共教育和公共卫生、健全完善社会保障体系、减贫和消除绝对贫困、保障食品和药品消费安全、保障劳动安全、协调区域发展、建设资源节约型和环境友好型社会，是近年转变政府职能以适应社会需要的重点领域，也是有关行政职能立法的重点项目。这些立法，包括对已有立法的修订和新法律的制定，在不同程度上为行政给付法律义务提供了依据。

我国行政法学在行政给付领域的研究相对薄弱，一些重要的概念和范畴正在研究探讨之中。

二、行政物质和资金帮助

行政给付的种类，有不同的理论概括。目前，行政物质和资金帮助具有十分重要的意义。直接的物质资金支持，有两个方面：一是向公民提供生活物质保障和防范风险保障；二是为促进社会和经济发展向个人或者企业提供的特定物质支持。一方面包括城市居民最低生活保障金、农村的五保户救济金、遭遇自然灾害的生活救济金以及国家承担的社会保险费用等。另一方面包括对企业科技开发的财政支持费用、对大学生自主创业的财政支持费用等。

上述行政给付职能主要由民政、劳动和社会保障、科学技术等行政部门承担，分别由相应的部门行政法规范。

第五节 行政奖励

一、行政奖励的内涵和特征

通常认为，行政奖励是行政机关给予模范遵纪守法或为国家和社会作出成就和贡献的公民、法人或者其他组织相应的物质或精神奖励，以达到表彰先进、激励后进，调动和激发相关人员积极性和创造性的制度。行政奖励具有以下特征：

一是给予当事人的褒奖。这是行政奖励的本质特征。从权利义务角度分析，行政奖励是一种对当事人纯粹的有利决定。

二是以激励为导向的管理措施。行政奖励不是靠处罚、强制等方式实现行政管理目的的，而主要是通过激励促成当事人的合作而实现有关目标的。

三是授奖者为行政机关。作为一种制度安排，奖励存在于各类组织形态之中。不过，行政奖励与一般奖励的区别之处在于授奖者为行政机关，其资金来自政府财政，行政奖励具有官方性，体现出官方意志性。

二、行政奖励的分类

行政奖励具有多种形式，从不同角度可以

对行政奖励作出不同分类。

1.决定性奖励与承诺性奖励

这是根据行政机关实施奖励的基础作出的分类。决定性奖励是指行政机关基于自身作出的决定给予的奖励;承诺性奖励则是指行政机关为兑现之前的作出承诺而给予的奖励。即为前述的行政悬赏。

2.赋予权益的奖励与减免义务的奖励

这是根据奖励的内容进行的分类。行政奖励是授益性的,而所授予的内容有所不同。赋予权益的奖励是指行政机关赋予公民、法人或者其他组织某项特定权利和利益的奖励,即奖励的内容是直接给予某种权利或利益。减免义务的奖励不是直接给予某种权利或利益,而对减少或免除公民、法人或者其他组织需承担的某种义务。

3.外部奖励与内部奖励

这是根据授奖机关与被授奖者之间的关系作出的分类。外部奖励是指行政机关对与其不具有组织上隶属、领导关系的公民、法人或者其他组织实施的奖励。内部奖励是行政机关对其工作人员或与其有组织上隶属、领导关系的其他机构、人员所实施的行政奖励。

4.普遍性奖励与限额奖励

这是根据奖励对象的范围作出的分类。普遍性奖励是指对符合行政奖励条件的公民、法人或者其他组织均予以奖励的奖励形式。限额奖励是指只对部分具备受奖条件的公民、法人或者其他组织予以奖励的奖励形式。普遍性行政奖励是行政奖励的主要形式,国家法律规定的行政奖励大多属于这种类型。如《教育法》第13条规定,国家对发展教育做出突出贡献的组织和个人,给予奖励。限额奖励在实践和立法中也有相当多的体现。

除上述分类,还可以从不同角度对行政奖励作出区分,如物质奖励与精神奖励等。

第六节 行政裁决

一、行政裁决的特征

行政裁决指行政机关居间对特定的民事争议作出有约束力处理的行为。行政裁决具有下列特征:

一是解决民事争议。行政裁决旨在解决民事争议,这是行政裁决有别于其他行政行为的重要特征。

二是主体是行政机关。行政裁决主体为行使行政职权的行政机关或法定组织,而不是司法机关或民间仲裁机关。

三是具有法律约束力。行政裁决是行政机关依法作出的有约束力的行政行为,因此民事争议双方当事人对裁决不服,应提起行政诉讼,而不是直接提起民事诉讼。

二、行政裁决的作用

传统上,民事争议一般交由法院或特定机关(如仲裁机关)来解决,行政机关较少负担司法性职能。不过,在现代社会,行政机关越来越多担负起一定的解决民事争议的职能,其采用的方式有行政调解、行政裁决等。与行政调解等方式相比,行政裁决显然具有正式性和约束力。行政裁决的存在具有下列意义:

一是有利于民事争议的快速解决。与法院运用司法程序解决不同,行政裁决是由行政机关运用行政程序或准司法程序解决的,具有快捷性、灵活性和成本低的优势。

二是有利于民事争议的专业性解决。行政机关并不负责解决所有的民事争议,行政裁决事项主要限于与行政管理有关的民事争议,这些争议带有专业性,行政机关熟悉这些事项,由行政机关先行解决可以发挥行政机关的专业优势。如《土地管理法》第14条规定,土地所有权和使用权争议,由当事人协商解决;协商不成的,由人民政府处理。单位之间的争议,由县级以上人民政府处理;个人之间、个人与单位之间的争议，由乡级人民政府或者县级以上人民政府处理。当事人对有关人民政府的处理决定不服的，可以自接到处理决定通知之日起30日内，向人民法院起诉。在土地所有权和使用权争议解决前，任何一方不得改变土地利用现状。

三是有利于分担法院的压力。在现代社会，因社会利益的分层、多元，纠纷和争议也呈现出多发、易发的态势，法院在解决纠纷和争议时也面临着各种压力。由行政机关发挥自身优势，先行解决部分争议，可以过滤一些纠纷和争议，减轻法院的负担。

【本章主要法律规定】

最高人民法院《关于审理行政协议案件若干问题的规定》

第十一章 行政程序与政府信息公开

本章主要内容提示

本章应注意政府信息公开涉及政府信息制度的各个方面，有三项重点内容：一是不公开事项，二是依申请公开，三是政府信息公开行政诉讼。

政府信息公开行政诉讼具有许多独特之处：

1.申请人向行政机关申请获取政府信息，行政机关拒绝提供或者逾期不予答复，即有权向法院起诉；

2.法院审理政府信息公开行政案件，应当视情况采取适当的审理方式；

3.诉讼期间，原告申请停止公开涉及其商业秘密、个人隐私的政府信息，法院经审查认为公开该政府信息会造成难以弥补的损失，并且停止公开不损害公共利益的，可以裁定暂时停止公开。

第一节 行政程序概述

一、行政程序的概念

一般意义的行政程序，是行政机关实现其行政职能的方式方法的总称。方式方法体现为时间和空间形式，因此，行政程序是行政方式方法和时间、步骤的结合形式。这种意义上的行政程序有比较长的历史，专门的行政程序法比较少，多数行政程序都是非形式化的，目的是保证行政效率。

行政程序法在现代行政法中取得特别重要的地位，是因为政府行政管理在现代社会中作用的增长。行政法在确认政府行政职能的必要性、合法性后，将重点放在政府实现行政职能程序的正当性、合法性上。行政程序的中心是行政决策程序，特别是使公民、法人或者其他组织负担义务的行政决策程序。因为行政程序的重要目标是维护重要公共利益和保护公民、法人或者其他组织合法权益的平衡，所以公民、法人或者其他组织等利益相关人对行政决策程序的参与程度，成为衡量行政程序正当性、合法性的重要标准。作为行政法的基本制度之一，当代行政程序法高度重视对利益相关人程序权的保障。

我国将行政程序法作为发展行政法制度的重要内容，并且已经取得成就。《行政处罚法》《行政复议法》《行政法规制定程序条例》《规章制定程序条例》在听证、说明理由、调查检查、公开信息方面的规定都体现了当代行政程序法的基本要求。制定统一的行政程序法将成为我国行政法发展的重要内容。

二、行政程序法的基本原则

基本原则是对行政程序法基本要求的概括表达。虽然对行政程序法基本原则的表述不尽一致，但是一般都会提到公开、公正、公平、统一、合理等与行政法基本原则相联系的内容，以及当事人的参与原则和保证行政效率原则。就保证最低限度的行政程序合法性和正当性而言，当事人的参与原则无疑应当受到特别的重视。

当事人参与原则的基本内容是，在行政机关作出影响当事人合法权益的行政决定前，必须给予当事人向行政机关表达自己意见的权利和机会，否则这种行政决定可以因为缺乏最低限度的程序正当性不能取得法律效力。我国相关行政立法已经体现出行政程序法基本原则的要求。

第二节　行政程序的基本制度

一、听证制度

听证制度在行政程序中的地位受到特别重视。一般而言，行政程序的中心问题是利益相关人的参与。因为听证能够为利益相关人的参与提供充分的机会，特别是类似于司法审判型的听证能够使利益相关人的参与权得到充分的行使，所以听证被认为是行政程序中最重要的基本制度。

我国行政立法中规定听证制度，较早出现于行政处罚法。听证是行政处罚决定程序之一，适用于较大数额罚款、没收较大数额违法所得、没收较大价值非法财物、降低资质等级、吊销许可证件、责令停产停业、责令关闭、限制从业等处罚较重、对当事人权益影响较大的行政处罚。对此，有关部门在相关规定中提出了听证的具体实施办法。例如，《价格法》第23条规定，要求建立听证会制度，适用于制定关系群众切身利益的公用事业价格、公益性服务价格、自然垄断经营的商品价格等政府指导价、政府定价。《立法法》第74条规定，行政法规起草过程中听取意见可以采取听证会的形式。《规章制定程序条例》第16条规定了起草规章听证会的组织程序。对于上述这些法律法规和规章有关听证程序的规定，是具体行政行为和抽象行政行为中适用听证程序的范例。

二、说明理由制度

说明理由是关于行政决定必须阐明其理由和真实用意的行政决策程序制度，特别适用于行使裁量权限和不利于当事人的行政决定。这一制度的意义主要是防止行政专横和权力滥用，便于司法审查和法治监督。行政决定所持有的理由需要确切的事实根据和法律政策根据，所以说明理由与指明事实根据和法律政策依据相关联。说明理由是最低限度的程序正当性要求。

三、行政案卷制度

行政案卷是关于行政决定只能以行政案卷体现的事实作为根据的行政程序制度。行政案卷是有关案件事实的证据、调查或者听证记录等案件材料的总和。行政案卷的构成和形成应当依据法律的规定。行政决定只能以行政案卷体现的事实为根据，不得以行政案卷以外的、没有经过法定程序认定的事实为根据。法律设立行政案卷制度的意义，在于使行政决定建立于按照法定程序形成的客观事实之上，规范认定程序和认定结果的权威性，排除外界对行政决定的不当影响和干预，便利司法审查和法治监督。

我国直接和明确规定行政案卷制度的是关于行政诉讼的司法解释。2002年9月11日最高人民法院制定的《关于审理反倾销行政案件应用法律若干问题的规定》第7条第2款规定，人民法院依据被告的案卷记录审查被诉反倾销行为的合法性。被告在作出被诉反倾销行政行为时没有记入案卷的事实材料，不能作为认定该行为合法的根据。这一规定在对反倾销行政行为司法审查的意义上，规定了行政案卷唯一性的制度。《行政诉讼法》第35条规定，在诉讼过程中，被告及其诉讼代理人不得自行向原告、第三人和证人收集证据。2002年7月公布的最高人民法院《关于行政诉讼证据若干问题的规定》(以下简称《行政证据规定》)第60条规定，三种证据不能作为认定被诉具体行政行为合法的依据：(1)被告及其诉讼代理人在作出具体行政行为后或者在诉讼程序中自行收集的证据；(2)被告在行政程序中非法剥夺公民、法人或者其他组织依法享有的陈述、申辩或者听证权利所采用的证据；(3)原告或者第三人在诉讼程序中提供的、被告在行政诉讼中未作为具体行政行为依据的证据。上述规定为在我国行政管理中普遍实行行政案卷制度奠定了基础。

第三节　政府信息公开制度

一、政府信息公开制度的意义

政府信息公开指公民、法人和其他组织对行政机关在履行行政管理职能的过程中掌握或控制的信息拥有知情权，除法律明确规定的不予公开事项外，行政机关应当通过有效方式向公众和当事人公开。政府信息公开制度是有关政府信息公开的运作及保证政府信息公开切实落实的制度，它包括政府信息公开的范围、要求、公开方式和程序、监督救济等内容。2007年国务院制定并于2019年修订的《政府信息公开条例》，对我国政府信息公开制度作出了规定。

政府信息公开，具有多重意义和作用。在当今信息时代，信息的价值和意义难以估量，对经济和社会发展的作用巨大。充分发挥信息的效用，是政府的重要职责；推行政府信息公开，让公众了解政府运作的情况和掌握所需的资料，是公众行使对政府和国家管理活动的参与权和监督权的前提，是民主政治的核心内容之一；“阳光是最好的防腐剂”，政府信息公开可以将政府的活动置于公众的监督之下，可以推进行政的公正，对防止腐败具有重要作用。此外，政府信息公开还具有能满足公民、法人和其他组织的需要、推动科学研究发展等功能和作用。鉴于此，通过立法，推动政府信息公开制度成为行政法发展的世界潮流。《政府信息公开条例》第1条对立法目的的规定是，保障公民、法人和其他组织依法获取政府信息，提高政府工作的透明度，建设法治政府，充分发挥政府信息对人民群众生产、生活和经济社会活动的服务作用。

二、政府信息公开制度的主要内容

(一)《政府信息公开条例》的适用范围

《政府信息公开条例》的适用范围包括如何确定政府信息和哪些主体应受条例规范的问题。

1.“政府信息”的界定。《政府信息公开条例》所规定的政府信息，是指“行政机关在履行行政管理职能过程中制作或者获取的，以一定形式记录、保存的信息”。理解这一规定时需要注意以下几方面：第一，不能把信息等同于文件。一个文件中可能包含多个信息，《政府信息公开条例》强调公开的是信息，而非文件。第二，虽信息必须以一定形式记录和保存，但与存储形式无关，只要信息能以有效可读的方式存储即可。第三，与信息来源、价值无关。政府信息既可由行政机关自身制定而形成，也可以通过其他机关或他人提供而成为政府信息，而且这些信息的价值大小不影响其公开与否，关键要看是否为行政机关所持有。

2.适用的主体。《政府信息公开条例》规定的政府信息公开的主体主要是行政机关和法律、法规授权的具有管理公共事务职能的组织。这两类主体是政府信息的拥有者，也是政府信息公开义务的承担者。

《政府信息公开条例》要求各级人民政府应当积极推进政府信息公开工作，逐步增加政府信息公开的内容。各级人民政府应当加强对政府信息公开工作的组织领导。国务院办公厅是全国政府信息公开工作的主管部门，负责推进、指导、协调、监督全国的政府信息公开工作。县级以上地方人民政府办公厅（室）是本行政区域的政府信息公开工作主管部门，负责推进、指导、协调、监督本行政区域的政府信息公开工作。实行垂直领导的部门的办公厅（室）主管本系统的政府信息公开工作。各级人民政府及县级以上人民政府部门应当建立健全本行政机关的政府信息公开工作制度，并指定机构（以下统称政府信息公开工作机构）负责本行政机关政府信息公开的日常工作。政府信息公开工作机构的具体职能是：办理本行政机关的政府信息公开事宜；维护和更新本行政机关公开的政府信息；组织编制本行政机关的政府信息公开指南、政府信息公开目录和政府信息公开工作年度报告；组织开展对拟公开政府信息的审查；本行政机关规定的与政府信息公开有关的其他职能。

《政府信息公开条例》同时要求，各级人民政府应当加强政府信息资源的规范化、标准化、信息化管理，加强互联网政府信息公开平台建设，推进政府信息公开平台与政务服务平台融合，提高政府信息公开在线办理水平。

教育、卫生健康、供水、供电、供气、供热、环境保护、公共交通等与人民群众利益密切相关的公共企事业单位在提供社会公共服务过程中也制作、获取了大量的社会公共信息，公开这些与人民群众的生产、生活密切相关的社会公共信息，有利于更好地保障广大人民群众获取信息、利用信息的合法权益。为此，《政府信息公开条例》总体上将这部分公共企事业单位作为信息公开的主体。不过，考虑到这些公共企事业单位不是行政机关，条例特别规定上述机构公开其在提供社会公共服务过程中制作、获取的信息，依照相关法律、法规和国务院有关主管部门或者机构的规定执行。全国政府信息公开工作主管部门根据实际需要可以制定专门的规定。该条例同时规定，公共企事业单位未依照相关法律、法规和国务院有关主管部门或者机构的规定公开在提供社会公共服务过程中制作、获取的信息，公民、法人或者其他组织可以向有关主管部门或者机构申诉，接受申诉的部门或者机构应当及时调查处理并将处理结果告知申诉人。

（二）公开的基本要求

1.公开为常态、不公开为例外。《政府信息公开条例》规定，行政机关公开政府信息，应当坚持以公开为常态、不公开为例外。这是政府信息公开的核心原则之一。公开与保密是一对矛盾。政府信息公开既要保证公民、法人和其他组织及时、准确地获取政府信息，又要防止出现因公开不当导致失密、泄密而损害国家安全、公共安全、经济安全，影响社会稳定和侵犯公民、法人和其他组织的合法权益。这就要求行政机关能正确处理公开与保密的关系。一方面，除法定的不予公开事项外，政府信息均应公开；另一方面，行政机关应当建立健全政府信息公开审查机制，明确审查的程序和责任。行政机关应当依照《保守国家秘密法》以及其他法律、法规和国家有关规定对拟公开的政府信息进行审查。行政机关不能确定政府信息是否可以公开的，应当依照法律、法规和国家有关规定报有关主管部门或者保密行政管理部门确定。行政机关应当建立健全政府信息管理动态调整机制，对本行政机关不予公开的政府信息进行定期评估审查，对因情势变化可以公开的政府信息应当公开。

2.公正、公平、合法、便民。行政机关公开政府信息，应当遵循公正、公平、合法、便民的原则。公民、组织享有平等获取政府信息的权利，不能成为少数人的特权，行政机关在公开政府信息时，应当公正、平等地对待申请人，不应当歧视和存有偏见。在公开信息时，应当方便公众，通过建立健全管理制度，提高办理效率，为公众获取政府信息提供便利。

3.及时、准确。行政机关公开政府信息应当及时、准确，不仅要在恰当时机公开相关信息，遵守公开的法定期限，而且要保证所公开的信息是真实可信、准确无误的。行政机关一旦发现影响或者可能影响社会稳定、扰乱社会和经济管理秩序的虚假或者不完整信息的，应当发布准确的政府信息予以澄清。

（三）公开的范围

政府信息公开的范围，关系哪些政府信息应当公开，哪些不应当公开，是信息公开立法中的重点，也是难点。从世界已有的信息公开立法看，对政府信息公开范围规定的基本方式为概括规定公开事项、具体列举规定不公开事项。我国修订后的《政府信息公开条例》也采用了这一方式，《政府信息公开条例》第13条第1款规定："除本条例第十四条、第十五条、第十六条规定的政府信息外，政府信息应当公开。"

根据该条例第14～16条的规定，政府信息公开中的不予公开事项有：

1.涉及国家秘密的政府信息。依法确定为国家秘密的政府信息，不予公开。

2.法律、行政法规禁止公开的政府信息。依法禁止公开的政府信息，不予公开。

3.公开后可能危及国家安全、公共安全、经济安全、社会稳定的政府信息。符合此要求的政府信息，不予公开。

4.公开会对第三方合法权益造成损害的政府信息。涉及商业秘密、个人隐私等公开会对第三方合法权益造成损害的政府信息，行政机关不得公开。但是，第三方同意公开或者行政机关认为不公开会对公共利益造成重大影响的，予以公开。

5.内部事务信息。行政机关的内部事务信息，包括人事管理、后勤管理、内部工作流程等方面的信息，可以不予公开。

6.过程性信息。行政机关在履行行政管理职能过程中形成的讨论记录、过程稿、磋商信函、请示报告等过程性信息，可以不予公开。但是，法律、法规、规章规定应当公开的，从其规定。

7.行政执法案卷信息。此类信息，可以不予公开。但是，法律、法规、规章规定应当公开的，从其规定。

（四）公开义务主体

行政机关制作的政府信息，由制作该政府信息的行政机关负责公开。行政机关从公民、法人和其他组织获取的政府信息，由保存该政府信息的行政机关负责公开；行政机关获取的其他行政机关的政府信息，由制作或者最初获取该政府信息的行政机关负责公开。法律、法规对政府信息公开的权限另有规定的，从其规定。行政机关设立的派出机构、内设机构依照法律、法规对外以自己名义履行行政管理职能的，可以由该派出机构、内设机构负责与所履行行政管理职能有关的政府信息公开工作。两个以上行政机关共同制作的政府信息，由牵头制作的行政机关负责公开。

由于行政机关数量众多，《政府信息公开条例》规定，行政机关应当建立健全政府信息公开协调机制。行政机关公开政府信息涉及其他机关的，应当与有关机关协商、确认，保证行政机关公开的政府信息准确一致。行政机关公开政府信息依照法律、行政法规和国家有关规定需要批准的，经批准予以公开。

为便于政府信息公开，《政府信息公开条例》要求行政机关编制、公布政府信息公开指南和政府信息公开目录，并应当及时更新。政府信息公开指南包括政府信息的分类、编排体系、获取方式和政府信息公开工作机构的名称、办公地址、办公时间、联系电话、传真号码、互联网联系方式等内容。政府信息公开目录包括政府信息的索引、名称、内容概述、生成日期等内容。

（五）主动公开

政府信息公开包括主动公开和依申请公开的方式，两种公开方式的要求和程序不同。

1.主动公开的事项。根据《政府信息公开条例》的规定，就一般范围而言，对涉及公众利益调整、需要公众广泛知晓或者需要公众参与决策的政府信息，行政机关均应当主动公开。

在规定一般范围之后,《政府信息公开条例》第20条列举了各行政机关应主动公开的事项,具体规定如下:(1)行政法规、规章和规范性文件;(2)机关职能、机构设置、办公地址、办公时间、联系方式、负责人姓名;(3)国民经济和社会发展规划、专项规划、区域规划及相关政策;(4)国民经济和社会发展统计信息;(5)办理行政许可和其他对外管理服务事项的依据、条件、程序以及办理结果;(6)实施行政处罚、行政强制的依据、条件、程序以及本行政机关认为具有一定社会影响的行政处罚决定;(7)财政预算、决算信息;(8)行政事业性收费项目及其依据、标准;(9)政府集中采购项目的目录、标准及实施情况;(10)重大建设项目的批准和实施情况;(11)扶贫、教育、医疗、社会保障、促进就业等方面的政策、措施及其实施情况;(12)突发公共事件的应急预案、预警信息及应对情况;(13)环境保护、公共卫生、安全生产、食品药品、产品质量的监督检查情况;(14)公务员招考的职位、名额、报考条件等事项以及录用结果;(15)法律、法规、规章和国家有关规定规定应当主动公开的其他政府信息。

除《政府信息公开条例》第20条规定的政府信息外,设区的市级、县级人民政府及其部门还应当根据本地方的具体情况,主动公开涉及市政建设、公共服务、公益事业、土地征收、房屋征收、治安管理、社会救助等方面的政府信息;乡(镇)人民政府还应当根据本地方的具体情况,主动公开贯彻落实农业农村政策、农田水利工程建设运营、农村土地承包经营权流转、宅基地使用情况审核、土地征收、房屋征收、筹资筹劳、社会救助等方面的政府信息。

为充分发挥主动公开的作用,《政府信息公开条例》同时规定,行政机关应当依照本条例第20条、第21条的规定,确定主动公开政府信息的具体内容,并按照上级行政机关的部署,不断增加主动公开的内容。多个申请人就相同政府信息向同一行政机关提出公开申请,且该政府信息属于可以公开的,行政机关可以纳入主动公开的范围。对行政机关依申请公开的政府信息,申请人认为涉及公众利益调整、需要公众广泛知晓或者需要公众参与决策的,可以建议行政机关将该信息纳入主动公开的范围。行政机关经审核认为属于主动公开范围的,应当及时主动公开。

2.主动公开的具体方式。行政机关应当建立健全政府信息发布机制,将主动公开的政府信息通过政府公报、政府网站或者其他互联网政务媒体、新闻发布会以及报刊、广播、电视等途径予以公开。

各级人民政府应当加强依托政府门户网站公开政府信息的工作,利用统一的政府信息公开平台集中发布主动公开的政府信息。政府信息公开平台应当具备信息检索、查阅、下载等功能。

各级人民政府应当在国家档案馆、公共图书馆、政务服务场所设置政府信息查阅场所,并配备相应的设施、设备,为公民、法人和其他组织获取政府信息提供便利。行政机关可以根据需要设立公共查阅室、资料索取点、信息公告栏、电子信息屏等场所、设施,公开政府信息。行政机关应当及时向国家档案馆、公共图书馆提供主动公开的政府信息。

3.主动公开的时限。属于主动公开范围的政府信息,应当自该政府信息形成或者变更之日起20个工作日内及时公开。法律、法规对政府信息公开的期限另有规定的,从其规定。

(六)依申请公开

依申请公开是行政机关基于公民、法人或者其他组织的申请而进行的公开。《政府信息公开条例》要求,行政机关应当建立完善政府信息公开申请渠道,为申请人依法申请获取政府信息提供便利。依申请公开的具体要求如下:

1.当事人申请。当事人申请是启动依申请公开程序的前提,《政府信息公开条例》规定当事人向地方各级人民政府、对外以自己名义履行行政管理职能的县级以上人民政府部门(含本条例规定的派出机构、内设机构)申请获取相关政府信息,具体应当向行政机关的政府信息公开工作机构提出。当事人提出申请原则上应当采用书面形式(包括信件、数据电文)。采用书面形式确有困难的，申请人可以口头提出，由受理该申请的政府信息公开工作机构代为填写政府信息公开申请。公民、法人或者其他组织提出的政府信息公开申请应当包括的内容有：申请人的姓名或者名称、身份证明、联系方式；申请公开的政府信息的名称、文号或者便于行政机关查询的其他特征性描述；申请公开的政府信息的形式要求，包括获取信息的方式、途径。

其中，政府信息公开申请内容不明确的，行政机关应当给予指导和释明，并自收到申请之日起7个工作日内一次性告知申请人作出补正，说明需要补正的事项和合理的补正期限。答复期限自行政机关收到补正的申请之日起计算。申请人无正当理由逾期不补正的，视为放弃申请，行政机关不再处理该政府信息公开申请。申请公开政府信息的公民存在阅读困难或者视听障碍的，行政机关应当为其提供必要的帮助。

2.收到申请时间的确定。行政机关收到政府信息公开申请的时间，按照下列规定确定：

（1）申请人当面提交政府信息公开申请的，以提交之日为收到申请之日。

（2）申请人以邮寄方式提交政府信息公开申请的，以行政机关签收之日为收到申请之日；以平常信函等无须签收的邮寄方式提交政府信息公开申请的，政府信息公开工作机构应当于收到申请的当日与申请人确认，确认之日为收到申请之日。

（3）申请人通过互联网渠道或者政府信息公开工作机构的传真提交政府信息公开申请的，以双方确认之日为收到申请之日。

3.行政机关对申请的答复。行政机关对收到的政府信息公开申请，根据不同情况分别予以答复：

（1）所申请公开信息已经主动公开的，告知申请人获取该政府信息的方式、途径。

（2）所申请公开信息可以公开的，向申请人提供该政府信息，或者告知申请人获取该政府信息的方式、途径和时间。行政机关依申请公开政府信息，应当根据申请人的要求及行政机关保存政府信息的实际情况，确定提供政府信息的具体形式；按照申请人要求的形式提供政府信息，可能危及政府信息载体安全或者公开成本过高的，可以通过电子数据以及其他适当形式提供，或者安排申请人查阅、抄录相关政府信息。

（3）行政机关依据《政府信息公开条例》的规定决定不予公开的，告知申请人不予公开并说明理由。

（4）经检索没有所申请公开信息的，告知申请人该政府信息不存在。

（5）所申请公开信息不属于本行政机关负责公开的，告知申请人并说明理由；能够确定负责公开该政府信息的行政机关的，告知申请人该行政机关的名称、联系方式。

（6）行政机关已就申请人提出的政府信息公开申请作出答复、申请人重复申请公开相同政府信息的，告知申请人不予重复处理。

（7）所申请公开信息属于工商、不动产登记资料等信息，有关法律、行政法规对信息的获取有特别规定的，告知申请人依照有关法律、行政法规的规定办理。

4.征求第三方的意见。依申请公开的政府信息公开会损害第三方合法权益的，行政机关应当书面征求第三方的意见。第三方应当自收到征求意见书之日起15个工作日内提出意见。第三方逾期未提出意见的，由行政机关依照《政府信息公开条例》的规定决定是否公开。第三方不同意公开且有合理理由的，行政机关不予公开。行政机关认为不公开可能对公共利益造成重大影响的，可以决定予以公开，并将决定公开的政府信息内容和理由书面告知第三方。

5.答复期限。行政机关收到政府信息公开申请，能够当场答复的，应当当场予以答复。行政机关不能当场答复的，应当自收到申请之日起20个工作日内予以答复；需要延长答复期限的，应当经政府信息公开工作机构负责人同意并告知申请人，延长的期限最长不得超过20个工作日。行政机关征求第三方和其他机关意见所需时间不计算在期限内。申请公开的政府信息由两个以上行政机关共同制作的，牵头制作的行政机关收到政府信息公开申请后可以征求相关行政机关的意见，被征求意见机关应当自收到征求意见书之日起15个工作日内提出意见，逾期未提出意见的视为同意公开。

6. 区分处理。申请公开的信息中含有不应当公开或者不属于政府信息的内容，但是能够作区分处理的，行政机关应当向申请人提供可以公开的政府信息内容，并对不予公开的内容说明理由。行政机关向申请人提供的信息，应当是已制作或者获取的政府信息。除前述能够作区分处理的外，需要行政机关对现有政府信息进行加工、分析的，行政机关可以不予提供。

7.滥用申请权的规制。政府信息公开制度需要平衡各方利益诉求，其中重要要求是既要满足公众的政府信息公开需要，又要防止有的申请人不当行使申请权、超出行政机关公开政府信息的能力，影响政府信息公开工作的正常开展。《政府信息公开条例》对滥用申请权作出了一定的规范，规定申请人申请公开政府信息的数量、频次明显超过合理范围，行政机关可以要求申请人说明理由。行政机关认为申请理由不合理的，告知申请人不予处理；行政机关认为申请理由合理，但是无法在上述答复期限内答复申请人的，可以确定延迟答复的合理期限并告知申请人。行政机关依申请提供政府信息，不收取费用。但是，申请人申请公开政府信息的数量、频次明显超过合理范围的，行政机关可以收取信息处理费。行政机关收取信息处理费的具体办法由国务院价格主管部门会同国务院财政部门、全国政府信息公开工作主管部门制定。

（七）监督与救济

政府信息公开的监督机制，是政府信息公开制度中的核心问题之一。《政府信息公开条例》根据我国的实际情况规定了以下制度：

1.对政府信息公开的考核、评议。各级人民政府应当建立健全政府信息公开工作考核制度、社会评议制度和责任追究制度，定期对政府信息公开工作进行考核、评议。

2. 日常指导和监督检查。政府信息公开工作主管部门应当加强对政府信息公开工作的日常指导和监督检查，对行政机关未按照要求开展政府信息公开工作的，予以督促整改或者通报批评；需要对负有责任的领导人员和直接责任人员追究责任的，依法向有权机关提出处理建议。公民、法人或者其他组织认为行政机关未按照要求主动公开政府信息或者对政府信息公开申请不依法答复处理的，可以向政府信息公开工作主管部门提出。政府信息公开工作主管部门查证属实的，应当予以督促整改或者通报批评。

3.年度报告。县级以上人民政府部门应当在每年1月31日前向本级政府信息公开工作主管部门提交本行政机关上一年度政府信息公开工作年度报告并向社会公布。县级以上地方人民政府的政府信息公开工作主管部门应当在每年3月31日前向社会公布本级政府上一年度政府信息公开工作年度报告。

政府信息公开工作年度报告应当包括下列内容：行政机关主动公开政府信息的情况；行政机关收到和处理政府信息公开申请的情况；因政府信息公开工作被申请行政复议、提起行政诉讼的情况；政府信息公开工作存在的主要问题及改进情况，各级人民政府的政府信息公开工作年度报告还应当包括工作考核、社会评议和责任追究结果情况；其他需要报告的事项。

全国政府信息公开工作主管部门应当公布政府信息公开工作年度报告统一格式，并适时更新。

4.公民、法人或其他组织的投诉、举报、复议与诉讼。公民、法人或者其他组织认为行政机关在政府信息公开工作中侵犯其合法权益的，可以向上一级行政机关或者政府信息公开工作主管部门投诉、举报，也可以依法申请行政复议或者提起行政诉讼。

三、政府信息公开行政诉讼

政府信息公开行政诉讼虽属于行政诉讼，不过由于这类案件本身的特殊性，使其在受案范围、被告、审理方式、举证责任等方面展现出与一般的行政案件不同之处。2010年12月13日最高人民法院通过《关于审理政府信息公开行政案件若干问题的规定》（以下简称《政府信息公开案件规定》)，对政府信息公开行政诉讼作出规定。

(一)受案范围

虽然《行政诉讼法》在第12条受案范围中未明确规定法院可以受理政府信息公开行政诉讼案件，但第82条第1款规定："人民法院审理下列第一审行政案件，认为事实清楚、权利义务关系明确、争议不大的，可以适用简易程序：……(三)属于政府信息公开案件的。"《政府信息公开条例》第51条规定，公民、法人或者其他组织认为行政机关在政府信息公开工作中侵犯其合法权益的，可以依法申请行政复议或者提起行政诉讼。不过，究竟哪些政府信息公开争议能进入行政诉讼仍是问题，《政府信息公开案件规定》对此予以明确。

1.可以受理的政府信息公开案件。公民、法人或者其他组织认为下列政府信息公开工作中的具体行政行为侵犯其合法权益，依法提起行政诉讼的，人民法院应当受理：

(1)向行政机关申请获取政府信息，行政机关拒绝提供或者逾期不予答复的。这是政府信息公开案件的典型形式，也是主要形式。

(2)认为行政机关提供的政府信息不符合其在申请中要求的内容或者法律、法规规定的适当形式的。

(3)认为行政机关主动公开或者依他人申请公开政府信息侵犯其商业秘密、个人隐私的。

(4)认为行政机关提供的与其自身相关的政府信息记录不准确，要求该行政机关予以更正，该行政机关拒绝更正、逾期不予答复或者不予转送有权机关处理的。

(5)认为行政机关在政府信息公开工作中的其他具体行政行为侵犯其合法权益的。

公民、法人或者其他组织认为政府信息公开行政行为侵犯其合法权益造成损害的，可以一并或单独提起行政赔偿诉讼。

此外，公民、法人或者其他组织认为行政机关不依法履行主动公开政府信息义务，直接向人民法院提起诉讼的，法院虽不予受理，但应当告知其先向行政机关申请获取相关政府信息。而对行政机关的答复或者逾期不予答复不服的，可以向人民法院提起诉讼，属于行政诉讼受案范围。因此，《政府信息公开案件规定》通过转换方式将行政机关没有履行主动公开义务的情形，纳入行政诉讼受案范围。

2.不予受理的情形。公民、法人或者其他组织对下列行为不服提起行政诉讼的，人民法院不予受理：

(1)因申请内容不明确，行政机关要求申请人作出更改、补充且对申请人权利义务不产生实际影响的告知行为。

(2)要求行政机关提供政府公报、报纸、杂志、书籍等公开出版物，行政机关予以拒绝的。

(3)要求行政机关为其制作、搜集政府信息，或者对若干政府信息进行汇总、分析、加工，行政机关予以拒绝的。

(4)行政程序中的当事人、利害关系人以政府信息公开名义申请查阅案卷材料，行政机关告知其应当按照相关法律、法规的规定办理的。

(二)被告

结合实际，《政府信息公开案件规定》对政府信息公开诉讼的被告确定作出如下安排：

1.依申请公开。公民、法人或者其他组织对国务院部门、地方各级人民政府及县级以上地方人民政府部门依申请公开政府信息行政行为不服提起诉讼的，以作出答复的机关为被告；逾期未作出答复的，以受理申请的机关为被告。

2.主动公开。公民、法人或者其他组织对主动公开政府信息行政行为不服提起诉讼的，以公开该政府信息的机关为被告。

3.授权组织。公民、法人或者其他组织对法律、法规授权的具有管理公共事务职能的组织公开政府信息的行为不服提起诉讼的，以该组织为被告。

4.文书上署名的机关为被告。在特定情形下，应当以在对外发生法律效力的文书上署名的机关为被告：(1)政府信息公开与否的答复依法报经有权机关批准的；(2)政府信息是否可以公开系由国家保密行政管理部门或者省、自治区、直辖市保密行政管理部门确定的；(3)行政机关在公开政府信息前与有关行政机关进行沟通、确认的。

（三）审理

与一般的行政案件原则上应公开审理不同，政府信息公开案件的审理相对特别。法院审理政府信息公开行政案件，应当视情采取适当的审理方式，以避免泄露涉及国家秘密、商业秘密、个人隐私或者法律规定的其他应当保密的政府信息。

（四）举证责任

在一般的行政诉讼中，对被诉行政行为的合法性主要由被告来承担举证责任。在政府信息公开案件中，政府信息掌握在行政机关手中，只有行政机关知晓信息的内容和性质，而申请人在获得信息前不知道该信息的内容，很难或无法提供证据，因此，更应突出被告的举证责任。《政府信息公开案件规定》以此为思路，重点规定了被告应承担举证责任的情形。

1.被告应承担举证责任的情形

（1）被告拒绝向原告提供政府信息的，应当对拒绝的根据以及履行法定告知和说明理由义务的情况举证。

（2）因公共利益决定公开涉及商业秘密、个人隐私政府信息的，被告应当对认定公共利益以及不公开可能对公共利益造成重大影响的理由进行举证和说明。

（3）被告拒绝更正与原告相关的政府信息记录的，应当对拒绝的理由进行举证和说明。不过，被告能够证明政府信息涉及国家秘密，请求在诉讼中不予提交的，人民法院应当准许。

2.原告应承担举证责任的情形

原告起诉被告拒绝更正政府信息记录的，应当提供其向被告提出过更正申请以及政府信息与其自身相关且记录不准确的事实根据。

此外，被告主张政府信息不存在，原告能够提供该政府信息系由被告制作或者保存的相关线索的，可以申请人民法院调取证据。

（五）裁判

鉴于政府信息公开行政诉讼案件的特别之处，《政府信息公开案件规定》对裁判方式作出了有针对性的规定。从原告的请求是否获得支持作区分点，可以将这些裁判分为支持原告诉讼请求的裁判与驳回原告诉讼请求的裁判。

1.支持原告诉讼请求的裁判

（1）被告对依法应当公开的政府信息拒绝或者部分拒绝公开的，人民法院应当撤销或者部分撤销被诉不予公开决定，并判决被告在一定期限内公开。尚需被告调查、裁量的，判决其在一定期限内重新答复。

（2）被告提供的政府信息不符合申请人要求的内容或者法律、法规规定的适当形式的，人民法院应当判决被告按照申请人要求的内容或者法律、法规规定的适当形式提供。

（3）法院经审理认为被告不予公开的政府信息内容可以作区分处理的，应当判决被告限期公开可以公开的内容。

（4）被告依法应当更正而不更正与原告相关的政府信息记录的，法院应当判决被告在一定期限内更正。尚需被告调查、裁量的，判决其在一定期限内重新答复。被告无权更正的，判决其转送有权更正的行政机关处理。

（5）被告对原告要求公开或者更正政府信息的申请无正当理由逾期不予答复的，法院应当判决被告在一定期限内答复。原告一并请求判决被告公开或者更正政府信息且理由成立的，参照上述第（1）~（4）项的规定处理。

（6）被告公开政府信息涉及原告商业秘密、个人隐私且不存在公共利益等法定事由的，人民法院应当判决确认公开政府信息的行为违法，并可以责令被告采取相应的补救措施；造成损害的，根据原告请求依法判决被告承担赔偿责任。政府信息尚未公开的，应当判决行政机关不得公开。如果在诉讼期间，原告申请停止公开涉及其商业秘密、个人隐私的政府信息，法院经审查认为公开该政府信息会造成难以弥补的损失，并且停止公开不损害公共利益的，可以依照《行政诉讼法》第56条的规定，裁定暂时停止公开。后一种情形带有预防性权利保护的性质，是我国预防性权利保护的有益规定。不过，值得注意的是，对此情形适用裁定，而不是判决。

2.驳回原告诉讼请求的裁判

有下列情形之一，被告已经履行法定告知或者说明理由义务的，法院应当判决驳回原告的诉讼请求：

（1）不属于政府信息、政府信息不存在、依法属于不予公开范围或者依法不属于被告公开的。

（2）申请公开的政府信息已经向公众公开，被告已经告知申请人获取该政府信息的方式和途径的。

（3）起诉被告逾期不予答复，理由不成立的。

（4）以政府信息侵犯其商业秘密、个人隐私为由反对公开，理由不成立的。

（5）要求被告更正与其自身相关的政府信息记录，理由不成立的。

（6）无法按照申请人要求的形式提供政府信息，且被告已通过安排申请人查阅相关资料、提供复制件或者其他适当形式提供的。

（7）其他应当判决驳回诉讼请求的情形。

案例分析 能力训练

【本章主要法律规定】

1.《政府信息公开条例》

2. 最高人民法院《关于审理政府信息公开行政案件若干问题的规定》

本编重点、难点与疑点辨析

一、抽象行政行为与具体行政行为

行政行为法是行政法的重要组成部分，主要涉及对行政主体行使行政职权作出的有法律效果的行政行为的规范。行政行为表现形式多样，达到的法律效果各不相同，立法对其规范程度也不一，可以采用不同标准加以分类。抽象行政行为与具体行政行为的划分，是十分重要的分类。抽象行政行为是指行政机关针对不特定对象发布的能反复适用的行政法规、规章和行政规范性文件的行为，而具体行政行为则指行政机关依法就特定事项对特定的公民、法人和其他组织权利义务作出的行政职权行为。二者的区别主要表现为：

类别	对象	效力	表现形式
抽象行政行为	不特定	能反复适用	行政法规、规章、规范性文件
具体行政行为	特定	一次性适用	行政处罚、行政许可、行政协议等

抽象行政行为是行政机关制定规则或者规范的行为，包括行政立法（行政法规、部门规章和地方政府规章）和行政规范性文件（具有普遍约束力的决定、命令）。《立法法》《行政法规制定程序条例》《规章制定程序条例》对行政立法作出较明确的规定，构成判定相关行为合法性的要求。具体行政行为种类多样，且目前尚无统一立法。不过，在行政处罚、行政许可、行政强制领域已有针对共同性行政行为的统一性立法。

就具体行政行为而言，需要把握的重点同时也是难点的是，对某一行政行为性质的确定和其合法性的判定。前者是基础，因为行政行为的定性关系到法律适用、程序等后续一系列问题。因此，需要准确把握每一类行政行为的性质、特点等。

二、行政处罚与行政强制措施

《行政处罚法》和《行政强制法》分别对行政处罚与行政强制措施作出了界定，二者的区别主要表现在以下三方面：

1. 目的不同。行政处罚的目的具有唯一性，制裁性或惩戒性是行政处罚的本质属性和特征。根据《行政处罚法》第2条的规定，行政处罚是指行政机关依法对违反行政管理秩序的公民、法人或者其他组织，以减损权益或者增加义务的方式予以惩戒的行为。行政强制措施的目的具有多重性，《行政强制法》第2条规定行政强制措施的目的是“制止违法行为、防止证据损毁、避免危害发生、控制危险扩大等”，可以将这些目的概括为预防性和制止性。

2. 环节不同。行政处罚位于行政执法过程中的末端，是行政机关对事件调查处理后作出的最终决定。除非当事人不履行此处罚决定，进行行政强制执行外，行政过程即宣告结束。行政强制措施是对公民人身自由或财物等进行的“暂时性限制”或“暂时性控制”行为，通常是中间行为，尚未到达对事件最终处理的状态，在其之后往往跟随着包括行政处罚在内的相关的处理决定。

3. 形式不同。《行政处罚法》第9条对行政处罚的种类和形式作出规定，主要有：警告、通报批评，罚款、没收违法所得、没收非法财物，暂扣许可证件、降低资质等级、吊销许可证件，限制开展生产经营活动、责令停产停业、责令关闭、限制从业，行政拘留，法律、行政法规规定的其他行政处罚。根据《行政强制法》的规定，行政强制措施的种类包括：限制公民人身自由；查封场所、设施或者财物；扣押财物；冻结存款、汇款；其他行政强制措施。

三、行政强制措施与行政强制执行

《行政强制法》对行政强制措施和行政强制执行作出专门界定，其中，行政强制措施“是指行政机关在行政管理过程中，为制止违法行为、防止证据损毁、避免危害发生、控制危险扩大等情形，依法对公民的人身自由实施暂时性限制，或者对公民、法人或者其他组织的财物实施暂时性控制的行为”。而行政强制执行“是指行政机关或者行政机关申请人民法院，对不履行行政决定的公民、法人或者其他组织，依法强制履行义务的行为”。二者的主要区别如下：

区别项	行政强制措施	行政强制执行
目的	制止违法行为、防止证据损毁、避免危害发生、控制危险扩大	促使履行决定确定的义务
前提	通常事先无行政决定	先有行政决定
主体	行政机关	行政机关和法院
时间点	中间性与暂时性	最终性
表现方式	冻结、扣押、查封等	划拨、收缴、拍卖等

四、行政许可的撤销、撤回、吊销、注销

行政许可的撤销、撤回、吊销、注销是四项相关但又区别的制度，需要清晰把握其区别。

行政许可的撤销是指行政许可行为违法，而依法否定其效力的制度，事实上属于对违法的行政许可行为的纠正，而不是行政处罚。行政许可被撤销后，其自始无效。《行政许可法》对行政许可的撤销条件作出明确了规定。第69条规定：有下列情形之一的，作出行政许可决定的行政机关或者其上级行政机关，根据利害关系人的请求或者依据职权，可以撤销行政许可：(1)行政机关工作人员滥用职权、玩忽职守作出准予行政许可决定的；(2)超越法定职权作出准予行政许可决定的；(3)违反法定程序作出准予行政许可决定的；(4)对不具备申请资格或者不符合法定条件的申请人准予行政许可的；(5)依法可以撤销行政许可的其他情形。被许可人以欺骗、贿赂等不正当手段取得行政许可的，应当予以撤销。依照前两款的规定撤销行政许可，可能对公共利益造成重大损害的，不予撤销。依照本条第1款的规定撤销行政许可，被许可人的合法权益受到损害的，行政机关应当依法给予赔偿。依照本条第2款的规定撤销行政许可的，被许可人基于行政许可取得的利益不受保护。

行政许可的撤回是指行政许可行为合法，但因出现法定情形而依法使其失效的制度。行政许可被撤回后，失去的只是向后的效力。《行政许可法》第8条规定：公民、法人或者其他组织依法取得的行政许可受法律保护，行政机关不得擅自改变已经生效的行政许可。行政许可所依据的法律、法规、规章修改或者废止，或者准予行政许可所依据的客观情况发生重大变化的，为了公共利益的需要，行政机关可以依法变更或者撤回已经生效的行政许可。由此给公民、法人或者其他组织造成财产损失的，行政机关应当依法给予补偿。该条明确了行政许可的撤回的条件。

行政许可的吊销通常表达为吊销行政许可，或者暂扣许可证件、吊销许可证件，虽与行政许可的撤销仅有一字之差，但有本质区别，是指当事人在取得行政许可后，因从事违法行为取消其相应行政许可的制度，因此吊销行政许可本质是一种行政处罚，《行政处罚法》对此种处罚形式有明确规定。

行政许可的注销是指在出现特定事实时，行政机关依据法定程序收回行政许可证件或向社会公告行政许可失去效力的事实。注销更多是对特定事实的公示，不涉及行政许可的效力，因而主

要是一个程序问题。《行政许可法》第70条规定，有下列情形之一的，行政机关应当依法办理有关行政许可的注销手续：（1）行政许可有效期届满未延续的；（2）赋予公民特定资格的行政许可，该公民死亡或者丧失行为能力的；（3）法人或者其他组织依法终止的；（4）行政许可依法被撤销、撤回，或者行政许可证件依法被吊销的；（5）因不可抗力导致行政许可事项无法实施的；（6）法律、法规规定的应当注销行政许可的其他情形。

五、政府信息公开

政府信息公开制度中的重点内容之一，是对不予公开事项的适用。不予公开事项包括：涉及国家秘密的政府信息，法律、行政法规禁止公开的政府信息，公开后可能危及国家安全、公共安全、经济安全、社会稳定的政府信息，公开会对第三方合法权益造成损害的政府信息、内部事务信息、过程性信息、行政执法案卷信息。

第四编

行政救济法

本编导读

本编是有关行政救济法的内容，主要包括行政复议法、行政诉讼法和国家赔偿法三部分。行政复议和行政诉讼是两种正式的行政救济途径，是公民、法人或者其他组织对行政行为的合法性乃至合理性提出异议，由行政复议机关和法院进行审查并作出有效力决定的制度。而国家赔偿是国家对国家机关及其工作人员违法行使职权或存在过错等原因造成的损害给予受害人赔偿的制度。三项制度不仅有单独的立法规定，而且形成了较为细致、具体的制度安排，有很强的应用性。

第十二章 行政复议

本章主要内容提示

行政复议与行政诉讼的关系：原则上由当事人自由选择，但法律、行政法规规定复议前置的，必须复议后才能再提起诉讼，2023年修订后的《行政复议法》增加了复议前置事项。

修改后的行政诉讼法借鉴了行政复议法的做法，将部分抽象行政行为有限制地纳入行政诉讼审查范围，因此两项制度出现趋同。所谓部分，是指行政法规、规章以外的其他规范性文件；所谓有限制，是指不能直接对其申请复议或提起行政诉讼，只能在对具体行政行为不服申请复议或提起行政诉讼的同时，一并要求对其进行审查。

第一节 行政复议概述

一、行政复议的概念

我国的行政复议，是指行政机关根据上级行政机关对下级行政机关的监督权，在当事人的申请和参加下，按照行政复议程序对行政行为进行合法性和适当性审查，并作出裁决解决行政侵权争议的活动。行政复议是为公民、法人和其他组织提供法律救济的行政监督制度。

我国现行的行政复议制度是作为行政诉讼的配套制度于1990年建立的，1990年12月24日国务院发布了《行政复议条例》。1999年4月第九届全国人大常委会第九次会议颁布了《行政复议法》，使行政复议脱离行政诉讼配套制度框架，建立起独立的国家行政复议制度。2023年9月1日第十四届全国人大常委会第五次会议对该法进行了修订，进一步完善了现行行政复议制度。

建立独立行政复议制度的重要根据，是行政复议本身的法律性质。首先，行政复议是权利救济制度。行政复议的内容和目的，是通过处理行政争议对受到行政侵害的公民、法人和其他组织合法的权益提供法律救济。其次，行政复议是行政监督制度。行政复议的根据是上级行政机关对下级行政机关的层级监督权。这种层级监督权具有维持、撤销或者改变下级行政机关决定的内容。最后，行政复议是行政裁判制度。行政复议的活动方式是处理行政争议，应当遵守保证公正处理的复议程序。2023年修订后的《行政复议法》，明确提出要"发挥行政复议化解行政争议的主渠道作用"。

二、行政复议的基本原则

行政复议的基本原则具有基础性和概括

性。基础性，是指基本原则构成其他具体规范的根据；概括性，是指它体现具体规则的共同性和关联性。行政复议法规定的基本原则总的来说是一种义务性规则，规定了行政机关复议活动必须履行的基本法律义务。《行政复议法》第3条规定：行政复议工作坚持中国共产党的领导。行政复议机关履行行政复议职责，应当遵循合法、公正、公开、高效、便民、为民的原则，坚持有错必纠，保障法律、法规的正确实施。行政复议的基本原则包括了合法、公正、公开、高效、便民、为民几个方面。

合法原则是处理复议活动与法律相互关系的基本准则，它要求复议活动对法律的服从，具有与法律的一致性。合法性是克服行政复议中可能的袒护和取得公众信任的根本保证，也是其他基本原则的基础。没有合法原则，其他原则就失去了根据。

公正原则是对行政复议活动过程和结果的基本要求，是评价行政复议正当性的重要准则。它要求禁止对任何一方当事人的偏私袒护，平等对待申请人和被申请人，无论是在程序权利上还是在对实体权利的处理上。它是一种实质意义上的合法性要求，覆盖面广，运用灵活。

公开原则是对行政复议方式的基本规定，它从原则上否定了行政秘密。作为行政复议机关的基本义务，应当满足和保障当事人和公众的了解权、监督权。行政复议活动应当为公众所了解，接受当事人和公众的监督。

高效原则是处理行政复议与行政效率相互关系的基本准则，其基本含义是指行政复议机关处理案件应当在保证公正的前提下尽量程序简单、时间短暂，高效使行政争议得到较快解决，行政关系得到较快确定，行政秩序得到较快恢复。

便民原则是指行政复议应当将减少当事人的讼累和支出作为基本活动准则。行政复议应当尽量使当事人在复议中以最少的付出获得最有效的权利救济。例如，不收费、当事人选择复议机关、结案时间比较短等都是这一原则的体现。

为民原则是指行政复议应当坚持以人民为中心，通过行政复议维护人民群众的合法权益，努力让人民群众在每一个行政复议案件中感受到公平正义。

第二节 行政复议范围

确定行政复议范围有两个方面：一是可以受理的事项，二是行政复议的排除事项。

一、可以申请行政复议的事项

（一）基本范围

可以申请行政复议事项的基本范围是行政行为，这一范围与《行政诉讼法》规定的行政诉讼受案范围是一致的。之前《行政复议法》对行政复议范围的基本限定是“具体行政行为”，2023年修订后的《行政复议法》将基本范围限定为“行政行为”，其第2条第1款规定：“公民、法人或者其他组织认为行政机关的行政行为侵犯其合法权益，向行政复议机关提出行政复议申请，行政复议机关办理行政复议案件，适用本法。”

根据2023年修订后的《行政复议法》规定，行政复议法将公民、法人和其他组织的合法权益都纳入保护范围，不限于人身权和财产权。在此之前的行政复议主要保护公民、法人和其他组织的人身权和财产权。

（二）可申请行政复议的具体事项

在行政复议基本范围之下，《行政复议法》第11条对可申请行政复议事项作出了列举规定，这些列举规定主要是基于常见行政行为，包括：

一是对行政机关作出的行政处罚决定不服；

二是对行政机关作出的行政强制措施、行

政强制执行决定不服；

三是申请行政许可，行政机关拒绝或者在法定期限内不予答复，或者对行政机关作出的有关行政许可的其他决定不服；

四是对行政机关作出的确认自然资源的所有权或者使用权的决定不服；

五是对行政机关作出的征收征用决定及其补偿决定不服；

六是对行政机关作出的赔偿决定或者不予赔偿决定不服；

七是对行政机关作出的不予受理工伤认定申请的决定或者工伤认定结论不服；

八是认为行政机关侵犯其经营自主权或者农村土地承包经营权、农村土地经营权；

九是认为行政机关滥用行政权力排除或者限制竞争；

十是认为行政机关违法集资、摊派费用或者违法要求履行其他义务；

十一是申请行政机关履行保护人身权利、财产权利、受教育权利等合法权益的法定职责，行政机关拒绝履行、未依法履行或者不予答复；

十二是申请行政机关依法给付抚恤金、社会保险待遇或者最低生活保障等社会保障，行政机关没有依法给付；

十三是认为行政机关不依法订立、不依法履行、未按照约定履行或者违法变更、解除政府特许经营协议、土地房屋征收补偿协议等行政协议；

十四是认为行政机关在政府信息公开工作中侵犯其合法权益；

十五是认为行政机关的其他行政行为侵犯其合法权益。

（三）对行政规范性文件的附带审查

公民、法人或者其他组织认为行政机关的行政行为所依据的行政规范性文件不合法，不能直接申请行政复议，但可以提出附带审查申请。即行政复议的申请人在对上述可申请复议的行政行为提出复议申请的同时，可以对该行政行为所依据的行政规定，提出进行审查的请求。

《行政复议法》第13条规定，公民、法人或者其他组织认为行政机关的行政行为所依据的一般行政规范性文件不合法，在对行政行为申请行政复议时，可以一并向行政复议机关提出对该规范性文件的附带审查申请。这里的行政规范性文件不含规章，但包括国务院部门的规范性文件，县级以上地方各级政府及其工作部门的规范性文件，乡或镇政府的规范性文件和法律、法规、规章授权的组织的规范性文件。

二、行政复议的排除事项

行政复议法明确排除的事项包括：

1.国防、外交等国家行为。国家行为属于政治性行为，有别于一般行政行为，不能通过行政复议和行政诉讼审查其合法性和合理性。国家行为是指国务院、中央军事委员会、国防部、外交部等根据宪法和法律的授权，以国家的名义实施的有关国防和外交事务的行为，以及经宪法和法律授权的国家机关宣布紧急状态、实施戒严和总动员等行为。

2.抽象行政行为。指行政机关制定行政法规、规章或者行政机关制定、发布的具有普遍约束力的决定、命令等规范性文件的行为。公民、法人或者其他组织不能直接对抽象行政行为申请行政复议，不过如前所述，可以对行政机关制定、发布的具有普遍约束力的决定、命令等规范性文件，即一般的行政规范性文件附带提出审查请求。

3. 行政机关对行政机关工作人员的奖惩、任免等决定。这类决定是涉及公务员权利义务的决定，已由公务员法规定了救济渠道，不纳入行政复议范围和行政诉讼受案范围。除奖惩、任免决定之外，这类决定还包括行政机关对其工作人员作出的培训、考核、离退休、工资、休假等方面的决定。

4. 行政机关对民事纠纷作出的调解。行政机关对民事纠纷作出的调解，是行政机关居间对民事纠纷作出的不具有法律约束力的处理，能否调解成功以及通过调解达到的协议的履行，取决于民事纠纷的当事人。调解不成或对达成的协议当事人不履行，当事人可以依法申请仲裁或者向人民法院提起民事诉讼。

第三节　行政复议参加人和行政复议机关

一、行政复议申请人

行政复议申请人是行政复议的启动者,《行政复议法》第14条第1款规定:“依照本法申请行政复议的公民、法人或者其他组织是申请人。”因此,行政复议申请人是依法申请行政复议的公民、法人或者其他组织。第一,享有行政复议申请权的只能是公民、法人或者其他组织,行使国家权力的机关不能作为行政复议的申请人;第二,申请人必须是认为自身合法权益受到侵害,并依法提出复议申请的公民、法人或者其他组织。

《行政复议法实施条例》规定,合伙企业申请行政复议的,应当以核准登记的企业为申请人,由执行合伙事务的合伙人代表该企业参加行政复议;其他合伙组织申请行政复议的,由合伙人共同申请行政复议。合伙企业之外不具备法人资格的其他组织申请行政复议的,由该组织的主要负责人代表该组织参加行政复议;没有主要负责人的,由共同推选的其他成员代表该组织参加行政复议。

《行政复议法实施条例》同时规定,对于股份制企业,并非只有法定代表人有权以企业名义申请复议,股份制企业的股东大会、股东代表大会、董事会认为行政机关作出的具体行政行为侵犯企业合法权益的,也可以以企业的名义申请行政复议,事实上赋予了股份制企业的股东大会、股东代表大会、董事会行使申请行政复议权利的地位。

关于行政复议申请权的转移与承受:第一,公民死亡引起的申请权转移,由其近亲属承受;第二,法人或者其他组织终止引起的申请权转移,由承受其权利的法人或者其他组织申请。

有权申请行政复议的公民为无民事行为能力人或者限制民事行为能力人的,由其法定代理人代为申请行政复议。申请人可以委托代理人代为参加行政复议。同一行政复议案件申请人人数众多的,可以由申请人推选代表人参加行政复议。代表人参加行政复议的行为对其所代表的申请人发生效力,但是代表人变更行政复议请求、撤回行政复议申请、承认第三人请求的,应当经被代表的申请人同意。

根据《行政复议法》规定,申请人、第三人可以委托1~2名律师、基层法律服务工作者或者其他代理人代为参加行政复议。申请人、第三人委托代理人的,应当向行政复议机构提交授权委托书、委托人及被委托人的身份证明文件。授权委托书应当载明委托事项、权限和期限。申请人、第三人变更或者解除代理人权限的,应当书面告知行政复议机构。符合法律援助条件的行政复议申请人申请法律援助的,法律援助机构应当依法为其提供法律援助。

外国人、无国籍人、外国组织在中华人民共和国境内申请行政复议,应当享有与中国公民、法人或者其他组织相同的申请权。

二、行政复议被申请人

行政复议被申请人,是作出被申请复议的行政行为的行政机关。行政机关与被申请复议的行政行为之间的直接关系是确定被申请人的根据,它符合行政活动职权与职责相一致的原则。

作出行政行为的行政组织有多种形态,所以行政复议的被申请人也有多种:(1)独立被申请人。作出行政行为的一级人民政府和它的工作部门是独立被申请人。(2)共同被申请人。若干行政机关以共同名义作出同一行政行为的,共同作出行政行为的行政机关为共同被申请人;行政机关与法律、法规、规章授权的组织以共同的名义作出行政行为的,行政机关和法律、法规、规章授权的组织为共同被申请人。但是,如果行政机关与其他组织以共同名义作出行政行为的,其他组织不能成为被申请人,只有行政机关是被申请人。(3)继续行使被撤销或者职权变更的行政机关权限的被申请人。作出行政行为的行政机关被撤销或者职权变更的,继续行使其职权的行政机关是被申请人。（4）法定授权的组织作为被申请人。法律、法规、规章授权的组织作出行政行为，公民、法人或者其他组织不服提出行政复议，该法定授权组织为被申请人。（5）批准机关为被申请人。下级行政机关依照法律、法规、规章规定，经上级行政机关批准作出行政行为的，批准机关为被申请人。（6）派出机关、派出机构、内设机构作为被申请人。行政机关的派出机关，以及经法律、法规、规章授权的行政机关设立的派出机构、内设机构或者其他组织对外以自己的名义作出行政行为的，该派出机关、派出机构和内设机构为被申请人。而行政机关设立的派出机构、内设机构或者其他组织，未经法律、法规、规章授权，对外以自己的名义作出行政行为的，则由该行政机关为被申请人。

三、行政复议第三人

行政复议第三人，是同被申请的行政行为有利害关系，参加行政复议的其他公民、法人或者其他组织。首先在主体上，第三人是申请人以外的其他公民、法人或者其他组织；其次在实体权利义务上，第三人同被申请行政复议的行政行为或者行政复议案件处理结果有利害关系，即第三人参加行政复议是为了维护自己的合法权益；最后在程序上，第三人在行政复议开始后终结前，经过申请或者复议机关决定参加行政复议。法律设置第三人制度的目的，是使同被申请行政复议的行政行为有关的法律争议得到统一解决，使合法权益受到侵害的公民、法人或者其他组织得到法律救济。

根据《行政复议法》的规定，申请人以外的同被申请行政复议的行政行为或者行政复议案件处理结果有利害关系的公民、法人或者其他组织，可以作为第三人申请参加行政复议，或者由行政复议机构通知其作为第三人参加行政复议。第三人可以委托1~2名代理人代为参加行政复议，委托的要求与申请人相同。第三人不参加行政复议，不影响行政复议案件的审理。

四、行政复议机关

行政复议机关，是指依法受理行政复议申请，对被申请的行政行为进行合法性和适当性审查并作出决定的行政机关。由于行政复议机关仍为行政机关，如何避免行政机关自己作自己案件的裁判者，影响行政复议的公正性，行政复议管辖的基本要求以上一级行政机关管辖为原则，以原行政机关管辖为例外。不过，过去政府部门上一级行政机关的确定既包括本级政府也包括上一级主管部门，导致行政复议机关多且分散，行政复议资源配置效率偏低。2023年修订后的《行政复议法》对行政复议改革成果加以确认，从而确立了原则上县级以上地方各级人民政府只保留一个复议机关，即由本级政府统一行使行政复议职责，政府各部门原则上不再行使行政复议职责。

（一）一般情形：县级以上地方政府作为行政复议机关

作为一般情形，除行政复议法有例外和特别规定外，县级以上地方政府作为行政复议机关，既管辖针对下一级政府作出的行政行为不服产生的行政复议案件，也管辖针对本级政府工作部门作出的行政行为不服产生的行政复议案件。具体而言，县级以上地方政府管辖下列行政复议案件：（1）对本级政府工作部门作出的行政行为不服的；（2）对下一级政府作出的行政行为不服的；（3）对本级政府依法设立的派出机关作出的行政行为不服的；（4）对本级政府或者其工作部门管理的法律、法规、规章授权的组织作出的行政行为不服的。

省、自治区政府依法设立的派出机关参照设区的市级政府的职责权限，管辖相关行政复议案件。

对县级以上地方各级政府工作部门依法设立的派出机构依照法律、法规、规章规定，以派出机构的名义作出的行政行为不服的行政复议案件，由本级政府管辖；其中，对直辖市、设区的市政府工作部门按照行政区划设立的派出机构作出的行政行为不服的，也可以由其所在地的政府管辖。

（二）例外情形：由主管部门管辖

虽然原则上行政复议案件由地方各级人民政府管辖，但在特定情形下仍可以由部门管辖。

具体包括：

1. 国务院部门作为行政复议机关

国务院部门有权管辖下列行政复议案件：(1)对本部门依法设立的派出机构依照法律、行政法规、部门规章规定，以派出机构的名义作出的行政行为不服的；(2)对本部门管理的法律、行政法规、部门规章授权的组织作出的行政行为不服的。

2. 由上一级主管部门作为行政复议机关

一是对海关、金融、外汇管理等实行垂直领导的行政机关、税务和国家安全机关的行政行为不服的，向上一级主管部门申请行政复议。

二是对履行行政复议机构职责的地方政府司法行政部门的行政行为不服的，可以向本级政府申请行政复议，也可以向上一级司法行政部门申请行政复议。对履行行政复议机构职责的地方政府司法行政部门作出的行政行为不服行政复议，若采用一般情形确定管辖，行政复议机关应为本级政府，但由于此时司法行政部门又为行政复议机构，具体办理行政复议案件，为避免可能产生的不公正，行政复议法确定此种情形下既可以由本级政府管辖也可以由上一级司法行政部门管辖，从而出现选择管辖情形。这种情形下的行政复议机关，由申请人进行选择。

(三)特殊情形：由原机关管辖

总体而言，行政复议法对行政复议机关管辖安排采用上一级管辖要求，但在特殊情形下允许由原机关管辖，即国务院部门或者省、自治区、直辖市政府作为被申请人时，行政复议机关仍为该机关。《行政复议法》第24条第2款规定，省、自治区、直辖市政府同时管辖对本机关作出的行政行为不服的行政复议案件。《行政复议法》第25条第1项规定，国务院部门管辖对本部门作出的行政行为不服提出的行政复议案件。

对于上述两类由原机关管辖的行政复议案件，当事人对省、自治区、直辖市政府或国务院部门作出的行政复议决定不服的，可以向法院提起行政诉讼；也可以向国务院申请裁决，国务院作出的决定为最终裁决，当事人不能提起行政诉讼。

(四)提级管辖

根据《行政复议法》第38条规定，提级管辖有两种情形：

一种情形是，上级行政复议机关根据需要，可以审理下级行政复议机关管辖的行政复议案件；另一种情形是，下级行政复议机关对其管辖的行政复议案件，认为需要由上级行政复议机关审理的，可以报请上级行政复议机关决定。

(五)行政复议机构和行政复议人员

1. 行政复议机构

行政复议机构是行政复议机关中具体办理行政复议事项的机构。行政复议机构的工作具有事务性、程序性和可操作性。它没有作出行政复议决定的职权，有权作出行政复议决定的是行政复议机关。

行政复议机构的职权和职责具体包括：受理权，调查取证权，审查行政行为行政复议决定拟订权，处理或者转达对抽象行为的申请，处理行政违法的建议权，对复议行政诉讼的应诉，按规定转送有关行政复议申请，办理行政复议中的行政赔偿事项，督促行政复议申请的受理和行政复议决定的履行，办理行政复议、行政应诉案件统计和重大行政复议决定备案事项，办理或者组织办理未经行政复议直接提起行政诉讼的行政应诉事项，研究行政复议工作中发现的问题并及时向有关机关提出改进建议和向行政复议机关报告。

行政复议机关应当加强行政复议工作，支持和保障行政复议机构依法履行职责。上级行政复议机构对下级行政复议机构的行政复议工作进行指导、监督。

2.行政复议人员

行政复议人员是行政复议机构中具体办理行政复议事项的人员，行政复议法规定国家建立专业化、职业化行政复议人员队伍。

行政复议机构中初次从事行政复议工作的人员，应当通过国家统一法律职业资格考试取得法律职业资格，并参加统一职前培训。行政复议机关应当确保行政复议机构的人员配备与其所承担的工作任务相适应，提高行政复议人员专业素质，根据工作需要保障办案场所、装备等设施。县级以上各级人民政府应当将行政复议工作经费列入本级预算。

国务院行政复议机构应当会同有关部门制定行政复议人员工作规范，加强对行政复议人员的业务考核和管理。

第四节　行政复议的申请与受理

一、行政复议的申请

（一）申请时间

申请行政复议的时间有三方面内容：

1.申请期限。行政复议法规定可以在60日内申请行政复议。法律有关于超过60日的规定时，按照法律的规定。

2.申请期限的起算。行政复议法规定，申请期限应当从申请人知道或者应当知道作出该具体行政行为之日起算。所谓知道之日，通常指了解具体行政行为内容之时。由于实际情况非常复杂，《行政复议法实施条例》对不同情况下“知道”的确定作出了具体规定。

一是当场作出决定。行政机关当场作出具体行政行为的，自具体行政行为作出之日起计算。

二是送达。行政机关作出的具体行政行为的书面决定事后送达的，自送达日期之日起计算。载明具体行政行为的法律文书直接送达的，自受送达人签收之日起计算；载明具体行政行为的法律文书邮寄送达的，自受送达人在邮件签收单上签收之日起计算。没有邮件签收单的，自受送达人在送达回执上签名之日起计算；具体行政行为依法通过公告形式告知受送达人的，自公告规定的期限届满之日起计算。

三是未制作、未送达决定书。行政机关作出具体行政行为，依法应当向有关公民、法人或者其他组织送达法律文书而未送达的，视为该公民、法人或者其他组织不知道该具体行政行为。被申请人能够证明公民、法人或者其他组织知道具体行政行为的，自证据材料证明其知道具体行政行为之日起计算。同时，行政机关作出具体行政行为时未告知公民、法人或者其他组织，事后补充告知的，自该公民、法人或者其他组织收到行政机关补充告知的通知之日起计算。

四是行政机关未履行法定职责。申请人申请行政机关履行法定职责，行政机关未履行的，行政复议申请期限计算分三种情形：第一，有履行期限规定的，自履行期限届满之日起计算；第二，没有履行期限规定的，自行政机关收到申请满60日起计算；第三，在紧急情况下请求行政机关履行保护人身权、财产权的法定职责，行政机关不履行的，行政复议申请期限不受前述规定的限制。

3.最长保护期。行政机关作出行政行为时，未告知公民、法人或者其他组织申请行政复议的权利、行政复议机关和申请期限的，申请期限自公民、法人或者其他组织知道或者应当知道申请行政复议的权利、行政复议机关和申请期限之日起计算，但是自知道或者应当知道行政行为内容之日起最长不得超过1年。

因不动产提出的行政复议申请自行政行为作出之日起超过20年，其他行政复议申请自行政行为作出之日起超过5年的，行政复议机关不予受理。

4.法定期限的耽搁。法定期限的耽搁有两种情况：一种是不可抗力。它指不能预见、不能避免并不能克服的客观情况的出现致使在法定期限内不能申请行政复议。另一种是其他正当理由，如申请人病重。法定期限耽搁的继续方法，是从障碍消除之日起继续计算。

（二）申请形式

申请形式包括两个问题：一个问题是申请方式，另一个问题是向谁申请。

1.申请方式

申请人申请行政复议，可以书面申请；书面

申请有困难的，也可以口头申请。

书面申请应当载明申请人的基本情况，被申请人的名称，行政复议请求、主要事实和理由，申请人的签名或者盖章和申请日期。书面申请的，可以通过邮寄或者行政复议机关指定的互联网渠道等方式提交行政复议申请书，也可以当面提交行政复议申请书。行政机关通过互联网渠道送达行政行为决定书的，应当同时提供提交行政复议申请书的互联网渠道。

口头申请的，行政复议机关应当当场记录申请人的基本情况、行政复议请求、申请行政复议的主要事实、理由和时间。

申请人对两个以上行政行为不服的，应当分别申请行政复议。

2.递交申请机关

原则上，申请人提出复议申请，应当直接向行政复议机关递交申请。不过，为方便申请人，在特定情形下允许其通过被申请人提出。《行政复议法》第32条规定，对当场作出或者依据电子技术监控设备记录的违法事实作出的行政处罚决定不服申请行政复议的，可以通过作出行政处罚决定的行政机关提交行政复议申请。行政机关收到行政复议申请后，应当及时处理；认为需要维持行政处罚决定的，应当自收到行政复议申请之日起5日内转送行政复议机关。

二、对行政复议申请的受理

（一）受理和受理的期限

行政复议机关应当在收到行政复议申请后的5日内，对申请进行审查并根据情况分别予以处理：

1.受理

对符合下列规定的，行政复议机关应当予以受理：（1）有明确的申请人和符合行政复议法规定的被申请人；（2）申请人与被申请行政复议的行政行为有利害关系；（3）有具体的行政复议请求和理由；（4）在法定申请期限内提出；（5）属于行政复议法规定的行政复议范围；（6）属于本机关的管辖范围；（7）行政复议机关未受理过该申请人就同一行政行为提出的行政复议申请，并且人民法院未受理过该申请人就同一行政行为提起的行政诉讼。

行政复议机关受理行政复议申请，不得向申请人收取任何费用。行政复议活动所需经费，应当列入本机关的行政经费，由本级财政予以保障。

2. 不予受理

对不符合前述情况的行政复议申请，行政复议机关应当在审查期限内决定不予受理并说明理由。

不属于本机关管辖的，还应当在不予受理决定中告知申请人有管辖权的行政复议机关。

3.通知补正

行政复议申请材料不齐全或者表述不清楚，无法判断行政复议申请是否符合《行政复议法》第30条第1款规定的，行政复议机关应当自收到申请之日起5日内书面通知申请人补正。补正通知应当一次性载明需要补正的事项。

申请人应当自收到补正通知之日起10日内提交补正材料。有正当理由不能按期补正的，行政复议机关可以延长合理的补正期限。无正当理由逾期不补正的，视为申请人放弃行政复议申请，并记录在案。行政复议机关收到补正材料后，依照规定进行处理，决定受理还是不受理。

4.视为受理

行政复议申请的审查期限届满，行政复议机关未作出不予受理决定的，审查期限届满之日起视为受理。

（二）对行政复议机关无理拒绝受理、驳回申请的处理

公民、法人或者其他组织依法提出行政复议申请，行政复议机关无正当理由不予受理或驳回申请的，申请人有权向上级行政机关反映。上级行政机关有两个处理办法：一是由上级行政机关责令该行政复议机关受理；二是在必要时，由上级行政机关直接受理。上级行政机关具体的处理程序是，上级行政机关认为行政复议机关不予受理行政复议申请的理由不成立的，可以先行督促其受理；经督促仍不受理的，应当责令其限期受理，必要时也可以直接受理。

同时，值得注意的是，如果上级机关认为申请人的复议申请确实不符合法定受理条件，不存在行政复议机关无正当理由不予受理的情形的，应当告知申请人。

三、行政复议与行政诉讼的关系

受理程序中的重要问题，是申请行政复议与提起行政诉讼的关系。结合我国《行政诉讼法》第44条和第13条规定，除非法律规定由行政机关复议最终裁决和法律、法规规定必须先申请行政复议的，行政争议当事人可以自由选择申请行政复议还是提起行政诉讼，即确立了自由选择为原则、复议前置为例外、有限行政终局的制度安排。

2023年修订后的《行政复议法》总体上维持了这一制度安排，不过对复议前置规定方式和范围进行了调整。就规定方式而言，原采用方式是由单行法律、法规作出规定，而根据《行政复议法》第23条规定，目前采用的是由行政复议法作规定加单行法律、行政法规规定的方式。因而，这意味着地方性法规不再享有规定复议前置的权限。就复议前置范围而言，行政复议法适当扩大了复议前置事项，这集中体现在了行政复议法明确规定必须先行政复议的事项。

《行政复议法》第23条规定，有下列五种情形之一的，申请人应当先向行政复议机关申请行政复议，对行政复议决定不服的，可以再依法向人民法院提起行政诉讼：(1)对当场作出的行政处罚决定不服；(2)对行政机关作出的侵犯其已经依法取得的自然资源的所有权或者使用权的决定不服；(3)认为行政机关存在《行政复议法》第11条规定的未履行法定职责情形；(4)申请政府信息公开，行政机关不予公开；(5)法律、行政法规规定应当先向行政复议机关申请行政复议的其他情形。凡有复议前置的情形，行政机关在作出行政行为时应当告知公民、法人或者其他组织先向行政复议机关申请行政复议。

法律、行政法规规定应当先向行政复议机关申请行政复议、对行政复议决定不服再向人民法院提起行政诉讼的，行政复议机关决定不予受理、驳回申请或者受理后超过行政复议期限不作答复的，公民、法人或者其他组织可以自收到决定书之日起或者行政复议期限届满之日起15日内，依法向人民法院提起行政诉讼。

法律规定行政复议机关作出的终局行政复议决定，当事人不得提起行政诉讼。行政复议法规定的终局行政复议决定，是《行政复议法》第26条规定的国务院的裁决。即对省、自治区、直辖市政府依照《行政复议法》第24条第2款的规定、国务院部门依照第25条第1项的规定作出的行政复议决定不服的，可以向人民法院提起行政诉讼；也可以向国务院申请裁决，国务院作出最终裁决。

同时，在处理行政复议与行政诉讼关系时还需要注意，公民、法人或者其他组织可以自由选择行政复议与行政诉讼两种救济方式，不意味着公民、法人或者其他组织可以同时使用这两种方式。行政复议已经被依法受理的，公民、法人或者其他组织在法定复议期限以内不得提起诉讼；行政诉讼已经被依法受理的，则不得再申请行政复议。对于公民、法人或者其他组织既提起诉讼又申请行政复议的，由先立案的机关管辖；同时立案的，由公民、法人或者其他组织选择。

四、行政行为在行政复议期间的执行力

行政复议申请被行政复议机关受理以后，就开始计算行政复议期间。在这一期间行政行为是否还有执行效力是需要回答的重要程序问题。

原则上，在行政复议期间行政行为不停止执行。实行不停止执行制度的原因之一，是及时制止违法行为对社会的危害。多数行政复议案件涉及对行政机关规定义务的或者给予制裁性的决定，这些决定又往往是针对当事人违法行为作出的。在申请行政复议时，有些违法行为已经完成，但是也有些违法行为还处于持续状态有待处理。例如，危害环境的违法行为，危害公众身体健康或者生命安全的违法行为，如

果相关行政行为在被申请行政复议后就停止执行，那么违法行为就有可能继续危害环境和公众的健康与生命。

但是并不是所有的行政行为都需要在行政复议期间维持其执行力。至于哪些行政行为不需要维持执行力，需要由有关国家机关根据公共利益和执行法律的需要在其权限范围内，作出行政行为可以停止执行的决定。《行政复议法》第42条规定了四种应当停止执行的情形：(1)被申请人认为需要停止执行的；(2)行政复议机关认为需要停止执行的；(3)申请人、第三人申请停止执行，行政复议机关认为其要求合理，决定停止执行；(4)法律、法规、规章规定停止执行的其他情形。

第五节　行政复议的审理、决定和执行

一、行政复议的审理

(一)审理程序

1.一般规定

行政复议机关受理行政复议申请后，适用普通程序或者简易程序进行审理。行政复议机构应当指定行政复议人员负责办理行政复议案件。

行政复议机关依照法律、法规、规章审理行政复议案件。行政复议机关审理民族自治地方的行政复议案件，同时依照该民族自治地方的自治条例和单行条例。

行政复议期间有下列情形之一的，行政复议中止：(1)作为申请人的公民死亡，其近亲属尚未确定是否参加行政复议；(2)作为申请人的公民丧失参加行政复议的行为能力，尚未确定法定代理人参加行政复议；(3)作为申请人的公民下落不明；(4)作为申请人的法人或者其他组织终止，尚未确定权利义务承受人；(5)申请人、被申请人因不可抗力或者其他正当理由，不能参加行政复议；(6)依照《行政复议法》规定进行调解、和解，申请人和被申请人同意中止；(7)行政复议案件涉及的法律适用问题需要有权机关作出解释或者确认；(8)行政复议案件审理需要以其他案件的审理结果为依据，而其他案件尚未审结；(9)有《行政复议法》第56条或者第57条规定的情形，即涉及行政规范性文件附带审查转送情形；(10)需要中止行政复议的其他情形。行政复议中止的原因消除后，应当及时恢复行政复议案件的审理。行政复议机关中止、恢复行政复议案件的审理，应当书面告知当事人。

行政复议期间有下列情形之一的，行政复议机关决定终止行政复议：(1)申请人撤回行政复议申请，行政复议机构准予撤回；(2)作为申请人的公民死亡，没有近亲属或者其近亲属放弃行政复议权利；(3)作为申请人的法人或者其他组织终止，没有权利义务承受人或者其权利义务承受人放弃行政复议权利；(4)申请人对行政拘留或者限制人身自由的行政强制措施不服申请行政复议后，因同一违法行为涉嫌犯罪，被采取刑事强制措施；(5)前述行政复议中止情形第(1)(2)(4)项的规定中止行政复议满60日，行政复议中止的原因仍未消除。

2.普通程序

行政复议普通程序，是行政复议适用的一般程序。

(1)审理准备

行政复议机构应当自行政复议申请受理之日起7日内，将行政复议申请书副本或者行政复议申请笔录复印件发送被申请人。被申请人应当自收到行政复议申请书副本或者行政复议申请笔录复印件之日起10日内，提出书面答复，并提交作出行政行为的证据、依据和其他有关材料。

(2)听取意见

适用普通程序审理的行政复议案件，行政复议机构应当当面或者通过互联网、电话等方式听取当事人的意见，并将听取的意见记录在

案。因当事人原因不能听取意见的，可以书面审理。

审理重大、疑难、复杂的行政复议案件，行政复议机构应当组织听证。行政复议机构认为有必要听证，或者申请人请求听证的，行政复议机构可以组织听证。听证由1名行政复议人员任主持人，2名以上行政复议人员任听证员，1名记录员制作听证笔录。行政复议机构组织听证的，应当于举行听证的5日前将听证的时间、地点和拟听证事项书面通知当事人。申请人无正当理由拒不参加听证的，视为放弃听证权利。被申请人的负责人应当参加听证。不能参加的，应当说明理由并委托相应的工作人员参加听证。

审理行政复议案件涉及下列情形之一的，行政复议机构应当提请行政复议委员会提出咨询意见：一是案情重大、疑难、复杂；二是专业性、技术性较强；三是《行政复议法》第24条第2款规定的行政复议案件，即省、自治区、直辖市政府管辖对本机关作出的行政行为不服的行政复议案件；四是行政复议机构认为有必要。行政复议机构应当记录行政复议委员会的咨询意见。为此，县级以上各级政府应当建立相关政府部门、专家、学者等参与的行政复议委员会，为办理行政复议案件提供咨询意见，并就行政复议工作中的重大事项和共性问题进行研究、提出意见。行政复议委员会的组成和开展工作的具体办法，由国务院行政复议机构制定。

3.简易程序

对较为简单的行政复议案件，可以适用简易程序进行审理。

(1)适用范围

可以适用简易程序的行政复议案件，包括两种情形：

第一种情形是符合规定条件的案件。行政复议机关审理下列行政复议案件，认为事实清楚、权利义务关系明确、争议不大的，可以适用简易程序：(1)被申请行政复议的行政行为是当场作出；(2)被申请行政复议的行政行为是警告或者通报批评；(3)案件涉及款额3000元以下；(4)属于政府信息公开案件。

第二种情形是当事人同意适用的简易程序的。即虽不属于第一种情形的行政复议案件，但当事人各方同意适用简易程序的，可以适用简易程序。

(2)适用要求

适用简易程序审理的行政复议案件，行政复议机构应当自受理行政复议申请之日起3日内，将行政复议申请书副本或者行政复议申请笔录复印件发送被申请人。被申请人应当自收到行政复议申请书副本或者行政复议申请笔录复印件之日起5日内，提出书面答复，并提交作出行政行为的证据、依据和其他有关材料。适用简易程序审理的行政复议案件，可以书面审理。

适用简易程序审理的行政复议案件，行政复议机构认为不宜适用简易程序的，经行政复议机构的负责人批准，可以转为普通程序审理。

(二)证据制度

1.证据种类

根据行政复议法规定，行政复议证据包括八类：书证；物证；视听资料；电子数据；证人证言；当事人的陈述；鉴定意见；勘验笔录、现场笔录。

以上证据经行政复议机构审查属实，才能作为认定行政复议案件事实的根据。

2.举证责任

被申请人对其作出的行政行为的合法性、适当性负有举证责任。被申请人履行这一义务的内容，是提交作出行政行为的证据、依据和其他有关材料。根据前述行政复议的审理程序，被申请人的举证责任在复议程序开始阶段对申请人申请的答复程序中履行。行政复议期间，被申请人不得自行向申请人和其他有关单位或者个人收集证据；自行收集的证据不作为认定行政行为合法性、适当性的依据。该规定确立了被申请人在行政复议过程中证据收集权的限制制度。第一，只是被申请人的证据收集权受到限制。申请人和第三人不受这种限制，他们有权在行政复议过程中收集证据。第二，限制的内容是被申请人不得自行向申请人和其他有关组织和个人收集证据。如果被申请人向复议机关提出取证要求，复议机关认为有必要时可以作出调查取证的决定。第三，限制的时间是行政复议的过程。这一过程开始于行政复议机关对复议申请的受理，结束于行政复议决定的执行完毕。

有下列情形之一的，申请人应当提供证据：(1)认为被申请人不履行法定职责的，提供曾经要求被申请人履行法定职责的证据，但是被申请人应当依职权主动履行法定职责或者申请人因正当理由不能提供的除外；(2)提出行政赔偿请求的，提供受行政行为侵害而造成损害的证据，但是因被申请人原因导致申请人无法举证的，由被申请人承担举证责任；(3)法律、法规规定需要申请人提供证据的其他情形。行政复议期间，申请人或者第三人提出被申请行政复议的行政行为作出时没有提出的理由或者证据的，经行政复议机构同意，被申请人可以补充证据。

3.查阅材料

行政复议法规定了查阅被申请人提供资料的制度，这是执行行政公开原则的重要制度，为申请人、第三人有效主张和维护其法律权利提供了条件。

行政复议期间，申请人、第三人及其委托代理人可以按照规定查阅、复制被申请人提出的书面答复、作出行政行为的证据、依据和其他有关材料，除涉及国家秘密、商业秘密、个人隐私或者可能危及国家安全、公共安全、社会稳定的情形外，行政复议机构应当同意。

4.调查取证

行政复议机关有权向有关单位和个人调查取证，查阅、复制、调取有关文件和资料，向有关人员进行询问。调查取证时，行政复议人员不得少于2人，并应当出示行政复议工作证件。被调查取证的单位和个人应当积极配合行政复议人员的工作，不得拒绝或者阻挠。

(三)撤回申请

法律规定了申请人撤回行政复议申请的制度。在理论上，申请人有权撤回已经提出的行政复议申请。因为行政复议的主要目的是保护申请人的合法权益，申请人对自己的合法权益享有放弃的权利。一旦申请人放弃对自己合法权益的主张，行政复议程序的继续进行就没有什么意义了。

但是因为申请人撤回申请会对行政复议秩序带来重要影响，法律需要设置一些必要的撤回条件，以规范申请人的申请撤回行为。第一，撤回的条件，是提出撤回的申请。撤回必须出自申请人的意愿。如果发现撤回申请有强迫等违背申请人真实意愿的情形，行政复议机关可以不准许撤回申请。第二，撤回的时间，是申请被受理以后和复议决定作出以前。第三，撤回的效果，是终止正在进行的行政复议。行政复议机关可以采用制作裁决书或者记录在案的方法，予以同意并终结行政复议。申请人撤回行政复议申请的，不得再以同一事实和理由提出行政复议申请。但是，申请人能够证明撤回行政复议申请违背其真实意思表示的除外。

(四)原行政行为的改变、行政复议中的调解与和解

为促使行政争议的尽快解决，在行政复议期间被申请人可以改变原行政行为。如果申请人接受改变原行政行为的后果，撤回行政复议申请并获得行政复议机关的同意，行政复议程序结束。但是，如果申请人不提出撤回复议申请或者虽提出申请而未获得准许，不影响行政复议案件的审理，行政复议机关应当继续就原行政行为进行审查，并根据不同情况依法作出决定。

通常认为，调解与和解是解决民事争议的重要方式。但多年来，国内一直认为这两种方式原则上对行政争议的解决不适用。《行政诉讼法》明确规定，人民法院审理行政案件原则上不适用调解。通常认为，行政争议的解决不适用调解与和解的原因在于，行政机关行使的是国家职权，不能随意处分；而行政争议所涉及的行政行为只有合法与违法两种结果，因此不存在调解与和解的可能。近年来，随着对问题认识的深化，行政争议的解决不适用调解与和解的观念有所改变。一是行政争议的解决核

心在于解决争议、消除矛盾，违法与合法或对与错的判断固然重要，但不是绝对的。行政复议和行政诉讼制度的存在及其运作，应当充分发挥其预防、解决行政争议的功能和作用。二是虽然行政机关不得放弃或任意处分自己的权力，但行政机关的职权并不是绝对的、羁束性的权力，在从事管理时没有丝毫的选择余地和活动空间；相反，行政机关享有广泛的裁量权力，在从事管理时存在多种选择可能。三是在实践中，有不少争议甚至是进入行政复议和行政诉讼中的争议，是通过直接或间接的调解与和解结案的。

为发挥行政复议在化解行政争议中主渠道的作用，2023年修订后的《行政复议法》对行政复议的调解与和解采取了更为积极开放的态度。《行政复议法》第5条第1款规定："行政复议机关办理行政复议案件，可以进行调解。"在总则中明确规定行政复议可以进行调解，且未设置范围限制。

行政复议机关在行政复议期间进行调解的要求和程序为：第一，调解应当遵循合法、自愿的原则，不得损害国家利益、社会公共利益和他人合法权益，不得违反法律、法规的强制性规定。第二，当事人经调解达成协议的，行政复议机关应当制作行政复议调解书，经各方当事人签字或者签章，并加盖行政复议机关印章，即具有法律效力。第三，调解未达成协议或者调解书生效前一方反悔的，行政复议机关应当依法审查或者及时作出行政复议决定。

在行政复议中，当事人可以进行和解。和解的要求有：第一，和解应当出于当事人自愿，不违背当事人的真实意愿；第二，应当在行政复议决定作出前达成和解；第三，和解内容不得损害国家利益、社会公共利益和他人合法权益，不得违反法律、法规的强制性规定；第四，当事人达成和解后，由申请人向行政复议机构撤回行政复议申请。行政复议机构准予撤回行政复议申请、行政复议机关决定终止行政复议的，申请人不得再以同一事实和理由提出行政复议申请。但是，申请人能够证明撤回行政复议申请违背其真实意愿的除外。

（五）行政复议附带审查

行政复议附带审查涉及的行政规范性文件和行政依据有两个方面：一是根据申请人提出的申请对有关行政规范性文件进行的审查处理；二是行政复议机关在对被申请人作出的行政行为进行审查时依职权发现依据不合法进行的处理。对前者，行政复议机关有权处理的，应当在30日内依法处理；无权处理的，应当在7日内转送有权处理的行政机关依法处理。对后者，行政复议机关有权处理的，应当在30日内依法处理；无权处理的，应当在7日内转送有权处理的国家机关依法处理。

1. 行政复议机关有权处理行政规范性文件或者依据的审查和处理

对于行政复议机关有权处理行政规范性文件或者依据的，行政复议机构应当自行政复议中止之日起3日内，书面通知规范性文件或者依据的制定机关就相关条款的合法性提出书面答复。制定机关应当自收到书面通知之日起10日内提交书面答复及相关材料。行政复议机构认为必要时，可以要求规范性文件或者依据的制定机关当面说明理由，制定机关应当配合。

经审查，认为相关条款合法的，在行政复议决定书中一并告知；认为相关条款超越权限或者违反上位法的，决定停止该条款的执行，并责令制定机关予以纠正。

2. 行政复议机关无权处理行政规范性文件或者依据的转送回复

对于行政复议机关无权处理行政规范性文件或者依据的情形，行政复议机关应转送相关行政机关或国家机关，接受转送的行政机关、国家机关应当自收到转送之日起60日内，将处理意见回复转送的行政复议机关。

二、行政复议决定

（一）行政复议决定作出要求

1.作出的程序

行政复议机关审理行政复议案件，由行政复议机构对行政行为进行审查，提出意见，经行政复议机关的负责人同意或者集体讨论通过后，以行政复议机关的名义作出行政复议决定。

经过听证的行政复议案件，行政复议机关应当根据听证笔录、审查认定的事实和证据，依法作出行政复议决定。提请行政复议委员会提出咨询意见的行政复议案件，行政复议机关应当将咨询意见作为作出行政复议决定的重要参考依据。

2.作出期限

适用普通程序审理的行政复议案件，行政复议机关应当自受理申请之日起60日内作出行政复议决定；但是法律规定的行政复议期限少于60日的除外。情况复杂，不能在规定期限内作出行政复议决定的，经行政复议机构的负责人批准，可以适当延长，并书面告知当事人；但是延长期限最多不得超过30日。

适用简易程序审理的行政复议案件，行政复议机关应当自受理申请之日起30日内作出行政复议决定。

3.作出的形式和效力

行政复议机关作出行政复议决定，应当制作行政复议决定书，并加盖行政复议机关印章。行政复议决定书一经送达，即发生法律效力。

（二）行政复议决定种类

行政复议机关可以作出以下几种行政复议决定，法律对此规定了相应的条件：

1.变更决定

变更决定是行政复议机关全部或部分改变原行政行为的内容，用复议机关的决定替代原具体行政行为。根据行政复议法规定，变更决定适用于三种情形：

一是行政行为事实清楚，证据确凿，适用依据正确，程序合法，但是内容不适当；

二是事实清楚，证据确凿，程序合法，但是未正确适用依据；

三是事实不清、证据不足，经行政复议机关查清事实和证据。

行政复议机关不得作出对申请人更为不利的变更决定，但是第三人提出相反请求的除外。

2.撤销决定

撤销决定是行政复议机关认为行政行为违法，使行政行为丧失或者不能取得法律效力的行政复议决定。具体行政行为被撤销以后就不再有而且以后也不会有法律约束力，除非复议决定本身丧失法律效力。

根据行政复议法规定，行政行为有下列情形之一的，行政复议机关决定撤销或者部分撤销该行政行为，并可以责令被申请人在一定期限内重新作出行政行为：（1）主要事实不清、证据不足；（2）违反法定程序；（3）适用的依据不合法；（4）超越职权或者滥用职权。

行政复议机关责令被申请人重新作出行政行为的，被申请人不得以同一事实和理由作出与被申请行政复议的行政行为相同或者基本相同的行政行为，但是行政复议机关以违反法定程序为由决定撤销或者部分撤销的除外。

3.确认违法决定

确认违法决定是对具体行政行为违法性质和违法状态的确定或者认定。作出确认决定的情形，是原来的行政行为确实构成违法，但是由于客观情况变化使撤销或者变更已经没有实际意义。

行政行为有下列情形之一的，行政复议机关不撤销该行政行为，但是确认该行政行为违法：（1）依法应予撤销，但是撤销会给国家利益、社会公共利益造成重大损害；（2）程序轻微违法，但是对申请人权利不产生实际影响。

行政行为有下列情形之一，不需要撤销或者责令履行的，行政复议机关确认该行政行为违法：（1）行政行为违法，但是不具有可撤销内容；（2）被申请人改变原违法行政行为，申请人仍要求撤销或者确认该行政行为违法；（3）被申请人不履行或者拖延履行法定职责，责令履行没有意义。

4.履行职责决定

履行职责决定是行政复议机关认为被申请人不履行法定职责的，行政复议机关决定被申请人在一定期限内履行。

行政复议机关首先要确定存在被申请人应当履行的法定职责，确认存在没有履行职责的事实以及这种不履行对申请人的合法权益构成了侵害和行政违法；其次要确定继续履行法定职责仍然有实际意义和法律意义，并规定履行的期限和履行的法定内容。因此，这种决定包括了确认不作为违法和履行法定义务两个方面的内容。

5.确认无效决定

行政复议机关经审理，认为行政行为有实施主体不具有行政主体资格或者没有依据等重大且明显违法情形，申请人申请确认行政行为无效的，行政复议机关确认该行政行为无效。

6.维持决定

维持决定是行政复议机关认为行政行为合法适当，从而维护和支持行政行为的决定。行政复议法规定，行政行为认定事实清楚，证据确凿，适用依据正确，程序合法，内容适当的，行政复议机关决定维持该行政行为。

作出维持决定的条件有五个方面：第一，事实清楚。它的含义是对行政行为所认定的事实没有疑义，各方面能够达到一致的认识或者通过复议审查消除了疑义。第二，证据确凿。它的含义是有关事实的证据达到确实可靠的程度，足以使有关的反驳不能成立。第三，适用依据正确。它的含义是行政行为所适用的法律、法规和其他依据是有效正确的，案件事实与依据之间存在正确的关系或者联系。第四，程序合法。它的含义是行政行为处理案件时所采用的程序符合法律法规规定，尊重当事人的程序权利，遵守法律对程序的要求。第五，内容适当。它的含义是行政行为规定的权利义务具有合理性和正当性，符合客观情形和法律正义的一般要求。

7.驳回复议请求决定

行政复议机关受理申请人认为被申请人不履行法定职责的行政复议申请后，发现被申请人没有相应法定职责或者在受理前已经履行法定职责的，决定驳回申请人的行政复议请求。

8.针对行政协议案件的复议决定

行政协议案件有一定的特殊性，行政复议机关应根据情况作出复议决定：

被申请人不依法订立、不依法履行、未按照约定履行或者违法变更、解除行政协议的，行政复议机关决定被申请人承担依法订立、继续履行、采取补救措施或者赔偿损失等责任。

被申请人变更、解除行政协议合法，但是未依法给予补偿或者补偿不合理的，行政复议机关决定被申请人依法给予合理补偿。

9.针对行政赔偿的决定

行政复议机关作出行政复议决定，可以依法同时决定行政赔偿的问题。这里有两种情形：一种是申请人提出赔偿请求的；另一种是申请人没有提出赔偿请求的。

依申请作出的赔偿决定，是申请人在申请行政复议时一并提出了行政赔偿请求，行政复议机关对依照《国家赔偿法》的有关规定应当不予赔偿的，在作出行政复议决定时，应当同时决定驳回行政赔偿请求；对符合《国家赔偿法》的有关规定应当给予赔偿的，在决定撤销或者部分撤销、变更行政行为或者确认行政行为违法、无效时，应当同时决定被申请人依法给予赔偿；确认行政行为违法的，还可以同时责令被申请人采取补救措施。

依职权作出的赔偿决定，是申请人在申请行政复议时没有提出行政赔偿损失请求，但是行政复议机关可以在法定情形下直接作出有赔偿效果的决定。申请人在申请行政复议时没有提出行政赔偿请求的，行政复议机关在依法决定撤销或者部分撤销、变更罚款，撤销或者部分撤销违法集资、没收财物、征收征用、摊派费用以及对财产的查封、扣押、冻结等行政行为时，应当同时责令被申请人返还财产，解除对财产的查封、扣押、冻结措施，或者赔偿相应的价款。

三、行政复议的执行

行政复议的执行，是有关国家机关依法采取措施强制实现行政复议决定书、调解书和意见书规定内容的行为。行政复议的执行分两类：一类是针对被申请人，另一类是针对申请人、第三人。

1.针对被申请人的执行

被申请人应当履行行政复议决定书、调解书、意见书。被申请人不履行或者无正当理由拖延履行行政复议决定书、调解书、意见书的，行政复议机关或者有关上级行政机关应当责令其限期履行，并可以约谈被申请人的有关负责人或者予以通报批评。

2.针对申请人、第三人的执行

分两种情形：一种情形是申请人、第三人逾期不起诉又不履行行政复议决定书、调解书；另一种情形是申请人、第三人不履行最终裁决的行政复议决定。

行政复议决定书和调解书的执行，按照下列情形分别处理：一是维持行政行为的行政复议决定书，由作出行政行为的行政机关依法强制执行，或者申请人民法院强制执行；二是变更行政行为的行政复议决定书，由行政复议机关依法强制执行，或者申请人民法院强制执行；三是行政复议调解书，由行政复议机关依法强制执行，或者申请人民法院强制执行。

四、行政复议指导和监督

加强对行政复议工作的指导监督，是提高行政复议质量的重要要求。《行政复议法》和《行政复议法实施条例》要求县级以上各级人民政府加强对所属工作部门和下级人民政府履行行政复议职责的监督，行政复议机关加强对其行政复议机构履行行政复议职责的监督，行政复议机构在本级行政复议机关的领导下按照职责权限对行政复议工作进行督促、指导。

对行政复议工作的指导监督的主要措施包括：第一，县级以上地方各级人民政府应当建立健全行政复议工作责任制，将行政复议工作纳入本级政府目标责任制。第二，县级以上地方各级人民政府应当按照职责权限，通过定期组织检查、抽查等方式，对所属工作部门和下级人民政府行政复议工作进行检查，并及时向有关方面反馈检查结果。第三，行政复议机关在办理行政复议案件过程中，发现被申请人或者其他下级行政机关的有关行政行为违法或者不当的，可以向其制发行政复议意见书。有关机关应当自收到行政复议意见书之日起60日内，将纠正相关违法或者不当行政行为的情况报送行政复议机关。行政复议期间行政复议机构发现法律、法规、规章实施中带有普遍性的问题，可以制作行政复议建议书，向有关机关提出完善制度和改进行政执法的建议。第四，县级以上各级人民政府行政复议机构应当定期向本级人民政府提交行政复议工作状况分析报告。第五，下级行政复议机关应当及时将重大行政复议决定报上级行政复议机关备案。第六，行政复议机关根据被申请行政复议的行政行为的公开情况，按照国家有关规定将行政复议决定书向社会公开。第七，县级以上地方各级人民政府办理以本级人民政府工作部门为被申请人的行政复议案件，应当将发生法律效力的行政复议决定书、意见书同时抄告被申请人的上一级主管部门。

【本章主要法律规定】

1.《行政复议法》

2.《行政复议法实施条例》

第十三章
行政诉讼概述

本章主要内容提示

行政诉讼与民事诉讼的关系：

1.附带关系：法院通过行政诉讼处理行政争议时，一并解决相关的民事争议，即体现为行政附带民事诉讼。

2.先后关系：民事案件出现行政争议的先决性或行政行为合法性的审查问题，行政审判先行；行政案件的审判须以相关民事案件的审理结果为依据时，民事审判先行。

3.参照关系：不与行政诉讼的性质本身有冲突时，行政赔偿诉讼可以参照民事诉讼规定。

4.互补关系：行政争议与民事纠纷难以区分，当事人又无法通过民事诉讼解决，允许当事人通过行政诉讼获得救济。

5.排斥关系：对同一争议，行政机关已经作出处理或者法院已经作出行政裁判的，当事人不得再提起民事诉讼。

第一节　行政诉讼的概念和特征

一、行政诉讼的概念和特征

行政诉讼是法院应公民、法人和其他组织的请求，通过审查行政行为合法性的方式，解决特定范围内行政争议的活动。在我国，行政诉讼与刑事诉讼、民事诉讼并称为三大诉讼，是国家诉讼制度的基本形式之一。

首先，行政诉讼是法院通过审判方式进行的一种司法活动。称为司法活动，是因为解决行政争议的方式和途径不止司法一种，有行政复议机关的复议活动，也有行政申诉处理活动，还有权力机关的监督处理活动。行政诉讼专指法院动用诉讼程序解决行政争议的活动。根据我国《宪法》的规定，各级人民法院是国家的审判机关，法院是通过审判方式解决行政争议的唯一机关。所谓诉讼活动，是指司法机关运用诉讼程序进行的活动，必须由法院主持，当事人各方参加，采用开庭举证、质证、辩论、陈述和法院裁判等诉讼形式解决行政争议。法院诉讼活动的种类很多。例如，法院代表国家行使刑罚权，追究犯罪人刑事责任的活动是刑事诉讼；法院代表国家解决民事纠纷进行的司法活动是民事诉讼。只有法院解决行政争议的司法活动才能称为行政诉讼。

其次，行政诉讼是通过审查行政行为合法

性的方式解决行政争议的活动。行政诉讼以审查行政行为为核心内容。行政诉讼的审理形式及裁判形式都不同于民事诉讼和刑事诉讼，独具特色。例如，被告对行政行为合法性负举证责任；行政诉讼的裁判以确认、撤销判决为主要形式等。

再次，行政诉讼是解决特定范围内行政争议的活动。行政争议是行政机关行使职权实施公务活动时引发的纠纷。此类争议形式多样、种类繁多，既有行政机关与行政机关之间、行政机关与公务人员之间的内部争议，也有行政机关与公民、法人和其他组织之间的外部争议；既有因行政机关实施抽象行政行为引发的争议，也有行政机关实施具体行政行为引发的争议；既有行政机关实施法律行为引起的争议，也有行政机关实施事实行为引起的争议。并非所有的行政争议都能够通过法院的诉讼活动得到解决，法院解决的行政争议是特定范围内的争议。按照行政诉讼法的规定，法院总体上解决行政机关实施行政行为时与公民、法人和其他组织发生的争议。《行政诉讼法》第2条第1款规定，公民、法人和其他组织认为行政机关和行政机关工作人员的行政行为侵犯其合法权益，有权依照本法向人民法院提起诉讼。《行政诉讼法》第13条规定的排除范围内的行政争议不属于行政诉讼解决的争议，由另外的救济途径解决。例如，因行政法规和行政规章引发的争议通过立法法规定的规范审查程序解决。

最后，行政诉讼当事人的地位具有特殊性。一方面，行政诉讼的原告恒定为作为行政管理相对一方的公民、法人和其他组织；行政诉讼的被告恒定为作为行政主体的行政机关和法律、法规授权的组织。当行政机关与法律、法规授权的组织不是作为行政主体，而是作为管理相对人时，也可以成为行政诉讼原告。行政诉讼当事人的恒定是由行政管理活动的特点决定的。因为在我国，行政机关享有国家法律赋予的命令权、强制权等，行政机关完全可通过自身享有的这些权力迫使当事人服从行政命令，履行行政义务，行政机关无须通过向法院起诉的方式达到行政目标。作为行政管理相对一方的公民、法人和其他组织则不然，他们有义务服从行政管理，不得直接与行政机关相对抗。这是保障行政机关实施管理、行使权力、维护社会秩序和公共利益的重要前提。如果公民、法人和其他组织认为行政机关的行政行为侵犯其权益，可以通过行政复议或行政诉讼等方式寻求救济，请求法院审查行政行为的合法性并做裁判。另一方面，行政诉讼当事人的权利义务具有特定性。行政诉讼原告享有起诉权、撤诉权，而被告不享有起诉权和反诉权，同时对行政行为合法性承担举证责任。

二、行政诉讼与民事诉讼的关系

对此可以从区别和联系两个角度认识。两者的区别表现在：

第一，诉讼客体和诉讼目的不同。行政诉讼的客体是行政争议，其目的是审查行政行为的合法性，为公民、法人和其他组织提供法律救济；而民事诉讼的客体是民事争议，其目的是解决民事纠纷，保障当事人的民事权益的实现。

第二，诉讼主体不同。虽然行政诉讼和民事诉讼都是在法院主持下解决争议的活动，但诉讼当事人法律地位有所不同。行政诉讼主体具有恒定性，被告只能是国家行政机关或法律、法规授权的组织，一般的公民、法人和其他组织不能做行政诉讼的被告。民事诉讼就没有上述限制，当事人的诉讼地位没有恒定性，被告既可以是公民、法人，也可以是行政机关，行政机关在民事诉讼中，既可以做原告，也可以做被告。

第三，当事人的诉讼权利义务不同。行政诉讼中，当事人双方的权利义务不完全对等。例如，公民、法人和其他组织享有起诉权，而作为执行公务行使职权的行政机关就没有起诉权，也没有反诉权。被告行政机关对行政行为的合法性负有举证责任，而原告并不承担此项举证责任。但在民事诉讼中，双方当事人享有的诉讼权利和承担的诉讼义务完全对等，当事人都对自己的主张负有举证义务。

第四，可否适用调解不同。行政诉讼中，被诉行政行为合法性审查部分禁止适用调解，法院在诉讼中不得调解当事人双方争议，也不得以调解结案。但在民事诉讼中，调解是一项重要原则，法院既可以调解的方式进行审理，也可以调解的方式结案。

第五，判决和执行方式不同。在行政诉讼中，法院审理的重点是被诉行政行为的合法性，法院有权对行政行为作出撤销、变更、履行等判决。故行政诉讼的判决形式较单一。而民事诉讼审理的是民事争议，法院有权作出确认判决、给付判决和变更判决，此类判决可以直接决定当事人的民事权利义务。此外，行政诉讼判决的执行措施也不同于民事诉讼。法律对原告、被告规定了不同的执行措施，且被告行政机关依法享有对部分判决的直接强制执行手段。民事诉讼判决裁定的强制执行，则全部要由法院进行，而且强制执行措施普遍适用于民事诉讼原告、被告。

两者的联系多种多样，主要形态有：

第一，附带关系。行政诉讼解决的相当一部分行政争议与民事争议交织在一起，解决行政争议成为解决民事争议的前提条件。法院通过行政诉讼处理行政争议时，有可能也有必要一并解决与此相关的民事争议，这就是行政附带民事诉讼。它体现了诉讼经济原则，便于当事人双方解决争议，也可以避免出现一事多判的矛盾结果。在行政争议与民事纠纷涉及同一案件事实、由同一法院管辖、行政裁判和民事裁判可能发生冲突并且附带审理有助于提高诉讼效率的情况下，可以采取行政诉讼附带民事诉讼的方式。

第二，先后关系。在民事诉讼过程中，如果出现行政争议的先决性或行政行为合法性的审查问题，通常情况下，民事诉讼应当中止，等待行政诉讼的判决结果。在行政诉讼过程中，如案件的审判须以相关民事案件的审理结果为依据时，则行政诉讼应中止，等待民事诉讼的裁判结果。

第三，参照关系。当事人因不服行政违法侵权行为提起的赔偿诉讼既有行政诉讼的特点，也兼具民事诉讼的特点，法院处理赔偿案件和行政争议，在不与行政诉讼的性质本身发生冲突的情况下，可以参照民事诉讼法的有关规定，采用民事诉讼规则进行。

第四，互补关系。行政诉讼和民事诉讼应当相互衔接，构成给当事人提供法律救济的完整体系。在行政争议与民事纠纷难以区分的情况下，如果当事人不可能通过民事诉讼解决争端，人民法院则应当为当事人提供行政诉讼的救济。

第五，排斥关系。针对同一争议，行政机关已经作出处理或者人民法院已经作出行政裁判的，当事人不得再提起民事诉讼。

三、行政诉讼与刑事诉讼之间的关系

两者的区别表现在：第一，诉讼目的不同。行政诉讼的直接目的是保护公民的合法权益，维护和监督行政机关依法行使行政职权。刑事诉讼的直接目的是打击犯罪和保障人权。第二，诉讼主体不同。行政诉讼主体包括法院和原告、被告、第三人等当事人，而刑事诉讼主体比较复杂，包括公安机关、检察机关、法院、犯罪嫌疑人、自诉人、刑事被告人、刑事被害人等。第三，诉讼程序不同。行政诉讼程序包括第一审程序、第二审程序、审判监督程序和执行程序，而刑事诉讼除了上述程序之外还有侦查程序、公诉审查程序、死刑复核程序等。第四，法律依据不同。行政诉讼的法律依据是行政实体法、行政程序法和行政诉讼法，而刑事诉讼的法律依据是刑法和刑事诉讼法。

由于犯罪行为可能同时构成行政违法行为，在公安司法机关追究刑事责任的同时，行政机关也可能追究行政处分或者行政处罚的行政法律责任。在出现事实或者法律竞合的情况下，行政诉讼和刑事诉讼之间可能发生冲突，这就有必要正确处理两者之间的关系，具体而言：

第一，移送关系。人民法院在审理行政案件过程中发现本案涉及犯罪需要追究刑事责任的，如果刑事责任涉及的案件事实与行政争议涉及的案件事实之间没有法律上的关联性，即犯罪事实构成另案事实的，应当将有关案件材料移交公安司法机关处理。

第二，先后关系。人民法院在审理行政案

件过程中发现涉及犯罪事实与本案事实具有法律上的关联性，公安司法机关有关犯罪事实的处理影响本案事实认定或者法律适用的，应当裁定中止行政诉讼，将有关案件材料移交公安司法机关，等公安司法机关作出最终生效裁判后，继续进行行政诉讼。

第三，排斥关系。刑事诉讼和行政诉讼可能发生冲突的，原则上不同时进行，当事人也不得同时提起。根据最高人民法院《关于行政机关工作人员执行职务致人伤亡构成犯罪的赔偿诉讼程序的批复》（2002年8月30日）的规定，行政机关工作人员执行职务致人伤亡的，人民法院不受理受害人提出的刑事附带民事诉讼，而应当告知受害人按照国家赔偿法的有关规定，提起行政侵权赔偿诉讼。在该解释发布之前已经按照刑事诉讼附带民事诉讼处理的，人民法院不再受理当事人的行政赔偿诉讼请求。

关于是否可以采取附带方式处理两种诉讼之间的关系，现行法律没有规定，学界也没有定论。

第二节　行政诉讼法

一、行政诉讼法的概念

行政诉讼法是有关行政诉讼的法律规范的总和。它是规定人民法院、诉讼当事人和其他参与人的诉讼活动程序，规范各种行政诉讼行为，调整行政诉讼关系的法律规范，也是我国法律体系中的一个重要法律部门。

首先，行政诉讼法是规定行政诉讼活动程序的法律规范。行政诉讼是法院在当事人及其他诉讼参与人参与下解决行政争议的活动，法院、当事人及其他诉讼参与人实施诉讼行为，发生诉讼关系的步骤、方法、形式、顺序、时限均要由法律明确规定。行政诉讼法就是规定上述程序的法律规范。

其次，行政诉讼法调整的对象是诉讼行为和诉讼关系。行政诉讼法以诉讼行为和诉讼关系为调整对象。所谓诉讼行为是指行政诉讼中法院、当事人及其他诉讼参与人在诉讼过程中实施的各种行为，如起诉、答辩、送达、裁判、妨碍诉讼、拒不执行判决等。行政诉讼法调整诉讼行为的基本方式是创设行为模式，明确规定各个诉讼主体实施行为的条件、标准及法律后果。所谓诉讼关系，是指行政诉讼过程中各方诉讼主体之间形成的特定的诉讼事实与后果之间的关系。

再次，行政诉讼法的主要内容是规定行政诉讼主体的权利与义务。行政诉讼法规定法院、诉讼当事人及其他诉讼参与人在诉讼活动中的职责、权利和义务。例如，人民法院享有行政争议案件的主管权与管辖权，对于符合法定条件的行政案件，法院不仅有受理的权力，而且有必须受理的职责。法院享有主持案件审理、指挥庭审的权力，法官遇有与案件有利害关系情形时有回避的义务。当事人有起诉的权利，也有接受终审裁判、执行法院裁判的义务。

最后，行政诉讼法是有关行政诉讼的法律规范的总和。行政诉讼法有广义、狭义之分。狭义的行政诉讼法也称形式意义上的行政诉讼法典，专指《行政诉讼法》，该法于1989年4月4日第七届全国人民代表大会第二次会议通过，2014年、2017年两次修正。广义的行政诉讼法也称实质意义的行政诉讼法，除行政诉讼法典外，还包括一切有关行政诉讼的法律规范，它们分散在各种法律、法规及立法、司法解释中。

理解行政诉讼法，需要正确认识行政诉讼法与行政法、行政程序法的关系。行政诉讼法是规范行政诉讼行为，调整行政诉讼关系的程序法，它规定法院、诉讼当事人及其他诉讼参与人在诉讼活动中的程序性权利和义务，因此，是有关程序规范的总和。而行政实体法是规定行政机关及相对一方实体权利义务的法律规范。所以，二者规定的内容及范围是不同的。但是，行政诉讼法与行政实体法也有一定的联系。行政诉讼法是保证实体法得到正确实施的重要手段。行政诉讼法与行政程序法都属于程序法，都是保证行政实体法正确实施的手段。但适用的主体不同，所处的阶段也不同。行政诉讼法主要是法院审理行政案件的程序依据；而行政程序法主要是行政机关行使行政权力、实施公务行为的依据。从适用的阶段来看，行政诉讼法是审理行政案件时适用的程序法，因而是事后救济程序；而行政程序法是关于行政行为的程序法，它贯穿于行政行为的全过程，不仅包括事后救济程序，也包括事前、事中程序。通常情况下，行政实体法首先通过行政程序法得以实施，只有发生行政争议进入诉讼时，才有适用行政诉讼法，通过诉讼程序实施行政实体法的必要。

二、行政诉讼法的渊源

行政诉讼法的渊源，是指行政诉讼法的具体表现形式。我国广义上的行政诉讼法的渊源主要有以下几种：

（一）宪法中有关行政诉讼的法律规范

宪法是国家根本法，也是行政诉讼立法的最重要法律依据。《宪法》第41条规定：中华人民共和国公民对于任何国家机关和国家工作人员，有提出批评和建议的权利；对于任何国家机关和国家工作人员的违法失职行为，有向有关国家机关提出申诉、控告或者检举的权利，但是不得捏造或者歪曲事实进行诬告陷害。对于公民的申诉、控告或者检举，有关国家机关必须查清事实，负责处理。任何人不得压制和打击报复。由于国家机关和国家工作人员侵犯公民权利而受到损失的人，有依照法律规定取得赔偿的权利。这一规定是制定行政诉讼法的根本依据，也是行政诉讼法的最重要渊源。此外，宪法中关于公民基本权利和自由的规定、关于人民法院审判制度及诉讼活动原则的规定等都对行政诉讼具有指导和规范意义，也是行政诉讼法的渊源。

（二）行政诉讼法典

行政诉讼法典比较完整集中地对行政诉讼的原则及各项具体制度、程序作了规定，是公民、法人和其他组织提起行政诉讼，人民法院审理行政案件的主要依据，是行政诉讼法的基本渊源。

（三）人民法院组织法、人民检察院组织法中的有关规定

人民法院组织法中有关审判组织和审判程序的原则规定，以及人民检察院组织法中有关法律监督的原则规定都是广义行政诉讼法的渊源之一。

（四）民事诉讼法

《行政诉讼法》颁布前，法院审理行政案件适用《民事诉讼法（试行）》第3条第2款的规定，法律规定由人民法院审理的行政案件，适用本法规定。《行政诉讼法》颁布施行以后，对于行政诉讼法没有规定或规定比较原则的方面，仍可以参照适用民事诉讼法的规定，如民事诉讼法规定的期间、送达、合议制度、回避制度、诉讼保全、集团诉讼等，行政诉讼均可参照适用。《行政诉讼法》第101条规定：“人民法院审理行政案件，关于期间、送达、财产保全、开庭审理、调解、中止诉讼、终结诉讼、简易程序、执行等，以及人民检察院对行政案件受理、审理、裁判、执行的监督，本法没有规定的，适用《中华人民共和国民事诉讼法》的相关规定。”所以，民事诉讼法也是行政诉讼法的渊源之一。

（五）单行法律、法规

除上述行政诉讼法、民事诉讼法等法律外，有的单行的法律、法规也规定了行政诉讼的相关内容。如税收征收管理法规定了起诉不停止具体行政行为执行、行政复议前置、起诉期限等内容，这些规定行政诉讼有关内容的法律也是行政诉讼法的渊源。

（六）国际条约

法院审理涉外行政诉讼案件时，还要适用我国缔结、参加或认可的涉及行政诉讼问题的国际条约和双边、多边协定，但我国声明保留的条款除外。这些国际条约和协定也是行政诉讼法的渊源。

（七）法律解释

法律解释包括权力机关、行政机关及司法

机关对行政诉讼法及相关法律、法规、规章所作的解释。这些法律解释同样是行政诉讼活动应当遵循的准则和规范，也是行政诉讼法的渊源之一。

三、行政诉讼法的效力范围

行政诉讼法的效力范围，是指行政诉讼法的适用范围，具体包括行政诉讼法的空间效力、时间效力、对人的效力和对事的效力。

（一）空间效力

空间效力，是指行政诉讼法适用的地域范围。我国行政诉讼法适用于我国国家主权所及的一切空间领域，包括我国的领土、领空、领海以及领土延伸的所有空间。也就是说，凡在我国进行行政诉讼活动，均应适用我国行政诉讼法。当然，行政诉讼法的空间效力因法律体系的不同及法律规范的级别有所不同。例如，在我国香港特别行政区、澳门特别行政区，不适用我国行政诉讼法。有关行政诉讼的地方性法规和自治条例、单行条例只能在本行政区域内适用。

（二）时间效力

时间效力，是指行政诉讼法适用的时间范围，具体包括行政诉讼法的生效、失效的起止时间以及行政诉讼法对该法生效前发生的行政案件的溯及力。《行政诉讼法》第103条规定，本法从1990年10月1日起施行。该日期即为行政诉讼法的生效日期。同时，我国行政诉讼法不具有溯及既往的效力。

（三）对人的效力

行政诉讼法对人的效力，是指行政诉讼法对哪些人有拘束力，对哪些人没有拘束力。我国行政诉讼法采用属地原则确定对人的效力。凡在我国领域内进行行政诉讼的，无论当事人为中国公民、法人还是外国公民、外国组织或无国籍人，均适用我国行政诉讼法。但是，中国参加或缔结的国际条约对外国公民的权利作了特殊规定的，适用该规定。例如，《外交特权与豁免条例》第14条第2款规定：外交代表享有民事管辖豁免和行政管辖豁免。据此，除非派遣国政府明确表示放弃豁免或者外交人员从事与公务无关的活动，行政诉讼法对其没有约束力。

（四）对事的效力

对事的效力，是指行政诉讼法对行政案件的适用范围，即人民法院的受案范围。

四、行政诉讼法的立法目的

《行政诉讼法》第1条规定："为保证人民法院公正、及时审理行政案件，解决行政争议，保护公民、法人和其他组织的合法权益，监督行政机关依法行使职权，根据宪法，制定本法。"因此，我国制定行政诉讼法的目的表现在以下四个方面：

（一）保证人民法院公正、及时审理行政案件

《行政诉讼法》颁布之前，我国法院审理行政案件主要适用《民事诉讼法（试行）》的有关规定。由于行政案件不同于民事案件，行政案件是行政机关与公民、法人之间的争议，而民事案件是公民、法人之间的争议，两类争议的性质有很大差别，完全用解决民事争议的程序规则去解决行政争议，必然会影响案件的审理效果，也容易忽视行政诉讼的特点，达不到解决行政争议的目的。鉴于民事诉讼法有诸多方面不适于解决行政争议，而行政诉讼本身具有自己的特点和规律，这就要求在民事诉讼法之外设计一套适合于处理行政争议的诉讼制度。行政诉讼法的制定实施为人民法院公正、及时地审理行政案件提供了依据。行政诉讼法规定的基本原则和制度，如法院的受案范围、管辖、证据制度、审理程序、审理方式和期限以及人民检察院对行政诉讼进行法律监督等内容，对于人民法院公正及时审理行政案件发挥了重要作用。值得注意的是，2014年修正后的行政诉讼法用"公正"审理行政案件取代"正确"审理行政案件，原因在于公正是用以评判司法表现的基本标准。

（二）解决行政争议

这是2014年修正后的行政诉讼法增加的目的。行政诉讼作为一种诉讼形态，是围绕行政争议及其解决展开的，行政诉讼的运转需要维持诉讼的基本架构，致力于消除争议。脱离开

解决行政争议，法院的受理、审理和裁判无从进行，对行政机关的行政行为监督无从实现，公民的合法权益保护就会成为空谈。

（三）保护公民、法人和其他组织的合法权益

行政诉讼法的最主要目的是为遭受行政机关侵害的公民、法人和其他组织提供救济途径，通过诉讼方式保护公民、法人和其他组织的合法权益。随着现代行政管理活动日趋广泛和复杂，行政侵权现象时有发生，给公民、法人和其他组织造成损害。如何为受害人提供充分有效的法律救济，是现代法治国家面临的一项重要任务。在众多的救济途径中，行政诉讼可谓最有效的途径之一。行政诉讼法的许多规定，如行政诉讼的基本原则和制度、受案范围、案件管辖、起诉和受理、赔偿诉讼、判决等内容，均充分体现了行政诉讼法保护公民、法人和其他组织合法权益的立法宗旨。从这个意义上来说，行政诉讼法是一部人权保障法，它不仅为公民人身权、财产权遭受损害提供救济，而且在有法律规定的情况下，对于公民劳动权、受教育权、政治权利和自由也提供了有效的保护和救济。2014年行政诉讼法的修正的核心目的之一，就是要强化行政诉讼保护公民、法人和其他组织的合法权益的功能。

（四）监督行政机关依法行使行政职权

行政诉讼法是司法机关对行政机关实施监督的法。根据我国行政诉讼法的规定，法院通过审理行政案件，有权撤销违法的行政行为或者确认其违法，有权要求怠于履行法定职责的行政机关履行职责等。撤销或者确认违法的行政行为，要求行政机关履行应履行的职责等，不仅意味着对行政行为的否定评价，而且也是防止行政机关再犯同样错误的重要监督方式。

第三节　行政诉讼的基本原则

行政诉讼的基本原则，是指行政诉讼法规定的，贯穿于行政诉讼的主要过程，对行政诉讼活动起支配作用的基本行为准则，对行政诉讼活动有拘束力。无论是人民法院还是诉讼当事人、其他诉讼参与人都要遵循。

行政诉讼的基本原则不同于行政诉讼的具体规则。

首先，行政诉讼的基本原则对行政诉讼规则体系的建立具有指导意义。行政诉讼的各项具体制度，如受案范围的确定制度、当事人制度、证据制度及行政诉讼案件的审理程序都受行政诉讼基本原则的指导。其次，对行政诉讼基本原则的掌握还有助于对行政诉讼具体规范的理解，特别当行政诉讼法的具体条文不很明确时，行政诉讼的基本原则可以起到拾遗补阙、指导规范的作用，各方诉讼参加人或法院可以将行政诉讼的基本原则直接作为诉讼的依据。

一、依法受理、依法应诉原则

《行政诉讼法》第3条规定："人民法院应当保障公民、法人和其他组织的起诉权利，对应当受理的行政案件依法受理。行政机关及其工作人员不得干扰、阻碍人民法院受理行政案件。被诉行政机关负责人应当出庭应诉。不能出庭的，应当委托相应的工作人员出庭。"该条确立了依法受理、依法应诉原则，是2014年修正后的行政诉讼法新增内容。

立案难和审理难，是行政诉讼制度在现实中面临的突出问题。立案难是公民、法人和其他组织与行政机关产生争议，行政机关不愿意充当被告，法院不愿受理；审理难是因为行政机关及相关负责人不积极应诉，甚至干预案件审理，造成法院审理出现困难。为解决这些问题，2014年修正后的行政诉讼法除在具体制度上作出安排外，在总则中专门确立了新的原则和要求。要求法院要保障公民、法人和其他组织的

起诉权利，对应当受理的行政案件依法受理，不能因法外原因不受理案件。对于法院受理案件，行政机关及其工作人员不得干扰、阻碍。

要求被诉行政机关负责人应当出庭应诉。不能出庭的，应当委托相应的工作人员出庭。上述要求是2014年修正后的行政诉讼法的新规定。为保证落实，《行诉法适用解释》作出更为具体的安排。行政机关负责人，包括行政机关的正职、副职负责人以及其他参与分管的负责人。涉及重大公共利益、社会高度关注或者可能引发群体性事件等案件以及人民法院书面建议行政机关负责人出庭的案件，被诉行政机关负责人应当出庭。行政机关负责人出庭应诉的，应当向人民法院提交能够证明该行政机关负责人职务的材料，应当在当事人及其诉讼代理人基本情况、案件由来部分予以列明。行政机关负责人出庭应诉的，可以另行委托1~2名诉讼代理人。

行政机关负责人不能出庭的，应当委托行政机关相应的工作人员出庭，不得仅委托律师出庭。行政机关负责人有正当理由不能出庭应诉的，应当向人民法院提交情况说明，并加盖行政机关印章或者由该机关主要负责人签字认可。行政机关拒绝说明理由的，不发生阻止案件审理的效果，人民法院可以向监察机关、上一级行政机关提出司法建议。“行政机关相应的工作人员”，包括该行政机关具有国家行政编制身份的工作人员以及其他依法履行公职的人员。被诉行政行为是地方人民政府作出的，地方人民政府法制工作机构的工作人员，以及被诉行政行为具体承办机关工作人员，可以视为被诉人民政府相应的工作人员。行政机关委托相应的工作人员出庭应诉的，应当向人民法院提交加盖行政机关印章的授权委托书，并载明工作人员的姓名、职务和代理权限。

行政机关负责人和行政机关相应的工作人员均不出庭，仅委托律师出庭的或者人民法院书面建议行政机关负责人出庭应诉，行政机关负责人不出庭应诉的，人民法院应当记录在案和在裁判文书中载明，并可以建议有关机关依法作出处理。

二、人民法院依法独立行使行政审判权原则

人民法院依法独立行使审判权，是我国宪法规定的一项重要原则，行政诉讼活动必须遵循。《行政诉讼法》第4条第1款规定，人民法院依法对行政案件独立行使审判权，不受行政机关、社会团体和个人的干涉。该原则包含以下内容：

第一，行政审判权由人民法院统一行使。行政审判权是人民法院根据诉讼当事人的请求，并在双方当事人的参加下，依照诉讼程序居中审理，裁判行政争议的权力。行政审判权具有统一性和完整性。首先，行政审判权是我国的司法主权不可分割的组成部分，只能由人民法院代表国家行使，任何外国政府和机关不能干涉或者分割。其次，人民法院有权依法定程序确定自己对某一个行政案件是否享有管辖权，对此，其他国家机关、社会团体或者个人都不得干涉。最后，人民法院统一行使行政审判权必须符合法律规定。人民法院审理行政案件的全部过程，从最初对起诉的受理，到对行政行为的实质性审查，再到判决执行都要严格依法进行。行政审判权，既包含羁束的权力，也包含自由裁量的权力。当人民法院行使自由裁量权时，还须公正合理，不得滥用权力。

第二，案件审判独立，即人民法院作为一个整体独立，不受外界的任何非法影响。行政审判独立的首要一环是人民法院作为一个整体独立于行政机关、社会团体和个人。不能把法官个人的独立等同于行政审判独立，法院集体独立是我国行政审判独立的实质。

第三，合议庭审判独立，即合议庭在具体办理和审判行政案件的过程中非依法定程序不受来自法院内部和外部的各种影响。行政诉讼实行合议制，在一般案件中，合议庭的裁判即视为人民法院的裁判。因此，人民法院独立行使行政审判权原则的第二层次的内容是合议庭独立进行审判，既不受行政机关、社会团体和个人的干涉，也不受审判委员会、院长或庭长的干涉。对于重大复杂的行政案件，如果合议庭经开庭审判不能作出判决，应当通过法定程序提交审判委员会决定。

第四，审判人员独立，即审判人员参加合议庭审判和审判委员会议决时，不受来自法院内部和外部的干涉或者指使，独立进行判断，发表自己的意见，并完全按照自己的意志表决。法官的个人独立是人民法院独立审判的必要条件。

第五，人民法院行使行政审判权，不受行政机关、社会团体和个人的干涉。由于行政诉讼的一方当事人是行政机关，而行政机关与人民法院同为国家机关，并有着密切的联系，因而，行政审判必须排除来自行政机关的干扰。同样，为保证行政审判的独立和公正，也要排除社会团体和其他个人的干涉。此外，虽然行政审判要接受国家权力机关和新闻舆论的监督，但为确保行政审判的独立，国家权力机关的监督和新闻舆论的监督也必须依法进行。

三、以事实为根据，以法律为准绳原则

《行政诉讼法》第5条规定：人民法院审理行政案件，以事实为根据，以法律为准绳。该原则的具体含义是：

（一）以事实为根据

人民法院审理行政案件应当查明下列事实：第一，行政机关调查认定的事实。人民法院调查这种事实时，要查明行政机关自身所调查的证据是否合法、客观和充分，查明行政机关的认定方法和结论是否正确。依照行政程序法理，行政机关在作出行政行为之前就必须调查收集到足够的证据，在被起诉后不能也无须补充收集证据。因此，查明行政机关所调查认定的事实就成为作出正确判决的关键所在。第二，与本案有关的其他事实。人民法院在必要时还应当进一步查明行政案卷没有真实反映或者遗漏的有关案件情况。人民法院此时可以自行收集证据，采取询问证人、勘验检查、调取书证和物证、鉴定以及证据保全等措施，也可以要求原告或者其他诉讼参加人提供证据，甚至指令行政机关补充提供证据。第三，行政诉讼程序事实。人民法院作出裁判，不仅要实体合法，而且要程序合法。裁判本身也需要事实来证明，其中最为重要的是有关行政诉讼程序进展情况的事实。必须注意的是，行政诉讼以审查行政行为合法与否为重点。所以，法院要审查的不是原告行为是否合法的事实，而是行政行为认定的事实，这与刑事诉讼、民事诉讼中法院依据的事实有一定区别。

（二）以法律为准绳

人民法院审理行政案件，应当正确适用法律，对行政行为合法性进行判断。具体来说，应当依据下面三类法律规定：

第一，行政实体法。包括有关行政机关设立和职权的行政组织法，有关行政机关行使职权的单行的部门行政法律法规，以及有关公民、法人或者其他组织具体权利义务的法律、法规。

第二，行政程序法。包括有关行政机关行使职权的程序法和规定公民、法人或者其他组织程序上的权利义务的程序法。

第三，行政诉讼法。人民法院审理行政案件还必须遵守行政诉讼法。违反行政诉讼法规定的裁判无效。

人民法院适用法律必须遵守《行政诉讼法》第63条的规定，即以法律、行政法规、地方性法规和自治条例、单行条例为依据，参照规章。

四、行政行为合法性审查原则

《行政诉讼法》第6条规定，人民法院审理行政案件，对行政行为是否合法进行审查。与刑事诉讼和民事诉讼相比，行政行为合法性审查原则是行政诉讼最有特色的基本原则。

（一）行政行为合法性审查的范围

对此，可以从如下几个方面认识：

第一，从对象来看，人民法院审查的是行政行为。2014年修正前的行政诉讼法对行政诉讼受案范围的基本范围划定为“具体行政行为”；修正后的《行政诉讼法》第2条第1款删除了“具体”两字，把基本范围界定为“行政行为”，整体上扩大了行政诉讼受案范围。因此，根据修正后的行政诉讼法的规定，行政行为既包括具体行政行为，也包括部分抽象行政行为。当然，对于一些行政争议，法院不能受理，当然也就不能审查。

第二，从内容来看，人民法院以审查行政行

为的合法性为原则。

法院对被诉行政行为的审查不是无限制的审查，而是在一定的限度内进行审查。根据这一原则，审查的标准是行政行为是否合法。行政诉讼以合法性审查为原则的特点是由司法权和行政权的关系所决定的。在我国，行政权和司法权都是由宪法和国家权力机关赋予的，受国家权力机关制约。行政权与司法权彼此独立，各有自己的活动领域。司法权对行政权的监督来自法律的明确授权，并且必须在法定范围内进行。因而，司法权对行政权的监督只能限于合法性。否则，国家职能分工的平衡状态将被打破。在行政诉讼中，人民法院应当依法行使行政审判权，对违法的行政行为予以撤销，对行政机关在法定权限内的活动予以尊重。司法权不得干预行政权，影响行政权的正常运作，更不能代替行政权。

根据《行政诉讼法》第70条的规定，人民法院审查行政行为合法性的具体内容包括：(1)行政机关是否享有作出行政行为的权限，是否超越法定的职责权限以及是否依法享有事务管辖权、级别管辖权和地域管辖权，上述任何一方面违法都构成无权限或者超越职权。(2)行政行为的证据是否确凿充分、事实是否清楚，行政行为的证据是否具有合法性、客观性和相关性。(3)行政行为适用法律依据是否正确。(4)行政行为程序是否合法。行政机关不得违反法定程序，行政机关遗漏程序步骤、颠倒顺序、超越时限以及违反法定行为方式的，所作出的行政行为违法。(5)行政行为的目的是否合法。行政机关不得借用合法的形式，实现非法的目的。否则，构成滥用职权，行政行为就会被撤销。(6)行政行为是否明显不当。与2014年修正前的行政诉讼法相比，该规定把“明显不当”列入了合法性审查的范围之列，作为认定行政行为违法的标准，并可以予以撤销或部分撤销，从而大大拓展了合法性审查的范围。

(二)行政行为合法性审查的意义

首先，行政行为合法性审查原则明确了行政机关与人民法院之间的制约关系。它表明，人民法院有权审查行政机关行使职权的行为。当然，人民法院介入行政管理的范围限于审查行政行为的合法性，既不能对行政机关进行全面干预，也不能代替行政机关进行行政管理，甚至作出行政行为。

其次，行政行为合法性审查原则具体化了公民、法人和其他组织的行政诉讼权利，对诉讼当事人、人民法院等诉讼主体进行诉讼活动具有指导意义。公民、法人和其他组织对行政行为不服时，有权向人民法院提起诉讼。同时，法院审理判决行政案件，必须按照合法性审查原则进行，对于违法的行政行为予以撤销或判令被告履行法定职责。被告在诉讼中对行政行为的合法性承担举证责任。

五、当事人的法律地位平等原则

《行政诉讼法》第8条规定：当事人在行政诉讼中的法律地位平等。这一规定体现了一项重要的行政诉讼基本原则，即当事人的法律地位平等原则。

当事人的法律地位平等原则的内容有：

首先，在行政管理过程中，行政机关是行政主体，其地位明显优越于行政管理相对人。在行政诉讼中，这种情况发生了转变，行政机关与公民、法人和其他组织一样都是行政诉讼的当事人。行政机关不再是管理者，不能再像在行政程序中那样指挥命令公民、法人和其他组织。行政机关认为公民、法人和其他组织的诉讼行为违法，不能直接采取行政处罚、行政强制执行等措施，只能要求人民法院处理。

其次，各方当事人的诉讼地位平等。行政机关与公民、法人和其他组织一样都是行政诉讼主体，没有高低贵贱之分，也没有法外特权，享有同等的机会阐述意见和辨明是非，公民、法人和其他组织依法享有起诉权，行政机关不但没有这项权利，也没有反诉权，相反却受到很多限制，如对行政行为的合法性承担举证责任，诉讼期间不得自行向原告、第三人、证人调查取证等，这些限制正是为了平衡双方当事人表达意见的机会，科学地反映了行政诉讼的特殊要求。

再次，人民法院应当保障当事人平等地享

有参与行政诉讼的机会，防止行政机关给公民、法人和其他组织施加压力，同时也应当防止原告滥诉，无理纠缠。

最后，人民法院作出裁判时应当同等情况同等对待，对当事人在适用法律上一律平等，不能因人而异。对此，《人民法院组织法》第5条规定，人民法院审判案件，在适用法律上一律平等，不允许任何组织和个人有超越法律的特权，禁止任何形式的歧视。行政机关虽然依法享有行政管理权，但是在遵守宪法和法律上与一般的公民没有，也不应当有任何区别，行政机关没有从事违法行为的特权。

六、各民族公民都有使用本民族语言文字进行行政诉讼的权利原则

《行政诉讼法》第9条规定，各民族公民都有用本民族语言、文字进行行政诉讼的权利。在少数民族聚居或者多民族共同居住的地区，人民法院应当用当地民族通用的语言、文字进行审理和发布法律文书。人民法院应当对不通晓当地民族通用语言、文字的诉讼参与人提供翻译。民族语言文字原则包括下述内容：

第一，当事人有权用本民族语言、文字进行行政诉讼。使用本民族语言、文字是公民的宪法权利，各个国家机关在执行职务时，都应当尊重公民的语言文字权。根据《宪法》第121条的规定，在民族自治地区，自治机关在执行职务时，依照本民族自治地方自治条例的规定，使用当地通用的一种或者几种语言文字，即在立法、执法和司法等各个环节必须体现公民的语言文字权。在非民族自治地区，当事人同样有权使用本民族的语言文字，而无论其是否在本地通用。

第二，人民法院应当用当地民族通用的语言、文字进行审理和发布法律文书。

第三，人民法院应当为不通晓当地民族通用语言、文字的诉讼参与人提供翻译。提供翻译是法定的强制性义务，人民法院必须无条件地履行。但是，如果诉讼参与人通晓当地语言、文字，不需要或者不要求提供翻译并不影响诉讼顺利进行的，人民法院可以不提供翻译。

七、当事人有权辩论原则

《行政诉讼法》第10条规定，当事人在行政诉讼中有权进行辩论。所谓辩论，是指当事人在法院的主持下，就案件的事实和法律问题各自陈述主张和意见，互相反驳，进一步辨明真伪和是非。当事人有权辩论的原则是我国行政诉讼民主性的体现和诉讼公正的要求，该原则主要蕴含以下内容：

辩论权是当事人的基本诉讼权。原告、被告、共同诉讼人和第三人都享有辩论权，辩论权是上述当事人的基本诉讼权利，审判人员应当发挥其指挥职能，确保当事人充分行使辩论权。在辩论的内容方面，当事人有权就行政实体法问题、行政程序法问题、行政诉讼程序问题进行辩论。当事人有权以口头或者书面方式进行辩论。在第一审程序、第二审程序、审判监督程序和执行程序中进行辩论。

八、合议、回避、公开审判和两审终审原则

合议、回避、公开审判和两审终审原则存在于三大诉讼之中，又被称为行政诉讼的基本制度。

（一）合议原则

合议原则，是指人民法院对行政案件的审理，由审判员或审判员与陪审员依照法定人数和组织形式组成合议庭进行。《行政诉讼法》第7条规定了该原则，并于第68条明确规定，人民法院审理行政案件，由审判员组成合议庭，或者由审判员、陪审员组成合议庭。合议庭的成员，应当是3人以上的单数。

2014年修正前的《行政诉讼法》仅规定合议庭是审理行政案件的唯一组织形态，基本理由是行政案件技术性、知识性较强，而且行政诉讼的当事人一方为行政机关，独任审判难以胜任。采用合议制有利于行政案件的公正解决。不过，基于现实考虑，修正后的行政诉讼法增设了简易程序，对于简单的行政案件，允许由审判员一人独任审理。

（二）回避原则

在行政诉讼中，回避原则，是指承办行政案件的审判人员和其他有关人员遇有法律规定

应当回避的情形时，应当经过法定程序退出行政诉讼活动。回避适用于审判人员、书记员、勘验人、鉴定人和翻译人员等。《行政诉讼法》第7条和第55条分别对回避作了明确规定。根据《行政诉讼法》第55条的规定，回避的条件是审判人员或其他有关人员与本案有利害关系或者有其他关系可能影响公正审判。回避分为自行回避和申请回避两种。前者指符合法律规定的人员主动申请回避，后者指诉讼当事人申请审判人员和其他人员回避。当事人申请回避，应在案件开始审理时提出。回避事由在案件开始审理后知道的，也可以在法庭辩论终结前提出。申请回避，可以口头提出，也可以书面提出。被申请回避的人员在人民法院作出是否回避的决定前，应当暂停参与本案的工作，但案件需要采取紧急措施的除外。人民法院对当事人提出的回避申请，应当在申请提出的3日内，以口头或者书面形式作出决定，申请人对决定不服的，可以在接到决定时申请复议一次。复议期间，被申请回避的人员，不停止参加本案的工作。人民法院对复议申请，应当在3日内作出复议决定，并通知复议申请人。

（三）公开审判原则

公开审判是我国宪法确定的一项基本原则。在行政诉讼中，公开审判原则，是指人民法院审理行政案件，除法律规定的特殊情况外，一律公开进行。这一原则规定在《行政诉讼法》第7条和第54条中。第54条规定，人民法院公开审理行政案件，但涉及国家秘密、个人隐私和法律另有规定的除外。涉及商业秘密的案件，当事人申请不公开审理的，可以不公开审理。公开审判原则包括以下两项内容：（1）审判过程公开；（2）审判结果公开。公开审判要求人民法院的审判活动应当对社会公开，其实质意义在于将人民法院的审判活动置于诉讼当事人及广大群众的监督之下，以确保审判的公正。

（四）两审终审原则

在行政诉讼中，两审终审原则，是指行政案件经过两级人民法院的审理即告终结。《行政诉讼法》第7条对此作了规定。按照这一原则，当事人对第一审行政判决、裁定不服的，可以向上一级人民法院提起上诉，启动第二审程序。第二审人民法院的判决、裁定是终局判决、裁定，对此，当事人不得再提起上诉。另外，最高人民法院是国家最高审判机关，最高人民法院作出的一审判决、裁定，当事人不得上诉。

九、人民检察院实行法律监督原则

《宪法》第134条规定，中华人民共和国人民检察院是国家的法律监督机关。《行政诉讼法》第11条规定，人民检察院有权对行政诉讼实行法律监督。人民检察院对行政诉讼实行法律监督，是为了保障行政诉讼活动依法进行。在目前我国司法体制不尽完善的情况下，强调这一原则具有更重要的意义。

（一）法律监督的范围

首先，人民检察院对行政诉讼活动的合法性有权进行法律监督。

其次，人民检察院对人民法院和行政诉讼参与人都有权进行法律监督。在行政诉讼中，人民检察院对人民法院审判活动和执行活动是否合法进行监督。同时，人民检察院有权监督行政诉讼参与人。人民检察院可以向违法行为人直接提出纠正意见，也可以要求人民法院采取纠正措施。当然，人民检察院不能直接对违法行为人采取措施。

最后，人民检察院有权对行政诉讼的整个过程实行法律监督。行政诉讼可以分为审判和执行两个阶段。审判包括第一审程序、第二审程序和再审程序，每一个审判程序大体包括起诉、受理、审理、判决和送达等阶段。人民检察院有权对上述程序和阶段实行监督。当然，监督的具体形式根据不同的情况而异。

（二）人民检察院实行法律监督的方式

人民检察院实行法律监督的主要方式是抗诉。最高人民检察院对各级人民法院已经发生法律效力的行政判决、裁定，上级人民检察院对下级人民法院已经发生法律效力的行政判决、裁定，发现有法定再审情节之一，或者发现调解书损害国家利益、社会公共利益的，应当提出抗诉。地方各级人民检察院对同级人民法院已经发生法律效力的行政判决、裁定，发现有法定再审情节之一的，或者发现调解书损害国家利益、社会公共利益的，可以向同级人民法院提出检察建议，并报上级人民检察院备案；也可以提请上级人民检察院向同级人民法院提出抗诉。人民检察院提出抗诉的案件，应当派员出庭，对诉讼活动是否合法进行监督。

抗诉应当符合两个原则：第一，同级抗诉原则。受理抗诉的人民法院应当与提出抗诉的人民检察院的级别相同。受理抗诉的人民法院指定下级人民法院审判的，人民检察院也应当通过下级人民检察院进行抗诉。第二，抗诉必须受理原则。人民法院对人民检察院提出的抗诉必须受理并要开庭审判。人民检察院的抗诉是行使国家检察权的行为，具有法律效力，人民法院应当接受抗诉行为的约束力。

另外，各级人民检察院对审判监督程序以外的其他审判程序中审判人员的违法行为，有权向同级人民法院提出检察建议。

【本章主要法律规定】

《行政诉讼法》第1～11条

第十四章 行政诉讼的受案范围

本章主要内容提示

行政诉讼受案范围是行政诉讼制度中的重要问题，判断某一案件是否属于行政诉讼受案范围，关键要分析两个方面内容：一是要确定所诉行为是否为行使行政职权的行为；二是该行为是否被明确排除在行政诉讼受案范围之外。

第一节 概　　述

一、受案范围的概念

受案范围，是指人民法院可以依法受理行政争议的种类和权限。这里的关键问题有：

1.行政争议与民事纠纷的区别。所谓行政争议，是指因行政机关行使职权、实施公务活动而发生的法律争端，与民事纠纷的区别表现在：

（1）主体不同。行政争议的一方当事人通常是行政机关和法律法规授权的公务组织，而民事纠纷的双方当事人通常是公民、法人或者其他组织。

（2）法律依据不同。如果争议的发生原因是公法适用行为，应当认定为行政争议。行政机关是否应当适用公法，应当由法院作出客观的判断；在客观上应当适用公法时，即使行政机关认为应当适用私法，其行为引起的争议也属于公法争议。

（3）原因和过程不同。发生在行政管理过程中的争议，应当认为具有公法的性质。

（4）权利义务不同。行政机关享有的权利具有独占性。如果行政机关行使了只有它才能行使的权利，履行了只有它才能履行的义务，因此引起的争议就具有了不同于一般民事纠纷的行政性质。

（5）公权力因素。行政机关行使公权力的行为以及利用公权力形成的便利条件的行为，属于公法行为，因此引起的属于行政争议。

（6）目的不同。行政机关以行政管理或者公务为目的实施的行为引起的争议通常是行政争议。

（7）有利于相对人或者争议的解决。以行政诉讼方式解决争议对相对人有利或者有利于争议的解决的，应当赋予有关争议以行政争议的性质。在具有两可的情况下，当事人享有选择权。

上述标准并非绝对，有些法律争端客观上就是行政争议和民事纠纷的混合或者竞合。在这种情况下，除了注意行政争议和民事纠纷的区别之外，还需要考虑如何处理行政诉讼和民事诉讼之间的关系。

2.公务行为和个人行为的区别。行政机关

工作人员实施的行为具有个人行为和公务行为两种可能性，只有公务行为引起的争议才属于行政争议。公务行为与个人行为的区别标准主要是：

（1）身份。只有具有行政机关工作人员身份的人才有权实施公务行为。

（2）名义。行政机关工作人员以所在行政机关的名义实施的行为才有可能是公务行为，确定名义的主要标准是制服、证件等公务标志。

（3）权限。行政机关及其工作人员在职务关系委托权限内实施的行为才是公务行为。

（4）时间和地点。在上班时间和办公场所实施行为通常是公务行为。

（5）目的。行政机关工作人员以公务目的实施的行为才属于公务行为。

（6）关联性。只有与公务密不可分的行为才是公务行为。

上述标准不是绝对的，应当综合应用，结合案件的具体情况认定。

3.行政争议的种类。行政争议的种类和表现形式多种多样。从主体来看，行政争议可能发生在行政机关与其他国家机关、行政机关与行政机关、行政机关与公务人员、行政机关与公民、法人或者其他组织之间，甚至发生在国内行政机关、外国的行政机关、外国人或者国际组织之间；从发生原因来看，可能是因外部行为，也可能是因内部行为而发生的争议；从内容来看，可能是因法律规范的适用和解释而发生的争议，也可能是因为事实的调查和认定而发生的争议。所有这些争议，可能是法律性质的争议，也可能是政治性或者纯粹技术性问题而发生的争议，并非都适合通过行政诉讼的途径解决，因此产生了行政诉讼与其他法律救济途径在行政争议解决方面的衔接和协调问题，这首先要求划定人民法院审理行政争议的种类和范围。

4.哪些行政争议属于行政诉讼的受案范围，受一个国家的政治、经济、文化、法律传统和学理研究等多种主客观原因的制约。具体而言：

（1）公民基本权利保护。从基本权利保护这一法治国家的要求来看，宪法在设定公民基本权利的同时，就意味着设立了相应的行政诉讼救济制度。只要公民的基本权利受到了行政机关管理活动的影响，公民就可以起诉。换句话说，基本权利保护和人权保障要求将一切影响公民基本权利的行政活动纳入行政诉讼的受案范围。

（2）职能分工体制。每一种国家权力都有自己的特定的专长，只适合处理特定的问题。人民法院行使司法权，因受其专业、程序的限制，并不适合也不可能处理所有的行政争议。因此，职能分工体制客观上要求限制行政诉讼的受案范围。

（3）司法政策。在公民基本权利保护和国家权力职能分工体制的矛盾协调中，人民法院的基本立场影响着法定受案范围的实际运作效果，人民法院在受案范围大小的确定方面具有一定的能动性和裁量权，往往通过司法解释和个案中的法律解释调节受案范围的大小。

（4）学理研究。学界有关公共利益、行政行为、事实行为、受案范围、审查范围、原告资格等基本概念的解释，是影响行政诉讼受案范围大小的重要因素。

二、受案范围的确立方式

受案范围的确立方式分为概括式、列举式和混合式等。

概括式是由行政诉讼法典对受案范围作原则性、概括性的规定。概括式的优点是简单、灵活，但可能出现具体解释的困难。

列举式是指法律明确规定法院可以或者不能受理行政争议的种类，有肯定式列举和否定式列举两种。肯定式列举是由行政诉讼法和单项法律、法规对属于行政诉讼受案范围的行政争议逐类列举；否定式列举是对不属于行政诉讼受案范围的事项加以逐类列举，凡列举的都被排除在受案范围之外，未做排除列举的则都在受案范围之内。列举式的优点是具体、易于掌握，但存在烦琐、挂一漏万的缺陷。

混合式是将上述两种方式混合使用，以发挥各种方式的长处，避免各自的不足，相互弥补。但是，混合式存在概括规定与列举规定之间的衔接难题。

我国行政诉讼受案范围的确立方式属于混合式，但也有自己的特点，具体表现在：

1.概括式规定与列举式规定相结合。概括式规定是指《行政诉讼法》第2条规定，公民、法人或者其他组织认为行政机关和行政机关工作人员的行政行为侵犯其合法权益，有权依照本法向人民法院提起诉讼。前款所称行政行为，包括法律、法规、规章授权的组织作出的行政行为。《行诉法适用解释》第1条第1款规定，公民、法人或者其他组织对行政机关及其工作人员的行政行为不服，依法提起诉讼的，属于人民法院行政诉讼的受案范围。列举式规定是指《行政诉讼法》第12条和《行诉法适用解释》第1条第2款。

2.肯定式规定与排除式规定相结合。肯定式规定是指《行政诉讼法》第2条、第12条和《行诉法适用解释》第1条第1款，否定式规定是指《行政诉讼法》第13条和《行诉法适用解释》第1条第2款。这里的难题是两种规定方式之间的协调，它们之间往往存在空白或者交叉的灰色地带。

3.行政诉讼法的一般规定与单行法律法规的个别规定相结合。《行政诉讼法》第12条第2款规定，除前款规定外，人民法院受理法律、法规规定可以提起诉讼的其他行政案件。第13条第4项规定，人民法院不受理"法律规定由行政机关最终裁决的行政行为"。这就允许通过个别立法逐步扩大或者限制行政诉讼的受案范围。

4.权利标准与行为标准相结合。《行政诉讼法》第2条规定的权利标准是"合法权益"，而第12条则将"合法权益"限制在人身权和财产权。对除此之外的其他权利是否给予行政诉讼的司法保护，如政治权利和社会权利，行政诉讼法没有明确规定。

在理解行政诉讼的受案范围时必须将行政诉讼法的规定与单行法律法规整合协调，不能将行政诉讼法的有关规定孤立起来。这就要求我们注意区分"行政诉讼法规定的受案范围"与"法定受案范围"两个概念。"法定受案范围"大于"行政诉讼法规定的受案范围"，具体表现于公民合法权益、规范性文件、事实行为、内部行为、法定最终裁决行为等方面。

三、受案范围的确定标准

确定标准，是指法律规定受案范围时所应用的要素，总体上有两个：

（一）行为标准

这是指引起行政争议的行政活动的种类。也就是说，哪些行政活动属于行政诉讼的受案范围，可以被人民法院审查。

1.行政行为。这是行政诉讼法规定的行为标准，集中体现于是《行政诉讼法》第2条、第12条和《行诉法适用解释》第1条第1款。

2.事实行为、公务员管理行为、法定最终裁决行为。按照行政诉讼法的规定，这三种行为不属于一般行政诉讼的受案范围。但是，按照国家赔偿法的规定，在特定条件下，这三种行为属于行政赔偿诉讼的受案范围。

首先，《国家赔偿法》明确规定了事实行为（第3条第2～4项）的行政赔偿程序（第9～12条）。

其次，公务员管理行为本是内部行为，不在行政诉讼的受案范围之内，但是，国家赔偿法并没有排除其国家赔偿责任。这意味着，公务员管理行为违法侵害公务员合法权益的，行政机关同样承担国家赔偿责任。

最后，公民不服法律规定由行政机关最终裁决的行政行为的合法性的，不能到法院起诉。但是，在最终裁决的行政行为违法性经行政机关确认之后，因赔偿问题发生争议的，经行政机关先行处理（行政处理前置程序）之后，受害人可以提起行政赔偿诉讼。

（二）权利标准

这是指行政诉讼保护的公民合法权益的种类。也就是说，行政活动侵害了公民的哪些合法权益，人民法院才予以受理。对此，可以从两个角度把握：

1.人身权和财产权。这是《行政诉讼法》第2条、第12条规定的权利标准。

（1）人身权。人身权首先是一个宪法概念。

我国宪法规定的人身权有人身自由不受侵犯、人格尊严不受侵犯、与人身自由相联系的住宅不受侵犯、通信自由和通信秘密受法律保护等。从宪法确认的这些权利来看，所谓人身权，是指公民为了生存必不可少的、与公民的身体和名誉密不可分的权利。这些权利，在法律上是公民的基本权利，而客观上也是公民生存的基本条件。

民法学界一般认为，所谓人身权是指与权利主体自身密不可分的、没有财产内容的权利，包括人格权和身份权。人格权又分为生命健康权、自由权、名誉权、姓名权、肖像权等。身份权分为亲权、监护权、著作权、发明权等。

行政法上的人身权的范围比较广泛，除了包括宪法规定的人身权、民法规定的人身权之外，还包括行政法律法规规定的特殊的人身权，如公务员的身份保障权。

（2）财产权有广义之分和狭义之分。广义的财产权是指具有一定的经济内容的权利。按照这种观点，除了通常所说的物权、债权、知识产权、继承权、经营自主权、物质帮助权属于财产权的范畴之外，劳动权、受教育权、休息权等与财产密不可分、具有一定的经济内容的权利也属于财产权的范畴。狭义的财产权是指具有直接的经济内容的权利，包括物权、债权、知识产权、继承权、经营自主权和物质帮助权。

2.合法权益。这是《行政复议法》第1条、第11条规定的行政复议受案范围的权利标准。合法权益可以分为人身权、财产权、政治权、社会权和平等权等种类。政治权是指公民的参政议政权，具体包括选举权和被选举权，批评、控告和检举权，出版自由、言论自由和集会游行示威权等。社会权是指公民为了谋求个人发展而要求国家提供各种社会保障的权利，具体包括劳动权、休息权、受教育权、社会保障权、文化发展权等。可以看出，就权利标准而言，行政复议法的保护范围比行政诉讼法要宽。

第二节　应予受理的案件

根据《行政诉讼法》第12条的规定，人民法院应当予以受理的行政案件有：

一、行政处罚案件

行政处罚是行政机关依法对违反行政管理秩序的公民、法人或者其他组织的惩戒。包括：

1.声誉罚，即对行为人违法行为所做的正式否定评价为内容的行政处罚。主要包括警告、通报批评两种。

2.财产罚，即以剥夺或者限制公民的财产权为内容的行政处罚，包括：

（1）罚款。行政机关依法强制违法公民在一定期限内向国家缴纳一定数量的货币的处罚形式。在认定罚款这种处罚形式时，值得注意的问题是，区分作为行政强制执行措施的罚款即执行罚与行政处罚的罚款。

（2）没收违法所得、没收非法财物。这里的关键问题有两个：一是“违法所得”和“非法财物”的认定。“违法所得”是指当事人通过法律禁止的途径、手段或者方法取得的任何财产权益。“非法财物”是指当事人用于非法目的或者用来从事违法犯罪行为的物品。二是“没收”的范围。并非所有的违法所得或者非法财物都可以没收。行政机关在适用没收的处罚时，需要注意公民基本生存权保障、处罚与违法行为相适应等原则，还需要注意有些“财物”，即使“非法”了，也不可能适用没收。例如，两村未经法定程序交易的土地。

3.资格罚，即以剥夺或者限制公民从事特定行为的资格为内容的行政处罚。其主要形式是暂扣许可证件、降低资质等级、吊销许可证件。

4.行为罚，即责令公民为或者不为一定行为的处罚形式，主要有限制开展生产经营活动、责令停产停业、责令关闭、限制从业。

5.人身罚，是对公民人身自由加以限制的一种处罚方式。行政拘留，主要是由治安行政管理机关对违反治安管理的人短期剥夺其人身自由的制裁方法。

二、行政强制案件

公民、法人和其他组织对限制人身自由或者对财产的查封、扣押、冻结等行政强制措施和行政强制执行不服的，可以向法院起诉。行政强制案件包括行政强制措施案件和行政强制执行案件。

根据行政强制法的规定，行政强制措施是行政机关为了实现特定的行政管理目的，直接使用强制力限制公民人身权或者财产权的措施。针对这些措施，公民、法人和其他组织有权向法院起诉，属于行政诉讼受案范围。

根据行政强制法的规定，行政强制执行是指行政机关或者行政机关申请人民法院，对不履行行政决定的公民、法人或者其他组织，依法强制履行义务的行为。针对行政机关的行政强制执行行为，公民、法人或者其他组织不服，可以向法院起诉。

三、行政许可案件

申请行政许可，行政机关拒绝或者在法定期限内不予答复，或者对行政机关作出的有关行政许可的其他决定不服起诉的，属于受案范围。

行政许可是行政机关应行政相对人的申请，经审查后决定是否解除法律的一般禁止，并且允许其从事某种行为享有某种权利或者资格的行政行为。

这里需要注意的是，认定行政许可的标准是内在特征而不是名称。行政许可涉及公安、卫生、土地、城建、取用水、开采矿等各行各业，立法分散，名称不统一，如登记、批准、同意、执照、许可、检验、准许、特许、注册、备案、审核、鉴定等。因此，在认定行政机关的一个行为是否属于行政许可时，应当着眼于内容和内在的特征，而不是名称。

1.认可。认可是行政机关对公民已经具备的地位、身份、条件、能力或者水平的肯定，属于行政确认的范畴。

2.登记。登记是行政机关要求公民对其有关情况向行政机关申报，予以书面记录备查。

3.证明。证明是行政机关对特定的事实或者法律关系的真实性或者合法性的肯定或者否定，本身属于行政确认的范畴。

4.批准。批准的性质应当根据具体情况认定。对公民申请的批准，属于行政许可的一种。如果需要由多个行政机关批准才能决定颁发行政许可，这种批准可能是行政机关内部的程序，也可能是外部的行政许可。

行政许可案件形成的条件是：

1.颁发有关证照对行政机关来说是一种依申请的行政行为，从法定程序上讲，必须是公民先提出申请。

2.行政机关拒绝或者在法定期限内不予答复，或者对行政机关作出的有关行政许可的其他决定不服。

四、行政确权案件

行政确权案件，是指对行政机关作出的关于确认土地、矿藏、水流、森林、山岭、草原、荒地、滩涂、海域等自然资源的所有权或者使用权的决定不服而提起的行政诉讼。行政确权行为是行政机关依职权或应申请，对当事人之间就自然资源的所有权或使用权的归属发生的争议予以甄别、认定，并作出裁决的行为。

五、征收、征用案件

征收、征用是行政机关较常采用的一种行政管理手段，征收是指行政机关为了公共利益的需要，依照法律规定强制从行政相对人处有偿或无偿获取一定财物（费）或劳务的行为，征用则是指行政机关为了公共利益的需要，依照法律规定强制取得原属于公民、法人或者其他组织的财产使用权的行为。

六、不履行法定职责案件

这是公民认为行政机关拒不履行保护人身

权、财产权等合法权益的法定职责而引起的行政案件。这里需要注意的问题是这种案件的形成条件。人民法院在审查这类案件决定是否受理时，最重要的是要分清作为被告的行政机关是否有相应的法定职责。这类案件的诉讼标的往往是行政机关的不作为，如果行政机关本身就无此法定职责，当然也就不存在被诉的不作为行为。这种案件形成的一般条件是：

1.公民向行政机关提出了保护申请。申请的作用在于使行政机关知晓情况，以便履行保护职责。但是，行政机关已经通过其他途径知道有关情况时除外。此时，无论当事人是否提出请求保护的申请，都不是案件形成的条件。例如，当某公民遭到歹徒抢劫时，被执行治安巡逻的民警看见，即使该公民未申请民警保护，民警也必须主动履行保护职责，否则，该公民有权对民警所在的公安机关起诉。

2.接到申请的行政机关负有法定职责。行政机关各有自己的法定职责分工，如果公民选择了错误的行政机关，该行政机关予以拒绝的，仍然不构成拒不履行法定职责。但是，接到申请的行政机关有告知正确机关的义务。

3.行政机关对公民、法人或者其他组织的申请拒绝履行或者不予答复。在公民面临侵害而申请保护的情况下，行政机关拒绝履行或者不予及时答复的，即构成不履行法定职责。

行政机关工作人员在非工作时间接到公民保护申请而予以拒绝或不予答复的，是否构成不履行法定职责？因此，需要区分一般情况和例外情况。一般情况下，法定职责应当在上班时间履行，行政工作人员在工作时间之内和之外具有不同的身份：在工作时间之内是国家工作人员，在工作时间之余是普通公民。公民请求行政工作人员在非工作时间履行保护法定职责，属于保护请求不合法，不属于行政机关不履行职责。但是，下列情况例外：第一，对具有应急职责的行政机关而言，工作人员实际上随时处于待命上岗状态，如公安民警等。第二，任何行政工作人员，无论是在工作时间之内或之外，只要身着标志其身份的国家行政机关制服，其就是代表着行政机关并处于在岗状态，对公民要求履行保护职责的申请予以拒绝或者不予答复的，都属于职务行为。

七、侵犯法律规定的经营自主权和农村土地承包经营权、农村土地经营权的案件

公民、法人和其他组织认为行政机关侵犯其经营自主权或者农村土地承包经营权、农村土地经营权向法院起诉的，属于受案范围。

经营自主权，是指个人或者企业依法对自身的机构、人员、财产、原材料供应、生产、销售等各方面事务自主管理经营的权利。这里需要注意的问题是：

1.“法律”的含义。在这里，对“法律”应作广义的理解，包括宪法、法律、行政法规、地方性法规和行政规章，凡上述法律文件所确定的经营自主权，都在行政诉讼制度的保护之列。

2.经营自主权的主体。法定经营自主权的主体主要是各种企业和经济组织，包括国有企业、集体企业、合资企业、外资企业、私营企业等。在个人从事经营活动时，也享有经营自主权，如个体经营户、承包经营户等。

3.经营自主权的含义和内容。经营自主权是指个人或者企业依法对自身的机构、人员、财产、原材料供应、生产、销售等各方面事务自主管理经营的权利。经营自主权包括：(1)企业对其经营管理的财产的占有、使用和依法处分的权利；(2)机构设置、人事管理和劳动用工自主权；(3)生产经营决策权和投资决策权；(4)产品、劳务定价权；(5)产品销售权；(6)物资采购权；(7)进出口权；(8)留用资金支配权；(9)联营、兼并权；(10)拒绝摊派权等。

农村土地承包经营权，是指土地承包经营权人对其承包经营的集体所有或国家所有由集体使用的土地，依法享有的占有、使用和收益的权利。

八、侵犯公民公平竞争权的案件

这类案件是指公民、法人和其他组织认为行政机关滥用行政权力排除或者限制竞争而引起的行政诉讼案件。行政机关在对具有相互竞争关系的公民、法人和其他组织实施行政管理

时，他方公民、法人和其他组织认为自己具有同等或更优越的条件却未能取得成功的，或者受到不公平对待，可以以其公平竞争权受到侵害提起行政诉讼。

九、违法要求履行义务案件

这类案件是指公民、法人或者其他组织认为行政机关违法集资、摊派费用或者违法要求履行其他义务而引起的行政诉讼案件。行政机关违法要求公民履行的义务可能是财产义务，也可能是行为义务。主要情形是：(1)法律、法规没有设定义务，但行政机关要求公民履行义务。(2)行政机关违反法定程序要求履行义务，如收费不出具法定的收据。

十、行政给付案件

这类案件是指公民申请行政机关依法支付抚恤金、最低生活保障待遇或者社会保险待遇，行政机关没有依法支付而引起的行政诉讼案件。

抚恤金，是指法律规定对某些伤残人员或死亡人员遗属，为抚慰和保障其生活而发放的专项费用，包括伤残抚恤金和遗属抚恤金。伤残抚恤金的发放对象是革命残废军人、因公致残的职工及其他人员，遗属抚恤金的发放对象是革命烈士、牺牲人员或其他死亡人员的遗属。最低生活保障费是政府向城镇居民发放的维持其基本生活需要的社会救济金。社会保险是公民在年老、疾病、工伤、失业、生育等情况发生时，向社会保障机构申请发放的社会救济金。按照《社会保险法》第2条的规定，社会保险制度包括基本养老保险、基本医疗保险、工伤保险、失业保险、生育保险等。

这类案件通常表现为：(1)不按法定标准发放；(2)扣减金额；(3)不按期限发放。

十一、行政合同（行政协议）案件

一直以来，行政诉讼所要解决的争议被理解为由单方行政行为引发的争议。行政合同属于双方行政行为，能否进入行政诉讼存有不同的看法。行政诉讼法规定，公民、法人和其他组织认为行政机关不依法履行、未按照约定履行或者违法变更、解除政府特许经营协议、土地房屋征收补偿协议等协议的，属于受案范围。这是行政诉讼法修订对行政诉讼受案范围作出的重大调整和改变。出于立法策略考虑，未使用“行政合同”一词，而用“行政协议”加以替代。

十二、其他侵犯人身权、财产权案件

《行政诉讼法》第12条第1款第12项规定也属于概括式规定，是对上述十一种案件之外的其他涉及人身权、财产权等合法权益的行政行为引起的行政案件的概括，在立法技术上是对上述十一种案件的列举性规定的衔接和补充。

十三、法律、法规规定的其他行政案件

在对属于受案范围的案件作了列举式规定之后，《行政诉讼法》第12条第2款进而规定：除前款规定外，人民法院受理法律、法规规定可以提起诉讼的其他行政案件。根据该款规定，凡因行政机关行政活动涉及公民合法权益而形成的行政争议案件，即使行政诉讼法未做列举，只要其他法律、法规规定可以提起行政诉讼，则都属于行政诉讼的受案范围，人民法院都应予以受理。

十四、司法解释规定的案件

最高人民法院发布的有关司法解释，对有关的个案情形作了如下规定：

1.国际贸易行政案件。最高人民法院针对我国加入WTO之后的情况于2002年8月27日发布了《关于审理国际贸易行政案件若干问题的规定》，确立了一种新的行政案件类型。所谓国际贸易行政案件，是指自然人、法人或者其他组织认为中华人民共和国具有国家行政职权的机关和组织及其工作人员（以下简称行政机关）有关国际贸易的具体行政行为侵犯其合法权益而提起的诉讼，包括有关国际货物贸易、国际服务贸易、有关知识产权贸易案件和其他国际贸易行政案件四种情形。这里值得注意的是：

(1)国际贸易行政案件的第一审由具有管辖权的中级以上人民法院管辖，由行政审判庭

审理。

（2）适用中国法律。第一，依据中国法律、行政法规以及地方立法机关在法定立法权限范围内制定的有关或者影响国际贸易的地方性法规。地方性法规适用于本行政区域内发生的国际贸易行政案件。第二，参照国务院部门制定的有关或者影响国际贸易的部门规章，以及有关或者影响国际贸易的地方政府规章。

（3）国际条约优先，即所适用的法律、行政法规的具体条文存在两种以上的合理解释，其中有一种解释与中国缔结或者参加的国际条约的有关规定相一致的，应当选择与国际条约的有关规定相一致的解释，但中国声明保留的条款除外。

（4）同等原则和对等原则，即外国人、无国籍人、外国组织在中华人民共和国进行国际贸易行政诉讼，同中华人民共和国公民、组织有同等的诉讼权利和义务，但有《行政诉讼法》第99条第2款规定的情形的，适用对等原则。

（5）涉及我国香港特别行政区、澳门特别行政区和台湾地区当事人的国际贸易行政案件，参照该规定处理。

2.反倾销行政案件。根据行政诉讼法和2003年1月1日最高人民法院《关于审理反倾销行政案件应用法律若干问题的规定》，人民法院依法受理对下列反倾销行政行为提起的行政诉讼：有关倾销及倾销幅度、损害及损害程度的终裁决定，有关是否征收反倾销税的决定以及追溯征收、退税、对新出口经营者征税的决定，有关保留、修改或者取消反倾销税以及价格承诺的复审决定，依照法律、行政法规规定可以起诉的其他反倾销行政行为。

与反倾销行政行为具有法律上利害关系的个人或者组织为利害关系人，可以依照行政诉讼法及其他有关法律、行政法规的规定，向人民法院提起行政诉讼。这里所称利害关系人，是指向国务院主管部门提出反倾销调查书面申请的申请人，有关出口经营者和进口经营者及其他具有法律上利害关系的自然人、法人或者其他组织。反倾销行政案件的被告，应当是作出相应被诉反倾销行政行为的国务院主管部门。与被诉反倾销行政行为具有法律上利害关系的其他国务院主管部门，可以作为第三人参加诉讼。

第一审反倾销行政案件由被告所在地高级人民法院指定的中级人民法院管辖或者被告所在地高级人民法院管辖。

人民法院依照行政诉讼法及其他有关反倾销的法律、行政法规，参照国务院部门规章，对被诉反倾销行政行为的事实问题和法律问题，进行合法性审查。被告对其作出的被诉反倾销行政行为负举证责任，应当提供作出反倾销行政行为的证据和所依据的规范性文件。人民法院依据被告的案卷记录审查被诉反倾销行政行为的合法性。被告在作出被诉反倾销行政行为时没有记入案卷的事实材料，不能作为认定该行为合法的根据。原告对其主张的事实有责任提供证据。经人民法院依照法定程序审查，原告提供的证据具有关联性、合法性和真实性的，可以作为定案的根据。被告在反倾销行政调查程序中依照法定程序要求原告提供证据，原告无正当理由拒不提供、不如实提供或者以其他方式严重妨碍调查，而在诉讼程序中提供的证据，人民法院不予采纳。在反倾销调查程序中，利害关系人无正当理由拒不提供证据、不如实提供证据或者以其他方式严重妨碍调查的，国务院主管部门根据能够获得的证据得出的事实结论，可以认定为证据充分。

人民法院审理反倾销行政案件，根据不同情况，分别作出以下判决：被诉反倾销行政行为证据确凿，适用法律、行政法规正确，符合法定程序的，判决驳回原告的诉讼请求。被诉反倾销行政行为有下列情形之一的，即主要证据不足，适用法律、行政法规错误，违反法定程序，超越职权，滥用职权的，判决撤销或者部分撤销，并可以判决被告重新作出反倾销行政行为，还可以依照法律或者司法解释的规定作出其他判决。人民法院审理反倾销行政案件，可以参照有关涉外民事诉讼程序的规定。

3.反补贴行政案件。根据《行政诉讼法》和2003年1月1日实施的最高人民法院《关于审理反补贴行政案件应用法律若干问题的规定》及其他有关法律的规定，人民法院依法受理对下列反补贴行政行为提起的行政诉讼：有关补贴及补贴金额、损害及损害程度的终裁决定，有关是否征收反补贴税以及追溯征收的决定，有关保留、修改或者取消反补贴税以及承诺的复审决定，依照法律、行政法规规定可以起诉的其他反补贴行政行为。

与反补贴行政行为具有法律上利害关系的个人或者组织为利害关系人，可以依照行政诉讼及其他有关法律、行政法规的规定，向人民法院提起行政诉讼。这里所称利害关系人，是指向国务院主管机关提出反补贴调查书面申请的申请人，有关出口经营者和进口经营者及其他具有法律上利害关系的自然人、法人或者其他组织。反补贴行政案件的被告，应当是作出相应被诉反补贴行政行为的国务院主管部门。与被诉反补贴行政行为具有法律上利害关系的其他国务院主管部门，可以作为第三人参加诉讼。

第一审反补贴行政案件由被告所在地高级人民法院指定的中级人民法院或者被告所在地高级人民法院管辖。

人民法院依照行政诉讼法及其他有关反补贴的法律、行政法规，参照国务院部门规章，对被诉反补贴行政行为的事实问题和法律问题，进行合法性审查。

被告对其作出的被诉反补贴行政行为负举证责任，应当提供作出反补贴行政行为的证据和所依据的规范性文件。人民法院依据被告的案卷记录审查被诉反补贴行政行为的合法性。被告在作出被诉反补贴行政行为时没有记入案卷的事实材料，不能作为认定该行为合法的根据。原告对其主张的事实有责任提供证据。经人民法院依照法定程序审查，原告提供的证据具有关联性、合法性和真实性的，可以作为定案的根据。被告在反补贴行政调查程序中依照法定程序要求原告提供证据，原告无正当理由拒不提供、不如实提供或者以其他方式严重妨碍调查，而在诉讼程序中提供的证据，人民法院不予采纳。在反补贴行政调查程序中，利害关系人无正当理由拒不提供证据、不如实提供证据或者以其他方式严重妨碍调查的，国务院主管部门根据能够获得的证据得出的事实结论，可以认定为证据充分。

人民法院审理反补贴行政案件，根据不同情况，分别作出以下判决：被诉反补贴行政行为证据确凿，适用法律、行政法规正确，符合法定程序的，判决驳回原告的诉讼请求。被诉反补贴行政行为有下列情形之一的，即主要证据不足，适用法律、行政法规错误，违反法定程序，超越职权，滥用职权的，可以判决撤销或者部分撤销，并可以判决被告重新作出反补贴行政行为。还可以依照法律或者司法解释的规定作出其他判决。人民法院审理反补贴行政案件，可以参照有关涉外民事诉讼程序的规定。

4.社会保险基金管理争议。最高人民法院行政审判庭《关于拖欠社会保险基金纠纷是否应由法院主管的答复》（1998年3月25日）规定，社会保险基金经办机构是法律法规授权的组织，依法收支、管理和运营社会保险基金，并负有使社会保险基金保值增值的责任。社会保险基金经办机构与用人单位因拖欠社会保险费而发生的纠纷，属于行政争议。用人单位认为社会保险基金经办机构在收支、管理和运营社会保险基金中的具体行政行为侵犯其合法权益，可依法申请行政复议或者提起行政诉讼，既不履行义务又不依法申请复议或者起诉的，社会保险基金经办机构可以依法通知银行扣缴或者申请人民法院强制执行。

5.教育行政决定。教育部门作出的决定影响公民权益的，属于受案范围。例如，最高人民法院《关于当事人不服教育行政部门对适龄儿童入学争议作出的处理决定可否提起行政诉讼的答复》（1998年8月21日发布实施）规定，根据《教育法》和《未成年人保护法》的相关规定，当事人不服教育行政部门对适龄儿童入学争议作出的行政处理决定，属于《行政诉讼法》规定的受案范围，人民法院应当受理。

6.设施使用费征收案件。例如，最高人民法院行政审判庭《关于征收城市排水设施有偿使用费发生的纠纷人民法院可否作为行政案件受理的答复意见》（1996年8月24日发布实施）规定，有关部门根据人民政府的授权，征收城市排水设施使用费与行政管理相对方发生的争议属于行政争议。行政管理相对一方对有关部门作出的处理决定不服，依法向人民法院起诉的，人民法院应作为行政案件受理。管理相对一方在法定期限内不起诉又不履行行政处理决定的，作出行政处理决定的有关部门可依法申请人民法院强制执行。

7.计划生育案件。根据最高人民法院《关于不服计划生育管理部门采取扣押财物、限制人身自由等强制措施而提起的诉讼人民法院应否受理问题的批复》（1997年4月4日）的规定，当事人对计划生育管理部门采取的扣押财物、限制人身自由等强制措施不服依法提起行政诉讼的，人民法院应予受理。

8.交警部门作出的扣押车辆及行驶证的行为。最高人民法院行政审判庭《关于对广西壮族自治区高级人民法院〈关于审理广东省雷州市外经公司凯华食品厂、刘秋海和冯昌炳不服广西北海市银海区公安交通警察大队暂扣汽车及其行驶证一案有关问题的请示〉答复意见》（1999年2月2日发布实施）认为，不应将开具暂扣凭证和将车辆及行驶证暂扣的行为看成是性质不同的两种行为，开具暂扣凭证和将车辆及行驶证暂扣的行为是一种强制措施行为。

第三节　不予受理的案件

根据《行政诉讼法》第13条和《行诉法适用解释》第1条第2款的规定，人民法院不予受理的情形包括：

一、国家行为

国家行为，是指国务院、中央军事委员会、国防部、外交部等根据宪法和法律的授权，以国家的名义实施的有关国防和外交事务的行为，以及经宪法和法律授权的国家机关宣布紧急状态、实施戒严和总动员等行为。它区别于一般行政行为的突出特点是:（1）政治性。国家行为涉及国家的整体利益和重大利益，往往是中央政府协调各种冲突，对国家重大利益和整体利益作出选择和安排的行为。国家行为往往涉及国家政治制度的整体，如人民代表大会制度、职能分工制度等。政治性是国家行为与一般的行政行为的根本区别所在。（2）灵活性。国家行为主权性和政治性决定了它必须具有灵活性。为了确保国家的安定和利益，中央国家机关必须根据具体情况作出具体的判断，不能也没有必要事先设定可供选择的方案。（3）秘密性。出于国家安全的考虑，许多国家行为都秘密进行，不向社会公布。

从司法解释和相关理论来看，国家行为有对外、对内两种含义：

1.对外意义上的国家行为，指经国防部、外交部等中央国家机关，在国际事务中，代表整个国家行使国际法权利和履行国际法义务的国防、外交行为。与一般行政行为的区别在于：（1）名义。对外国家行为通常是以中华人民共和国的名义实施。一般的行政行为通常以特定行政机关的名义实施。（2）相对方和客体不同。对外国家行为的对象是另一个国家、国际组织等国际法主体，针对国际关系事项。一般行政行为的对象则是特定的公民、法人或者其他组织，针对国内具体行政事务。（3）依据不同。对外国家行为的依据包括宪法、国际惯例、国际条约，而一般的行政行为通常依据国内法中次于宪法的法律、行政法规、地方性法规和行政规章。

2.对内意义上的国家行为，是指经宪法和法律授权的特定国家机关，在对国内全局性、重大性的国家事务中，代表整个国家对内实施的统治行为。它区别于一般行政行为之处在于全局性和危急性，即对内的国家行为处理的是涉及国家统一、领土完整、政权存亡、基本政局能否稳定的危急问题，主要是为了防止国家分裂、应对灾害等而采取的宣布总动员、进入紧急状态和其他紧急措施。

二、抽象行政行为

抽象行政行为，是指行政机关制定行政法规、行政规章和发布具有普遍约束力的决定、命令的行为，具体包括：(1)国务院制定行政法规的行为；(2)国务院各部委制定部门规章的行为；(3)省、自治区、直辖市和设区的市、自治州的人民政府制定地方规章的行为；(4)行政机关发布具有普遍约束力的决定、命令的行为，即针对不特定对象发布的能反复适用的行政规范性文件。

行政诉讼法没有将抽象行政行为纳入受案范围的原因是：(1)抽象行政行为可以通过人民代表大会和上级行政机关监督的方式确保其合法性。(2)抽象行政行为的对象范围大、不确定，其合法性问题不适合通过诉讼途径解决。

不过，抽象行政行为虽被排除在行政诉讼受案范围之外，但2014年行政诉讼法在修订时作出调整，允许对部分抽象行政行为间接或附带提出审查要求。《行政诉讼法》第53条规定："公民、法人或者其他组织认为行政行为所依据的国务院部门和地方人民政府及其部门制定的规范性文件不合法，在对行政行为提起诉讼时，可以一并请求对该规范性文件进行审查。前款规定的规范性文件不含规章。"这意味着公民、法人或者其他组织不能直接起诉行政规范性文件，而只能间接对其提出审查要求。根据《行诉法适用解释》的规定，公民、法人或者其他组织请求人民法院一并审查《行政诉讼法》第53条规定的规范性文件，应当在第一审开庭审理前提出；有正当理由的，也可以在法庭调查中提出。公民、法人或者其他组织在对行政行为提起诉讼时一并请求对所依据的规范性文件审查的，由行政行为案件管辖法院一并审查。

人民法院在对规范性文件审查过程中，发现规范性文件可能不合法的，应当听取规范性文件制定机关的意见。制定机关申请出庭陈述意见的，人民法院应当准许。行政机关未陈述意见或者未提供相关证明材料的，不能阻止人民法院对规范性文件进行审查。

人民法院对规范性文件进行一并审查时，可以从规范性文件制定机关是否超越权限或者违反法定程序、作出行政行为所依据的条款以及相关条款等方面进行。有下列情形之一的，属于"规范性文件不合法"：超越制定机关的法定职权或者超越法律、法规、规章的授权范围的；与法律、法规、规章等上位法的规定相抵触的；没有法律、法规、规章依据，违法增加公民、法人和其他组织义务或者减损公民、法人和其他组织合法权益的；未履行法定批准程序、公开发布程序，严重违反制定程序的；其他违反法律、法规以及规章规定的情形。

法院经审查认为行政行为所依据的规范性文件合法的，应当作为认定行政行为合法的依据；经审查认为规范性文件不合法的，不作为人民法院认定行政行为合法的依据，并在裁判理由中予以阐明。作出生效裁判的人民法院应当向规范性文件的制定机关提出处理建议，并可以抄送制定机关的同级人民政府、上一级行政机关、监察机关以及规范性文件的备案机关。规范性文件不合法的，人民法院可以在裁判生效之日起3个月内，向规范性文件制定机关提出修改或者废止该规范性文件的司法建议。规范性文件由多个部门联合制定的，人民法院可以向该规范性文件的主办机关或者共同上一级行政机关发送司法建议。接收司法建议的行政机关应当在收到司法建议之日起60日内予以书面答复。情况紧急的，人民法院可以建议制定机关或者其上一级行政机关立即停止执行该规范性文件。

人民法院认为规范性文件不合法的，应当在裁判生效后报送上一级人民法院进行备案。涉及国务院部门、省级行政机关制定的规范性文件，司法建议还应当分别层报最高人民法院、高级人民法院备案。各级人民法院院长对本院已经发生法律效力的判决、裁定，发现规范性文件合法性认定错误，认为需要再审的，应当提交审判委员会讨论。最高人民法院对地方各级人民法院已经发生法律效力的判决、裁定，上级人民法院对下级人民法院已经发生法律效力的判决、裁定，发现规范性文件合法性认定错误的，有权提审或者指令下级人民法院再审。

三、行政机关对其工作人员的奖惩、任免等决定

行政机关对行政机关工作人员的奖惩、任免等决定是行政机关作出的、涉及公务员权利义务的各类决定的统称。除了奖惩、任免决定之外，行政机关的内部人事管理行为还包括行政机关对其工作人员作出的培训、考核、离退休、工资、休假等方面的决定。

行政诉讼法没有将这类内部行为纳入行政诉讼受案范围的主要原因是：这类行为往往涉及高度经验性的判断。例如，机关领导对工作人员日常工作态度和水平的印象，需要靠日积月累形成，人民法院没有这方面的条件。如果这类行政行为影响公务员作为公民的基本权利，人民法院应当受理。

四、法律规定由行政机关最终裁决的行政行为

这里所说的“法律”是指全国人民代表大会及其常务委员会制定、通过的规范性文件。目前作出了这种规定的法律是：

1.《行政复议法》规定了最终裁决的情形，主要是国务院的复议决定。根据该法第26条及相关规定，当事人就省、自治区、直辖市人民政府或者国务院部门针对因自己的行政行为作出的行政复议决定不服的，可以向人民法院提起行政诉讼；也可以向国务院申请裁决，国务院依法作出的复议决定为最终裁决。

2.《出境入境管理法》规定了两种最终裁决：(1)公安机关出入境管理机构作出的有关普通签证、外国人居留决定为最终决定。第36条规定：公安机关出入境管理机构作出的不予办理普通签证延期、换发、补发，不予办理外国人停留居留证件、不予延长居留期限的决定为最终决定。(2)针对外国人和其他境外人员的强制措施的行政复议决定。第64条规定：外国人对依照出境入境管理法规定对其实施的继续盘问、拘留审查、限制活动范围、遣送出境措施不服的，可以依法申请行政复议，该行政复议决定为最终决定。其他境外人员对依照出境入境管理法规定对其实施的遣送出境措施不服，申请行政复议的，适用此规定。

五、公安、国家安全等机关依照刑事诉讼法的明确授权实施的行为

公安、国家安全等国家机关具有行政机关和侦查机关的双重身份，既可以对刑事犯罪嫌疑人实施刑事强制措施，也可以对公民实施行政处罚、行政强制措施。这就产生一个机关两种行为的划分问题。在理解公安、国家安全等机关“依照刑事诉讼法的明确授权实施的行为”时，需要注意如下因素：

1.主体。这类行为只能是公安、国家安全、海关、军队保卫部门、监狱具有侦查职能的机关，并且通常由其内部专门负责刑事侦查的机构和工作人员具体实施。

2.时间。刑事诉讼行为必须在刑事立案之后在侦查犯罪行为的过程中实施，公安、安全机关在刑事立案之前实施的行为一般应当认为是行政行为。

3.依据。该类行为必须在刑事诉讼法的明确授权范围之内。从刑事诉讼法的规定来看，公安、国家安全等机关能实施的刑事诉讼行为包括讯问刑事犯罪嫌疑人、询问证人、检查、搜查、扣押物品（物证、书证）、冻结存款、汇款、通缉、拘传、取保候审、保外就医、监视居住、刑事拘留、执行逮捕等。公安、国家安全等机关在上述刑事诉讼法授权范围之外所实施的行为，均不在此类行为之列。例如，没收财产或实施罚款等不在刑事诉讼法明确授权的范围之列。这里需要注意的是，刑法授权不属于“刑事诉讼法的明确授权”。

4.对象。该类行为必须针对刑事诉讼法规定的对象。公安、国家安全等机关只能对刑事犯罪嫌疑人等对象实施刑事强制措施。如果公安、国家安全等机关对与侦查犯罪行为无关的公民采取强制措施的，是对刑事诉讼法授权范围的超越。在这种情况下，尽管它们具有“刑事强制措施”的名义，实际上仍是行政行为。公民起诉的，人民法院应当受理。

公安机关在侦查过程中采取的搜查措施。最高人民法院行政审判庭《关于公安机关未具法定立案搜查手续对公民进行住宅人身搜查被搜查人提起诉讼人民法院可否按行政案件受理问题的电话答复》（1991年6月18日）的规定，公安机关在侦破刑事案件中，对公民的住宅、人身进行搜查，属于刑事侦查措施，不属于行政诉讼调整范围。如果公安机关在采取上述措施时违反法定程序，当事人可以向该公安机关或其上级机关及有关部门反映解决，人民法院不应作为行政案件受理。

六、调解行为以及法律规定的仲裁行为

调解行为和仲裁行为本质不是行政行为，即使调解和仲裁行为由行政机关实施也不是行政行为。行政调解，是指行政机关劝导发生民事争议的当事人自愿达成协议的一种行政活动。行政调解针对的是发生了民事权益争议的当事人，没有强制性。也就是说，行政调解的最终结果是纠纷当事人自愿达成调解协议。由于行政调解没有公权力的强制属性，对当事人没有法律约束力，因此没有可诉性。例外情形是：（1）行政机关借调解之名，违背当事人的意志作出具有强制性的决定；（2）行政机关为了实施调解或者在调解过程中实施了行政行为，如采取了强制措施。在这两种情形下，公民可以针对强制性决定或者强制措施起诉。

行政机关下设的仲裁机构以中立身份按照法定程序对平等主体之间的民事纠纷作出有法律拘束力的裁决的，当事人一方不服裁决，应当依法提起民事诉讼。

七、行政指导行为

行政指导行为，是指行政机关以倡导、示范、建议、咨询等方式，引导公民自愿配合而达到行政管理目的的行为，属于非权力行政方式。其特点是自愿性、灵活性、简便性和经济性。公民是否遵从行政指导，完全取决于自己的意愿。因此，司法解释将其排除在受案范围之外。如果行政机关在实施行政指导时，通过利益引诱、反复说服教育甚至威胁等方式强迫行政相对人服从的，这种行政指导实际上是行政行为，公民可以起诉。

八、驳回当事人对行政行为提起申诉的重复处理行为

重复处理行为，是指行政机关根据公民的申请或者申诉，对原有的生效行政行为作出的没有任何改变的二次决定。重复处理行为实质上是对原已生效的行政行为的简单重复，并没有新形成事实或者权利义务状态。

这里需要注意的问题是引起重复处理行为的条件是当事人对原行政行为不服而提出了申诉，并且这里的“申诉”行为不是申请复议行为，而是指当事人在超过复议申请期限和起诉期限的情况下，对已经生效的行政行为不服而向有关行政机关提出的申诉。

人民法院不受理重复处理行为的主要原因是维护公共行政的稳定性和效率性。如果驳回申诉的重复处理行为具有可诉性，任何公民都可以不遵守复议和起诉期限，都可以用最简单的申诉启动诉讼程序，法律规定的救济期限也就失去了意义。

九、行政机关作出的不产生外部法律效力的行为

对外性或者外部性，是可诉的行政行为的重要特征。行政机关在行政管理时对内部所实施的行为，如行政机关的内部沟通、会签意见、内部报批等，不对外发生法律效力，不对公民、法人或者其他组织合法权益产生影响，不属于可诉的行为。

十、行政过程性行为

行政机关在作出行政行为之前，常常要为作出行政行为进行准备、论证、研究、层报、咨询等，这些行为尚不具备最终的法律效力，因此不具有可诉性。故司法解释将“行政机关为作出行政行为而实施的准备、论证、研究、层报、咨询等过程性行为”排除在受案范围之外。

十一、协助执行行为

司法解释规定，行政机关根据人民法院的

生效裁判、协助执行通知书作出的执行行为，不属于行政诉讼受案范围。这是因为可诉的行政行为应当是行政机关基于自身意思表示作出的行为，行政机关依照法院生效裁判作出的行为，本质上属于履行生效裁判的行为，并非行政机关自身依职权主动作出的行为。但是，行政机关扩大执行范围或者采取违法方式实施的行为，具有可诉性。

十二、内部层级监督行为

司法解释规定，上级行政机关基于内部层级监督关系对下级行政机关作出的听取报告、执法检查、督促履责等行为，不属于行政诉讼受案范围。内部层级监督属于行政机关上下级之间管理的内部事务，这类行为不直接设定当事人新的权利义务关系，不属于可诉行为。

十三、信访处理行为

信访处理行为，是指行政机关针对信访事项作出的登记、受理、交办、转送、复查、复核意见等行为。根据《信访工作条例》的规定，行政机关及其信访工作机构依据条例作出的登记、受理或不受理、交办、转送、承办、协调处理、监督检查、指导信访事项等行为，对信访人不具有强制力，对信访人的实体权利义务不产生实质影响，因此不具有可诉性。

十四、对公民、法人或其他组织的权利义务不产生实际影响的行为

这主要是指行政机关在作出行政行为之前实施的各种准备行为，例如，行政机关开会讨论、征求意见等。由于行政行为尚未作出，最终的法律结论没有形成，起诉的客体没有形成。

这里需要注意："实际影响"是指使公民、法人或者其他组织的权利、义务发生了变化，如限制、减少权利，增加、免除、减少义务等。"实际影响"包括有利影响与不利影响。"没有实际影响"意味着行政活动没有使公民权利义务发生实在的变动。

案例分析　能力训练

【本章主要法律规定】

1.《行政诉讼法》第12～13条
2.最高人民法院《关于适用〈中华人民共和国行政诉讼法〉的解释》第1～2条
3.最高人民法院《关于审理国际贸易行政案件若干问题的规定》第1条
4.最高人民法院《关于审理反倾销行政案件应用法律若干问题的规定》第1条
5.最高人民法院《关于审理反补贴行政案件应用法律若干问题的规定》第1条

第十五章 行政诉讼的管辖

本章主要内容提示

在级别管辖中，需要掌握中级人民法院管辖的案件：一是对国务院部门或者县级以上地方人民政府所作的行政行为提起诉讼的案件；二是海关处理的案件；三是本辖区内重大、复杂的案件；四是其他法律规定由中级人民法院管辖的案件。

第一节 行政诉讼管辖概述

一、管辖的概念和意义

管辖，是指关于不同级别和地方的人民法院之间受理第一审行政案件的权限分工，是涉及行政审判的组织体制、公民诉权保护等基本问题的重要诉讼法律制度。

在理解行政诉讼管辖时，需要注意的问题是：

1.管辖是普通人民法院受理行政案件的分工。除非特殊安排，专门法院，如海事法院、军事法院等，不受理和执行行政案件。对此，《行诉法适用解释》第3条第2款规定，专门人民法院、人民法庭不审理行政案件，也不审查和执行行政机关申请执行其行政行为的案件。铁路运输法院等专门人民法院审理行政案件，应当执行《行政诉讼法》第18条第2款的规定。

2.管辖是上下级法院、同级法院之间受理行政案件的权限分工。也就是说，管辖要解决不同审级和同级不同区域法院之间的权限划分问题。

3.管辖是人民法院受理第一审行政案件的权限分工。管辖不包括第二审及再审案件的分工。我们实行四级两审制，第二审是第一审的继续，确定了第一审案件的管辖，第二审案件的管辖也就相应确定。另外，执行也是按第一审案件的管辖标准而定。根据《行诉法适用解释》第4条的规定，立案后，受诉人民法院的管辖权不受当事人住所地改变、追加被告等事实和法律状态变更的影响。

4.管辖权与审判权、主管权等概念之间的关系。行政审判权是法律赋予法院审理行政案件的权力，包括主管权、管辖权、裁判权、诉讼指挥权、强制执行权等。管辖权是审判权的实现形式之一，审判权是管辖权的基础与前提。

主管权是管辖权的前提。主管是指法院有权审理行政案件的范围，针对的是法院与其他国家机关之间关于处理行政争议的权限划分问题。管辖针对的是法院系统内审理案件的权限。

二、管辖的种类

一般认为，行政诉讼管辖可以做以下划分：

1.级别管辖与地域管辖。级别管辖解决不同审级法院之间管辖权的划分，行政诉讼法在规定方式上采用了“列举式”与“概括式”两种。例如，中级人民法院管辖海关案件属于列举性规定，“重大、复杂”标准属于概括式规定。

地域管辖解决行政案件由哪个地区的法院受理的问题。对此，行政诉讼法采取了“概括式”规定方式。

2.法定管辖与裁定管辖。法定管辖，是指由法律直接确定的管辖。裁定管辖是指在特殊情况下，由法院以移送、指定等行为确定的管辖，具体包括指定管辖、管辖权转移和移送管辖三种。

3.共同管辖与单一管辖。共同管辖，是指两个以上法院同时对一个案件均有管辖权。单一管辖则是只有一个法院有管辖权。

三、确定管辖的考虑因素

行政诉讼法在确定管辖时考虑了以下因素：

1.便于当事人诉讼，即管辖的确定要方便原告、被告参加诉讼活动。这里涉及空间、时间、经济、法律等多重因素。《行政诉讼法》第14条规定，基层人民法院管辖第一审行政案件，正是出于这种考虑。

2.便于法院公正、有效行使审判权。基层人民法院管辖第一审行政案件，就地、就近审判，便于人民法院认定事实。海关案件，专业性、技术性较强，应由水平与条件更好的中级人民法院管辖，以确保正确地行使审判权。另外，排除干扰与“压力”等因素也很重要。

3.法院负担均衡。管辖的确定要考虑不同地方以及各级法院之间，在诉讼负担上的合理分工，不能使某一个地方或者级别的法院的负担过重。

第二节　级别管辖

一、基层人民法院的管辖

《行政诉讼法》第14条规定，基层人民法院管辖第一审行政案件。据此，除法律规定由上级法院管辖的特殊情形之外，行政案件都应由基层人民法院负责管辖。

行政诉讼法作出这种规定的原因是基层人民法院的管辖地域往往是案件的发生地，与原告、被告当事人较接近，节省费用、便于法院调查取证、执行以及进行法制宣传教育。这里需要注意的问题是：

1.该法第14条规定是硬性规定，基层人民法院没有裁量权。凡不属于其他级别法院管辖的案件，基层人民法院必须受理。

2.该法第14条规定并不排除裁定管辖。在发生基层人民法院因利害关系、管辖权争议等客观原因不能行使管辖权的情况下，共同的上级人民法院可以指定管辖。

二、中级人民法院的管辖

根据《行政诉讼法》第15条的规定，中级人民法院管辖的第一审行政案件有：

1.对国务院部门或者县级以上地方人民政府所作的行政行为提起诉讼的案件。规定这类案件由中级人民法院管辖主要是出于案件重要性的考虑，这些行政机关所作出的行政行为影响范围广泛，由中级人民法院管辖有助于法院排除干扰。

2.海关处理的案件。主要是海关处理的纳税案件和海关行政处罚案件。这类案件由中级人民法院管辖的主要原因是：(1)海关的设置与分布多在大中城市，与一般的行政区划不一致。(2)海关的业务与政策水平要求较高，需要高度的统一性，由中级人民法院管辖有助于保障审判质量。

3.本辖区内重大、复杂的案件。“重大、复杂”的客观条件是：案件所涉及的人数众多，在本辖区内影响较大；案件本身比较复杂，案件在查处方面有相当的困难与干扰；案件在本辖区内有示范作用。对此，根据《行诉法适用解释》第5条规定的重大、复杂的案件是指以下情形：

（1）社会影响重大的共同诉讼案件。集团诉讼是共同诉讼的一种特殊形式，其当事人一方或双方至少为5人以上。这类诉讼主要是农村土地承包案件、土地征用案件、城市规划拆迁案件。

（2）涉外行政案件。涉外行政案件必须是案件的当事人、依据、客体或者执行涉及其他国家或者国际组织。具体而言，包括：第一，原告是外国的公民、法人或者其他组织；第二，案件的审理涉及国际条约的适用；第三，案件的客体是涉及国际关系协调的事项；第四，裁判的执行需要外国法院承认；第五，国际贸易、反倾销、反补贴等行政案件。

这里所说的“重大”，是指影响重大，即可能对国际关系造成严重影响。

（3）涉及我国香港特别行政区、澳门特别行政区、台湾地区的行政案件。

（4）其他重大、复杂案件。这是人民法院裁定管辖的情形，即基层人民法院认为案件重大，不适合由自己管辖的，可以请求中级人民法院移转管辖。

4.其他法律规定由中级人民法院管辖的案件。

三、高级人民法院的管辖

《行政诉讼法》第16条规定，高级人民法院管辖本辖区内重大、复杂的第一审行政案件。

行政诉讼法如此规定的主要原因是：（1）高级人民法院的主要任务是监督和指导辖区内基层人民法院、中级人民法院的审理工作，审理不服中级人民法院裁判提起上诉的案件和申诉案件。（2）高级人民法院管辖的案件应当在本级行政区域内具有示范或者重要意义。这是“重大、复杂”一词的本义所在。

四、最高人民法院的管辖

《行政诉讼法》第17条规定，最高人民法院管辖全国范围内重大、复杂的第一审行政案件。最高人民法院是全国最高的审判机关，主要任务是对全国各级各类的法院的审判工作进行监督与指导，运用司法解释权对审判工作中所涉及的法律具体应用问题进行司法解释，以及审理不服各高级人民法院裁判而提起的上诉案件。因此，它所管辖的必须是全国范围内的确属重大、复杂的行政案件。迄今为止，最高人民法院尚未管辖过第一审行政案件。

第三节　地域管辖

一、一般地域管辖

《行政诉讼法》第18条规定，行政案件由最初作出行政行为的行政机关所在地人民法院管辖。经复议的案件，也可以由复议机关所在地人民法院管辖。经最高人民法院批准，高级人民法院可以根据审判工作的实际情况，确定若干人民法院跨行政区域管辖行政案件。该条是对一般地域管辖的规定。

对这一规定可以从以下方面加以理解：

1.一般地域管辖适用于没有法定特殊因素的一般行政案件。如果一个案件兼具两种性质，应当优先适用特殊地域管辖规定。

2.一般地域管辖采取了“原告就被告”原则。行政案件原则上由最初作出行政行为的行政机关所在地法院管辖。这是为了：（1）便利当事人诉讼。（2）便于法院通知、调查取证与执行。（3）尊重法规、规章及其他规范性文件效力的区域性。由被告行政机关所在地法院管辖，能保证行政机关的依据与审判机关审查的依据的一致性，避免出现区域规范冲突。（4）防止滥诉。

3.经复议的案件，也可以由复议机关所在地人民法院管辖。只要经过复议的行政案件，无论复议结果是维持被诉行政行为还是改变被诉行政行为，原告都有权选择向复议机关所在地的法院起诉。相应地，行政诉讼法规定，经复议的案件，复议机关决定维持原行政行为的，作出原行政行为的行政机关和复议机关是共同被告；复议机关改变原行政行为的，复议机关是被告。在此情况下，管辖也需要作出调整。根据《行诉法适用解释》的规定，在作出原行政行为的行政机关和复议机关为共同被告时，在级别管辖方面，是以作出原行政行为的行政机关，而不是复议机关来确定案件的级别管辖。而在地域管辖方面，无论复议结果如何，复议机关和原机关所在地法院都有管辖权。

4.经最高人民法院批准，高级人民法院可以根据审判工作的实际情况，确定若干人民法院跨行政区域管辖行政案件。此项规定目的在于落实党的十八届三中、四中全会关于探索设立跨行政区划的人民法院的要求，让各地能根据情况和需要确定人民法院跨行政区域管辖行政案件，排除地方干预。

二、特殊地域管辖

行政诉讼法规定的特殊地域管辖有两种情况：

1.对限制人身自由的行政强制措施不服而提起的诉讼，由被告所在地或者原告所在地法院管辖。对此，《行诉法适用解释》第8条第1款规定：《行政诉讼法》第19条规定的“原告所在地”，包括原告的户籍所在地、经常居住地和被限制人身自由地。所谓经常居住地，是指公民离开住所地连续居住满1年以上的地方。所谓被限制人身自由所在地，是指公民被羁押、限制人身自由的场所的所在地。

行政诉讼法作这种规定的主要目的是方便公民起诉，防止行政机关规避法律。这里需要注意的问题是：（1）凡涉及限制公民人身自由的行政强制措施，无论其名称、措施、程序和实施状态如何，一律适用该特殊管辖。（2）行政拘留是否属于这里所说的限制人身自由的行政强制措施，学理上存在争议。从保护公民诉权的角度来看，对公民采取行政拘留措施应当适用特殊地域管辖。（3）针对同一个案件，同一个或者不同的行政机关采取限制人身自由的强制措施、限制财产权利的强制措施、行政处罚的，原告可以选择管辖法院，受诉人民法院可以一并管辖。如果原告要求一并管辖，则受诉法院应当一并管辖。因此，《行诉法适用解释》第8条第2款规定，对行政机关基于同一事实，既采取限制公民人身自由的行政强制措施，又采取其他行政强制措施或者行政处罚不服的，由被告所在地或者原告所在地的人民法院管辖。

2.因不动产而提起的诉讼，由不动产所在地的人民法院管辖。所谓不动产，是指形体上不可移动或者移动就会损失其经济价值的财产，如土地、建筑物、滩涂、山林、草原等。不动产所在地法院管辖是诉讼管辖制度中的一般规则，主要是为了就近调查，便于法院执行。

根据《行诉法适用解释》第9条的规定，“因不动产提起的行政诉讼”是指因行政行为导致不动产物权变动而提起的诉讼。不动产已登记的，以不动产登记簿记载的所在地为不动产所在地；不动产未登记的，以不动产实际所在地为不动产所在地。

三、共同管辖

共同管辖，是指两个以上的法院对同一个诉讼案件都有合法的管辖权的情况。行政诉讼法规定的共同管辖情况主要有：

1.经过复议的案件，行政复议机关和原行政机关所在地的人民法院都有权管辖。

2.采取限制人身自由的行政强制措施案件，被告所在地的法院与原告户籍地、住所地、被限制人身自由地的法院都有权管辖。根据《行诉法适用解释》第8条的规定，如果行政机关基于同一事实既对人身又对财产实施行政处罚或者采取行政强制措施的，被限制人身自由的公民、被扣押或者没收财产的公民、法人或者其他组织对上述行为均不服的，既可以向被告所在地人民法院提起诉讼，也可以向原告所在地人民法院提起诉讼，受诉人民法院可一并管辖。

3.临界不动产案件，有关行政区域的人民法院都有权管辖。这里比较常见的是因临界库区、保护区而发生的案件。

为了避免和解决管辖权争议，行政诉讼法和《行诉法适用解释》对此规定的解决办法是：

1.原告选择。对此，《行政诉讼法》第21条规定：两个以上人民法院都有管辖权的案件，原告可以选择其中一个人民法院提起诉讼。

2.最先立案的人民法院管辖。对此，《行政诉讼法》第21条规定：原告向两个以上有管辖权的人民法院提起诉讼的，由最先立案的人民法院管辖。

3.受诉人民法院一并管辖。即在限制人身自由的强制措施案件中，行政机关同时采取其他行政措施的，原告可以选择法院，受诉人民法院可以一并管辖，通过一个诉讼程序审查若干个行政行为。对此，《行诉法适用解释》第8条第2款作了规定。

4.协商管辖或者指定管辖。因共同管辖发生争议的，有关法院可以协商。协商不成的，由共同的上级人民法院指定管辖。对此，《行政诉讼法》第23条第2款规定：人民法院对管辖权发生争议，由争议双方协商解决。协商不成的，报它们的共同上级人民法院指定管辖。

第四节　裁定管辖

一、移送管辖

这是指受诉人民法院在决定受理之后发现案件不属于自己管辖，将案件移送给有管辖权的法院。其要件是：

1.移送案件的法院已经决定受理，即诉讼程序已经开始但未审结。在审查起诉期间发现不属于自己管辖的，应当告知当事人向有管辖权的人民法院起诉，不产生移送问题；如果受诉人民法院已经对案件作出生效判决，也不发生移送管辖的问题。

2.移送案件的法院对本案无管辖权，必须移送。

3.受移送的人民法院应当受理。受移送的人民法院认为受移送的案件按照规定不属于本院管辖的，应当报请上级人民法院指定管辖，不得再自行移送。

4.必须作出移送案件的裁定。受诉法院合议庭提出移送意见，报经法院院长批准之后裁定。受移送的法院不得拒收、退回或再自行移送。

5.法院在裁定移送之前，应当听取当事人的意见。但是，法律和司法解释都没有规定当事人对移送裁定有上诉权。

二、指定管辖和移转管辖

指定管辖，是指上级法院决定将行政案件交由下级法院管辖的制度。根据《行政诉讼法》第23条的规定，有两种情况：

1.由于特殊原因，有管辖权的法院不能行使管辖权。所谓特殊原因，是指导致有管辖权的人民法院不能公正、及时审结案件的情况。包括：（1）事实原因。由于自然灾害、战争、意外事故等不可抗力事实。（2）法律原因。如法院与本案有利害关系。

2.法院之间发生管辖权争议。同级法院之间发生争议，应当互相协商；协商不成的，应当报请共同上一级法院决定管辖。

移转管辖又称管辖权转移，是指基于上级法院裁定，下级法院将自己管辖的行政案件转交上级法院审理。这里需要注意的是：

1.转移的法院与接受的法院之间应当具有审级关系。没有上下级审级关系的法院之间不能移转管辖。

2.移转管辖的理由由法院裁量，但必须出于诉讼公正、效率的目的。例如，（1）案件审理难度大。下级法院受理案件以后，发现案情复杂、难度大，自己力所不及等，可以请求移转管辖。(2)为了排除地方干扰因素。(3)为了保护当事人的诉权。

3.行政诉讼法对移转管辖的程序没有规定。应当认为，移转管辖涉及当事人的诉权，应当听取当事人的意见，并且允许当事人上诉。

为避免行政审判受到行政机关直接或间接的干预，影响了行政审判的公正性，《行诉法适用解释》充分利用指定管辖和管辖权转移解决这一问题。根据规定，可以通过以下途径启动管辖权转移和指定管辖：

第一，当事人启动。包括两种情形：一种情形是，当事人以案件重大、复杂为由，认为有管辖权的基层人民法院不宜行使管辖权，有权向中级人民法院起诉；另一种情形是，当事人向基层人民法院起诉，基层人民法院既不立案，又不作出不予立案裁定的，当事人根据《行政诉讼法》第52条规定向中级人民法院起诉的。

对上述两种情形，中级人民法院应当根据不同情况在7日内分别作出以下处理：一是决定自行审理；二是指定本辖区其他基层人民法院管辖；三是书面告知当事人向有管辖权的基层人民法院起诉。前两种情形分别属于管辖权转移和指定管辖。

第二，基层人民法院启动。基层人民法院对其管辖的第一审行政案件，认为需要由中级人民法院审理或者指定管辖的，可以报请中级人民法院决定。中级人民法院应当根据不同情况在7日内分别作出以下处理：决定自行审理；指定本辖区其他基层人民法院管辖；决定由报请的人民法院审理。决定由报请的人民法院审理，指定本辖区其他基层人民法院管辖，决定自己审理。同样，前两种情形分别属于管辖权转移和指定管辖。

三、管辖权异议

管辖权异议，是指行政诉讼当事人对受理案件的法院提出的管辖权方面的异议。对此，《行诉法适用解释》第10条规定，人民法院受理案件后，被告提出管辖异议的，应当在收到起诉状副本之日起15日内提出。对当事人提出的管辖异议，人民法院应当进行审查。异议成立的，裁定将案件移送有管辖权的人民法院；异议不成立的，裁定驳回。人民法院对管辖异议审查后确定有管辖权的，不因当事人增加或者变更诉讼请求等改变管辖，但违反级别管辖、专属管辖规定的除外。有下列情形之一的，人民法院不予审查：(1)人民法院发回重审或者按第一审程序再审的案件，当事人提出管辖异议的；(2)当事人在第一审程序中未按照法律规定的期限和形式提出管辖异议，在第二审程序中提出的。

【本章主要法律规定】

1.《行政诉讼法》第14～24条
2.最高人民法院《关于适用〈中华人民共和国行政诉讼法〉的解释》第3～11条
3.最高人民法院《关于审理国际贸易行政案件若干问题的规定》第5条
4.最高人民法院《关于审理反倾销行政案件应用法律若干问题的规定》第5条
5.最高人民法院《关于审理反补贴行政案件应用法律若干问题的规定》第5条

第十六章
行政诉讼参加人

本章主要内容提示

行政行为的相对人以及其他与行政行为有利害关系的公民、法人或者其他组织，是判定是否具有行政诉讼原告资格的核心。受害人、相邻权人、公平竞争权人、投资人等，都具有行政诉讼原告资格。

经复议而起诉的案件被告分三种情况确定：一是复议机关维持原行政行为的，作出原行政行为的行政机关和复议机关是共同被告；二是复议机关改变了原行政行为，复议机关就是被告；三是复议机关在法定期间内不作复议决定的，当事人对原行政行为不服提起诉讼的，作出原行政行为的行政机关为被告，当事人对复议机关不作为不服提起诉讼的，以复议机关为被告。

行政诉讼的第三人有独立的诉讼地位，拥有独立的请求权，人民法院判决第三人承担义务或者减损第三人权益时，第三人有权依法提起上诉或者申请再审。第三人参加诉讼的途径有申请参加和通知参加两种。对法院应当（而不是可以）通知参加诉讼而不通知的，构成诉讼主体的遗漏。

第一节 概述

一、行政诉讼参加人

行政诉讼参加人，是指在整个或部分诉讼过程中参加行政诉讼，对行政诉讼程序能够产生重大影响的人，包括当事人和诉讼代理人。

行政诉讼参加人不同于诉讼参与人，后者范围更宽，除了诉讼参加人之外，还包括证人、鉴定人、翻译人、勘验人等。这类诉讼参与人在法律上与案件没有利害关系，但是，他们在诉讼中享有特殊的诉讼地位。

二、行政诉讼当事人

（一）概念

当事人是指因行政行为发生争议，以自己名义进行诉讼，并受人民法院裁判拘束的主体。这里需要把握的问题是：

1.行政诉讼的当事人从行政程序演变而来，并且在不同的审理程序有不同的称谓和地位。在行政程序中，一审原告称为“行政相对人”“申请人”等，被告称为行政机关、行政复议机关等。在第二审程序中，他们称为上诉人和被上诉人。在执行程序中又称为申请执行人与被申请执行人。当事人的称谓不同，表明在不同诉讼阶段承受的权利和义务不同。

2.行政诉讼当事人之间往往存在行政法律关系。行政争议是行政法律关系的争议，行政法律关系的当事人在诉讼中就转化成为行政诉讼的当事人。通常所说的当事人与本案的“直接利害关系”，实际上正是行政法律关系。

3.当事人以自己的名义进行诉讼。这是当事人与代理人的区别所在。

4.当事人受人民法院裁判约束。这是当事人与参与人的区别所在。

5.行政诉讼当事人具有一定的稳定性，即原告是公民、法人或者其他组织，而被告是行政机关或者法律、法规、规章授权的组织。这是行政诉讼的“民”告“官”特征，也是行政诉讼当事人与民事诉讼当事人的区别之一。

（二）诉讼地位

从行政诉讼法和司法解释来看，当事人在行政诉讼中享有以下权利：（1）原告的诉权，即向人民法院提起行政诉讼，在诉讼中放弃、变更和增加诉讼请求的权利。（2）被告应诉权，即对原告的起诉应诉和答辩的权利。（3）委托诉讼代理人进行诉讼的权利。（4）经人民法院许可，有向证人、鉴定人和勘验人发问的权利。（5）使用本民族语言、文字进行诉讼的权利。（6）申请审判人员、书记员、鉴定人回避的权利。（7）经人民法院许可，有权查阅、复制本案的庭审材料及有关法律文书，但涉及国家秘密或个人隐私的材料除外。（8）查阅、补正庭审笔录。（9）在宣判前，原告可以撤诉，被告可以改变其所做的行政行为。（10）申请人民法院采取财产保全措施。（11）当事人在证据可能灭失或者以后难以取得的情况下，向人民法院申请证据保全。（12）原告有申请人民法院裁定停止行政行为执行的权利。（13）对第一审人民法院的判决或裁定，当事人有在法定期限内上诉的权利。（14）向人民法院申请执行的权利。

当事人的诉讼义务主要是：（1）依法行使诉讼权利，不滥用诉讼权利。（2）按照法定期限和程序参加诉讼。经人民法院传票传唤，原告无正当理由拒不到庭的，或者未经法庭许可中途退庭的，可以按撤诉处理；被告无正当理由拒不到庭的，或者未经法庭许可中途退庭的，可以缺席判决。（3）在诉讼过程中遵守诉讼秩序，服从法庭指挥，不妨碍诉讼活动的正常进行。（4）自觉履行已发生法律效力的判决和裁定。（5）被告行政机关在诉讼中负有举证责任，不得自行向原告、第三人和证人收集证据。

三、诉讼代表人

就诉讼地位而言，诉讼代表人兼有当事人和代理人的双重属性。从类型来看，行政诉讼法和司法解释规定的诉讼代表人可以分为：（1）组织的代表人和集团诉讼的代表人；（2）推选的代表人和指定的代表人；（3）单一代表人和多个代表人等。

《行政诉讼法》第28条规定，当事人一方人数众多的共同诉讼，可以由当事人推选代表人进行诉讼。代表人的诉讼行为对其所代表的当事人发生效力，但代表人变更、放弃诉讼请求或者承认对方当事人的诉讼请求，应当经被代表的当事人同意。

第二节　行政诉讼的原告

一、原告的概念

《行政诉讼法》第25条第1款规定：行政行为的相对人以及其他与行政行为有利害关系的公民、法人或者其他组织，有权提起诉讼。

从这一规定可以看出，行政诉讼原告，是指行政行为的相对人以及认为行政行为侵犯其合法权益，而依法向人民法院提起诉讼的公民、法人或者其他组织。这里需要把握的要点是：

1.原告是公民、法人或其他组织。公民、法人和其他组织依法享有诉讼权利能力，有资格作为原告。而行政机关作为行政主体成为管理一方时，不享有原告资格。这是因为行政机关享有国家行政权力，以国家政权的强制力作保证，它具有对管理相对人直接的命令、指挥权，并且能够单方面地对相对人作出设定或免除义务、赋予或剥夺权利或变更其法律地位等行政行为，产生相对人权利义务的取得、丧失、变更等法律后果。作为行政管理相对人的公民、法人或者其他组织在通常情况下无权否认其效力，也不能够拒绝履行。即使他认为该行为侵犯了他的合法权益，仍负有服从的义务。当相对人拒绝或不履行行政机关设定的义务时，行政机关可以行使行政处罚权，追究其法律责任，或者直接采取或者申请人民法院强制相对人履行。相对人处于被支配和服从的地位，不能抗拒行政机关的意志，也不能靠自身的力量来保障自己的合法权益。为使他们能够防止违法行政行为的侵害和保护自己合法权益，国家相应地赋予权利，可以要求上级行政机关或司法机关给予救助，其中一项就是赋予行政诉讼的起诉权。赋予公民、法人和其他组织这些权利，有利于保障他们的合法权益，同时有利于促进行政机关依法行政。

2.原告是承担行政行为法律后果或受其影响的公民、法人或其他组织。原告必须与被诉行政行为之间有利害关系，即承担该行政行为法律后果或者合法权益受到影响。这里需要注意的是，行政诉讼原告包括行政行为的相对人，但并不限于行政行为直接针对的公民、法人或者其他组织。公民、法人或者其他组织即使不是行政行为的相对人，只要其权益受到行政行为实质影响的，也可以成为原告。

3.原告是认为行政行为侵犯其合法权益的公民、法人或者其他组织。作为与行政行为发生利害关系的公民、法人或者其他组织，可以具有原告资格，这仅仅是可能的条件，要使之成为现实的条件，还要求他认为行政行为侵犯了他的合法权益。“合法权益”是指法定权利和法定利益，其核心是法定权利，享有和行使法定权利，才有可能获得法定利益。根据行政诉讼法的规定，合法权益主要是指人身权、财产权。人身权、财产权以外的权利受到行政行为侵犯的，只有在有关单行法律、法规规定可以起诉的情况下，公民才能起诉。

这里需要注意的是，行政行为是否实际上违法、“合法权益”是否确实受到了侵害不是能否起诉的前提。这里的关键是原告的主观认识，只要“认为”受到行政行为的侵犯就可以依照行政诉讼法提起诉讼。在法院作出生效判决之前，原告的实体权益没有最终确认。

二、原告的确认

在实践中，原告的确认是一个复杂的问题。这里需要注意的是，不能将原告资格与原告起诉的名义混淆。前者着眼于原告与行政行为间的利害关系，是一个实体法问题；后者着眼于诉权保护的方法，是一个程序法问题。原告资格是起诉名义的前提。也就是说，必须具有利害关系，然后才考虑如何起诉。例如，股份制公司的董事会认为行政行为侵犯其公司合法权益的，应当以公司的名义起诉，但前提是自己与本案行政行为有利害关系。又如，合伙企业的合伙人认为行政行为侵犯企业合法权益的，应当以核准登记的字号为名义起诉。

根据《行诉法适用解释》第12～18条的规定，在确认原告方面需要注意的问题是：

1.受害人的原告资格。受害人，是指受到其他公民（加害人）违法行为侵害的人。在发生侵害时，行政机关可能有两种做法：一是不予处理；二是处罚了加害人，但受害人认为处罚轻微。在这两种情况下，受害人是否可以起诉，要求法院判令行政机关追究或者加重加害人的责任？

由于受害人不是行政行为直接针对的人，利害关系如何认定是一个比较困难的问题。对此，《行诉法适用解释》第12条第3项作了肯定性的规定，受害人要求行政机关追究加害人责任的，属于利害关系的一种情形，受害人享有原告资格。

这里还需要注意两种情形：（1）加害人或者受害人中起诉的一方是原告，没有起诉的一方是第三人。（2）如果加害人认为行政处罚过重而起诉，受害人认为处罚过轻同时起诉，在这种情况下，受害人和加害人都是原告，但他们不是共同原告。这是因为，两个原告的主张冲突不符合共同原告的要件。

2.相邻权人的原告资格。相邻权，是指不动产的占有人在行使其物权时，对与其相邻的他人不动产所享有的特定支配权。根据民事法律有关相邻关系的规定，相邻权主要包括截水、排水、通行、通风、采光等权利。由于生产生活区域日益集中，人们的相互依赖性增强，相邻权越来越重要。相邻权的内容也在不断地发展变化。如果被诉行政行为侵害了有关公民的相邻权，利害关系即告成立。例如，规划部门许可某公司修建30层大楼，影响了与之相邻的其他房主的采光权、通风权，这些房主均具有对规划部门的许可行为提起行政诉讼的原告资格。

3.公平竞争权人的原告资格。《行政诉讼法》第12条第1款第8项规定，公民、法人或者其他组织认为行政机关滥用行政权力排除或者限制竞争的，可以向法院起诉，事实上赋予公平竞争权受到侵害的人具有原告资格。

公平竞争权是一项独立的法律权利，但与其他权利往往有交叉关系。公平竞争权受侵害本身构成原告资格。例如，若干企业竞投出租车营运权，政府以行政决定形式将出租车营运权批给某个企业，其他参加投标的企业均可以公平竞争权受到侵害为由提起行政诉讼。又如，政府招投标机构给本地企业加分，政府主管机关审批出租车经营许可牌照时对本地机动车宽松而对外地机动车无理限制。

4.投资人的原告资格。在有两个以上投资人投资组成的合资、合作或者联营企业中，投资组成的企业利益即是投资方的利益。对此，《行诉法适用解释》作了肯定性规定。该解释第16条第2款规定：联营企业、中外合资企业、中外合作企业的联营、合资、合作各方，认为联营、合资、合作企业权益或者自己一方合法权益受行政行为侵害的，均可以以自己的名义提起诉讼。

5.合伙组织和个体工商户的原告确认。合伙组织分为个人合伙和合伙企业两种形式。根据《行诉法适用解释》第15条第1款的规定，合伙企业向人民法院提起诉讼的，应当以核准登记的字号为原告。未依法登记领取营业执照的个人合伙的全体合伙人为共同原告；全体合伙人可以推选代表人，被推选的代表人，应当由全体合伙人出具推选书。根据《行诉法适用解释》第15条第2款的规定，个体工商户向人民法院提起诉讼的，以营业执照上登记的经营者为原告。有字号的，以营业执照上登记的字号为原告，并应当注明该字号经营者的基本信息。

6.股份制企业内部机构的诉权。股份制企业的股东会、董事会等认为行政机关作出的行政行为侵犯企业经营自主权的，可以企业名义提起诉讼。从《行诉法适用解释》第16条第1款规定来看，股份制企业的内部机构被赋予了原告的资格，但是，起诉时必须以企业的名义。《行诉法适用解释》作出这种规定的主要原因是股份制企业的不同机构往往由不同投资方控制，在企业内部各个投资方意见出现分歧的情况下，认为行政行为侵犯其合法权益的部分投资方难以行使诉权，其实体权益不能得到保护。

7.非国有企业被行政机关注销、撤销、合并、强令兼并、出售、分立或者改变企业隶属关系的原告确认。根据《行诉法适用解释》第16条第3款的规定，在这种情况下，企业或者其法定代表人可以提起诉讼。《行诉法适用解释》作出这种规定的主要考虑是实践中出现了行政机关通过人事任免等手段侵犯企业经营自主权的情况。因此，赋予法定代表人诉权具有保护法定代表人经营权、企业经营自主权和防止行政机关规避法律等多重意义。这里需要注意的是：非国有企业的法定代表人起诉时是以自己的名义，而不是以企业的名义。因为，法定代表人被《行诉法适用解释》赋予了独立的诉权和原告资格。

《行诉法适用解释》没有规定国有企业法定代表人在这种情况下的诉权。学界认为，这并不意味着在这种情况下国有企业法定代表人没有原告资格。因为，就经营自主权而言，无论是国有企业还是非国有企业都是一致的，国有企业被侵犯经营自主权的，法定代表人可以自己的名义起诉。

《行诉法适用解释》有关注销、撤销、合并、强令兼并、出售、分立、改变隶属关系等列举性规定仅仅是为了便于理解，没有穷尽侵犯企业经营自主权的全部情形。因此，对《行诉法适用解释》的列举性规定应当从企业经营自主权的角度作概括性的理解。

8.企业法定代表人的独立诉权和代位诉权。企业法定代表人被行政机关更换，新法定代表人不同意起诉或者提出撤诉，原法定代表人是否可以起诉或者继续进行诉讼？如果起诉，是以企业的名义，还是以自己的名义？根据最高人民法院行政审判庭《关于对在案件审理期间法定代表人被更换，新的法定代表人提出撤诉申请，法院是否准予撤诉问题的电话答复》（1998年10月28日）的规定，在企业法定代表人被行政机关变更或撤换的情况下，原企业法定代表人有权提起行政诉讼。新的法定代表人提出撤诉申请，没有法律依据。根据该答复意见的本意，原法定代表人既可以自己的名义起诉，也可以以企业的名义起诉，人民法院不得以起诉的名义不当为由不予受理或者裁定驳回诉讼请求。

9.投诉举报者的原告资格。根据《行诉法适用解释》第12条第5项的规定，为维护自身合法权益向行政机关投诉，具有处理投诉职责的行政机关作出或者未作出处理的公民、法人或者其他组织具有原告主体资格。该规定在赋予投诉者的原告资格的同时，也作出了限制，限于“维护自身合法权益”的投诉举报者。与自身合法权益没有关系或者与被投诉事项没有关联的“职业打假人”“投诉专业户”，不具有原告资格。

10.债权人的原告资格确认。《行诉法适用解释》第13条规定：“债权人以行政机关对债务人所作的行政行为损害债权实现为由提起行政诉讼的，人民法院应当告知其就民事争议提起民事诉讼，但行政机关作出行政行为时依法应予保护或者应予考虑的除外。”

11.非营利法人的原告资格。事业单位、社会团体、基金会、社会服务机构等非营利法人的出资人、设立人认为行政行为损害法人合法权益的，可以自己的名义提起诉讼。

12.涉及业主共有利益的原告主体资格。业主委员会对于行政机关作出的涉及业主共有利益的行政行为，可以自己的名义提起诉讼。业主委员会不起诉的，专有部分占建筑物总面积过半数或者占总户数过半数的业主可以提起诉讼。

案例分析　能力训练

三、原告资格的转移

原告资格的转移，是指有权起诉的公民死亡、法人或者其他组织终止，他们的原告资格依法自然转移给有利害关系的特定公民、法人或者其他组织承受。

这里需要把握以下四个问题：

1.原告资格的转移的条件。包括：（1）有原告资格的主体在法律上不复存在。（2）有原告资格的人死亡或终止时，未逾诉讼保护期限，即仍在法定起诉期限以内。（3）原告资格转移发生于与原告有特定利害关系的主体之间，没有这种关系也不发生资格转移。这个特定利害关系，对自然人而言就是彼此间存在近亲属法律关系，对法人组织来说就是权利承受关系，即被转移主体与承受者之间在实体权利义务上存在承受与被承受关系。

2.自然人原告资格的转移。根据《行政诉讼法》第25条第2款的规定，有权提起诉讼的公民死亡时，其近亲属可以提起诉讼。根据《行诉法适用解释》第14条的规定，近亲属包括配偶、父母、子女、兄弟姐妹、祖父母、外祖父母、孙子女、外孙子女和其他具有扶养、赡养关系的亲属。在这种情况下，近亲属享有原告资格，以自己的名义提起诉讼，其地位等同于有权提起诉讼的公民。

3.法人或其他组织原告资格的转移。根据《行政诉讼法》第25条第3款的规定，有权提起诉讼的法人或者其他组织终止，承受其权利的法人或者其他组织可以起诉。法人或者其他组织终止有两种情况：一是消灭，即法人或者其他组织的资格在法律上最终归于消灭和结束，如撤销、破产，其权利由法律规定的组织承受，如上级企业或者清算组。二是变更，即原法人或者组织以新的法人或其他组织形式出现，并且与原法人或者其他组织之间在法律上具有继承关系。这种变更主要有分立和合并两种形式。分立，是指一个法人或者其他组织按照法定程序分为两个或两个以上的新法人或者新的组织，由于原来法人或者其他组织的利益由分立后新的法人或者新的组织承受，所以，起诉权由分立后的一个或几个新的法人或新的组织来行使。合并，是指两个或两个以上法人或者其他组织，依照法定程序合并成为一个法人或者其他组织。合并后的新法人或者其他组织是原有法人或者组织权益的承受者，可以自己的名义提起诉讼。因此，无论何种原因导致原来的法人或者其他组织终止或者消灭，只要有承受其权利的组织，原告资格就可以发生转移。

4.程序。承受原告资格的公民或者组织应当向人民法院提供其近亲属的证明或者作为被终止的组织的权利承受者的证明文件。如果在诉讼过程中出现了这种情况。也就是说，原告死亡需要等待其近亲属表明是否参加诉讼的；作为原告的法人、组织终止，尚未确定权利义务承受人的，诉讼中止。中止诉讼期限满3个月以后，如仍无人要求或继续诉讼的，依法终结诉讼。

第三节　行政诉讼的被告

一、被告的概念

行政诉讼被告，是指由原告指控其行政行为违法，经人民法院通知应诉的行政机关或法律、法规、规章授权的组织。

1.被告是行政机关或者法律、法规、规章授权的组织。行政机关是指依法独立享有与行使行政职权的国家机关。行政机关能够以自己的名义独立行使行政职权，有独立的机构、编制和经费。

法律、法规、规章授权的组织虽然不是行政机关，但依法取得一定的行政职权。

2.被告应当是对被诉行政行为承担实体法律责任的行政机关。作为行政诉讼被告，还必须是对被诉行政行为承担实体法律责任的机关，具体有5种情形：

（1）行政行为的作出机关。例如，在行政处理决定书上加盖公章的行政机关。

（2）委托的行政机关。受委托的组织应当以委托机关的名义作出行政行为，后果也应当由委托的行政机关承担。

（3）行政机构的所属机关。行政机构在没有法律、法规、规章授权的情况下，以自己的名义作出行政行为，或者超越法定授权的种类作出行政行为的，都应当由所属的行政机关承担后果。例如，派出所作出拘留裁决，超越治安管理处罚法有关“警告、500元以下罚款”的授权，属于种类越权，应当由所属的公安局承担违法拘留的后果。

（4）作出撤销行政机关的决定或者继续行使职权的行政机关。作出行政行为的行政机关被撤销或者职权变更的，应当由继续行使其职权的行政机关承担行政行为的法律后果；没有继续行使职权的行政机关，由作出撤销决定的行政机关承担被诉行政行为的法律后果。若行政机关被撤销或者职权变更，没有继续行使其职权的行政机关的，以其所属的人民政府为被告；实行垂直领导的，以垂直领导的上一级行政机关为被告。

（5）其他依照法律规定应当对被诉行政行为承担法律后果的行政机关。

3.被告由人民法院通知应诉。被原告指控，并且被法院通知应诉，这是被告的程序特征。原告指控与法院通知应诉这两个方面必须结合一致，缺少任何一方面都不能成立。没有原告指控，法院不能确定被告；没有法院的审查确定，仅有原告指控也不能构成被告。这里需要注意的情形是：

（1）被告的变更。根据《行诉法适用解释》第26条第1款的规定，在第一审程序中，法院征得原告的同意后，可以变更被告。如果法院认为应当变更被告而原告不同意的，则由法院裁定驳回起诉。

（2）被告的追加。根据《行诉法适用解释》第26条第2款的规定，有两个以上的被告，原告只起诉其中一个，应当追加被告而原告不同意追加的，人民法院应当通知其以第三人的身份参加诉讼，但行政复议机关作共同被告的除外。

二、被告的确认

一般原则是作出行政行为的行政机关是被告。具体的确认情形是：

1.行政复议案件被告的确认。根据《行政诉讼法》第26条第2款、第3款的规定，经复议而起诉的案件，被告的确认分4种情况：

（1）根据《行诉法适用解释》第134条的规定，复议机关决定维持原行政行为的，作出原行政行为的行政机关和复议机关是共同被告。原告只起诉作出原行政行为的行政机关或者复议机关的，人民法院应当告知原告追加被告。原告不同意追加的，人民法院应当将另一机关列为共同被告。行政复议决定既有维持原行政行为内容，又有改变原行政行为内容或者不予受理申请内容的，作出原行政行为的行政机关和复议机关为共同被告。

（2）复议机关改变了原行政行为，复议机关就是被告。

由于“维持”与“改变”决定被告的确定，如何界定“维持”或“改变”的内涵至关重要。对此，《行诉法适用解释》第133条规定，“复议机关决定维持原行政行为”包括复议机关驳回复议申请或者复议请求的情形，但以复议申请不符合受理条件为由驳回的除外。第22条规定，“复议机关改变原行政行为”是指复议机关改变原行政行为的处理结果。复议机关改变原行政行为所认定的主要事实和证据、改变原行政行为所适用的规范依据，但未改变原行政行为处理结果的，视为复议机关维持原行政行为。复议机关确认原行政行为无效，属于改变原行政行为；复议机关确认原行政行为违法，属于改变原行政行为，但复议机关以违反法定程序为由确认原行政行为违法的除外。

（3）复议机关在法定期间内不作复议决定，当事人对原行政行为不服提起诉讼的，应当以作出原行政行为的行政机关为被告。

（4）复议机关在法定期间内不作复议决定，当事人对复议机关不作为不服提起诉讼的，应当以复议机关为被告。

2.委托行政的被告确认。行政机关委托的公务组织作出行政行为的，委托的行政机关是被告。这里值得注意的问题是：

（1）委托的行政机关对受委托的组织依法行使委托职权承担监督责任。如果受委托的组织利用委托职权实施违法行为的，仍然要由委托的行政机关对外承担法律责任。委托机关对外履行了法律责任之后，可以按照规定追究受委托组织的责任，但是，这是委托机关与受委托组织之间的内部问题，与外部关系中的公民无关。委托的行政机关不得以受委托组织违法为由推卸自己的责任。

（2）行政诉讼法规定的“授权”只有法律授权、法规、规章授权等形式，规章以下的规范性文件的“授权”视为委托。对此，《行诉法适用解释》第20条第3款规定，没有法律、法规或者规章规定，行政机关授权其内设机构、派出机构或者其他组织行使行政职权的，属于《行政诉讼法》第26条规定的委托。当事人不服提起诉讼的，应当以该行政机关为被告。

（3）委托与授权的区别主要是：委托是委托机关与受委托组织双方意思表示一致的结果，委托者是行政机关，委托的机关与受委托组织之间实际上是一种公法代理关系，不产生新的行政主体。授权是立法机关给行政机关之外的社会组织行政职权，赋予其一定的行政主体资格。

3.经上级机关批准而作出行政行为的被告确认。根据《行诉法适用解释》第19条的规定，当事人不服经上级行政机关批准的行政行为，向人民法院提起诉讼的，以在对外发生法律效力的文书上署名的机关为被告。可以看出，《行诉法适用解释》采取了形式主义的做法，无论批准机关和被批准的机关在具体行政行为的作出过程中起到了什么样的作用，都以在对外发生法律效力的文书上署名的机关为被告。

4.派出机构作出行政行为的被告确认。这里要明确派出机关与派出机构的区别。派出机关是指根据宪法和地方组织法规定由人民政府设立的派出机关，如行政公署、区公所和街道办事处，都有被告资格。派出机构则是人民政府的工作部门根据法律与需要而设立的派出机构。派出机构是否有被告资格，取决于是否有法律、法规、规章授权。有法律、法规、规章授权的，具有被告资格，否则一律视为委托。

关于派出机构的被告资格问题，以是否有法律、法规、规章授权为标准。如果法律、法规、规章对派出机构有授权，派出机构就取得行政主体资格和诉讼主体资格，无论它作出的行政行为是否超越了授权范围，都是法律后果的承担者，应当作被告。如果法律、法规、规章没有给派出机构授权，无论该派出机构是否以自己名义作出行政行为，它在法律上都不是行政行为的法律主体和后果承担者，不能以该派出机构为被告，而应以所属的行政机关为被告。

5.若干行政机关共同作出同一行政行为的被告确认。两个以上行政机关作出同一行政行为的，共同作出行政行为的行政机关是共同被告。这里需要注意的是：

（1）必须是同一个行政行为，即必须是一个行政决定书、一个文号，并且内容相同。如果是若干个内容不同的行政决定书，或者内容相同，但是文号不同，都不是同一个行政行为。

（2）所谓“共同”，应当作实质的理解，即在行政行为的全部或者部分阶段参与意思形成过程，对行政行为的作出产生了重大影响。“共同”的表现形式多种多样，包括联合执法、共同署名发文、共同组成临时机构执法等。

6.内部机构的被告确认。临时性机构或临时性综合机构比较常见，有些是由一个行政机关设立，有些是由几个行政机关共同组建，有些是由同级政府牵头由几个职能部门组建的。这些内部机构不是政府的常设职能部门，而是职能部门以外的辅助工作机构，但被行政机关赋予了一定的管理职能。

这类机构是否可以做被告，关键在于是否有法律法规和规章的授权。法律、法规、规章对内设机构有授权的，它们即能够在法律上以自己的名义作出行政行为，取得行政主体资格，在诉讼中，应以该机构为被告；没有法律、法规、规章授权的，内设机构没有独立承担法律责任的能力，应当由负责组建或设立的行政机关负责，即被告应当是设立或组建的行政机关。

根据《行诉法适用解释》第20条第3款的规定，行政机关在没有法律、法规、规章规定的情况下，“授权”其内设机构、派出机构或者其他组织实施行政行为应当视为委托。当事人不服提起诉讼的，应当以该行政机关为被告。

7.不作为案件中的被告确认。不作为案件被告的确认是一个难题。标准有两个：一是形式标准，即公民是否提出了申请，以及哪个行政机关接到了申请。按照形式标准，在公民提出了申请的情况下，行政机关不实施任何法律行为的，以接到申请的行政机关为被告。如果公民向行政机关提出了申请，接到申请的行政机关认为不属于自己职权范围的，应当书面告知正确的行政机关或者将申请材料转送有职权的行政机关，在这种情况下，主管行政机关是被告。二是实质标准，即接到申请的行政机关是否有作为的职责。只有承担作为职责的行政机关才能作被告。通常的做法是以实质标准为主，以形式标准为辅。

8.开发区管理机构及其职能部门的被告资格。当事人对由国务院、省级人民政府批准设立的开发区管理机构作出的行政行为不服提起诉讼的，以该开发区管理机构为被告；对由国务院、省级人民政府批准设立的开发区管理机构所属职能部门作出的行政行为不服提起诉讼的，以其职能部门为被告；对其他开发区管理机构所属职能部门作出的行政行为不服提起诉讼的，以开发区管理机构为被告；开发区管理机构没有行政主体资格的，以设立该机构的地方人民政府为被告。

9.村委会和居委会的被告资格。当事人对村民委员会或者居民委员会依据法律、法规、规章的授权履行行政管理职责的行为不服提起诉讼的，以村民委员会或者居民委员会为被告。当事人对村民委员会、居民委员会受行政机关委托作出的行为不服提起诉讼的，以委托的行政机关为被告。

10.事业单位和行业协会的被告资格。当事人对高等学校等事业单位以及律师协会、注册会计师协会等行业协会依据法律、法规、规章的授权实施的行政行为不服提起诉讼的，以该事业单位、行业协会为被告。当事人对高等学校等事业单位以及律师协会、注册会计师协会等行业协会受行政机关委托作出的行为不服提起诉讼的，以委托的行政机关为被告。

11.房屋征收部门的被告资格。市、县级人民政府确定的房屋征收部门组织实施房屋征收与补偿工作过程中作出行政行为，被征收人不服提起诉讼的，以房屋征收部门为被告。征收实施单位受房屋征收部门委托，在委托范围内从事的行为，被征收人不服提起诉讼的，应当以房屋征收部门为被告。

12. 涉及县级以上地方政府案件的被告确认。实践中，县级以上地方政府与政府职能部门关系较为复杂，何时应由政府作被告、何时应由职能部门作被告有时难以把握。最高人民法院于2021年发布《关于正确确定县级以上地方人民政府行政诉讼被告资格若干问题的规定》，对相关案件中的被告确认予以澄清和明确。

一是政府对职能部门法定职权行使予以指导的。法律、法规、规章规定属于县级以上地方政府职能部门的行政职权，县级以上地方人民政府通过听取报告、召开会议、组织研究、下发文件等方式进行指导，公民、法人或者其他组织不服县级以上地方政府的指导行为提起诉讼的，法院应当释明，告知其以具体实施行政行为的职能部门为被告。

二是政府转送属于下级政府或者相应职能部门处理法定职责或者给付义务的。公民、法人或者其他组织向县级以上地方政府申请履行法定职责或者给付义务，法律、法规、规章规定该职责或者义务属于下级政府或者相应职能部门的行政职权，县级以上地方政府已经转送下级政府或者相应职能部门处理并告知申请人，申请人起诉要求履行法定职责或者给付义务的，以下级政府或者相应职能部门为被告。

三是有关强制拆除房屋决定。县级以上地方政府根据城乡规划法的规定，责成有关职能部门对违法建筑实施强制拆除，公民、法人或者其他组织不服强制拆除行为直接提起诉讼，法院应当以作出强制拆除决定的行政机关为被告，没有强制拆除决定书的以具体实施强制拆除行为的职能部门为被告。公民、法人或者其他组织对集体土地征收中强制拆除房屋等行为不服直接提起诉讼的，除有证据证明系县级以上地方政府具体实施外，法院应当以作出强制拆除决定的行政机关为被告，没有强制拆除决定书的以具体实施强制拆除等行为的行政机关为被告。县级以上地方政府已经作出国有土地上房屋征收与补偿决定，公民、法人或者其他组织不服具体实施房屋征收与补偿工作中的强制拆除房屋等行为直接提起诉讼的，法院应当以作出强制拆除决定的行政机关为被告，没有强制拆除决定书的以县级以上地方政府确定的房屋征收部门为被告。

四是不动产登记。县级以上地方政府确定的不动产登记机构或者其他实际履行该职责的职能部门按照《不动产登记暂行条例》的规定办理不动产登记，公民、法人或者其他组织不服提起诉讼的，以不动产登记机构或者实际履行该职责的职能部门为被告。公民、法人或者其他组织对《不动产登记暂行条例》实施之前由县级以上地方政府作出的不动产登记行为不服提起诉讼的，以继续行使其职权的不动产登记机构或者实际履行该职责的职能部门为被告。

五是政府指定指定具体机构负责政府信息公开日常工作。县级以上地方政府根据《政府信息公开条例》的规定，指定具体机构负责政府信息公开日常工作，公民、法人或者其他组织对该指定机构以自己名义所作的政府信息公开行为不服提起诉讼的，以该指定机构为被告。

三、被告资格的转移

有被告资格的主体被撤销或者职权变更的，其被告资格转移给其他行政机关。这里需要把握的问题是：

1.被告资格转移的条件。有被告资格的行

政机关或授权组织被撤销或者职权变更的，在法律上该主体已被消灭或者作出决定的主体不再享有相关的职权。

2.行政机关被撤销或职权变更后，其职权继续由其他主体行使的，如职权归入新组建的行政机关，分别由两个机关行使或者被收归人民政府。被告是继续行使职权的机关。

3.行政机关被撤销的，其行政职权随政府职能转变而不复存在，下放到企业或社会组织的，由作出撤销决定的行政机关做被告。

第四节　行政诉讼的第三人

一、第三人的概念

《行政诉讼法》第29条第1款规定，公民、法人或者其他组织同被诉行政行为有利害关系但没有提起诉讼，或者同案件处理结果有利害关系的，可以作为第三人申请参加诉讼，或者由人民法院通知参加诉讼。行政诉讼的第三人是指因与被提起行政诉讼的行政行为有利害关系但未起诉，通过申请或法院通知形式，参加到诉讼中来的当事人。

1.第三人与被诉行政行为有利害关系。第三人参加诉讼具有维护自身合法权益的目的，也有协助法院查明案件事实、正确解决纠纷的客观作用，因此，应当对“利害关系”作宽泛的解释。这种利害关系既包括与被诉行政行为的利害关系，也包括与诉讼结果的利害关系；不仅包括直接利害关系，也包括间接利害关系。

（1）直接的利害关系是指其权益必然受行政行为影响的人。例如，甲、乙两村就某块土地所有权发生争议，县政府把土地确权给甲村，乙村不服向法院起诉。甲村未起诉，甲村即可以成为第三人。

（2）间接的利害关系是指权益受到行政行为波及。例如，规划部门批准了甲的建房申请，但甲的房屋被水利部门以其为违章建筑强制拆除，甲对水利部门的拆除决定不服，向人民法院起诉。规划部门与水利部门的拆除决定没有直接的利害关系，但是对拆除决定审查的结果有利害关系。如果人民法院判决拆除决定合法，甲就可能向规划部门提出赔偿建房损失的要求。因为规划部门批准甲的建房申请，对造成甲的建房损失也有责任。因此在该案中，规划部门可以作为第三人参加诉讼。

总之，只要是法律上的利害关系，即涉及当事人法律权益的关系，都可以成为第三人参加诉讼的根据。

2.第三人是参加到他人诉讼中来的公民、法人或者其他组织。第三人并非原来就不可能成为原告，只是没有作为原告起诉。在他人开始诉讼之后，认为有必要参加诉讼的，才申请参加诉讼或者被法院通知参加诉讼。这个参加诉讼的时间差是第三人与原告的重要区别。根据《行诉法适用解释》的规定，行政机关的同一行政行为涉及两个以上利害关系人，其中一部分利害关系人对行政行为不服提起诉讼，人民法院应当通知没有起诉的其他利害关系人作为第三人参加诉讼。与行政案件处理结果有利害关系的第三人，可以申请参加诉讼，或者由人民法院通知其参加诉讼。行政诉讼法的第三人，因不能归责于本人的事由未参加诉讼，但有证据证明发生法律效力的判决、裁定、调解书损害其合法权益的，可以依照《行政诉讼法》第90条的规定，自知道或者应当知道其合法权益受到损害之日起6个月内，向上一级人民法院申请再审。

3.第三人有独立的诉讼地位。第三人参加诉讼是为了保护自己的权益，在这方面，第三人独立于原告、被告，即使其诉讼主张与原告或者被告可能一致或者部分一致。但是，第三人为了维护自己的合法权益，他既不依附原告也不依附被告，可以提出自己的请求，人民法院判决第三人承担义务或者减损第三人权益的，第三人有权依法提起上诉或者申请再审。

二、第三人的确认

第三人总体上可以分为原告型第三人、被告型第三人和证人型第三人。所谓原告型第三人，是指享有诉权的公民没有在法定期限内起诉，而是参加他人提起的行政诉讼的第三人。例如，行政裁决案件中没有起诉的一方当事人。所谓被告型第三人，是指应当作为被告参加诉讼，但因原告不指控，而被法院作为第三人通知参加诉讼的行政机关。例如，若干行政机关共同作出行政行为的，原告坚持起诉其中的一个，其他没有被诉的行政机关则作为第三人参加诉讼。所谓证人型第三人，是指在案件审理过程中主要作用是协助法院查明案件事实的第三人。

从《行政诉讼法》《行诉法适用解释》以及司法实践和相关学理来看，第三人主要有以下几种类型：

1.行政处罚案件中的受害人或加害人。在行政处罚案件中，加害人不服处罚作为原告起诉，受害人则可以作为第三人参加诉讼。如果受害人对处罚不服而以原告身份向法院起诉，加害人可以第三人名义参加诉讼。

2.行政处罚案件中的共同被处罚人。在一个行政处罚案件中，行政机关处罚了两个以上的违法行为人，其中一部分人向法院起诉，而另一部分被处罚人没有起诉的，可以作为第三人参加诉讼。

3.行政裁决案件中的当事人。公民、法人或者其他组织之间发生民事权益纠纷，由行政机关确权裁决，一部分当事人不服向法院起诉，另一部分可作为第三人参加诉讼。

4.两个以上行政机关作出相互矛盾的行政行为，非被告的行政机关可以是第三人。

5.与行政机关共同署名作出处理决定的非行政组织。这种组织既不是行政机关，也不是授权组织，不能做被告，但赔偿责任不免除。该组织应作为第三人参加诉讼，以承担相应的法律责任。

6.应当追加被告而原告不同意追加的，法院应通知其作为第三人参加诉讼。如果只有一个被告而原告指控又不正确的，法院应要求原告变更为正确的被告。原告如不同意变更的，则驳回起诉。但是，如果应当有两个或两个以上的正确被告，而原告只诉其中部分被告，不同意诉其他具有被告资格的行政机关的，原则上这些行政机关作为第三人参加诉讼。不过，因复议机关决定维持原行政行为，作出原行政行为的行政机关和复议机关共同被告时，原告只起诉作出原行政行为的行政机关或者复议机关的，法院应当告知原告追加被告。原告不同意追加的，法院应当将另一机关列为共同被告。

三、第三人参加诉讼的程序

这里需要把握的问题是：

1.第三人参加诉讼的时间。第三人参加行政诉讼，须在原告、被告的诉讼程序已开始，判决未作出以前。

2.第三人参加诉讼的途径有申请参加和通知参加两种。

申请参加是指第三人向法院提出申请，经法院准许而参加诉讼。法院同意的，书面通知第三人；法院不同意的，裁定驳回申请。申请人不服裁定可在10日内上诉。

通知参加诉讼必须具有根据和理由，第三人有拒绝的权利。

3.第三人享有当事人的诉讼地位，人民法院判决第三人承担义务或者减损第三人权益的，第三人有权依法提起上诉。法院应当通知当事人参加诉讼而不通知的，构成诉讼主体的遗漏。

第五节　共同诉讼人

一、共同诉讼人的概念

《行政诉讼法》第27条规定：当事人一方或双方为二人以上，因同一行政行为发生的行政案件，或者因同类行政行为发生的行政案件、人民法院认为可以合并审理并经当事人同意的，为共同诉讼。可以看出，共同诉讼人是指原告或被告一方为两个以上，诉讼客体相同，并且诉讼主张一致。这里的要点是：

1.当事人一方是两个以上的公民、法人或者其他组织。

2.诉讼标的相同。所谓相同，是指同一或者同类两种情况。

3.诉讼主张一致。所谓一致，是指共同诉讼人之间的诉讼主张之间没有根本冲突或者实质性的差异，并不是指诉讼主张完全相同。

4.案件属同一人民法院管辖，并且人民法院决定进行合并审理。

二、必要共同诉讼人

必须共同进行诉讼是指当事人一方或双方为两人以上，诉讼标的是同一行政行为的诉讼。《行诉法适用解释》第27条第3款规定，必须共同进行诉讼是指按照《行政诉讼法》第27条的规定，当事人一方或者双方为两人以上，因同一行政行为发生行政争议，人民法院必须合并审理的诉讼。在这种共同诉讼中的当事人即为必要共同诉讼人。

1.必要共同诉讼的标准是诉讼标的同一，是指诉讼客体是同一个行政行为。所谓同一个行政行为是指行政机关以一个意思表示为目的，作出了一个处理决定，无论作出的行政机关有几个或者行政相对人有几个。换言之，被诉行政行为本身是一个独立、完整的行政行为，该行为或者是由两个以上行政机关共同作出，或者是一个行政行为处理两个以上公民、法人或者其他组织。

2.必要共同诉讼人因同一行政行为而发生了不可分割的法律或者事实联系。共同诉讼当事人对于引起争议的同一行政行为，有共同的利害关系，即共同的权利义务关系，任何一人的诉讼行为都会影响其他人的权益，任何一人都无权代替整体，不能分案审理。其实质是一个案件，一个行政行为，只是诉讼当事人为多数。因此，共同诉讼人必须共同参加诉讼。根据《行诉法适用解释》的规定，必须共同进行诉讼的当事人没有参加诉讼的，人民法院应当依法通知其参加；当事人也可以向人民法院申请参加。对后者，人民法院应当对当事人提出的申请进行审查，申请理由不成立的，裁定驳回；申请理由成立的，书面通知其参加诉讼。人民法院追加共同诉讼的当事人时，应当通知其他当事人。应当追加的原告，已明确表示放弃实体权利的，可不予追加；既不愿意参加诉讼，又不放弃实体权利的，应追加为第三人，其不参加诉讼，不能阻碍人民法院对案件的审理和裁判。如果是共同被告，则应当在征求原告同意的基础上追加，被追加的被告无权拒绝。

3.共同诉讼人都是独立的法律主体，有独立的诉讼法律地位，一个人的行为对其他共同诉讼人没有法律上的约束力。他们各自以自己的名义参加诉讼，并对各自的行为负责，各自可以提出自己的诉讼请求。

4.共同诉讼人主要有以下情形：（1）两个以上的当事人，因共同违法而被一个行政机关在一个处罚决定书中分别予以处罚。（2）法人或组织因违法而被处罚，该法人或组织的负责人或直接行为人同时被一个处罚决定处罚。（3）两个以上共同受害人，对行政机关的同一行政行为均表示不服而诉诸法院，这些起诉的共同受害人就成为共同原告人。（4）两个以上行政机关以一个共同行政决定形式，处理或处罚了一个或若干个当事人。

三、普通共同诉讼人

普通共同诉讼人，是指诉讼标的是同类行政行为，法院认为可以合并审理，且同意合并审理的两人以上参加诉讼的当事人。这种共同诉讼的当事人即是普通共同诉讼人。所谓同类行政行为，是指两个以上的处理同类事实、适用相同法律的行政行为。例如，某环境卫生管理部门以违反“门前三包”的规定为由，对毗邻的6家商店分别处以罚款，对这6家商店的6项处罚行为是同类行政行为，如果这6家商店均不服，或有2家以上的商店不服，分别以自己的名义在几乎相同的时间里向人民法院提起诉讼，人民法院认为可以合并审理，分别裁决。可以看出，同类行政行为发生的是几个案件而非一个案件，共同诉讼人之间在事实上或法律上并无当然的不可分割的联系，仅仅因为诉讼标的属于同一种类，即被诉行政行为有相同、相类似的性质，所以在程序上被统一起来，法院认为宜于合并审理，且当事人同意的实行合并审理。

这里需要注意的是，普通共同诉讼并不是必须要合并，关键在于能否达到并案审理简化诉讼的目的。

普通共同诉讼，可以由共同诉讼的当事人向法院提出申请，要求并案审理，然后由法院审查，认为可以合并的才能实行合并；也可以由法院主动审查，认为宜于并案的，经当事人同意进行并案审理。

四、集团诉讼

行政诉讼中的集团诉讼，是指由人数众多的当事人一方推选诉讼代表人参加的且法院的判决及于全体利益关系人的行政诉讼。它是共同行政诉讼的一种特殊形式，《行政诉讼法》第28条规定，当事人一方人数众多的共同诉讼，可以由当事人推选代表人进行诉讼。代表人的诉讼行为对其所代表的当事人发生效力，但代表人变更、放弃诉讼请求或者承认对方当事人的诉讼请求，应当经被代表的当事人同意。集团诉讼具有以下特点：

1.当事人一方人数众多。何为众多，行政诉讼法未作出明确规定。根据《行诉法适用解释》第29条的规定，所谓众多，一般是指10人以上。

2.实行诉讼代表制。由于当事人一方人数众多，不可能让集团诉讼的每一当事人都亲自参加诉讼，而是推选诉讼代表人参加诉讼。集团诉讼的代表人必须是当事人。代表人变更、放弃诉讼请求或者承认对方当事人的诉讼请求，应当经被代表的当事人同意。

3.法院的裁判效力不仅及于诉讼代表人，也及于其他未亲自参加诉讼的当事人。

4.集团诉讼的诉讼代表人产生途径有两个：(1)由当事人推选代表人产生；(2)如果当事人推选不出的，可以由人民法院在起诉的当事人中指定代表人。

5.代表人为2～5人。代表人可以委托1～2人作为诉讼代理人。

第六节　诉讼代理人

一、诉讼代理人的概念

这是指以当事人名义，在代理权限内，代理当事人进行诉讼活动的人。

1.行政诉讼代理人以行政诉讼当事人的名义进入诉讼程序。他不能以自己的名义进行诉讼，否则他就不是代理人而是当事人了。其他诉讼参与人，如证人、鉴定人、勘验人等均非诉讼代理人。而且，此种代理人是代理进行行政诉讼，这与其他代理制度有所不同。

2.代理人在代理权限以内的诉讼行为的法律后果归属于被代理人。代理诉讼是基于代理权而产生，只要代理人的诉讼行为是在代理权限以内，就对被代理人产生法律后果。

3.代理人参加行政诉讼的目的在于维护被代理人的合法权益。因此，诉讼代理人只能在一个案件中代理一方当事人。

代理人制度的意义是：(1)使无诉讼行为能力的当事人能参加诉讼，以保护自己的合法权益；(2)为当事人提供法律上的帮助，使他们能够更有效地行使权利、提出主张；(3)有助于法院依法正确及时地审理案件，接受监督，防止与减少违法与错误，提高审判质量。

二、诉讼代理人的种类

行政诉讼代理人分为以下三种：

1.法定代理人。是指依法直接享有代理权限，代替无诉讼行为能力的公民进行行政诉讼的人。这种代理权直接根据法律设定而产生，不以被代理人的意志为转移。条件是:(1)被代理人是无行为能力的人,即未成年人、精神病人等。(2)代理人与被代理人之间存在亲权或监护关系。首先是父母、配偶、子女、兄弟姐妹等。如果被代理人没有作为监护人的亲属,则由其所在单位或者住所地居委会、村委会作为其监护人,即法定代理人。

法定代理是全权代理。法定代理人所做的一切诉讼行为,被视为是被代理的当事人本人所为的诉讼行为,与当事人的诉讼行为具有同等的法律效力。法定代理人在诉讼中与当事人居于同等地位,可以代理当事人为一切诉讼行为,包括处分实体权利的行为。但是,法定代理人毕竟不是当事人,不是诉讼主体。实体权利和义务的承担者是当事人,而不是法定代理人。

法定代理人代理权限是基于亲权或监护关系而产生的,它的消灭也是在一定法律事实出现后消灭的。主要有:被代理的未成年人已经成年,有行政诉讼行为能力;精神病人恢复正常,重新具有行为能力;代理人本人死亡或丧失行为能力;被代理人与代理人之间的收养关系被合法解除等。

2.指定代理人。即由人民法院指定代理无诉讼行为能力的当事人进行行政诉讼的人。指定代理的条件是:(1)被代理人属于无诉讼行为能力的公民;(2)被代理人无法定代理人,或者虽有法定代理人,但法定代理人互相推诿代理责任或者不能行使代理权;(3)由法院依职权指定,无须被指定人同意。

指定代理人的代理权限是个复杂的问题。一般认为,指定代理人如属法定代理人,则其权限就是原法定代理人的权限;如属于法定代理人以外的人,人民法院在指定时应予明确。

指定代理人代理权限消灭的情形是:案件终结;当事人产生或恢复行为能力;当事人的法定代理人可以行使代理权等。

3.委托代理人。受当事人、法定代理人委托,代为进行行政诉讼的人就是委托代理人。对此,《行政诉讼法》第31条规定,当事人、法定代理人,可以委托1~2人作为诉讼代理人。下列人员可以被委托为诉讼代理人:(1)律师、基层法律服务工作者;(2)当事人的近亲属或者工作人员;(3)当事人所在社区、单位以及有关社会团体推荐的公民。第32条规定:代理诉讼的律师,有权按照规定查阅、复制本案有关材料,有权向有关组织和公民调查,收集与本案有关的证据。对涉及国家秘密、商业秘密和个人隐私的材料,应当依照法律规定保密。当事人和其他诉讼代理人有权按照规定查阅、复制本案庭审材料,但涉及国家秘密、商业秘密和个人隐私的内容除外。这里需要注意的问题是:

(1)委托代理权是在委托人与受托人双方意思表示一致的基础上并由委托人授权委托而产生的,既非源于法律,也非单方指定行为。委托人须向法院提交自己授权的授权委托书。有关代理权限的事宜,应在委托书中载明。

(2)行政诉讼法规定的委托代理人有下列几种:律师、基层法律服务工作者、当事人的近亲属或者工作人员、当事人所在社区、单位以及有关社会团体推荐的公民。其中,律师作为委托代理人,依据法律享有特殊的权限。

其中,与当事人有合法劳动人事关系的职工,可以当事人工作人员的名义作为诉讼代理人。以当事人的工作人员身份参加诉讼活动,应当提交以下证据之一加以证明:缴纳社会保险记录凭证;领取工资凭证;其他能够证明其为当事人工作人员身份的证据。有关社会团体推荐公民担任诉讼代理人的,应当符合下列条件:社会团体属于依法登记设立或者依法免予登记设立的非营利性法人组织;被代理人属于该社会团体的成员,或者当事人一方住所地位于该社会团体的活动地域;代理事务属于该社会团体章程载明的业务范围;被推荐的公民是该社会团体的负责人或者与该社会团体有合法劳动人事关系的工作人员。专利代理人经中华全国专利代理人协会推荐,可以在专利行政案件中担任诉讼代理人。

(3)根据《行诉法适用解释》第31条的规定,当事人委托诉讼代理人,应当向人民法院提交由委托人签名或者盖章的授权委托书。委托书应当载明委托事项和具体权限。公民在特殊情况下无法书面委托的，也可以由他人代书，并由自己捺印等方式确认，人民法院应当核实并记录在卷；被诉行政机关或者其他有义务协助的机关拒绝人民法院向被限制人身自由的公民核实的，视为委托成立。当事人解除或者变更委托的，应当书面报告人民法院。

案例分析　能力训练

（4）委托代理权消灭的主要根据有：诉讼终结；委托人解除委托；受委托人辞却委托；当事人、第三人更换或死亡；受委托人死亡或丧失行为能力等。

【本章主要法律规定】

1.《行政诉讼法》第25～32条
2.最高人民法院《关于适用〈中华人民共和国行政诉讼法〉的解释》第12～33条
3.最高人民法院《关于审理反倾销行政案件应用法律若干问题的规定》第2～4条
4.最高人民法院《关于审理反补贴行政案件应用法律若干问题的规定》第2～4条

第十七章
行政诉讼程序

本章主要内容提示

确定行政诉讼起诉期限，需要分析两个重要问题：是直接起诉还是复议后提起诉讼，单行法是否对起诉期限有特别规定。

1年、5年与20年不是起诉期限，而是诉权最长保护期限。1年适用于未告知诉权或起诉期限的情形，起算点为知道或者应当知道行政行为内容之日；5年与20年适用于当事人不知道行政行为内容的情形，起算点为行政行为作出之日。

第一节　起诉与受理

起诉与受理是行政诉讼开始必经的两个环节，起诉是公民、法人或者其他组织要求法院启动行政诉讼程序的主张，受理则是法院对符合法定条件起诉的认可和接受，二者共同作用构成了行政诉讼程序的开始。

一、起诉

行政诉讼与民事诉讼一样，采用不告不理原则，即人民法院不能主动开始行政诉讼，而必须先由公民、法人或者其他组织提出诉讼，起诉是行政诉讼开始的前提条件。在我国，起诉是指公民、法人或者其他组织认为行政行为侵犯其合法权益，依法请求人民法院行使国家审判权给予其救济的诉讼行为。它是公民、法人或者其他组织请求法院启动行政诉讼程序的意思表示，是其行使法律赋予的诉权的具体表现。但这一权利的行使并非不受条件限制，根据行政诉讼法的规定，提起行政诉讼必须符合起诉的一般条件、时间条件和程序条件。

（一）起诉的一般条件

起诉的一般条件是法律对提起诉讼最基本的，也是最普遍的要求。根据《行政诉讼法》第49条的要求规定，提起行政诉讼的一般条件是：

1.原告是行政行为的相对人以及其他与行政行为有利害关系的公民、法人或者其他组织。这包括四方面的含义：第一，原告必须是公民、法人或者其他组织，行使职权的行政主体不能作为行政诉讼的原告；第二，侵犯原告合法权益的是行政行为；第三，原告必须是认为自己的合法权益被侵犯的人，其起诉是为了保护自己的权益，而不是为了他人的利益或者公共利益；第四，行政行为侵犯了自己的合法权益只是原告的一种“认为”，属原告自我的判断。合法权益是否真正被侵犯，则是行政诉讼要解决的实质问题。行政行为是否违法，是否侵犯了原告的合法权益，并不影响原告资格的取得和原告的起诉。

根据《行诉法适用解释》第54条的规定，公民、法人或者其他组织提起诉讼时应当提交以下起诉材料：原告的身份证明材料以及有效联系方式；被诉行政行为或者不作为存在的材料；原告与被诉行政行为具有利害关系的材料；人民法院认为需要提交的其他材料。由法定代理人或者委托代理人代为起诉的，还应当在起诉状中写明或者在口头起诉时向人民法院说明法定代理人或者委托代理人的基本情况，并提交法定代理人或者委托代理人的身份证明和代理权限证明等材料。

2.有明确的被告，即原告在起诉时，必须指明对谁起诉，明确指出被告人。明确与其发生争议者，指出被起诉者，是原告起诉必须具备的条件。没有具体明确的被告，无人应诉，就无法形成一个争端，人民法院也就无法进行审判活动。在我国，行政诉讼被告是行使行政职权的行政机关或者法律、法规、规章授权的组织，因此，原告在起诉时，应列出实施行政行为的行政机关或者法律、法规、规章授权组织的名称。当然，如果原告指明的被告不适格，人民法院应当告知原告予以变更。根据《行诉法适用解释》第67条的规定，原告提供被告的名称等信息足以使被告与其他行政机关相区别的，可以认定为"有明确的被告"。起诉状列写被告信息不足以认定明确的被告的，人民法院可以告知原告补正；原告补正后仍不能确定明确的被告的，人民法院裁定不予立案。

3.有具体的诉讼请求和事实根据。诉讼请求是原告通过人民法院针对被告提出的，希望获得法院司法保护的实体权利要求。它将决定法院审理和裁判的内容，因此，必须明确、具体。根据《行诉法适用解释》第68条的规定，"有具体的诉讼请求"包括下列情形：(1)请求判决撤销或者变更行政行为；(2)请求判决行政机关履行特定法定职责或者给付义务；(3)请求判决确认行政行为违法；(4)请求判决确认行政行为无效；(5)请求判决行政机关予以赔偿或者补偿；(6)请求解决行政协议争议；(7)请求一并审查规章以下规范性文件；(8)请求一并解决相关民事争议；(9)其他诉讼请求。当事人单独或者一并提起行政赔偿、补偿诉讼的，应当有具体的赔偿、补偿事项以及数额；请求一并审查规章以下规范性文件的，应当提供明确的文件名称或者审查对象；请求一并解决相关民事争议的，应当有具体的民事诉讼请求。当事人未能正确表达诉讼请求的，人民法院应当要求其明确诉讼请求。根据《行诉法适用解释》第70条的规定，法院立案起诉状副本送达被告后，原告提出新的诉讼请求的，人民法院不予准许，但有正当理由的除外。

事实根据是指原告向法院起诉所依据的事实和根据，包括案件情况和证据。值得注意的是，要求原告提供事实根据是为了证明存在行政争议，而不是要求原告提供证据证明行政行为违法。

4.属于人民法院受案范围和受诉人民法院管辖。根据我国《行政诉讼法》的规定，公民、法人或者其他组织只能对特定范围的行政行为提起诉讼。行政诉讼受案范围决定人民法院受理行政案件的范围，也决定当事人的诉权范围。原告的起诉若不属于人民法院受案范围，起诉不能成立，人民法院也无权受理。同时，人民法院对行政案件的受理有一定的分工，当事人应依法向对案件有管辖权的人民法院起诉。当原告将诉状递交给无管辖权的人民法院时，他并不会因此丧失诉权，受诉人民法院应告知其向有管辖权的法院起诉；已立案受理的，受诉法院则应将案件移送给有管辖权的法院。

（二）起诉的时间条件

公民、法人或者其他组织提起行政诉讼，要符合起诉的时间条件，即当事人必须在法律规定的期限内提出诉讼，对超过法律规定期限的起诉，人民法院有权拒绝受理。行政诉讼法规定起诉期限的目的不是要限制公民、法人或者其他组织依法享有的诉讼权利，而在于促使其及时行使权利。这样有助于争议的尽早解决，消除行政法律关系的不确定状态。

1.一般期限与特别期限。行政诉讼的起诉期限可分为一般期限和特别期限两类。

一般期限是指由行政诉讼法明确规定，适用于一般行政案件的起诉期限。该期限可分为直接向法院提起行政诉讼的一般期限与不服行政复议提起行政诉讼的一般期限两种。《行政诉讼法》第46条第1款规定，公民、法人或者其他组织直接向人民法院提起诉讼的，应当自知道或者应当知道作出行政行为之日起6个月内提出。因此，直接起诉的一般期限为应当自知道或者应当知道作出行政行为之日起6个月。根据《行政诉讼法》第45条的规定，不服行政复议而起诉的一般期限为15日，即在收到复议决定书之日起15日内向人民法院提起诉讼；若复议机关逾期不作决定的，当事人可以在复议期满之日起15日内向人民法院提起诉讼。公民、法人或者其他组织向复议机关申请行政复议后，复议机关作出维持决定的，应当以复议机关和原行为机关为共同被告，并以复议决定送达时间确定起诉期限。

特别期限是指为行政诉讼法所认可，由其他单行法律所规定的起诉期限，即直接向人民法院提起行政诉讼或不服行政复议提起行政诉讼的期限，法律另有规定的，应当适用相关单行法律对提起诉讼期限的规定，而不适用行政诉讼法关于直接向人民法院提起行政诉讼或不服行政复议提起行政诉讼的一般期限的规定。这里的“法律”一般应理解为由全国人民代表大会及其常委会依照立法程序制定的规范性文件。单行法律对特别起诉期限的规定，没有统一标准，需要视具体法律而定。

所以，在判断一起行政案件的起诉期限时，首先，要判断案件的性质，确定是属直接提起诉讼的案件，还是经复议才提起诉讼的案件；其次，要确定单行法律是否对起诉期限有特别规定，若有规定就要遵从此特别期限规定，否则就要适用行政诉讼法关于一般起诉期限的规定。

2.起诉期限的计算及最长保护期限。根据《行政诉讼法》第46条第1款的规定，行政诉讼的起诉期限应当自知道或者应当知道作出行政行为之日起计算。因此，如何判断公民、法人或者其他组织知道或者应当知道行政行为作出时间，对计算起诉期限至关重要。根据《行诉法适用解释》的规定，公民、法人或者其他组织何时知道，原则以行政机关明确告知其诉权和起诉期限为标准。此种计算方法有助于督促行政机关依法行政，切实保护公民、法人或者其他组织的合法权益。不过，为避免从行政行为作出到公民、法人或者其他组织起诉这一期限过长，可能造成法律关系的不确定，行政诉讼法及《行诉法适用解释》对最长保护期限及特殊情况下的起诉期限作出了具体规定。

（1）行政机关未告知公民、法人或者其他组织诉权或起诉期限的最长保护期。根据《行诉法适用解释》第64条的规定，行政机关作出行政行为时，未告知公民、法人或者其他组织起诉期限的，起诉期限从公民、法人或者其他组织知道或者应当知道起诉期限之日起计算，但从知道或者应当知道行政行为内容之日起最长不得超过1年。值得注意的是，这里1年最长期限的起算点，不是公民、法人或者其他组织知道或应当知道诉权或起诉期限之日，而是其知道或者应当知道行政行为内容之日。复议决定未告知公民、法人或者其他组织起诉期限的，适用此规定。

（2）公民、法人或者其他组织不知道行政行为内容时起诉期限的计算。与公民、法人或者其他组织不知道诉权或者起诉期限相比，不知道行政行为内容是更为严重的情形，对当事人的影响更大。《行政诉讼法》第46条第2款规定，因不动产提起诉讼的案件自行政行为作出之日起超过20年，其他案件自行政行为作出之日起超过5年提起诉讼的，人民法院不予受理。其中，涉及不动产的主要是有关房屋所有权、使用权以及土地、林地、自然资源等案件。将该类案件的最长保护期限规定为20年。值得注意的是，这里5年和20年最长期限的起算点，不是当事人知道或者应当知道行政行为内容之日，而是行政行为作出之日。

（3）行政机关不履行法定职责时起诉期限

的计算。根据《行政诉讼法》第47条及相关司法解释的规定，公民、法人或者其他组织申请行政机关履行保护其人身权、财产权等合法权益的法定职责，行政机关在接到申请之日起2个月内不履行的，公民、法人或者其他组织可以向人民法院提起诉讼。法律、法规对行政机关履行职责的期限另有规定的，从其规定。公民、法人或其他组织对行政机关不履行法定职责提起诉讼的，应当在行政机关履行法定职责期限届满之日起6个月内提出。公民、法人或者其他组织在紧急情况下请求行政机关履行保护其人身权、财产权等合法权益的法定职责，行政机关不履行的，提起诉讼不受上述履行职责期限的限制。

（三）起诉的程序条件

行政复议与行政诉讼均是解决行政争议的方式，是当事人不服行政行为寻求救济的两条重要途径。不过，当事人对这两种救济方式的使用，必须遵循法律对二者关系的规定。在我国，行政诉讼与行政复议的关系，基本是以当事人自由选择救济方式为原则，以行政复议前置为例外。具体情形如下：

1.原则上，公民、法人或者其他组织对行政行为不服，有权自由选择救济途径，可以不经复议直接向法院提起行政诉讼，也可以选择申请行政复议；同时，在选择行政复议后，当事人对行政复议不服仍可以再向法院起诉。该原则是我国处理行政复议与行政诉讼的基本准则，说明我国行政诉讼法没有强制把行政复议程序作为当事人提起行政诉讼的前置条件，行政复议并非行政诉讼的必经程序。虽然如此，当事人并不能同时使用行政复议与行政诉讼这两种救济途径。法律、行政法规未规定行政复议为提起行政诉讼必经程序，如果当事人既提起诉讼又申请行政复议，由先立案的机关管辖；同时立案的，由公民、法人或者其他组织选择。公民、法人或者其他组织已经申请行政复议，在法定复议期间内又向人民法院提起诉讼的，人民法院裁定不予立案。不过，当事人向复议机关申请行政复议后，又经复议机关同意撤回复议申请，在法定起诉期限内对原行政行为提起诉讼的，人民法院应当依法立案。

2.复议后选择终局。即当事人对行政行为申请复议，对复议决定不服，可以选择诉讼也可选择再次复议，但一旦选择复议，复议即为终局。这一做法目前见于《行政复议法》第26条规定："对省、自治区、直辖市人民政府依照本法第二十四条第二款的规定、国务院部门依照本法第二十五条第一项的规定作出的行政复议决定不服的，可以向人民法院提起行政诉讼；也可以向国务院申请裁决，国务院依照本法的规定作出最终裁决。"

3.公民、法人或者其他组织对行政行为不服，必须先申请行政复议，对行政复议不服，才能向法院起诉。在此情况下，行政复议是行政诉讼的必经程序，复议程序是行政诉讼的前置程序。法律、行政法规规定应当先申请复议，公民、法人或者其他组织未申请复议直接提起诉讼的，人民法院裁定不予立案。不过，对必须先复议才能起诉的，复议机关不受理复议申请或者在法定期限内不作出复议决定，公民、法人或者其他组织不服依法向人民法院提起诉讼的，人民法院应当依法立案。在我国，复议前置属行政复议与行政诉讼关系的例外，必须由法律、行政法规作出规定，地方性法规、规章和其他规范性文件不得作此规定。

对于复议前置的事项，2023年修订的《行政复议法》第23条作出了明确规定，包括五种情形：一是对当场作出的行政处罚决定不服；二是对行政机关作出的侵犯其已经依法取得的自然资源的所有权或者使用权的决定不服；三是认为行政机关存在《行政复议法》第11条规定的未履行法定职责情形；四是申请政府信息公开，行政机关不予公开；五是法律、行政法规规定应当先向行政复议机关申请行政复议的其他情形。

（四）起诉方式

公民、法人或者其他组织起诉时，原则上应采用书面方式，应当向人民法院递交起诉状，并按照被告人数提出副本。不过，书写起诉状确有困难的，可以口头起诉，由人民法院记入笔录，出具注明日期的书面凭证，并告知对方当事人。

二、受理

（一）受理的概念

受理，是指人民法院对公民、法人或者其他组织的起诉进行审查，对符合法定条件的起诉决定立案审理，从而引起诉讼程序开始的职权行为。行政诉讼程序的引发，虽然必须以公民、法人或者其他组织的起诉为前提，但仅有起诉没有人民法院的立案受理，行政诉讼程序仍然无从开始。公民、法人或者其他组织的起诉与人民法院的受理的结合，才构成行政诉讼程序的开始。无论是对行使诉权寻求司法保护的公民、法人或者其他组织而言，还是对行使审判权的人民法院而言，受理这一诉讼行为的意义都十分重要。

（二）对起诉的审查和处理

人民法院接到起诉状后进行审查后，作出以下处理：

1.人民法院在接到起诉状时对符合规定的起诉条件的，应当登记立案。即只要符合条件，就必须立案，而且立案本身必须要登记。《行诉法适用解释》第53条第2款规定，对当事人依法提起的诉讼，法院应当根据《行政诉讼法》第51条规定接收起诉状。能够判断符合起诉条件的，应当当场登记立案。一经立案，即产生两方面的法律效果：一方面，受诉法院既取得了对此案的审判权，也要担当起相应的责任；另一方面，起诉人和被诉人分别取得了原告和被告的诉讼地位。

2.对当场不能判定是否符合行政诉讼法规定的起诉条件的，应当接收起诉状，出具注明收到日期的书面凭证，并在7日内决定是否立案。7日内仍不能作出判断的，应当先予立案。不符合起诉条件的，作出不予立案的裁定。裁定书应当载明不予立案的理由。原告对裁定不服的，可以提起上诉。

根据《行诉法适用解释》第69条的规定，有下列情形之一，已经立案的，法院应当裁定驳回起诉：（1）不符合《行政诉讼法》第49条规定的；（2）超过法定起诉期限且无《行政诉讼法》第48条规定情形的；（3）错列被告且拒绝变更的；（4）未按照法律规定由法定代理人、指定代理人、代表人为诉讼行为的；（5）未按照法律、法规规定先向行政机关申请复议的；（6）重复起诉的；（7）撤回起诉后无正当理由再行起诉的；（8）行政行为对其合法权益明显不产生实际影响的；（9）诉讼标的已为生效裁判或调解书所羁束的；（10）不符合其他法定起诉条件的。对上述情形可以补正或者更正的，人民法院应当指定期间责令补正或者更正；在指定期间已经补正或者更正的，应当依法审理。人民法院经过阅卷、调查或者询问当事人，认为不需要开庭审理的，可以迳行裁定驳回起诉。

对于重复起诉的认定，《行诉法适用解释》作出了规定。当事人就已经提起诉讼的事项在诉讼过程中或者裁判生效后再次起诉，同时具有下列情形的，构成重复起诉：后诉与前诉的当事人相同；后诉与前诉的诉讼标的相同；后诉与前诉的诉讼请求相同，或者后诉的诉讼请求被前诉裁判所包含。

3.起诉状内容或者材料欠缺的，人民法院应当给予指导和释明，并一次性全面告知当事人需要补正的内容、补充的材料及期限。在指定期限内补正并符合起诉条件的，应当登记立案。当事人拒绝补正或者经补正仍不符合起诉条件的，退回诉状并记录在册；坚持起诉的，裁定不予立案，并载明不予立案的理由。

人民法院既不立案，又不作出不予立案裁定的，当事人可以向上一级人民法院起诉。上一级人民法院认为符合起诉条件的，应当立案、审理，也可以指定其他下级人民法院立案、审理。

对于不接收起诉状、接收起诉状后不出具书面凭证，以及不一次性告知当事人需要补正的起诉状内容的，当事人可以向上级人民法院投诉，上级人民法院应当责令改正，并对直接负责的主管人员和其他直接责任人员依法给予处分。

第二节　行政诉讼的第一审程序

行政诉讼第一审程序，是指人民法院自立案至作出第一审判决的诉讼程序。由于我国行政审判制度实行两审终审原则，因此，第一审程序是所有行政案件必经的基本程序，第一审程序也成为行政审判的基础程序。根据《行政诉讼法》的规定，行政诉讼第一审程序分为第一审普通程序和简易程序。

一、第一审普通程序

行政诉讼第一审普通程序，是行政诉讼第一审中除适用简易程序外所有行政诉讼案件适用的程序，第一审程序是最重要、最基础的程序。

（一）审理前的准备

审理前的准备，是指人民法院在受理案件后至开庭审理前，为保证庭审工作的顺利进行，由审判人员依法所进行的一系列准备工作的总称。它是行政案件审理必经的阶段，对保证庭审质量，提高庭审效率具有重要意义。审理前准备主要包括下列内容：

1.组成合议庭

人民法院审理第一审行政案件，由审判员或审判员、陪审员组成合议庭。合议庭成员应是3人以上的单数。

2.交换诉状

交换诉状主要是向被告和原告发送有关文书。一方面，人民法院应在立案之日起5日内，将起诉状副本和应诉通知书发送被告，通知被告应诉；另一方面，人民法院应在收到被告答辩状之日起5日内，将答辩状副本发送原告。答辩状是被告对原告起诉的回应和反驳。被告应当在收到起诉状副本之日起15日内提交答辩状，并向法院提交作出行政行为的证据和所依据的规范性文件。不过，提交答辩状是被告的一项权利，被告不提交答辩状不影响人民法院的审理。但被告在法定时间内，不提交或者没有正当理由逾期提交作出行政行为的证据和所依据的规范性文件的，应当认定该行政行为没有证据和依据，判决被告败诉。

3.处理管辖异议

当事人对受诉人民法院的管辖，有权提出异议。当事人提出管辖异议，应在收到起诉状副本之日起15日内提出。对当事人提出的管辖异议，人民法院应当进行审查。异议成立的，受诉人民法院应裁定将案件移送有管辖权的人民法院；异议不成立的，则应裁定驳回。

4.审查诉讼文书和调查收集证据

这是审理前准备的中心内容。通过对原告、被告提供的起诉状、答辩状和各种证据的审查，人民法院可以全面了解案情，熟悉原告的诉讼请求和理由、被告的答辩理由及案件的争议点。人民法院如果发现当事人双方材料或证据不全，应当通知当事人补充；对当事人不能收集的材料和证据，人民法院可以根据需要主动调查收集证据。对于案情比较复杂或者证据数量较多的案件，人民法院可以组织当事人向对方出示或者交换证据，并将交换证据的情况记录在卷。

5.审查其他内容

在了解案情的基础上，人民法院还要根据具体情况审查和决定下列事项：更换和追加当事人；决定或通知第三人参加诉讼；决定诉的合并与分离；确定审理的形式；决定开庭审理的时间、地点等。

（二）庭审程序

1.庭审方式

庭审是受诉人民法院在双方当事人及其他诉讼参与人的参加下，依照法定程序，在法庭上对行政案件进行审理的诉讼活动。庭审的主要任务是，通过法庭调查和法庭辩论，审查核实证据，查明案件事实，适用法律、法规，以确认当事人之间的权利义务关系。庭审是行政诉讼第一审程序中最基本、最重要的诉讼阶段，是保证人民法院完成审判任务的中心环节。

根据行政诉讼法的规定，行政诉讼第一审程序必须进行开庭审理。开庭审理应遵循以下原则：

（1）必须采取言词审理的方式。言词审理与书面审理相对而言，是指在开庭审理的整个过程中，人民法院的所有职权行为和当事人以及其他诉讼参与人的一切诉讼行为，皆必须直接以言词方式进行。此种审理方式有利于当事人充分行使辩论权和其他诉讼权利，便于人民法院直接审理案件并在此基础上查明全部事实。

（2）以公开审理为原则。法院公开审理行政案件，但涉及国家秘密、个人隐私和法律另有规定的除外。涉及商业秘密的案件，当事人申请不公开审理的，可以不公开审理。对于公开审理的案件，允许公民旁听、允许记者采访报道。

2.庭审程序

人民法院开庭审理必须依据法定程序进行。一般的庭审程序分为六个阶段：

（1）开庭准备。人民法院适用普通程序审理案件，应当在开庭3日前用传票传唤当事人。对证人、鉴定人、勘验人、翻译人员，应当用通知书通知其到庭。当事人或者其他诉讼参与人在外地的，应当留有必要的在途时间。对公开审理的案件，应当张贴公告，载明开庭时间、地点、案由等。

（2）开庭审理。开庭审理时，审判长要核对当事人、诉讼代理人、第三人，宣布合议庭组成人员，告知当事人的诉讼权利和义务，询问当事人是否申请回避等。

当事人申请回避，应当说明理由，在案件开始审理时提出；回避事由在案件开始审理后知道的，应当在法庭辩论终结前提出。被申请回避的人员，在人民法院作出是否回避的决定前，应当暂停参与本案的工作，但案件需要采取紧急措施的除外。对当事人提出的回避申请，人民法院应当在3日内以口头或者书面形式作出决定。对当事人提出的明显不属于法定回避事由的申请，法庭可以依法当庭驳回。申请人对驳回回避申请决定不服的，可以向作出决定的人民法院申请复议一次。复议期间，被申请回避的人员不停止参与本案的工作。对申请人的复议申请，人民法院应当在3日内作出复议决定，并通知复议申请人。根据《行诉法适用解释》第75条的规定，在一个审判程序中参与过本案审判工作的审判人员，不得再参与该案其他程序的审判。发回重审的案件，在一审法院作出裁判后又进入第二审程序的，原第二审程序中合议庭组成人员不受前款规定的限制。

（3）法庭调查。法庭调查是庭审的重要阶段，主要任务是通过当事人陈述和证人作证，出示书证、物证和视听资料，宣读现场笔录、鉴定意见和勘验笔录，来查明案件事实，审查核实证据，为法庭辩论奠定基础。法庭调查的基本顺序是：第一，询问当事人和当事人的陈述；第二，通知证人到庭作证，告知证人的权利义务，询问证人，宣读未到庭证人的证人证言；第三，通知鉴定人到庭，告知其权利义务，询问鉴定人，宣读鉴定意见；第四，出示书证、物证和视听资料；第五，通知勘验人到庭，告知其权利义务，宣读勘验笔录。

（4）法庭辩论。法庭辩论是指在合议庭主持下，各方当事人就本案事实和证据及被诉行政行为的法律依据，阐明自己的观点，论述自己的意见，反驳对方的主张，进行言词辩论的诉讼活动。法庭辩论的顺序是：原告及其诉讼代理人发言；被告及其诉讼代理人答辩；第三人及其诉讼代理人发言或答辩；互相辩论。在法庭辩论中，审判人员始终处于指挥者和组织者的地位，应引导当事人围绕争议焦点进行辩论；同时，审判人员应为各方当事人及其诉讼代理人提供平等的辩论机会，保障并便利他们充分行使辩论权。

（5）合议庭评议。法庭辩论结束后，合议庭休庭，由全体成员对案件进行评议。评议不对外公开，采取少数服从多数原则。评议应当制作笔录，对不同意见也必须如实记入笔录，评议笔录由合议庭全体成员及书记员签名。

（6）宣读判决。合议庭评议后，审判长应宣布继续开庭并宣读判决。如果不能当庭宣判，审判长应宣布另定日期宣判。当庭宣判的，应当在10日内发送判决书；定期宣判的，宣判后立即发给判决书。宣告判决时，必须告知当事人上诉权利、上诉期限和上诉的人民法院。

（三）审理期限

人民法院审理第一审普通行政案件，应当自立案之日起6个月内作出判决。审理期限是指从立案之日起至裁判宣告、调解书送达之日止的期间，但公告期间、鉴定期间、调解期间、中止诉讼期间、审理当事人提出的管辖异议以及处理人民法院之间的管辖争议期间不应计算在内。有特殊情况需要延长的，由高级人民法院批准，高级人民法院审理第一审行政案件需要延长的，由最高人民法院批准。基层人民法院申请延长审理期限，应当直接报请高级人民法院批准，同时报中级人民法院备案。

二、简易程序

我国修正前的行政诉讼法中没有关于简易程序的规定，一律适用普通程序进行审理。其原因是主要是认为行政案件本身比较复杂，不宜适用简易程序。不过，我国行政诉讼实践表明，行政诉讼案件有的复杂，有的简单，没有必要一律适用普通程序，同时司法资源有限，因此简易程序确为现实所需。2014年行政诉讼法修正顺应需要，增加了简易程序。

（一）适用范围

简易程序仅适用于第一审中简单的行政案件。《行政诉讼法》第82条规定，人民法院审理下列第一审行政案件，认为事实清楚、权利义务关系明确、争议不大的，可以适用简易程序：（1）被诉行政行为是依法当场作出的；（2）案件涉及款额2000元以下的；（3）属于政府信息公开案件的。除前款规定以外的第一审行政案件，当事人各方同意适用简易程序的，可以适用简易程序。发回重审、按照审判监督程序再审的案件不适用简易程序。据此，理解行政诉讼简易程序的适用范围要注意以下三个问题：

1.法定可适用的案件。在特定情形下，法院认为事实清楚、权利义务关系明确、争议不大的第一审行政案件，可以适用简易程序。根据《行诉法适用解释》第102条的规定，“事实清楚”，是指当事人对争议的事实陈述基本一致，并能提供相应的证据，无须人民法院调查收集证据即可查明事实；“权利义务关系明确”，是指行政法律关系中权利和义务能够明确区分；“争议不大”，是指当事人对行政行为的合法性、责任承担等没有实质分歧。具体的案件有：被诉行政行为是依法当场作出的，案件涉及款额2000元以下的，属于政府信息公开案件的。

2.意定可适用的案件。对第一审案件，当事人各方同意适用简易程序的，可以适用简易程序。

3.不得适用的案件。发回重审、按照审判监督程序再审的案件不适用简易程序。

（二）简易程序的要求

对于适用简易程序审理的行政案件，由审判员一人独任审理。适用简易程序审理的行政案件，人民法院可以用口头通知、电话、短信、传真、电子邮件等简便方式传唤当事人、通知证人、送达裁判文书以外的诉讼文书。以简便方式送达的开庭通知，未经当事人确认或者没有其他证据证明当事人已经收到的，人民法院不得缺席判决。

适用简易程序案件的举证期限由人民法院确定，也可以由当事人协商一致并经人民法院准许，但不得超过15日。被告要求书面答辩的，人民法院可以确定合理的答辩期间。人民法院应当将举证期限和开庭日期告知双方当事人，并向当事人说明逾期举证以及拒不到庭的法律后果，由双方当事人在笔录和开庭传票的送达回证上签名或者捺印。当事人双方均表示同意立即开庭或者缩短举证期限、答辩期间的，人民法院可以立即开庭审理或者确定近期开庭。审限为45日，法院应当在立案之日起45日内审结。同样，审理期限是指从立案之日起至裁判宣告、调解书送达之日止的期间，但公告期间、鉴定期间、调解期间、中止诉讼期间、审理当事人提出的管辖异议以及处理人民法院之间的管辖争议期间不应计算在内。

（三）简易程序向普通程序的转换

法院发现案情复杂，需要转为普通程序审理的，应当在审理期限届满前作出裁定并将合议庭组成人员及相关事项书面通知双方当事人。案件转为普通程序审理的，审理期限自人民法院立案之日起计算。

第三节　行政诉讼的第二审程序

我国行政诉讼实行两审终审制度，除最高人民法院所作出的一审判决、裁定外，当事人不服地方各级人民法院作出的一审判决和部分裁定，依法有权向上一级人民法院提出上诉，行政诉讼由此进入第二审程序。行政诉讼第二审程序，是指当事人不服地方各级人民法院尚未生效的第一审判决或裁定，依法向上一级人民法院提起上诉，上一级人民法院据此对案件进行再次审理所适用的程序。第二审程序虽不是每一起案件必经的程序，但却是一种独立的程序，其存在可以为当事人提供更多的救济机会，有助于上级人民法院对第一审程序进行检查和监督，可以及时发现偏差，纠正错误，从而有助于保护当事人的合法权益。

一、上诉和上诉的受理

（一）上诉的提起

上诉是当事人对地方各级人民法院尚未发生法律效力的第一审判决、裁定，在法定期限内以书面形式请求上一级人民法院对案件进行审理的诉讼行为。与刑事诉讼不同，当事人上诉是行政诉讼引起第二审程序发生的唯一动因。当事人行使上诉权，提起上诉，必须符合以下条件：

1.上诉人必须适格。凡第一审程序中的原告、被告法院判决承担义务或者减损其权益的第三人及其法定代理人、经授权的委托代理人，都有权提起上诉。根据司法解释规定，第一审人民法院作出判决和裁定后，当事人均提起上诉的，上诉各方均为上诉人。诉讼当事人中的一部分人提出上诉，没有提出上诉的对方当事人为被上诉人，其他当事人依原审诉讼地位列明。

2.上诉人所不服的一审判决、裁定，必须是法律明文规定可以上诉的判决、裁定。能够提出上诉的判决和裁定包括地方各级人民法院第一审尚未发生法律效力的判决和对驳回起诉、不予受理、管辖权异议所作出的裁定。

3.上诉必须在法定期限内提出。当事人不服人民法院第一审判决的，有权在判决书送达之日起15日内向上一级人民法院提起上诉；当事人不服人民法院第一审裁定的，有权在裁定书送达之日起10日内向上一级人民法院提起上诉。逾期不提起上诉的，人民法院的第一审判决或者裁定发生法律效力。

4.上诉必须递交符合法律要求的上诉状。当事人提出上诉，应当按照其他当事人或者诉讼代表人的人数提出上诉状副本。当事人提出上诉，既可以通过原审人民法院提出，也可以直接向第二审人民法院提出。当事人直接向第二审人民法院上诉的，第二审人民法院应当在5日内将上诉状移交原审人民法院。

（二）上诉的受理

原审人民法院收到上诉状（包括当事人提交的和第二审人民法院移交的），应当审查；对有欠缺的上诉，应当限期当事人补正。上诉状内容无欠缺的，原审人民法院应当在5日内将上诉状副本送达被上诉人，被上诉人在收到上诉状副本之日起15日内提出答辩状。被上诉人不提出答辩状的，不影响人民法院对案件的审理。

原审人民法院收到上诉状、答辩状，应当在5日内连同全部案卷，报送第二审人民法院。已经预收的诉讼费用，一并报送。第二审人民法院经过审查，如果认为上诉符合法定条件，应予受理；如果认为不符合法定条件，应当裁定不予受理。

上诉一经受理，案件即进入第二审程序。在行政诉讼第二审程序中，被诉行政机关不得改变原行政行为。

二、上诉案件的审理

就基本过程而言，上诉案件的审理，与第一审案件大体相同。为避免立法上的重复，行政诉讼法仅对行政诉讼第二审程序的特殊之处作了规定。这些特殊之处主要体现在：

（一）审理方式

根据《行政诉讼法》第86条的规定，人民法院对上诉案件，应当组成合议庭，开庭审理。经过阅卷、调查和询问当事人，对没有提出新的事实、证据或者理由，合议庭认为不需要开庭审理的，也可以不开庭审理。这意味着对上诉案件，法院原则上要开庭审理。只有在经过阅卷、调查和询问当事人，且没有提出新的事实、证据或者理由的案件，合议庭认为不需要开庭审理时，才能可以不开庭审理。因此，修正后的行政诉讼法废除了原来允许第二审法院采用书面审理方式审理第二审行政案件的做法，所谓书面审理，是指人民法院不需要当事人和其他诉讼参与人到庭，不进行法庭调查和辩论，只根据上诉状、原审案卷材料和其他书面材料进行审理，就作出判决或裁定的审理方式。

值得注意的是，人民法院审理第二审行政案件，必须由合议庭审理。

（二）审理对象

《行政诉讼法》第87条规定，人民法院审理上诉案件，应当对原审人民法院的判决、裁定和被诉行政行为进行全面审查，不受上诉范围的限制。

（三）审理期限

人民法院第二审行政案件，应当自收到上诉状之日起3个月内作出终审判决，有特殊情况需要延长的，由高级人民法院批准。高级人民法院审理上诉案件需要延长的，由最高人民法院批准。

第四节　行政诉讼审判监督程序

审判监督程序，是指人民法院发现已经发生法律效力的判决、裁定违反法律、法规规定，依法对案件再次进行审理的程序，也称再审程序。审判监督程序虽与第二审程序一样具有救济作用，但与第二审程序不同，它所针对的对象是已生效的判决、裁定，属于事后救济手段。审判监督程序并非每起行政案件所必经的程序，也不是第二审程序的继续，只有在生效裁判确有错误，需要进行再审时，才能适用审判监督程序。审判监督程序这一特殊程序的存在，目的在于贯彻审判工作实事求是、有错必纠的原则，及时纠正错案，保证人民法院的办案质量，切实保护当事人的合法权益。

一、审判监督程序的提起

（一）提起审判监督程序的条件

1.提起审判监督程序的对象，即人民法院的判决、裁定，必须已经发生法律效力。对未发生法律效力的判决、裁定，当事人可以通过提出上诉寻求司法救济。特定情况下，行政赔偿调解书也可以成为提起审判监督程序的对象。

2.提起审判监督程序必须具有法定理由，即人民法院已经发生法律效力的判决、裁定确有错误和出现特定情况。

3.提起审判监督程序的主体，只能是案件的当事人和具有审判监督权的法定机关。

（1）当事人申请再审。指当事人对已经发生法律效力的判决、裁定，认为确有错误的，可以向上一级人民法院申请再审的行为。根据《行政诉讼法》第91条的规定，当事人申请再审应当符合法定情形。如当事人的申请符合下列情形之一的，人民法院应当再审：①不予立案或者驳回起诉确有错误的；②有新的证据，足以推翻原判决、裁定的；③原判决、裁定认定事实的主要证据不足、未经质证或者系伪造的；④原判决、裁定适用法律、法规确有错误的；⑤违反法律规定的诉讼程序，可能影响公正审判的；⑥原判决、裁定遗漏诉讼请求的；⑦据以作出原判决、裁定的法律文书被撤销或者变更的；⑧审判人员在审理该案件时有贪污受贿、徇私舞弊、枉法裁判行为的。

对于当事人申请再审期限，行政诉讼法未

作出规定。《行诉法适用解释》第110条规定，当事人向上一级人民法院申请再审，应当在判决、裁定或者调解书发生法律效力后6个月内提出。有下列情形之一的，自知道或者应当知道之日起6个月内提出：①有新的证据，足以推翻原判决、裁定的；②原判决、裁定认定事实的主要证据是伪造的；③据以作出原判决、裁定的法律文书被撤销或者变更的；④审判人员审理该案件时有贪污受贿、徇私舞弊、枉法裁判行为的。

当事人申请再审的，应当提交再审申请书等材料。人民法院认为有必要的，可以自收到再审申请书之日起5日内将再审申请书副本发送对方当事人。对方当事人应当自收到再审申请书副本之日起15日内提交书面意见。人民法院可以要求申请人和对方当事人补充有关材料，询问有关事项。

人民法院应当自再审申请案件立案之日起6个月内审查，有特殊情况需要延长的，由本院院长批准。法院根据审查再审申请案件的需要决定是否询问当事人；新的证据可能推翻原判决、裁定的，人民法院应当询问当事人。

审查再审申请期间，被申请人及原审其他当事人依法提出再审申请的，人民法院应当将其列为再审申请人，对其再审事由一并审查，审查期限重新计算。经审查，其中一方再审申请人主张的再审事由成立的，应当裁定再审。各方再审申请人主张的再审事由均不成立的，一并裁定驳回再审申请。

审查再审申请期间，再审申请人申请人民法院委托鉴定、勘验的，人民法院不予准许。审查再审申请期间，再审申请人撤回再审申请的，是否准许，由人民法院裁定。再审申请人经传票传唤，无正当理由拒不接受询问的，按撤回再审申请处理。

人民法院准许撤回再审申请或者按撤回再审申请处理后，再审申请人再次申请再审的，不予立案，但有《行政诉讼法》第91条第2项、第3项、第7项、第8项规定情形，自知道或者应当知道之日起6个月内提出的除外。

当事人主张的再审事由成立，且符合行政诉讼法和《行诉法适用解释》规定的申请再审条件的，法院应当裁定再审。当事人主张的再审事由不成立，或者当事人申请再审超过法定申请再审期限、超出法定再审事由范围等不符合行政诉讼法和《行诉法适用解释》规定的申请再审条件的，法院应当裁定驳回再审申请。

（2）法院决定再审。具体权限是：一是各级人民法院院长对本院已经发生法律效力的判决、裁定，发现有《行政诉讼法》第91条规定情形之一，或者发现调解违反自愿原则或者调解书内容违法，认为需要再审的，应当提交审判委员会讨论决定。二是最高人民法院对地方各级人民法院已经发生法律效力的判决、裁定，上级人民法院对下级人民法院已经发生法律效力的判决、裁定，发现有《行政诉讼法》第91条规定情形之一，或者发现调解违反自愿原则或者调解书内容违法的，有权提审或者指令下级人民法院再审。

（3）检察院提出抗诉和检察建议。最高人民检察院对各级人民法院已经发生法律效力的判决、裁定，上级人民检察院对下级人民法院已经发生法律效力的判决、裁定，发现有《行政诉讼法》第91条规定情形之一，或者发现调解书损害国家利益、社会公共利益的，应当提出抗诉。对于人民检察院的抗诉，人民法院必须予以再审。

地方各级人民检察院对同级人民法院已经发生法律效力的判决、裁定，发现有《行政诉讼法》第91条规定情形之一，或者发现调解书损害国家利益、社会公共利益的，可以向同级人民法院提出检察建议，并报上级人民检察院备案；也可以提请上级人民检察院向同级人民法院提出抗诉。

根据《行诉法适用解释》第117条的规定，有下列情形之一的，当事人可以向人民检察院申请抗诉或者检察建议：①人民法院驳回再审申请的；②人民法院逾期未对再审申请作出裁定的；③再审判决、裁定有明显错误的。人民法院基于抗诉或者检察建议作出再审判决、裁定后，当事人申请再审的，人民法院不予立案。

（二）提起再审程序的程序

1.各级人民法院院长对本院发生法律效力的判决、裁定提起审判监督程序，必须提交审判委员会讨论决定。

2.最高人民法院对地方各级人民法院已经发生法律效力的判决、裁定，上级人民法院对下级人民法院已经发生法律效力的判决、裁定，发现有《行政诉讼法》第91条规定或者发现调解违反自愿原则或者调解书内容违法，有权提审或指令下级人民法院再审。

3.相对人民法院的自我监督而言，人民检察院的审判监督属于外部监督。为使这种外部监督能充分得到实现，法律确立了自上而下的监督规则和程序：除最高人民检察院可以依法对最高人民法院的生效判决、裁定提出抗诉外，只能由上级人民检察院依法对下级人民法院的生效判决、裁定向同级人民法院提出抗诉。因此，如果地方各级人民检察院对同级人民法院已经发生法律效力的判决、裁定，发现有《行政诉讼法》第91条规定情形之一，或者发现调解书损害国家利益、社会公共利益的，可以向同级人民检察院提出检察建议，并报上级人民检察院备案，也可以提请上级人民检察院提出抗诉。凡人民检察院按照审判监督程序提出抗诉的，必须制作抗诉书，并将其送交有关人民法院。

人民检察院提出抗诉的案件，接受抗诉的人民法院应当自收到抗诉书之日起30日内作出再审的裁定；有《行政诉讼法》第91条第2项、第3项规定情形之一的，可以指令下一级人民法院再审，但经该下一级人民法院再审过的除外。人民法院在审查抗诉材料期间，当事人之间已经达成和解协议的，人民法院可以建议人民检察院撤回抗诉。

人民法院收到再审检察建议后，应当组成合议庭，在3个月内进行审查，发现原判决、裁定、调解书确有错误，需要再审的，依照《行政诉讼法》第92条规定裁定再审，并通知当事人；经审查，决定不予再审的，应当书面回复人民检察院。

人民检察院提出抗诉的案件，人民法院再审开庭时，应当在开庭3日前通知人民检察院派员出庭。

二、再审案件的审理

（一）再审案件的审理程序

再审案件的审理程序和裁判效力主要依据案件的原审来确定。人民法院按照审判监督程序再审的案件，发生法律效力的判决、裁定是由第一审人民法院作出的，按照第一审程序审理，所作的判决、裁定，当事人可以上诉；发生法律效力的判决、裁定是由第二审人民法院作出的，按照第二审程序审理，所作的判决、裁定是发生法律效力的判决、裁定；上级人民法院按照审判监督程序提审的，按照第二审程序审理，所作的判决、裁定是发生法律效力的判决、裁定。根据法律规定，凡原审人民法院审理再审案件，必须另行组成合议庭。

（二）再审案件中原判决、裁定的执行问题

按照审判监督程序决定再审的案件，裁定中止原判决、裁定、调解书的执行，但支付抚恤金、最低生活保障费或者社会保险待遇的案件，可以不中止执行。

上级人民法院决定提审或者指令下级人民法院再审的，应当作出裁定，裁定应当写明中止原判决的执行；情况紧急的，可以将中止执行的裁定口头通知负责执行的人民法院或者作出生效判决、裁定的人民法院，但应当在口头通知后10日内发出裁定书。

（三）对再审案件的审理要求

人民法院审理再审案件应当围绕再审请求和被诉行政行为合法性进行。当事人的再审请求超出原审诉讼请求，符合另案诉讼条件的，告知当事人可以另行起诉。

被申请人及原审其他当事人在庭审辩论结束前提出的再审请求，符合《行诉法适用解释》规定的申请期限的，法院应当一并审理。法院经再审，发现已经发生法律效力的判决、裁定损害国家利益、社会公共利益、他人合法权益的，应当一并审理。

再审审理期间，有下列情形之一的，法院裁定终结再审程序：再审申请人在再审期间撤回再审请求，人民法院准许的；再审申请人经传票传唤，无正当理由拒不到庭的，或者未经法庭许可中途退庭，按撤回再审请求处理的；人民检察院撤回抗诉的；其他应当终结再审程序的情形。因人民检察院提出抗诉裁定再审的案件，申请抗诉的当事人有上述情形，且不损害国家利益、社会公共利益或者他人合法权益的，法院裁定终结再审程序。

再审程序终结后，人民法院裁定中止执行的原生效判决自动恢复执行。

（四）对再审案件的处理

1.人民法院经过对再审案件的审理，认为原生效判决、裁定确有错误，在撤销原生效判决或者裁定的同时，有两种处理办法：一是对原生效判决、裁定的内容作出相应裁判；二是以裁定撤销生效判决或者裁定，发回作出原生效判决、裁定的人民法院重新审理。

2.人民法院审理再审案件，对原审法院立案不予立案或者驳回起诉错误的，应当作如下处理：如果第二审人民法院维持第一审人民法院不予立案裁定错误的，再审法院应当撤销第一审、第二审人民法院裁定，指令第一审人民法院受理；如果第二审人民法院维持第一审人民法院驳回起诉裁定错误的，再审法院应当撤销第一审、第二审人民法院裁定，指令第一审人民法院审理。

（五）再审期限

1.再审案件按照第一审程序审理的，须在6个月内作出裁判。

2.再审案件按照第二审程序审理的，须在3个月内作出裁判。

【本章主要法律规定】

1.《行政诉讼法》第44～54、67～68、82～93条

2.最高人民法院《关于适用〈中华人民共和国行政诉讼法〉的解释》第50、53～74、102～127条

第十八章
行政诉讼的特殊制度与规则

本章主要内容提示

本章涉及行政诉讼的证据、法律适用和特殊制度。行政诉讼证据制度的重点是举证责任的分配及要求，具体而言在举证责任分配中需要关注原告承担举证责任的情形，在举证责任要求中需要关注被告承担举证责任的具体要求。

被诉行政机关在第一审、第二审和再审期间均可依法改变被诉行政行为，但另一方当事人仍不提出撤诉申请，法院应当继续对原行政行为进行审理并作出裁判。不过，判决形式有所不同。在一审中，法院经审查认为原行政行为违法的，应当作出确认其违法的判决，而非撤销判决；认为原行政行为合法的，应当判决驳回原告的诉讼请求。

第一节　行政诉讼证据

行政诉讼证据制度是行政诉讼中的核心问题之一，它既是当事人进行行政诉讼，维护自己合法权益的有力武器，也是人民法院查明案件事实，辨别争议事实真伪的工具。目前，我国对行政诉讼证据的主要规范，除行政诉讼法和《行诉法适用解释》外，另一重要依据就是由最高人民法院2002年6月4日通过的《关于行政诉讼证据若干问题的规定》(以下简称《行政证据规定》)，该规定于2002年10月1日开始实施。

一、行政诉讼证据的概念和种类

(一) 行政诉讼证据的概念

行政诉讼证据，是指在行政诉讼过程中，一切用来证明案件事实情况的材料。它既包括当事人向人民法院提交的证据，也包括人民法院在必要情况下依法收集的证据。不过，无论证据来源如何，任何证据都必须经法庭查证属实才能作为认定案件事实的根据。行政诉讼证据虽与其他诉讼证据有许多相同之处，但也有明显的特征：

第一，行政诉讼证据来源的特定性。就行政案件而言，在行政诉讼之前往往已经历了行政程序。在行政程序中，作为行政诉讼原、被告的公民、法人或者其他组织和行政机关已围绕被诉行政行为提交和收集了相关证据。同时，行政诉讼的证据主要由被告行政机关提供给人民法院，行政机关在行政程序中必须遵循先取证、后裁决规则，待充分、全面掌握了证据，才能作出行政行为。行政诉讼证据主要是在行政程序中已产生或确定的证据。

第二，行政诉讼举证责任分配的特殊性。“谁主张，谁举证”是民事诉讼分配举证责任的基本规则，而在行政诉讼中，被告对被诉行政行为的合法性承担举证责任是基本规则，原告只在特定情况下对特定情况承担举证责任。

第三，行政诉讼证据证明对象的特殊性。民事诉讼证据所要证明的是双方当事人在民事法律关系中的某种事实或行为，刑事诉讼证据所要证明的是被告是否实施了某种犯罪或犯罪事实的情况，而行政诉讼证据则要证明行政行为是否合法。

（二）行政诉讼证据种类

根据行政诉讼法的规定，行政诉讼证据包括书证、物证、视听资料、电子数据、证人证言、当事人的陈述、鉴定意见、勘验笔录、现场笔录。在这些证据种类中，绝大多数与刑事诉讼、民事诉讼的证据种类相同，而其中属于行政诉讼特殊证据种类的是现场笔录。现场笔录，是指行政机关及其工作人员在执行行政职务的过程中，在实施行政行为时，对某些事项当场所作的书面记录。行政机关的现场笔录通常在事后难以取证或证据难以保全的情况下使用。行政机关制作现场笔录必须遵循下列规则：第一，现场笔录应当现场制作，不能事后补作，这是现场笔录的应有之义。第二，现场笔录应当有执行职务人、当事人、见证人等有关人员的签名或盖章。

在这些证据种类中，“电子数据”为修正后的行政诉讼法所增加。修正后的行政诉讼法把“鉴定结论”改为“鉴定意见”。其主要原因是，鉴定意见作为鉴定人个人的认识和判断，对整个案件来说只是诸多证据中的一个证据，用“鉴定意见”更符合鉴定活动的本质特征。

二、行政诉讼举证责任

（一）举证责任的概念

在我国，“举证责任”一词首先由行政诉讼法引入法律之中。一般认为，举证责任是法律假定的一种后果，指承担举证责任的当事人应当举出证据证明自己的主张是成立的，否则将承担败诉的不利后果。虽然对有争议事实作出认定是法院的职责，是人民法院作出裁判的前提条件，但当事人是案件事实的直接利害关系人，他们不仅了解案件情况，而且也有动力和积极性向法院提供对自己有利的证据，因此举证责任应由当事人来承担。举证责任将当事人举证与其诉讼结果联系起来，课以当事人一种诉讼风险，有利于案件的顺利解决。要求当事人对特定的事实承担举证责任，促成案件事实的尽快查明，是确立举证责任制度的基本目的。同时，由于举证责任所确立的风险，可以促使当事人在进行法律行为时注意形成和保存证据，防范其中的一些风险。

（二）举证责任分配

举证责任的分配是法律按照一定的标准，规定应当由哪一方当事人对诉讼中的相关事实提供证据加以证明，否则就应承担败诉后果的问题。举证责任的分配，是证据制度中十分重要的问题，关系到对当事人权益的保护和诉讼公平正义的实现。行政诉讼因其性质的特殊性，在举证责任的分配方面也体现出独特性。

《行政诉讼法》第34条第1款规定，被告对作出的行政行为负有举证责任，应当提供作出该行政行为的证据和所依据的规范性文件。《行政诉讼法》第37条进一步规定，原告可以提供证明行政行为违法的证据。原告提供的证据不成立的，不免除被告的举证责任。因此，在我国，行政诉讼法确立了被告行政机关在行政诉讼中承担主要举证责任的基本原则，这使行政诉讼举证责任的分配明显区别于民事诉讼举证责任的分配。根据我国《民事诉讼法》的规定，民事诉讼举证责任的分配采用“谁主张，谁举证”的规则。行政诉讼确立被告对被诉行政行为合法性负担举证责任的原则主要基于以下原因：

第一，由被告负担举证责任，是被告行政机关在行政程序中必须遵循“先取证、后裁决”规则的自然延伸。“先取证、后裁决”是行政机关在行使行政职权，作出行政行为过程中，必须遵循的基本规则。这一规则是行政机关行使职权必须“以事实为根据”的具体化，它要求行政机关在作出行政行为前，应当认真调查，充分收集证据，在证据充分、事实清楚的基础上，正确适用法律，作出正确的行政行为。正因为有此要求，一旦行政机关作出的行政行为被诉，由作出该行为的被告负担证明其具有合法性的责任，理所当然。

第二，由被告负担举证责任，有利于发挥行政机关的举证优势。行政诉讼审理的核心问题是被诉行政行为的合法性，该行政行为由被告作出，被告对该行政行为的证据最为了解；而且在作出行政行为过程中，被告行政机关居于主导地位，行政机关行使职权无须征得公民、法人或者其他组织同意，因此被告行政机关的举证能力比原告要强，由被告负担举证责任体现了负担公平原则，有利于保护公民、法人或者其他组织的诉权。

第三，由被告负担举证责任，有利于促进行政机关依法行政。要求被告行政机关对被诉行政行为合法性承担举证责任，事实上要求行政机关负担这样一种责任，即在进入行政诉讼程序之前，作出行政行为时，就应当具有事实根据和法律根据，否则其所作出的行政行为就是违法的，将会被法院撤销。这一要求有利于行政机关认真行使自己的权力，严格执法，做到依法行政。

虽然行政诉讼中被告对行政行为承担举证责任，但不排除在特定情况下由原告提供证据的可能。根据《行政诉讼法》第38条和《行政证据规定》的规定，行政诉讼中原告提供证据仅限于下列情形：

1.在起诉被告不履行法定职责的案件中，原告应当提供其在行政程序中曾经向被告提出申请的证据材料。被告不作为的案件大多是依申请行政行为引起的行政争议，此种行政行为的作出须以公民、法人或者其他组织提出申请为前提，没有申请人申请，行政机关不得从事该行为。因此，对依申请的行政行为，既然原告起诉被告不作为，他就应当提供证据证明自己在行政程序中曾经向行政机关提出过申请，否则其要求被告履行法定职责就失去了基础。不过，只要原告证明其提出过申请，被告就应当证明其不作为符合法律规定。

值得注意的是，在起诉被告不履行法定职责案件中，原告应当提供其向被告提出申请的证据，但有下列情形之一的除外：（1）被告应当依职权主动履行法定职责的。即行政机关法定职责的履行不以原告申请为前提，如警察看到正在遭受不法侵害的公民，不依职权进行保护，即属此情形。（2）原告因正当理由不能提供证据的。这是因为实践中由于原告因正当理由不能提供证据的，再由原告承担是不适宜的。如行政机关申请登记制度不健全，致使申请人在确实已提出申请，却因行政机关的原因而无法证明曾提出申请的现象。

2.在行政赔偿、补偿诉讼中，原告应当对被诉行政行为造成损害的事实提供证据。在行政赔偿、补偿诉讼中，原告因被诉行政行为遭受损害，是原告主张被告给予自己行政赔偿、补偿的基本前提，原告的这一主张与被诉行政行为的合法性没有必然关联，由原告提供证据更为恰当。但是，因被告的原因导致原告无法举证的，由被告承担举证责任。

《行诉法适用解释》规定，在行政赔偿、补偿案件中，因被告的原因导致原告无法就损害情况举证的，应当由被告就该损害情况承担举证责任。对于各方主张损失的价值无法认定的，应当由负有举证责任的一方当事人申请鉴定，但法律、法规、规章规定行政机关在作出行政行为时依法应当评估或者鉴定的除外；负有举证责任的当事人拒绝申请鉴定的，由其承担不利的法律后果。当事人的损失因客观原因无法鉴定的，人民法院应当结合当事人的主张和在案证据，遵循法官职业道德，运用逻辑推理和生活经验、生活常识等，酌情确定赔偿数额。该规定明确了因被告原因导致损害的举证规则。

（三）举证期限

《行诉法适用解释》和《行政证据规定》对原、被告举证期限作出了不同规定。

1.被告的举证期限。按照规定，被告应当在收到起诉状副本之日起15日内，提供据以作出被诉行政行为的全部证据和所依据的规范性文件。被告不提供或者无正当理由逾期提供证据，视为没有相应证据。但是，被诉行政行为涉及第三人合法权益，第三人提供证据的除外。被告在作出行政行为时已经收集了证据，但因不可抗力等正当事由不能提供的，经人民法院准许，可以延期提供。被告申请延期提供证据的，应当在收到起诉状副本之日起15日内以书面方式向人民法院提出。人民法院准许延期提供的，被告应当在正当事由消除后15日内提供证据。逾期提供的，视为被诉行政行为没有相应的证据。原告或者第三人提出了其在行政处理程序中没有提出的理由或者证据的，经人民法院准许，被告可以补充证据。

2.原告的举证期限。按照规定，原告或者第三人应当在开庭审理前或者人民法院指定的交换证据清单之日提供证据。因正当事由申请延期提供证据的，经人民法院准许，可以在法庭调查中提供。逾期提供证据的，人民法院应当责令其说明理由；拒不说明理由或者理由不成立的，视为放弃举证权利。原告或者第三人在第一审程序中无正当事由未提供而在第二审程序中提供的证据，人民法院不予接纳。

被告举证期限短于原告举证期限的规定，具有合理性。被告在行政诉讼中所提供的证据，应是在行政程序中已收集的证据，一般情况下，15日的举证期限对行政机关足够了。而原告收集证据往往需要一个过程，过短的期限限制，不利于保护原告的合法权益。

无论是被告、原告还是第三人，根据规定当事人申请延长举证期限，应当在举证期限届满前向人民法院提出书面申请。申请理由成立的，人民法院应当准许，适当延长举证期限，并通知其他当事人。申请理由不成立的，人民法院不予准许，并通知申请人。

三、提供证据的要求

当事人向法院提供的各类证据，只有合乎法定要求才会具有效力。《行政证据规定》根据各类证据的特点，对不同证据的要求作出了规定。

（一）书证

书证，是指以文字、符号、图形所记载或表示的内容、含义来证明案件事实的证据。为保证书证内容的真实性，当事人向人民法院所提供的书证，除法律、法规、司法解释和规章对书证的制作形式另有规定外，一般应当符合下列要求：(1)原则上应提供书证的原件，在提供原件确有困难时，可以提供与原件核对无误的复印件、照片、节录本。按照规定，原本、正本和副本均属于书证的原件。(2)提供由有关部门保管的书证原件的复制件、影印件或者抄录件的，应当注明出处，经该部门核对无异后加盖其印章。(3)当事人提供报表、图纸、会计账册、专业技术资料、科技文献等书证的，应当附有说明材料。(4)被告提供的被诉行政行为所依据的询问、陈述、谈话类笔录，应当有行政执法人员、被询问人、陈述人、谈话人签名或者盖章。值得注意的是，当事人向人民法院提供外文书证，应当附有由具有翻译资质的机构翻译的或者其他翻译准确的中文译本，并由翻译机构盖章或者翻译人员签名。

（二）物证

物证，是指以自己的存在、形状、质量等外部特征和物质属性，证明案件事实的物品。与书证相比，物证相对直观和简单，在形式上和手续上一般无特别要求，因此，对物证的要求相对较少。当事人向人民法院提供物证的，原则上应当提供原物，在提供原物确有困难时，可以提供与原物核对无误的复制件或者证明该物证的照片、录像等其他证据；如果原物为数量较多的种类物时，当事人应当提供其中的一部分。

（三）视听资料

视听资料是利用现代科技手段记载法律事件和法律行为的证据，具有较强的准确性和逼真性。不过，视听资料又容易用剪接后复制等手段伪造或变造，因此，对当事人提供的视听资料应进行严格要求。法律规定，当事人向人民法院所提供的计算机数据或者录音、录像等视听资料，应当符合下列要求：(1)当事人应向法院提供有关资料的原始载体，在提供原始载体确有困难时，可以提供复制件；(2)当事人应注明制作方法、制作时间、制作人和证明对象等；(3)声音资料应当附有该声音内容的文字记录。

对于当事人向人民法院提供的外国语视听资料，当事人应同时附有由具有翻译资质的机构翻译的或者其他翻译准确的中文译本，并由翻译机构盖章或者翻译人员签名。

（四）电子数据

电子数据，是指以电子形式存在，可用作证据使用的材料和信息。这类证据是随着电子技术，特别是计算机和互联网的发展而产生的新型证据。电子数据形式多样，如电子邮件、手机短信、电子签名、网上聊天记录、网络访问记录等。

（五）证人证言

证人证言，是指证人就自己了解的案件事实向法院所作的陈述，它一般是以口头形式表现出来的，当事人可以向人民法院提供书面证人证言。当事人向人民法院提供证人证言应当符合下列要求：（1）载明证人的姓名、年龄、性别、职业、住址等基本情况。（2）需有证人的签名。如果证人不能签名的，应当以盖章等方式证明。（3）应注明证人出具证言的日期。（4）应附有居民身份证复印件等证明证人身份的文件。

（六）鉴定意见

鉴定意见，是指鉴定人运用自己的专业知识，利用专门的设备和材料，对某些专门问题所作的意见。行政诉讼中的鉴定意见主要包括两类：一类是人民法院依当事人申请或在必要情况依职权提交鉴定人进行的鉴定；另一类是被告行政机关向人民法院提供的在行政程序中采用的鉴定意见。提交给法院的后一类鉴定意见应当符合下列条件：（1）应当载明委托人和委托鉴定的事项；（2）应有向鉴定部门提交的相关材料；（3）应有鉴定的依据和使用的科学技术手段；（4）应有鉴定部门和鉴定人鉴定资格的说明；（5）应有鉴定人的签名和鉴定部门的盖章。对于通过分析获得的鉴定意见，还应当说明分析过程。

（七）勘验笔录

勘验笔录是审判人员在诉讼过程中对与争议有关的现场、物品等进行的查验、测量、拍照后制作的笔录。

（八）现场笔录

如前所述，现场笔录是行政诉讼特有的证据种类，由行政机关在行政程序中当场制作而成。被告行政机关向人民法院提供的现场笔录，除法律、法规和规章对现场笔录的制作形式有特别规定外，一般应当载明制作现场笔录的时间、地点和事件等内容，并由执法人员和当事人签名。当事人拒绝签名或者不能签名的，应当注明原因。有其他人在现场的，可由其他人签名。

当事人向人民法院提供证据时，除应注意以上各类证据的要求外，还要注意：

1.如果当事人向人民法院提供的证据是在中华人民共和国领域外形成的证据，应当说明证据来源，经所在国公证机关证明，并经中华人民共和国驻该国使领馆认证，或者履行中华人民共和国与证据所在国订立的有关条约中规定的证明手续。当事人提供的在中华人民共和国香港特别行政区、澳门特别行政区和台湾地区内形成的证据，应当具有按照有关规定办理的证明手续。

2.当事人所提供的证据涉及国家秘密、商业秘密或者个人隐私的，提供人应当作出明确标注，并向法庭说明，法庭予以审查确认。

3.当事人对其向人民法院提交的证据材料应当予以分类编号，并对证据材料的来源、证明对象和内容作简要说明，签名或者盖章，注明提交日期。而人民法院在收到当事人提交的证据材料时，应当向当事人出具收据，注明证据的名称、份数、页数、件数、种类以及收到的时间，由经办人员签名或者盖章。

四、调取和保全证据

（一）行政诉讼证据的调取

当事人举证和人民法院调取证据，是我国诉讼证据的两个来源。但在行政诉讼中，这两项证据来源的地位并不完全相同。从根本上看，当事人举证是行政诉讼证据的主要来源，人民法院调取证据仅属次要来源。这是因为人民法院是争议的裁判者，保持公平和中立立场和对事实的客观态度，对案件的公正解决十分重要。同时，在诉讼中，法院的责任主要是审查判断证据，确定证据的效力，提供证据主要是当事人的责任，法院过多涉足证据的收集和调取，将会使行政诉讼法确立的举证责任制度的作用大大降低甚至失去意义。因此，在行政诉讼中，法院调取证据应限定于少数特定情形。法院调取证据可分为依职权主动调取和依申请调取证据两种情形。无论属于哪种情形，人民法院皆不得为证明被诉行政行为的合法性，调取被告在作出行政行为时未收集的证据。

1.人民法院依职权主动调取证据。《行政诉讼法》第40条规定，人民法院有权向有关行政机关以及其他组织、公民调取证据。但是，不得为证明行政行为的合法性调取被告作出行政行为时未收集的证据。至于人民法院依职权主动调取证据的具体情形，行政诉讼法没有规定具体的肯定性范围。根据《行政证据规定》的规定，人民法院依职权主动向有关行政机关以及其他组织、公民调取证据限于两种情形：一是相关事实认定涉及国家利益、公共利益或者他人合法权益；二是涉及依职权追加当事人、中止诉讼、终结诉讼、回避等程序性事项。

2.人民法院依申请调取证据。

（1）人民法院依当事人申请调取证据的范围和条件。在行政诉讼中，原告或第三人与被告行政机关虽在法律上地位平等，但就实际地位而言，仍处于相对弱的地位，其举证能力较弱，因此需要人民法院给予更多的帮助。根据《行政诉讼法》第41条的规定，与案件有关的下列证据，如果原告或者第三人不能自行收集，可以申请人民法院调取：第一，由国家机关保存而须由人民法院调取的证据；第二，涉及国家秘密、商业秘密、个人隐私的证据；第三，确因客观原因不能自行收集的其他证据。在人民法院依申请调取的范围问题上，行政诉讼法将人民法院依申请调取证据的申请人仅限定于原告和第三人，将被告排除在外。

（2）调取证据申请及其处理。当事人申请人民法院调取证据时，应当在举证期限内提交调取证据申请书。调取证据申请书应当写明下列内容：证据持有人的姓名或者名称、住址等基本情况；拟调取证据的内容；申请调取证据的原因及其要证明的案件事实。

对当事人提出的调取证据申请，人民法院应当及时进行审查。若申请符合调取证据条件的，人民法院应当及时决定调取；若申请不符合调取证据条件的，人民法院应当向当事人或者其诉讼代理人送达通知书，说明不准许调取的理由。当事人及其诉讼代理人可以在收到通知书之日起3日内向受理申请的人民法院书面申请复议一次。人民法院应当在收到复议申请之日起5日内作出答复。同时，人民法院根据当事人申请，经调取未能取得相应证据的，应当告知申请人并说明原因。

同时，根据《行诉法适用解释》第46条第1款、第2款的规定，原告或者第三人确有证据证明被告持有的证据对原告或者第三人有利的，可以在开庭审理前书面申请人民法院责令行政机关提交。法院经审查认为，申请理由成立的，人民法院应当责令行政机关提交，因提交证据所产生的费用，由申请人预付。行政机关无正当理由拒不提交的，人民法院可以推定原告或者第三人基于该证据主张的事实成立。

（二）证据保全

证据保全，是指在证据可能灭失或以后难以取得的情况下，人民法院根据诉讼参加人的申请或依职权主动采取措施，对证据加以确定和保护的制度。证据保全可以发生在诉讼开始之前，也可以发生在诉讼之中。诉讼发生前的证据保全必须有利害关系人的申请，而诉讼过程中的证据保全一般也以当事人申请为前提，必要时法院才依职权主动进行保全。当事人在诉讼中申请保全证据时，应当在举证期限届满前以书面形式提出，并说明证据的名称和地点、保全的内容和范围、申请保全的理由等事项。当事人申请保全证据的，人民法院可以要求其提供相应的担保。

证据保全的方法因证据的种类不同而不同，所采取的保全措施需要根据具体情况而定，人民法院可以视情况采取查封、扣押、拍照、录音、录像、复制、鉴定、勘验、制作询问笔录等保全措施。人民法院保全证据时，可以要求当事人或者其诉讼代理人到场。

《行政证据规定》对重新鉴定的范围、条件和程序，以及重新勘验现场等问题作出具体规定，请详见此规定。

五、证据的对质辨认和核实

证据的对质辨认和核实，是指在法官的主持下，当事人就有关证据进行辨认和对质，围绕证据的真实性、关联性和合法性及证据的证明力和证明力大小进行辩论的活动，是对证据进行审查的重要环节。

原则上，一切证据均应在法庭上出示，并经庭审质证，才能作为定案的依据，即使人民法院调取的证据也是如此。《行政诉讼法》第43条规定，证据应当在法庭上出示，并由当事人互相质证。对涉及国家秘密、商业秘密和个人隐私的证据，不得在公开开庭时出示。人民法院应当按照法定程序，全面、客观地审查核实证据。对未采纳的证据应当在裁判文书中说明理由。以非法手段取得的证据，不得作为认定案件事实的根据。

《行诉法适用解释》第44条规定，人民法院认为有必要的，可以要求当事人本人或者行政机关执法人员到庭，就案件有关事实接受询问。在询问之前，可以要求其签署保证书。保证书应当载明据实陈述、如有虚假陈述愿意接受处罚等内容。当事人或者行政机关执法人员应当在保证书上签名或者捺印。负有举证责任的当事人拒绝到庭、拒绝接受询问或者拒绝签署保证书，待证事实又欠缺其他证据加以佐证的，人民法院对其主张的事实不予认定。

因此，在经合法传唤，被告无正当理由拒不到庭而需要依法缺席判决时，被告提供的证据将会因未经质证而不能作为定案的依据。对当事人申请人民法院调取的证据，由申请调取证据的当事人在庭审中出示，并由当事人质证；对人民法院依职权调取的证据，应由法庭出示，并可就调取该证据的情况进行说明，听取当事人意见。不过，当事人在庭前证据交换过程中没有争议并记录在卷的证据经审判人员在庭审中说明后，可以作为认定案件事实的依据（包括对被告缺席判决的情形）。

在对证据进行对质和辨认过程中，经法庭准许，当事人及其代理人可以就证据问题相互发问，也可以向证人、鉴定人或者勘验人发问。但当事人及其代理人相互发问，或者向证人、鉴定人、勘验人发问时，发问的内容应当与案件事实有关联，不得采用引诱、威胁、侮辱等语言或者方式。

（一）对书证和物证的质证

对书证和物证进行质证时，当事人应当出示证据的原件或者原物，但当事人出示原件或者原物确有困难并经法庭准许可以出示复制件或者复制品；原件或者原物已不存在，可以出示证明复制件、复制品与原件、原物一致的其他证据。

（二）对视听资料的质证

当事人原则上应向法庭出示视听资料的原始载体。视听资料应当当庭播放或者显示，并由当事人进行质证。

（三）关于证人出庭作证问题

对证人进行交叉询问，是审查证人证言必要而有效的方式。一般而言，证人均应当庭作证，并接受当事人言词询问。我国法律规定，凡是知道案件事实的人，都有出庭作证的义务。必要时，原告或者第三人可以要求相关行政执法人员作为证人出庭作证。包括：(1)对现场笔录的合法性或者真实性有异议的；(2)对扣押财产的品种或者数量有异议的；(3)对检验的物品取样或者保管有异议的；(4)对行政执法人员的身份的合法性有异议的；(5)需要出庭作证的其他情形。不过，鉴于特殊情况下，证人出庭作证不可能或不方便，法律规定有下列情形之一的，经人民法院准许，当事人可以提交书面证言：(1)当事人在行政程序或者庭前证据交换中对证人证言无异议的；(2)证人因年迈体弱或者行动不便无法出庭的；(3)证人因路途遥远、交通不便无法出庭的；(4)证人因自然灾害等不可抗力或者其他意外事件无法出庭的；(5)证人因其他特殊原因确实无法出庭的。

不能正确表达意志的人，即使了解案件情况，也不能向法庭作正确的描述和说明，因此不能作为证人。当事人如果对证人能否正确表达意志有怀疑，有权向法院提出审查或鉴定申请。人民法院根据当事人申请可以就证人能否正确表达意志进行审查或者交由有关部门鉴定。必要时，人民法院也可以依职权交由有关部门鉴定。

当事人要求证人出庭作证，应当在举证期限届满前向人民法院提出申请，经人民法院许可方可进行。证人出庭作证时，应当出示证明其身份的证件。人民法院在证人出庭作证前应当告知其如实作证的义务以及作伪证的法律后果。法庭应当告知其诚实作证的法律义务和作伪证的法律责任。出庭作证的证人不得旁听案件的审理。法庭询问证人时，其他证人不得在场，但组织证人对质的除外。证人应当陈述其亲历的具体事实。证人根据其经历所作的判断、推测或者评论，不能作为定案的依据。

证人因履行出庭作证义务而支出的交通、住宿、就餐等必要费用以及误工损失，由败诉一方承担。

（四）对鉴定意见的质证

在对鉴定意见进行质证时，当事人可以要求鉴定人出庭接受询问。鉴定人因正当事由不能出庭的，经法庭准许，可以不出庭，由当事人对其书面鉴定意见进行质证。对于出庭接受询问的鉴定人，法庭应当核实其身份、与当事人及案件的关系，并告知鉴定人如实说明鉴定情况的法律义务和故意作虚假说明的法律责任。

如果被诉行政行为涉及专门性问题，当事人可以向法庭申请由专业人员出庭进行说明，法庭也可以通知专业人员出庭说明。必要时，法庭可以组织专业人员进行对质。当事人对出庭的专业人员是否具备相应专业知识、学历、资历等专业资格等有异议的，可以进行询问。由法庭决定其是否可以作为专业人员出庭。专业人员可以对鉴定人进行询问。

六、证据的审核认定

（一）证据审核认定的概念和内容

证据的审核认定，是指法官在听取当事人对证据的说明、对质和辨认后，对证据作出的采信与否的认定。它是法院对当事人举证、质证结果的评价和认定。证据审核认定的主体是合议庭的法官，审核认定的内容是对证据是否具有真实性、关联性和合法性作出确认。《行诉法适用解释》第42条规定，能够反映案件真实情况、与待证事实相关联、来源和形式符合法律规定的证据，应当作为认定案件事实的根据。

1.审核认定证据的真实性。证据的真实性是指作为证据的事实必须是客观存在的事实，而不是猜测和虚构的东西，这是证据的最基本特性之一，法院必须予以全面、客观的审核认定。法庭应当根据案件的具体情况，从以下五个方面审查证据的真实性：（1）证据形成的原因；（2）发现证据时的客观环境；（3）证据是否为原件、原物，复制件、复制品与原件、原物是否相符；（4）提供证据的人或者证人与当事人是否具有利害关系；（5）影响证据真实性的其他因素。

2.审核认定证据的关联性。证据的关联性是指证据必须与案件事实之间存在内在联系。在法院审理中，法庭应当对经过庭审质证的证据和无须质证的证据进行逐一审查和对全部证据综合审查，遵循法官职业道德，运用逻辑推理和生活经验，进行全面、客观和公正的分析判断，确定证据材料与案件事实之间的证明关系，排除不具有关联性的证据材料，准确认定案件事实。

3.审核认定证据的合法性。证据的合法性包括两方面的含义：一方面是证据必须符合法律对其的形式要求；另一方面是证据的收集必须符合法律要求。《行政诉讼法》第43条第3款规定："以非法手段取得的证据，不得作为认定案件事实的根据。"根据《行诉法适用解释》第43条的规定，有下列情形之一的，属于"以非法手段取得的证据"：一是严重违反法定程序收集的证据材料；二是以违反法律强制性规定的手段获取且侵害他人合法权益的证据材料；三是以利诱、欺诈、胁迫、暴力等手段获取的证据材料。因此，法庭应当根据案件的具体情况，从三个方面审查证据的合法性：（1）证据是否符合法定形式；（2）证据的取得是否符合法律、法规、司法解释和规章的要求；（3）是否有影响证据效力的其他违法情形。

所有证据只有符合上述三种特性，才能作为定案依据。下列证据材料因不能同时具备三种特性而不能作为定案依据：（1）严重违反法定程序收集的证据材料；（2）以偷拍、偷录、窃听等手段获取侵害他人合法权益的证据材料；（3）以利诱、欺诈、胁迫、暴力等不正当手段获取的证据材料；（4）当事人无正当事由超出举证期限提供的证据材料；（5）在中华人民共和国领域以外或者在中华人民共和国香港特别行政区、澳门特别行政区和台湾地区形成的未办理法定证明手续的证据材料；（6）当事人无正当理由拒不提供原件、原物，又无其他证据印证，且对方当事人不予认可的证据的复制件或者复制品；（7）被当事人或者他人进行技术处理而无法辨明真伪的证据材料；（8）不能正确表达意志的证人提供的证言；（9）以违反法律禁止性规定或者侵犯他人合法权益的方法取得的证据，不能作为认定案件事实的依据；（10）不具备合法性和真实性的其他证据材料。

值得注意的是，在行政诉讼中，对被诉行政行为的证据有更为严格的要求，下列证据不能作为认定被诉行政行为合法的依据：（1）被告及其诉讼代理人在作出行政行为后或者在诉讼程序中自行收集的证据；（2）被告在行政程序中非法剥夺公民、法人或者其他组织依法享有的陈述、申辩或者听证权利所采用的证据；（3）原告或者第三人在诉讼程序中提供的、被告在行政程序中未作为行政行为依据的证据；（4）复议机关在复议程序中收集和补充的证据，或者作出原行政行为的行政机关在复议程序中未向复议机关提交的证据，不能作为人民法院认定原行政行为合法的依据。

《行诉法适用解释》第46条第3款规定，持有证据的当事人以妨碍对方当事人使用为目的，毁灭有关证据或者实施其他致使证据不能使用行为的，人民法院可以推定对方当事人基于该证据主张的事实成立，并可依照《行政诉讼法》第59条规定处理。

（二）证据效力大小的判断

在对证据进行审核认定过程中，如果发现证明同一事实的数个证据，其证明效力一般可以按照以下情形分别认定：（1）国家机关以及其他职能部门依职权制作的公文文书优于其他书证；（2）鉴定意见、现场笔录、勘验笔录、档案材料以及经过公证或者登记的书证优于其他书证、视听资料和证人证言；（3）原件、原物优于复制件、复制品；（4）法定鉴定部门的鉴定意见优于其他鉴定部门的鉴定意见；（5）法庭主持勘验所制作的勘验笔录优于其他部门主持勘验所制作的勘验笔录；（6）原始证据优于传来证据；（7）其他证人证言优于与当事人有亲属关系或者其他密切关系的证人提供的对该当事人有利的证言；（8）出庭作证的证人证言优于未出庭作证的证人证言；（9）数个种类不同、内容一致的证据优于一个孤立的证据。

法院在庭审中经过质证的证据，能够当庭认定的，应当当庭认定；不能当庭认定的，应当在合议庭合议时认定。法庭发现当庭认定的证据有误时，应及时予以纠正。在庭审结束前发现认定有误的，应当重新进行认定；在庭审结束后宣判前发现认定有误的，在裁判文书中予以更正并说明理由，也可以再次开庭予以认定；对有新的证据材料可能推翻已认定的证据的，应当再次开庭予以认定。

第二节　行政诉讼的法律适用

一、行政诉讼法律适用的含义

行政诉讼的法律适用，是指人民法院按照法定程序将法律、法规以及法院决定参照的规章具体运用于各种行政案件，对被诉行政行为的合法性进行审查的活动。

行政诉讼的法律适用包括两方面的法律规

范：诉讼法、行政实体法和行政程序法。人民法院适用诉讼法主要解决行政诉讼进行的程序问题，以保证人民法院对被诉行政行为的审查能顺利进行，这部分法律规范的适用主要是行政诉讼法的具体规定和最高人民法院对行政诉讼法的司法解释，此外，还包括单行行政法律、法规中有关的诉讼程序条款以及民事诉讼法的相关规定；适用行政实体法与行政程序法规范主要解决人民法院对被诉行政行为合法性审查判断标准问题，即人民法院以何种标准来审查被诉行政行为的合法性进而对被诉行政行为的合法性作出裁判。由于我国行政法规范制定主体多元化，行政法规范的等级、效力不一，行政法规范的数量繁多，这些行政法规范是否都属人民法院的行政诉讼法律适用对象，它们对人民法院的约束力和效力如何，是行政诉讼法律适用重点要解决的问题，与诉讼法规范相对单一的适用相比，行政实体法、行政程序法的适用要远为复杂和困难，因而这部分法律规范的适用也是行政诉讼法律适用的难点之所在。

二、行政诉讼法律适用的规则

根据我国行政诉讼法的规定，人民法院在行政诉讼中适用法律要遵循以下规则：

（一）法律、行政法规与地方性法规是行政审判的依据

行政审判的依据，是指人民法院审理行政案件，对行政行为合法性进行审查和裁判必须遵循的根据。详言之，即人民法院审理行政案件，审查行政行为是否合法进而对其作出裁判时，在有法律、法规具体规定的情况下，法律、法规是人民法院直接适用的根据，人民法院无权拒绝适用。

法律是国家最高权力机关制定的、在全国范围内具有普遍约束力的规范性文件。在我国的法律规范层级体系中，法律的地位仅次于具有最高法律效力的国家根本法——《宪法》，对一切国家机关都有约束力。法院在审查行政行为的合法性时，必须以法律为依据。

法规包括行政法规、地方性法规及自治条例和单行条例。行政法规是最高国家行政机关国务院依据宪法和法律、按照一定的程序制定的、在全国范围内具有普遍约束力的规范性文件，效力仅次于宪法和法律，只要行政法规不与宪法、法律相抵触，均应为人民法院进行行政审判的依据。考虑到新中国成立以来我国立法程序的沿革情况，对有效的行政法规判定，最高人民法院《关于印发〈关于审理行政案件适用法律规范问题的座谈会纪要〉的通知》予以了澄清：现行有效的行政法规有以下三种类型：一是国务院制定并公布的行政法规。二是立法法施行以前，按照当时有效的行政法规制定程序，经国务院批准、由国务院部门公布的行政法规。但在立法法施行以后，经国务院批准、由国务院部门公布的规范性文件，不再属于行政法规。三是在清理行政法规时由国务院确认的其他行政法规。

地方性法规，是指由省、自治区、直辖市人民代表大会及其常务委员会、设区的市、自治州的人民代表大会及其常务委员会制定的规范性文件。它是特定区域内的全体人民意志的体现，效力低于法律和行政法规，地方人民法院在审理本地区发生的行政案件时，必须依据地方性法规的规定。自治条例和单行条例是民族自治地方的人民代表大会依照宪法、民族区域自治法和其他法律规定的权限，结合当地的政治、经济和文化特点，所制定的规范性文件，它是民族自治地方权力机关代表民族自治地方各族人民行使民族自治权利的体现。自治条例、单行条例与地方性法规是处于同一级别的法律规范，人民法院在审理民族自治地方的行政案件时，应以其为依据。

需要重点指出的是，行政诉讼法规定人民法院审理行政案件以法律、法规为依据，这是从总体和一般意义上对法律、法规在行政审判中的地位作出的规定。由于法律、行政法规、地方性法规以及自治条例和单行条例在我国整个法律规范体系中的等级、效力和地位并不相同，它们在行政审判中的作用也有差异；同时，低层级的法规规范必须符合高层级的法规规范才具有法律约束力，因而人民法院在审理行政案件具体适用法律时，必须从法律规范整体结构上的

规定来审查和裁判行政行为的合法性，而不能单从某一法律规范的规定来简单判定行政行为是否合法。

（二）规章的参照适用

在我国，规章可分为部门规章和地方规章两种。部门规章，是指国务院各部委、直属机构以及法律规定的机构根据法律和国务院的行政法规、决定、命令，在本部门权限内，按照规定的程序制定的规定、办法、实施细则、规则等具有普遍约束力的规范性文件的总称。部门规章在全国范围内具有约束力和执行力，属于中央行政立法的范畴，在效力等级上低于法律和行政法规。地方规章，是指省、自治区、直辖市以及设区的市、自治州的人民政府根据法律和行政法规、地方性法规所制定的普遍适用于本地区的规范性文件的总称。地方规章只在所管辖的行政区域内具有效力，属于地方行政立法的范畴，在效力等级上低于法律、行政法规和地方性法规。

与法律、法规作为审查依据相比，规章在行政诉讼中只居于参照地位。“参照”规章是与“依据”法律、法规相对的、具有特定含义的概念。“依据”是指人民法院审理行政案件时，必须适用该规范，不能拒绝适用；而“参照”则是指人民法院审理行政案件，对规章进行参酌和鉴定后，对符合法律、行政法规规定的规章予以适用，参照规章进行审理，并将规章作为审查行政行为合法性的根据；对不符合或不完全符合法律、法规原则精神的规章，人民法院有灵活处理的余地，可以不予以适用。可见，人民法院对规章的作用和效力不是一概否定或一概肯定，而是在对规章进行一定评价后，决定规章是否适用。“参照”与“依据”的区别关键在于“依据”是人民法院对法律、法规无条件的适用；而“参照”则不是无条件的适用，而是有条件的适用，即在某些情况下可以适用，在某些情况下也可以不予适用。《关于〈中华人民共和国行政诉讼法（草案）〉的说明》中对“参照”规章的解释指出：对符合法律、行政法规规定的规章，法院要参照审理，对不符合或者不完全符合法律、行政法规原则精神的规章，法院可以有灵活处理的余地。

规章在人民法院审理行政案件时起到参照作用，是规章目前在我国法律规范体系中的特殊地位所决定的。规章不宜作为行政审判的依据：（1）有权制定规章的行政机关也有权作出行政行为，因而规章的各制定机关本身也可能是行政诉讼的被告，若对它们自己制定的规章不加审查地一律作为审理依据，等于被告自己确立具体行政行为合法性标准，可能造成被告规避法律，不利于保护公民、法人或者其他组织的合法权益。（2）规章制定机关超越职权制定规章现象时有存在，规章规定了本应由法律、法规规定的内容，影响了规章的效力。（3）规章之间互相冲突。由于地方政府和中央部门之间权限划分并不十分清楚，各部、委相互之间的职权也有交叉，使规章之间可能存在冲突，给人民法院依规章审理具体行政行为带来了困难。

鉴于规章存在的问题，若简单规定人民法院依据规章审理行政案件并不适宜。但是，简单地将规章排除在人民法院适用范围之外，也同样不合适。因为宪法和有关法律对规章制定机关作了严格规定，确认了规章的法律地位和法律效力，而且目前规章对我国行政管理起着相当重要的作用，规章是对法律、法规的延伸和具体化。不少行政管理行为实际是依据规章的规定作出的。事实上，在我国，规章是行政管理的重要根据，其数量众多，适用频率很高，尤其在法律和法规对某一行政管理事项没有明确而具体的规定，而规章却作了具体规定时更是如此。因而人民法院离开适用规章审理行政案件是很难对行政行为的合法性进行审查的。

正是基于以上两方面的考虑，行政诉讼法规定人民法院审理行政案件，对规章既非不适用，也非像法律、法规作为审理的依据，而是赋予了人民法院对规章一定的审查判断权，对合法的规章予以适用，对不合法的规章不予适用。

人民法院审理行政案件，可以在裁判文书中引用规章相关条款，但应当注明“参照”二字。

值得思考的问题是：在法律和行政法规存

在漏洞时，地方性法规是否可以“参照”？司法解释持肯定立场。例如，最高人民法院行政审判庭《关于个体诊所是否应向工商行政部门办理营业执照的答复》（1999年2月19日）认为，关于个体诊所是否应向工商行政部门办理营业执照问题，法律、行政法规未作明确规定。人民法院在审理这类案件时，如地方性法规有明确规定，可参照地方性法规的具体规定办理。

（三）其他规范性文件在行政诉讼中的地位

其他规范性文件，是指规章以下的具有普遍约束力的行政决定、命令的总称。行政诉讼法对其他规范性文件在行政诉讼中的法律效力没有作出规定。一般认为，其他规范性文件不属于法的范畴，对法院没有强制约束力。由于这些规范性文件比规章的效力低，制定依据往往不太明确，而制定程序也不太确定，因而人民法院不能像规章一样予以参照适用。不过，从法律依据上来看，法律、法规规定国家行政机关制定其他规范性文件的权力，其他规范性文件的制定具有法律基础，而且从实际的行政管理和司法实践角度考察，其他规范性文件在加强行政管理，落实法律、法规和规章规定，促使行政机关履行管理职责，提高行政效率等方面又起到十分重要的作用，人民法院在审理行政案件时完全置其他规范性文件于不顾，既不现实也不适宜。因而，当其他规范性文件有明确的法律、法规和规章依据，同时不违反法律、法规和规章的情况下，人民法院应对其他规范性文件予以参考。最高人民法院《关于印发〈关于审理行政案件适用法律规范问题的座谈会纪要〉的通知》指出，人民法院经审查认为被诉具体行政行为依据的具体应用解释和其他规范性文件合法、有效并合理、适当的，在认定被诉具体行政行为合法性时应承认其效力；人民法院可以在裁判理由中对具体应用解释和其他规范性文件是否合法、有效、合理或适当进行评述。

因此，人民法院在适用其他规范性文件时，享有对其他规范性文件的审查权，而且拥有比对待规章更大的取舍权力。在其他规范性文件发生冲突时，人民法院不必送有关机关裁决，可直接决定对一般规范性文件的适用与否。

（四）人民法院对司法解释的援引

司法解释是最高人民法院就在审判过程中如何具体应用法律问题进行的解释，是对法律的具体化。目前，司法解释在我国法律体系中发挥着十分重要的作用，对人民法院判案有直接的影响。如果法院根据司法解释判案但在判决书中不加引用，难以使当事人相信法院在依法判案，也会使司法解释失去作用。因此，人民法院审理行政案件，适用最高人民法院司法解释的，应当在裁判文书中援引。

三、行政诉讼法律冲突的适用规则

（一）行政诉讼法律冲突的概念

行政诉讼法律规范冲突，是指人民法院在行政诉讼过程中，发现对同一法律事实或者法律关系，存在两个或者两个以上的法律规范，且对其作出了不同的规定，适用不同的法律规定将导致不同的裁判结果的情形。

由于国家法律的多层级性、多样性和数量众多，就某种意义而言，在现代社会中，法律规范的冲突具有不可避免性。当然，法规规范冲突的形式是多种多样的，有些冲突是合法的，如特别法与普通法的冲突；有些冲突是不合法的，如行政法规与法律的冲突。研究法律规范冲突的目的主要是如何减少或消除不合法的冲突和选择适用合法的法律规范。

（二）行政诉讼法律冲突的适用规则

行政诉讼法律冲突选择适用规则，是在行政诉讼中存在同一法律事项的相互冲突时，指导人民法院解决法律适用冲突，选择应当适用的法律规范，以此审查行政行为合法性的具体原则和方法。在行政诉讼中，人民法院解决相应法律适用冲突的规则包括：

1.层级冲突适用规则。不同层级法律规范产生冲突一般属违法冲突，按照法律优先原则，高层级法律规范（上位法）优于低层级法律规范（下位法），但高层级法律规范授权低层级法律规范作出与高层级法律规范不同的规定除外。根据这一规则，当一个案件中，低层级的法律规范与某一高层级的法律规范冲突时，人民法院一般应依高层级的法律规范来解决该案中的实体争议。

最高人民法院《关于印发〈关于审理行政案件适用法律规范问题的座谈会纪要〉的通知》对下位法不符合上位法的判断和适用作出了说明，内容如下：

下位法不符合上位法的常见情形有：下位法缩小上位法规定的权利主体范围，或者违反上位法立法目的扩大上位法规定的权利主体范围；下位法限制或者剥夺上位法规定的权利，或者违反上位法立法目的扩大上位法规定的权利范围；下位法扩大行政主体或其职权范围；下位法延长上位法规定的履行法定职责期限；下位法以参照、准用等方式扩大或者限缩上位法规定的义务或者义务主体的范围、性质或者条件；下位法增设或者限缩违反上位法规定的适用条件；下位法扩大或者限缩上位法规定的给予行政处罚的行为、种类和幅度的范围；下位法改变上位法已规定的违法行为的性质；下位法超出上位法规定的强制措施的适用范围、种类和方式，以及增设或者限缩其适用条件；法规、规章或者其他规范文件设定不符合行政许可法规定的行政许可，或者增设违反上位法的行政许可条件；其他相抵触的情形。

如果行政行为是依据下位法作出的，并未援引和适用上位法。在此情况下，为维护法制统一，法院审查行政行为的合法性时，应当对下位法是否符合上位法一并进行判断。经判断下位法与上位法相抵触的，应当依据上位法认定被诉行政行为的合法性。

法律、行政法规或者地方性法规修改后，其实施性规定未被明文废止的，人民法院在适用时应当区分下列情形：实施性规定与修改后的法律、行政法规或者地方性法规相抵触的，不予适用；因法律、行政法规或者地方性法规的修改，相应的实施性规定丧失依据而不能单独施行的，不予适用；实施性规定与修改后的法律、行政法规或者地方性法规不相抵触的，可以适用。

2.平级冲突适用规则。它是解决制定机关不同但效力层级相同的行政法律规范相冲突应适用何种规范的规则。最高人民法院《关于印发〈关于审理行政案件适用法律规范问题的座谈会纪要〉的通知》，根据立法法等规定，明确了部门规章与地方规章、部门规章之间的冲突适用规则：

部门规章与地方政府规章间对相同事项的规定不一致的，人民法院一般可以按照下列情形适用：（1）法律或者行政法规授权部门规章作出实施性规定的，其规定优先适用；（2）尚未制定法律、行政法规的，部门规章对于国务院决定、命令授权的事项，或者对属于中央宏观调控的事项、需要全国统一的市场活动规则及对外贸易和外商投资等事项作出的规定，应当优先适用；（3）地方政府规章根据法律或者行政法规的授权，根据本行政区域的实际情况作出的具体规定，应当优先适用；（4）地方政府规章对属于本行政区域的具体行政管理事项作出的规定，应当优先适用；（5）能够直接适用的其他情形。不能确定如何适用的，应当中止行政案件的审理，逐级上报最高人民法院送请国务院裁决。

国务院部门之间制定的规章对同一事项的规定不一致的，人民法院一般可以按照下列情形选择适用：（1）适用与上位法不相抵触的部门规章规定；（2）与上位法均不抵触的，优先适用根据专属职权制定的规章规定；（3）两个以上的国务院部门就涉及其职权范围的事项联合制定的规章规定，优先于其中一个部门单独作出的规定；（4）能够选择适用的其他情形。不能确定如何适用的，应当中止行政案件的审理，逐级上报最高人民法院送请国务院裁决。

国务院部门或者省、市、自治区人民政府制定的其他规范性文件对相同事项的规定不一致的，参照上述精神处理。

3.地方性法规与部门规章冲突的选择适用。地方性法规与部门规章之间对同一事项的规定不一致的，人民法院一般可以按照下列情形适用：（1）法律或者行政法规授权部门规章作出实施性规定的，其规定优先适用；（2）尚未制定法律、行政法规的，部门规章对于国务院决定、命令授权的事项，或者对于中央宏观调控的事项、需要全国统一的市场活动规则及对外贸易和外商投资等需要全国统一规定的事项作出的规定，应当优先适用；(3)地方性法规根据法律或者行政法规的授权，根据本行政区域的实际情况作出的具体规定，应当优先适用；(4)地方性法规对属于地方性事务的事项作出的规定，应当优先适用；(5)尚未制定法律、行政法规的，地方性法规根据本行政区域的具体情况，对需要全国统一规定以外的事项作出的规定，应当优先适用；(6)能够直接适用的其他情形。不能确定如何适用的，应当中止行政案件的审理，逐级上报最高人民法院按照《立法法》第106条第1款第2项的规定送请有权机关处理。

4.特别冲突适用规则。一般法是关于某类事项的普遍的一般的规定，特别法是对这种普遍规定的例外。在同一效力层级上，特别法优于普通法。需要注意的是，这一冲突规则的适用前提必须是特别法与普通法处于同一层级时，若普通法是高层级法，而特别法是低层级法，特别法作出的特别规定又未经高层级法的授权，那么这种特别规定应属无效，人民法院仍应适用普通法。对此，最高人民法院《关于印发〈关于审理行政案件适用法律规范问题的座谈会纪要〉的通知》指出，同一法律、行政法规、地方性法规、自治条例和单行条例、规章内的不同条文对相同事项有一般规定和特别规定的，优先适用特别规定。

该通知进一步指出，法律之间、行政法规之间或者地方性法规之间对同一事项的新的一般规定与旧的特别规定不一致的，人民法院原则上应按照下列情形适用：新的一般规定允许旧的特别规定继续适用的，适用旧的特别规定；新的一般规定废止旧的特别规定的，适用新的一般规定。不能确定新的一般规定是否允许旧的规定继续适用的，人民法院应当中止行政案件的审理，属于法律的，逐级上报最高人民法院送请全国人民代表大会常务委员会裁决；属于行政法规的，逐级上报最高人民法院送请国务院裁决；属于地方性法规的，由高级人民法院送请制定机关裁决。

5.新法优于旧法。新旧法冲突适用规则应体现为新法优于旧法和法律不溯及既往原则，当新的行政法律规范与旧的行政法律规范相冲突时，除旧法具有溯及力外，人民法院应当适用新法，即对新法生效后发生的事件适用新法，对新法生效前发生的事件适用旧法。但当新法明确规定有溯及力时除外。

对于行政相对人和被诉行政行为作出时间不同时如何处理问题，最高人民法院《关于印发〈关于审理行政案件适用法律规范问题的座谈会纪要〉的通知》指出，行政相对人的行为发生在新法施行以前，具体行政行为作出在新法施行以后，人民法院审查具体行政行为的合法性时，实体问题适用旧法规定，程序问题适用新法规定，但下列情形除外：(1)法律、法规或规章另有规定的；(2)适用新法对保护行政相对人的合法权益更为有利的；(3)按照具体行政行为的性质应当适用新法的实体规定的。

6.人际冲突适用规则。人际冲突适用规则一般规定，不同民族、种族或者具有特殊身份的个人，适用就该民族、种族或者具有特殊身份的个体作出特别规定的法律规范。

7.区际冲突适用规则。目前，对内地（大陆）与港、澳、台地区的法律冲突，即中国内地（大陆）法律规范与港、澳、台地区法律规范的冲突，适用“属地管辖”原则：发生于港、澳、台地区的行政案件，适用在港、澳、台地区施行的法律规范，发生于中国内地的行政案件，则适用当地施行的法律规范。同时，此类冲突还可以通过双方协议来解决。

四、世界贸易组织（以下简称WTO）规则的适用问题

WTO规则是以强制性规则为基础的政府间规则体系，我国加入WTO后，行政机关和人民法院的一项重要任务，就是按照WTO规则办事，确保WTO规则在我国得以实施。毫无疑问，WTO规则对人民法院的行政审判工作具有影响力，但问题在于人民法院在审理涉及WTO规则的行政案件时是否能直接适用WTO规则。

《中国加入WTO工作组报告》第67条指出：中国将确保其有关或者影响贸易的法律和法规与WTO协定和中国的承诺相一致，以充分履行

其国际义务。为此，将在完全遵守WTO协定的情况下，通过修订其现行国内法和制定新法律，以有效的统一方式实施WTO协定。同时，该报告第68条指出：行政法规、部门规章和其他中央政府措施将及时颁布，以在相关的时限内完全履行中国的承诺。如果行政法规、部门规章或者其他中央政府措施在此种时限内不能到位，主管机关仍然履行中国按照WTO协定和议定书承担的义务。据此，WTO规则在我国行政诉讼中的适用包括两个方面：

1.原则上，WTO规则不能在我国行政诉讼中直接适用，其仅具有间接适用力。这意味着任何人不得直接援引WTO规则提起行政诉讼，人民法院在裁判文书中也不能直接援引WTO规则作为裁判依据，而必须按照经过转化的相关国内法受理和审判有关行政诉讼案件，即我国是在遵守WTO协定的前提下，通过修订现行国内法和制定新法律的方式来实施WTO规则的。由最高人民法院颁布的《关于审理国际贸易行政案件若干问题的规定》《关于审理反倾销行政案件应用法律若干问题的规定》《关于审理反补贴行政案件应用法律若干问题的规定》三个司法解释，均规定人民法院在审理这类案件时，应依据我国行政诉讼法及有关法律、行政法规和地方性法规，参照规章对行政行为进行审查，排除了WTO规则的直接适用力。不过，人民法院审理涉及WTO规则行政案件所适用的法律、行政法规的具体条文存在两种以上的合理解释时，应遵循同一解释原则，即除中华人民共和国声明保留的条款除外，人民法院应当选择与WTO规则有关规定相一致的解释。

2.特殊情况下，WTO规则在行政诉讼中可以直接适用。这一特殊情况是，在行政法规、部门规章或者其他中央政府措施在承诺的时限内不能到位时，主管机关可以直接援引WTO规则，WTO规则在行政诉讼中具有直接适用力，即WTO规则无法及时转化为国内法时，其在行政诉讼中可以直接适用。

第三节　行政案件审理中的特殊制度

一、撤诉

（一）撤诉的概念

行政诉讼中的撤诉，是指原告或上诉人（或原审原告或原审上诉人）自立案至人民法院作出裁判前，向法院撤回自己的诉讼请求，不再要求人民法院对案件进行审理的行为。根据撤诉所处的审级不同，撤诉可分为撤回起诉、撤回上诉和撤回再审申请三类，其主体分别为原告、上诉人和原审原告或原审上诉人。

根据撤诉是否由当事人提出，可将撤诉分为申请撤诉和视为申请撤诉两类。前者指当事人主动向受诉人民法院提出撤诉申请，不再要求受诉人民法院对案件继续进行审理，是当事人对自己诉讼权利的积极处分；后者指当事人拒绝履行法定诉讼义务，视为其申请撤诉的情形，它是当事人对自己诉讼权利的消极处分。

（二）撤诉的条件

申请撤诉和视为申请撤诉的条件有所不同：

1.申请撤诉的条件。

（1）撤诉申请人必须是原告（一审）、上诉人（二审）、原审原告或原审上诉人以及经他们特别授权的代理人。被告或第三人和被上诉人以及原审被告和原审被上诉人均不得提出撤诉申请。

（2）申请撤诉必须基于当事人自己真实的意思表示，出于当事人自愿。值得注意的是，原告或上诉人（或原审原告或原审上诉人）申请撤诉包括两种情形：一种情形是被诉行政行为没有任何变化，但申请撤诉；另一种情形是被诉行政机关在诉讼过程中改变被诉行政行为，起诉该行为者同意并申请撤诉。而被诉行政机关改变被诉行政行为虽多基于被诉行政机关主动改变，也可以基于其他原因。如人民法院经审查认为被诉行政行为违法或者不当，可以在宣告判决或者裁定前，建议被诉行政机关改变其所作的行政行为，被诉行政机关接受法院建议；同时，有下列情形之一的，可以视为被诉行政机关改变其所作的行政行为：根据起诉该行为者的请求依法履行法定职责；采取相应的补救、补偿等措施；在行政裁决案件中，书面认可起诉该行为者与第三人达成的和解。但无论哪一种情形，行政机关都不能强制当事人撤诉。

（3）撤诉必须符合法律规定，不得规避法律，也不能损害公共利益和他人利益。

（4）撤诉申请必须在人民法院宣判前作出。

（5）撤诉必须经人民法院准许。

除此之外，因被告改变被诉行政行为，原告申请撤诉的，还同时需要符合以下条件：对被诉行政机关改变被诉行政行为，不违反法律、法规的禁止性规定，不超越或者放弃职权，不损害公共利益和他人合法权益；被诉行政机关已经改变或者决定改变被诉行政行为，并书面告知人民法院；第三人无异议。

一般而言，人民法院应当对撤诉申请进行审查，申请符合条件的，裁定准予撤诉，案件审理终结。不过，对于因被诉行政行为改变而申请撤诉的，如果有履行内容且履行完毕的，人民法院可以裁定准许撤诉。而对不能即时或者一次性履行的，人民法院可以裁定准许撤诉，也可以裁定中止审理。为保护撤诉人的权利，人民法院在准许撤诉裁定可以载明被诉行政机关改变被诉行政行为的主要内容及履行情况，并可以根据案件具体情况，在裁定理由中明确被诉行政行为全部或者部分不再执行。

申请撤诉不符合法定条件，或者被诉行政机关改变被诉行政行为后当事人不撤诉的，人民法院应当及时作出裁判。根据《行诉法适用解释》第80条第2款、第3款的规定，当事人申请撤诉或者依法可以按撤诉处理的案件，当事人有违反法律的行为需要依法处理的，人民法院可以不准许撤诉或者不按撤诉处理。法庭辩论终结后原告申请撤诉，人民法院可以准许，但涉及国家利益和社会公共利益的除外。

2.视为申请撤诉的条件。视为申请撤诉情形不同，条件有别：（1）原告或上诉人经传票传唤，无正当理由拒不到庭，可以按撤诉处理；（2）原告或上诉人未经法庭许可中途退庭，可以按撤诉处理；（3）原告或上诉人未按规定的期限预交案件受理费，又不提出缓交、减交、免交申请，或者提出申请未获批准的，按自动撤诉处理。

（三）撤诉的法律后果

就一审的撤诉而言，撤诉具有两方面的法律后果：其一，无论是原告申请撤诉得到法院裁定准予撤诉，还是按撤诉处理，其直接的法律后果都是导致诉讼程序的终结；其二，人民法院裁定准许原告撤诉后，原告以同一事实和理由重新起诉的，人民法院不予立案。这一点与民事诉讼不同。在民事诉讼中，原告的撤诉经法院准许后，视为自始即未起诉，原告仍有权提起诉讼；原告或者上诉人未按规定的期限预交案件受理费而按自动撤诉处理的，原告或者上诉人如果在法定期限内再次起诉或者上诉，并依法解决诉讼费预交问题的，人民法院应予立案。

准予撤诉的裁定确有错误，原告申请再审的，人民法院应当通过审判监督程序撤销原准予撤诉的裁定，重新对案件进行审理。

二、缺席判决

缺席判决，与对席判决相对而言，是指人民法院在开庭审理时，在一方当事人或双方当事人未到庭陈述、辩论的情况下，经审理所作的判决。缺席判决的意义在于维护法律的尊严，充分保护到庭当事人的合法权益，不使诉讼因某一方当事人的随意缺席而半途而废。

根据《行政诉讼法》第58条和《行诉法适用解释》的规定，行政诉讼中的缺席判决主要包括：一是原告或者上诉人申请撤诉，人民法院裁定不予准许的，原告或者上诉人经传票传唤无正当理由拒不到庭，或者未经法庭许可中途退庭的，人民法院可以缺席判决。不过，值得注意的是，与原告或者上诉人不同，第三人经传票传唤无正当理由拒不到庭，或者未经法庭许可中途退庭的，不发生阻止案件审理的效果。二是经人民法院传票传唤，被告无正当理由拒不到庭，或者未经法庭许可中途退庭的，可以缺席判决。在此情况下，人民法院可以按期开庭或者继续开庭审理，对到庭的当事人诉讼请求、双方的诉辩理由以及已经提交的证据及其他诉讼材料进行审理后，依法缺席判决。

三、保全与先予执行

（一）保全

行政诉讼保全，是指人民法院保证生效裁判或行政行为顺利执行或者保护利害关系人的权利，法院根据利害关系人的申请或者依职权对有关财产采取保护措施，或者责令相关人员作出一定行为或者禁止其作出一定行为的制度。《行诉法适用解释》对行政诉讼保全作出了较明确的规定，包括诉讼保全和诉前保全。

诉讼保全，是指在行政诉讼过程中，在因一方当事人的行为或者其他原因，可能使行政行为或者人民法院生效裁判不能或者难以执行的情况下，根据对方当事人的申请或者依职权裁定采取对其财产进行保全、责令其作出一定行为或者禁止其作出一定行为的保全。在诉讼保全中，保全的条件，是因一方当事人的行为或者其他原因，可能使行政行为或者人民法院生效裁判不能或者难以执行；保全的启动原则上由当事人申请，必要时法院可以依职权采取；保全的对象，既包括财产保全，也包括行为保全，后者包括责令其作出一定行为或者禁止其作出一定行为。

法院以裁定方式确定是否采取保全。人民法院接受申请后，对情况紧急的，必须在48小时内作出裁定；裁定采取保全措施的，应当立即开始执行。当事人对保全的裁定不服的，可以申请复议；复议期间不停止裁定的执行。

人民法院采取保全措施，可以责令申请人提供担保；申请人不提供担保的，裁定驳回申请。

诉前保全，是指在诉讼发生前法院根据利害关系人的申请而采取的保全。诉前保全的条件，是利害关系人因情况紧急，不立即申请保全将会使其合法权益受到难以弥补的损害的；保全的启动，须是利害关系人的申请，申请可以向被保全财产所在地、被申请人住所地或者对案件有管辖权的人民法院提出。申请采取保全措施。申请人应当提供担保，不提供担保的，裁定驳回申请。人民法院接受申请后，必须在48小时内作出裁定；裁定采取保全措施的，应当立即开始执行。申请人在人民法院采取保全措施后30日内不依法提起诉讼的，人民法院应当解除保全。当事人对保全的裁定不服的，可以申请复议；复议期间不停止裁定的执行。

无论是诉讼保全还是诉前保全，保全限于请求的范围，或者与本案有关的财物。财产保全采取查封、扣押、冻结或者法律规定的其他方法。人民法院保全财产后，应当立即通知被保全人。财产已被查封、冻结的，不得重复查封、冻结。

涉及财产的案件，被申请人提供担保的，人民法院应当裁定解除保全。申请有错误的，申请人应当赔偿被申请人因保全所遭受的损失。

（二）先予执行

与民事诉讼先予执行明显不同的是，行政诉讼中的先予执行除包括对判决的先予执行，还存在对被诉行政行为的先予执行。

1.对判决的先予执行。对判决的先予执行，是指为解决当事人一方生活或生产的紧迫需要，根据其申请，裁定另一方当事人给付申请人一定的钱物，或者实施或停止某种行为的制度。由于行政诉讼被告是国家行政机关，一般不存在此种情形，所以，行政诉讼中判决的先予执行，主要体现为对原告的保护。根据《行政诉讼法》第57条的规定，人民法院对起诉行政机关没有依法支付抚恤金、最低生活保障金和工伤、医疗社会保险金的案件，权利义务关系明确、不先予执行将严重影响原告生活的，可以根据原告的申请，裁定先予执行。当事人对先予执行裁定不服的，可以申请复议一次。复议期间不停止裁定的执行。

2.对被诉行政行为的先予执行。对被诉行政行为的先予执行，是指在诉讼过程中，为避免可能给国家利益、公共利益或者他人合法权益造成不可弥补的损失，根据被告或相关权利人的申请，对被诉行政行为的先予执行。在诉讼过程中，被诉行政行为的合法性尚处于法院审查阶段，对被诉行政行为先予执行并不正当也不合理。但如果被诉行政行为不及时执行可能给国家利益、公共利益或者他人合法权益造成不可弥补的损失，人民法院先予执行就具有合理性。根据司法解释的规定，人民法院对被诉行政行为的先予执行必须以有申请为前提，申请的主体不仅包括被告，也包括被诉行政行为确定的权利人，后者申请强制执行的，应当提供相应的财产担保。

四、审理程序的延阻

审理程序的延阻，是指因特殊原因使诉讼活动不能按正常程序进行，而出现的程序中断、中止和延期审理等情形。

（一）延期审理

延期审理，是指人民法院把已定的审理日期或正在进行的审理推迟至另一日期审理的制度。《行诉法适用解释》第72条规定，有下列情形之一的，可以延期开庭审理：应当到庭的当事人和其他诉讼参与人有正当理由没有到庭的；当事人临时提出回避申请且无法及时作出决定的；需要通知新的证人到庭，调取新的证据，重新鉴定、勘验，或者需要补充调查的；其他应当延期的情形。

（二）诉讼中止

诉讼中止，是指在诉讼过程中，因出现某种原因而诉讼暂时停止，待原因消除后诉讼继续进行的制度。行政诉讼中的诉讼中止主要包括以下情形：（1）原告死亡，须等待其近亲属表明是否参加诉讼的；（2）原告丧失诉讼行为能力，尚未确定法定代理人的；（3）作为一方当事人的行政机关、法人或者其他组织终止，尚未确定权利义务承受人的；（4）一方当事人因不可抗力的事由不能参加诉讼的；（5）案件涉及法律适用问题，需要送请有权机关作出解释或者确认的；（6）案件的审判须以相关民事、刑事或者其他行政案件的审理结果为依据，而相关案件尚未审结的；（7）其他应当中止诉讼的情形。中止诉讼的原因消除后，恢复诉讼。

（三）诉讼终结

诉讼终结，是指在诉讼开始后，出现了使诉讼不可能进行或进行下去已无必要的情形，由法院决定结束对案件审理的制度。诉讼终结仅限于法定事由：（1）原告死亡，没有近亲属或者近亲属放弃诉讼权利的；（2）作为原告的法人或者其他组织终止后，其权利义务的承受人放弃诉讼权利的；（3）因原告死亡须等待其近亲属表明是否参加诉讼，或者原告丧失诉讼行为能力尚未确定法定代理人，或者作为一方当事人的行政机关、法人或者其他组织终止，尚未确定权利义务承受人这三种原因，使诉讼中止满90日仍无人继续诉讼，但有特殊情况的除外。

五、被告在诉讼中改变被诉行政行为的处理

行政行为一旦被诉，作为行政诉讼的审理对象，它应当是确定的，不容被告随意改变，所以在行政诉讼过程中，不允许被诉行政机关任意改变被诉行政行为。不过，为给被诉行政机关提供主动纠正错误的机会和积极化解行政争议，我国行政诉讼法及相关司法解释允许被诉行政机关改变被诉行政行为，并对因被诉行政机关改变被诉行政行为而引起的程序变化作出了以下规定：

1.被诉行政机关既可以在第一审期间也可以在第二审期间和再审期间改变被诉行政行为。

2.被诉行政机关改变被诉行政行为的，应当书面告知人民法院。

3.根据行政诉讼法的规定，改变后的行政行为的效力及由此产生的结果在一定程度上取决于另一方当事人的态度。（1）如果另一方当事人同意被诉行政机关对被诉行政行为的改变，并提出撤诉申请，经人民法院准许，诉讼结束。（2）如果另一方当事人不同意被诉行政机关对被诉行政行为的改变，不提出撤诉申请，人民法院应当继续对原行政行为进行审理，并就原行政行为作出裁判。不过，因被诉行政机关曾对原行政行为进行过改变，在判决时法院应注意判决形式。在一审中，人民法院经审查认为原行政行为违法的，应当作出确认其违法的

判决，而非撤销判决；认为原行政行为合法的，应当判决驳回原告的诉讼请求。（3）如果原告或者第三人对改变后的行为不服提起诉讼的，人民法院应当就改变后的行政行为进行审理。在第二审和再审中，应当予以参照。

4.原告起诉被告不作为，在诉讼中被告作出行政行为，原告不撤诉的，人民法院应当就不作为依法作出确认判决。

六、行政行为的停止执行问题

行政行为是由国家行政机关行使国家权力作出的行为，具有执行力。行政行为被诉后，是否需要因此而停止执行，是行政诉讼中的一个重要问题。我国《行政诉讼法》第56条第1款规定，行政诉讼期间，不停止行政行为的执行。这一规定确立了我国起诉不停止执行原则。不过，由于并非所有的行政机关都有执行权，其所作出的行政行为必须申请法院执行，所以一旦此行为被诉，除符合先予执行条件外，这些行政行为事实上要停止执行，因此，我国的起诉不停止执行只适用于行政机关有强制执行权的情况。即便如此，如果有下列情况之一的，被诉行政行为也会被裁定停止执行：第一，被告认为需要停止执行的；第二，原告或者利害关系人申请停止执行，人民法院认为该行政行为的执行会造成难以弥补的损失，并且停止执行不损害国家利益、社会公共利益的；第三，人民法院认为该行政行为的执行会给国家利益、社会公共利益造成重大损害的；第四，法律、法规规定停止执行的。当事人对停止执行或者不停止执行的裁定不服的，可以申请复议一次。

七、合并审理

合并审理，是指人民法院把两个或两个以上的独立诉讼合并在一个诉讼程序中进行审理和裁判的制度。它有助于简化诉讼程序，实现诉讼经济，也可以防止裁判之间的矛盾。根据《行诉法适用解释》的规定，有下列情形之一的，人民法院可以合并审理：

1.两个以上行政机关分别对同一事实作出行政行为，公民、法人或者其他组织不服向同一人民法院起诉的。

2.行政机关就同一事实对若干公民、法人或者其他组织分别作出行政行为，公民、法人或者其他组织不服分别向同一人民法院起诉的。

3.在诉讼过程中，被告对原告作出新的行政行为，原告不服向同一人民法院起诉的。

4.人民法院认为可以合并审理的其他情形。

八、行政诉讼附带民事诉讼

（一）行政诉讼附带民事诉讼的概念与特点

一般认为，行政诉讼附带民事诉讼是人民法院在审理行政案件的同时，对与引起该案件的行政争议相关的民事纠纷一并审理的诉讼活动和诉讼关系的总称。它具有以下特点：

1.行政诉讼附带民事诉讼实质是两种不同性质诉讼的合并。行政诉讼解决的是行政争议，民事诉讼解决的是民事纠纷，争议性质的不同决定了两种诉讼制度的区别，也决定了两种诉讼通常应分别进行。行政诉讼附带民事诉讼存在的合理性在于，在两种分属不同诉讼系列诉讼请求具有内在关联的情况下，将两种诉讼合并审理，这将有助于节省诉讼成本，提高审判效率。

2.附带民事诉讼的原告可以是行政诉讼的原告，但附带民事诉讼的被告不能是行政诉讼的被告。

3.在行政诉讼中，与刑事附带民事诉讼最具相似性的行政赔偿诉讼，属于一种特殊的行政诉讼，并非行政诉讼附带民事诉讼。

（二）行政诉讼附带民事诉讼的适用条件

《行政诉讼法》第61条第1款规定，在涉及行政许可、登记、征收、征用和行政机关对民事争议所作的裁决的行政诉讼中，当事人申请一并解决相关民事争议的，人民法院可以一并审理。由此，我国行政诉讼附带民事诉讼的适用条件：一是被诉行政行为是涉及行政许可、登记、征收、征用和行政机关对民事争议所作的裁决。修正后的行政诉讼法扩大了此前行政诉讼附带民事诉讼的适用范围，其目的是致力于根本性解决争议。二是民事争议当事人要求法院一并解决相关民事纠纷。既然是附带民事诉讼，就必须遵守民事诉讼不告不理的原则，在当事人没有提出附带民事诉讼的情况下，法院无权一并审理。

《行诉法适用解释》对一并解决民事纠纷作出了更为具体的安排：

1.法院的告知

由于行政争议与行政争议交织带来的复杂性，《行诉法适用解释》要求针对不同情况给予当事人帮助。

人民法院在审理行政案件中发现民事争议为解决行政争议的基础，当事人没有请求人民法院一并审理相关民事争议的，人民法院应当告知当事人依法申请一并解决民事争议。当事人就民事争议另行提起民事诉讼并已立案的，人民法院应当中止行政诉讼的审理。民事争议处理期间不计算在行政诉讼审理期限内。

公民、法人或者其他组织请求一并审理相关民事争议，人民法院经审查发现行政案件已经超过起诉期限，民事案件尚未立案的，应告知当事人另行提起民事诉讼；民事案件已经立案的，由原审判组织继续审理。

人民法院决定在行政诉讼中一并审理相关民事争议，或者案件当事人一致同意相关民事争议在行政诉讼中一并解决，人民法院准许的，由受理行政案件的人民法院管辖。

2.不予适用的情形

《行诉法适用解释》第139条明确规定，有下列情形之一的，法院应当作出不予准许一并审理民事争议的决定，并告知当事人可以依法通过其他渠道主张权利：(1)法律规定应当由行政机关先行处理的；(2)违反民事诉讼法专属管辖规定或者协议管辖约定的；(3)约定仲裁或者已经提起民事诉讼的；(4)其他不宜一并审理的民事争议。对于法院不予准许的决定，可以申请复议一次。

3.提出的时间

根据《行诉法适用解释》第137条的规定，公民、法人或者其他组织请求一并审理相关民事争议的，应当在第一审开庭审理前提出；有正当理由的，也可以在法庭调查中提出。

4.受理、审理和裁判规则

法院在行政诉讼中一并审理相关民事争议的，民事争议应当单独立案，由同一审判组织审理。但是，审理行政机关对民事争议所作裁决的案件，一并审理民事争议的，不另行立案。人民法院一并审理相关民事争议，应当按行政案件、民事案件的标准分别收取诉讼费用。

行政诉讼原告在宣判前申请撤诉的，是否准许由人民法院裁定。人民法院裁定准许行政诉讼原告撤诉，但其对已经提起的一并审理相关民事争议不撤诉的，人民法院应当继续审理。

法院一并审理相关民事争议，适用民事法律规范的相关规定，法律另有规定的除外。当事人在调解中对民事权益的处分，不能作为审查被诉行政行为合法性的根据。

在此类案件中，法院行政争议和民事争议应当分别裁判。当事人仅对行政裁判或者民事裁判提出上诉的，未上诉的裁判在上诉期满后即发生法律效力。第一审人民法院应当将全部案卷一并移送第二审人民法院，由行政审判庭审理。第二审人民法院发现未上诉的生效裁判确有错误的，应当按照审判监督程序再审。

九、调解的适用

行政诉讼能否适用调解，一直存有不同看法。修正前的行政诉讼法确立了原则上不得调解的安排，仅允许行政赔偿案件进行调解。近年来，要求扩大调解范围的主张增多，但对此也有学者持反对意见。《行政诉讼法》第60条仍规定人民法院审理行政案件，原则上不适用调解。不过，扩大了例外情况，规定行政赔偿、补偿以及行政机关行使法律、法规规定的自由裁量权的案件可以调解。根据《关于审理行政协议案件若干问题的规定》第23条的规定，人民法院审理行政协议案件，可以依法进行调解。

《行诉法适用解释》规定，对行政赔偿、补偿以及行政机关行使法律、法规规定的自由裁量权的案件，法院认为法律关系明确、事实清楚，在征得当事人双方同意后，可以迳行调解。调解应当遵循自愿、合法原则，不得损害国家利益、社会公共利益和他人合法权益。人民法院审理行政案件，调解过程不公开，但当事人同意公开的除外。经人民法院准许，第三人可以参加调解。人民法院认为有必要的，可以通知第三人参加调解。

调解达成协议，人民法院应当制作调解书。调解书应当写明诉讼请求、案件的事实和调解结果。调解协议内容不公开，但为保护国家利益、社会公共利益、他人合法权益，人民法院认为确有必要公开的除外。调解书由审判人员、书记员署名，加盖人民法院印章，送达双方当事人。调解书经双方当事人签收后，即具有法律效力。调解书生效日期根据最后收到调解书的当事人签收的日期确定。

当事人一方或者双方不愿调解、调解未达成协议的，人民法院应当及时判决。当事人自行和解或者调解达成协议后，请求人民法院按照和解协议或者调解协议的内容制作判决书的，人民法院不予准许。

十、妨害行政诉讼行为的排除

妨害行政诉讼行为的排除，是指人民法院在行政诉讼过程中，为了保障行政审判的顺利进行，对实施妨害行政诉讼行为的人采取的强制手段。根据行政诉讼法的规定，人民法院必须针对法定的妨害行政诉讼行为，依法采取强制措施。

（一）妨害行政诉讼的行为

妨害行政诉讼的行为，是指诉讼参加人和其他人在行政诉讼过程中，故意干扰、破坏诉讼秩序，妨碍诉讼活动正常进行的行为。根据《行政诉讼法》规定，妨害行政诉讼行为包括：

1.有义务协助调查、执行的人，对人民法院的协助调查决定、协助执行通知书，无故推拖、拒绝或者妨碍调查、执行的；

2.伪造、隐藏、毁灭证据或者提供虚假证明材料，妨碍人民法院审理案件的；

3.指使、贿买、胁迫他人作伪证或者威胁、阻止证人作证的；

4.隐藏、转移、变卖、毁损已被查封、扣押、冻结的财产的；

5.以欺骗、胁迫等非法手段使原告撤诉的；

6.以暴力、威胁或者其他方法阻碍人民法院工作人员执行职务，或者以哄闹、冲击法庭等方法扰乱人民法院工作秩序的；

7.对人民法院审判人员或者其他工作人员、诉讼参与人、协助调查和执行的人员恐吓、侮辱、诽谤、诬陷、殴打、围攻或者打击报复的。

（二）排除妨害行政诉讼的强制措施

对上述妨害行政诉讼行为，人民法院可以采取下列强制措施予以排除：训诫、责令具结悔过、罚款和拘留。构成犯罪的，依法追究刑事责任。

训诫，是人民法院对妨害行政诉讼行为情节较轻者，予以批评、教育并警告其不得再犯的措施，属较轻的强制措施。

责令具结悔过，是人民法院对有妨害行政诉讼行为的人，责令其承认错误，写出悔过书，保证不再重犯的措施，也属较轻的强制措施。

罚款，是人民法院对有妨害行政诉讼行为的人，强制其交纳一定数额款项的强制措施。罚款金额为1万元以下。

拘留，是人民法院对有妨害行政诉讼行为的人，短期内限制其人身自由的一种强制措施，是最严厉的强制措施。拘留期限为15日以下。

人民法院对有对上述妨害行政诉讼行为的单位，可以对其主要负责人或者直接责任人员依照前款规定予以罚款、拘留；构成犯罪的，依法追究刑事责任。

按照《行政诉讼法》的规定，罚款、拘留须经人民法院院长批准。当事人对决定不服的，可以向上一级人民法院申请复议1次。复议期间不停止执行。

根据司法解释的规定，罚款、拘留可以单独适用，也可以合并适用。对同一妨害行政诉讼行为的罚款、拘留不得连续适用。发生新的妨害行政诉讼行为的，人民法院可以重新予以罚款、拘留。

十一、案件的移送、公告和司法建议

（一）案件的移送

案件的移送，是指人民法院在审理行政案件时，认为行政机关的主管人员、直接责任人员违法违纪的，应当将有关材料移送监察机关、该行政机关或者其上一级行政机关；认为有犯罪行为的，应当将有关材料移送公安、检察机关。

（二）公告

根据《行政诉讼法》第66条第2款的规定，人民法院对被告经传票传唤无正当理由拒不到庭，或者未经法庭许可中途退庭的，可以将被告拒不到庭或者中途退庭的情况予以公告，并可以向监察机关或者被告的上一级行政机关提出依法给予其主要负责人或者直接责任人员处分的司法建议。

（三）司法建议

根据《行政诉讼法》第66条第2款的规定，法院可以提出司法建议。

同时，根据行政诉讼法的规定，行政机关拒绝履行判决、裁定时，人民法院可以向该行政机关的上一级行政机关或者监察、人事机关提出司法建议。接受司法建议的机关，根据有关规定进行处理，并将处理情况告知人民法院。因此，在行政诉讼中，司法建议是保证行政裁判执行的手段之一。

第四节　涉外行政诉讼

一、涉外行政诉讼的特征

涉外行政诉讼，是指具有涉外因素的行政诉讼，在我国是指外国人、无国籍人、外国组织认为我国国家行政机关及其工作人员所作的行政行为侵犯其合法权益，依法向人民法院提起行政诉讼，由人民法院对行政行为进行审查并作出裁判的活动。

涉外行政诉讼属于一种特殊的行政诉讼，它的特征有：

1.主体的涉外性。诉讼具有涉外因素是涉外诉讼区别于一般诉讼的关键之处，涉外行政诉讼自然也不例外，但涉外行政诉讼所表现出的涉外性仅为主体的涉外性。行政诉讼的被告只能是我国国家行政机关或者法律、法规授权的组织，只有行政诉讼原告和第三人中至少有一方是外国人或者外国组织，才能形成涉外行政诉讼。所以，涉外行政诉讼的涉外性仅表现在主体的涉外性，而主体的涉外性专指行政诉讼的原告或者第三人为外国人或者外国组织。

这里的外国人或者外国组织包括外国人、无国籍人、国籍不明人以及外国企业、外国组织等。不过值得注意的是，当事人是我国港、澳、台地区的居民和组织的行政诉讼不属于涉外行政诉讼，但考虑这三个地区的特殊性，在行政诉讼中具体问题的处理上可以参照涉外行政诉讼的规定。

2.行政诉讼发生地点的特定性。构成涉外行政诉讼除主体的涉外因素外，还必须具备：第一，行政行为必须发生在我国领域内，是我国主权范围内的事项，由我国的国家行政机关或者法律、法规授权的组织进行处理；第二，外国当事人在我国人民法院提起行政诉讼或者参加在我国法院进行的行政诉讼。

3.原则和制度的特殊性。涉外行政诉讼有许多不同于一般行政诉讼的特点，为此我国《行政诉讼法》第九章针对涉外行政诉讼的特点，作了一些特别规定。

二、涉外行政诉讼的原则

涉外行政诉讼除应遵循我国行政诉讼法的基本原则外，还应遵循适用于涉外行政诉讼的特有原则。涉外行政诉讼有两项原则：同等原则和对等原则。

（一）同等原则

同等原则，是指外国人、无国籍人、外国组织在我国进行行政诉讼时，可以享有与我国公民、组织在行政诉讼中所享有的同样的诉讼权利，同时也应承担与我国公民、组织在行政诉讼中所应承担的同样的诉讼义务。它是处理国际关系中的“国民待遇”原则在行政诉讼中的体现，它为外国人、无国籍人、外国组织在他国进行行政诉讼提供了可靠保障。应当指出的是，涉外行政诉讼的同等原则，只适用于行政诉讼上的权利和义务，而不适用于实体法上的权利和义务，我国公民与外国人在我国法律上实体权利是否同等取决于实体法的具体规定。

（二）对等原则

对等原则，是指外国法院对中国公民、组织的行政诉讼权利加以限制的，中国法院对其公民、组织的行政诉讼权利实行同样的限制。主权国家在处理相互之间的有关事务时，应当以平等互惠为基础，这在司法上的具体体现就是对等原则。

【本章主要法律规定】

1.《行政诉讼法》第33～43、56～66、98～100条
2.最高人民法院《关于适用〈中华人民共和国行政诉讼法〉的解释》第34～47、76～88、137～144条
3.最高人民法院《关于行政诉讼证据若干问题的规定》
4.最高人民法院《关于印发〈关于审理行政案件适用法律规范问题的座谈会纪要〉的通知》
5.最高人民法院《关于行政诉讼撤诉若干问题的规定》
6.最高人民法院《关于审理国际贸易行政案件若干问题的规定》第7～11条
7.最高人民法院《关于审理反倾销行政案件应用法律若干问题的规定》第6～9、11条
8.最高人民法院《关于审理反补贴行政案件应用法律若干问题的规定》第6～9、11条

第十九章 行政案件的裁判与执行

本章主要内容提示

1.驳回诉讼请求和驳回起诉之间的区别：

（1）使用的裁判形式不同。前者涉及的是案件实体问题，应使用判决；后者主要为案件程序问题，应使用裁定。

（2）适用情形不同。前者所适用的情况，司法解释有明确的规定；后者适用于法院受理案件后，发现起诉不符合条件。

2.行政诉讼执行与非诉行政案件执行的主要区别：

（1）执行根据：前者是生效的行政判决书、行政裁定书、行政赔偿判决书和行政调解书；后者是行政行为。

（2）执行机关：前者是法院和有强制执行权的行政机关；后者是法院。

（3）申请执行期限：对前者，期限为2年；对后者，行政机关申请为3个月。

第一节 行政诉讼的判决、裁定与决定

一、行政诉讼判决

（一）行政诉讼判决的概念与种类

行政诉讼判决，以下简称行政判决，是指人民法院审理行政案件终结时，根据审理所查清的事实，依据法律规定对行政案件实体问题作出的结论性处理决定。行政诉讼判决是人民法院行使国家行政审判权对行政机关进行监督的集中体现，是人民法院处理解决争议的基本手段，也是人民法院审理行政案件和当事人参加诉讼的结果的表现形式。

按照不同的标准，可以对行政诉讼判决作出不同的划分。按照审级标准可将判决分为一审判决、二审判决和再审判决；按照判决是否发生法律效力可将判决分为生效判决和未生效判决；等等。

（二）行政诉讼第一审判决

行政诉讼第一审判决，是人民法院在第一审程序中所作出的判决，是人民法院对案件初次作出的判定，当事人对其不服，有权向上一级人民法院提出上诉。行政诉讼法明确确定了行政诉讼一审判决的八种方式，分别为驳回原告诉讼请求判决、撤销判决、履行判决、给付判决、确认违法判决、确认无效判决、变更判决和被告承担继续履行、采取补救措施或者赔偿损

失等责任判决。

1.驳回原告诉讼请求判决。指人民法院经审理认为被诉行政行为合法或者原告申请被告履行法定职责或者给付义务理由不成立的，人民法院直接作出否定原告诉讼请求的一种判决形式。

(1)被诉行政行为合法。根据《行政诉讼法》第69条的规定，被诉行政行为合法须同时满足以下三个条件：①证据确凿。即行政行为所依据的证据确实可靠，并足以证明行政行为认定事实的存在。②适用法律、法规正确。即被诉行政行为所适用的法律、法规及相应条款正确合理。③符合法定程序。即被告作出的行政行为必须符合法律规定的行政程序。

(2)原告申请被告履行法定职责或者给付义务理由不成立的。在原告申请被告履行法定职责或者给付义务理由的行政案件中，如果的确存在被告无正当理由而不履行法定职责或给付义务的情形，人民法院可作出履行判决或给付判决。但原告申请被告履行法定职责或者给付义务理由不成立，人民法院应当判决驳回原告的诉讼请求。

2.撤销判决。指人民法院经过对案件的审查，认定被诉行政行为部分或者全部违法，从而部分或全部撤销被诉行政行为，并可以责令被告重新作出行政行为的判决。撤销判决是人民法院对被诉行政行为效力的部分或全部的否定，是对原告权益的保护，因而撤销判决在行政诉讼中占有重要地位。

根据行政诉讼法的规定，撤销判决可分为三种具体形式：(1)全部撤销，适用于整个行政行为全部违法或行政行为部分违法但行政行为不可分；(2)部分撤销，适用于行政行为部分违法、部分合法，且行政行为可分，人民法院只作出撤销违法部分的判决；(3)判决撤销并责令被告重新作出行政行为，其适用于违法行政行为撤销后尚需被告对行政行为所涉及事项作出处理的情形。

行政行为具备下列情形之一的，人民法院可以作出撤销判决：

(1)主要证据不足。指被诉行政行为缺乏必要的证据，不足以证明被诉行政行为所认定的事实情况。主要证据不足意味着行政机关在没有查清案件基本情况或在没有充分证据证明的情况下就作出了行政行为，行政行为缺乏事实基础，人民法院有权予以撤销。

(2)适用法律、法规错误。指行政机关作出行政行为时错误地适用了法律、法规或者法律、法规的条款。

(3)违反法定程序。指行政机关在实施行政行为时违反了法律规定的作出该行为应当遵循的步骤、顺序、方式和时限等要求，它是作出撤销行政行为判决一个独立存在的理由，不依附于其他任何条件，只要行政行为违反程序，无论实体决定正确与否，都构成撤销该行政行为的理由。

(4)超越职权。指行政机关实施行政行为时超越了法律、法规授予其的权力界限，实施了无权实施的行政行为。主要表现有：行政机关行使了宪法、法律没有授予任何国家机关的权限，或者行使了法律授予其他国家机关的权力；超越了行政机关行使权力的地域范围；超过法定时间行使权力；超越了法律、法规规定的数额规定。

(5)滥用职权。指行政机关具备实施行政行为的权力，并且其行为形式上也合法，然而行政机关行使权力的目的违反法律、法规赋予其该项权力的目的。这实际属于权力的不正当行使。在实践中滥用职权的主要表现有：第一，不正当的考虑。行政机关或公务员为了小集团利益或者个人利益，故意考虑法外因素或者故意不考虑应当考虑的因素。第二，故意迟延和不作为。是指行政机关在处理公民、法人或者其他组织的请求或者申请时，明知自己负有作为义务，但却以各种理由故意推脱，拖延履行自己的职责。第三，不一致的解释和反复无常。不一致的解释是指行政机关在处理同类案件时，对某些规范不经法定程序故意随意解释，导致这些解释往往相互矛盾和冲突；反复无常，是指行政机关实施行政行为时，没有明确的标准，经常改变自己的主张和决定。

(6)明显不当。指被诉行政行为明显不合

理。这里主要指行政机关行使行政裁量作出行政行为，明显逾越了合理性的限度。传统上认为，行政机关行使行政裁量权，法院无权干预。修正前的行政诉讼法规定，只有显失公正的行政处罚，法院才有权变更。因而，我国理论界和学术界一直主张，法院不能介入行政裁量。然而，事实上，合理性存在程度上的差异，明显不合理已不简单是合理与否的决定，已属于违法。故修正后的《行政诉讼法》把“明显不当”列入了合法性审查的范围之列，作为认定行政行为违法的标准，并可以予以撤销或部分撤销，从而扩大了合法性审查的范围。

对于撤销判决方式的使用需要注意以下几个问题：第一，行政行为只要具备上述六种形式之一即构成人民法院的撤销理由，每个理由各自独立。第二，如果判决撤销违法的被诉行政行为，将会给国家利益、公共利益或他人利益造成损失的，人民法院在判决撤销的同时，可以分别采取以下方式处理：①判决被告重新作出行政行为；②责令被诉行政机关采取相应的补救措施；③向被告及有关机关提出司法建议；④发现违法犯罪行为的，建议有权机关进行处理。第三，法院判决被告重新作出行政行为的，被告不得以同一的事实和理由作出与原行政行为基本相同的行政行为。不过，根据《行诉法适用解释》第90条的规定，人民法院判决被告重新作出行政行为，被告重新作出的行政行为与原行政行为的结果相同，但主要事实或者主要理由有改变的，不属于基本相同的行政行为。同时，人民法院以违反法定程序为由，判决撤销被诉行政行为的，行政机关重新作出行政行为不受此限制。如行政机关以同一事实和理由重新作出与原行政行为基本相同的行政行为，人民法院应当根据《行政诉讼法》第70条、第71条的规定判决撤销或者部分撤销，并根据《行政诉讼法》第90条的规定处理。

3.履行判决。指人民法院经过审理认定被告负有法律职责无正当理由而不履行，责令被告限期履行法定职责的判决。人民法院作出履行判决必须同时满足三个条件：(1)被告负有履行某项义务的法定职责。这是人民法院作出履行判决的前提。(2)被告没有履行该法定职责。没有履行包括不履行和拖延履行两种。不履行是指行政机关明示拒绝履行法定职责；拖延履行是指行政机关不及时履行自己的法定职责，或者是否履行态度不明确。(3)被告没有履行法定职责无正当理由。

履行判决涉及司法与行政关系，为避免司法干预行政，在作出履行判决时，法院要分析判断。《行诉法适用解释》第91条规定，原告请求被告履行法定职责的理由成立，被告违法拒绝履行或者无正当理由逾期不予答复的，法院可以根据《行政诉讼法》第72条的规定，判决被告在一定期限内依法履行原告请求的法定职责。如尚需被告调查或者裁量的，应当判决被告针对原告的请求重新作出处理。

人民法院判决被告履行法定职责，应当指定履行的期限，因情况特殊难以确定期限的除外。不过，需要注意的是，对被告有法定职责而无正当理由没有履行该法定职责的案件，人民法院并非必须作出履行判决，判决被告履行该法定职责。在判决被告履行该法定职责已为时太晚，责令其履行已无实际意义的情况下，人民法院应当作出确认被诉行政行为违法或者无效的确认判决，公民、法人或者其他组织因被告不履行法定职责所造成的损失可请求行政机关赔偿。

同时，司法解释也规定，对于原告提出的给付请求，人民法院经审理认为原告所请求履行的法定职责明显不属于行政机关权限范围的，可以裁定驳回起诉。

4.给付判决。指被告负有公法的给付义务，但没有履行，法院判决履行的判决形式。《行政诉讼法》第73条规定，人民法院经过审理，查明被告依法负有给付义务的，判决被告履行给付义务。这是修正后的行政诉讼法新增的判决形式。在现代社会中，行政给付越来越重要。行政诉讼法明确规定，行政机关没有依法支付抚恤金、最低生活保障待遇或者社会保险待遇的，公民、法人或者其他组织可以向法院起诉。《行诉法适用解释》第92条规定，原告申请被告依法履行支付抚恤金、最低生活保障待遇或者社会保险待遇等给付义务的理由成立，被告依法负有给付义务而拒绝或者拖延履行义务且无正当理由的，法院可以判决被告在一定期限内履行相应的给付义务。

同时，司法解释也规定，对于原告提出的给付请求，人民法院经审理认为原告所请求履行的给付义务明显不属于行政机关权限范围的，可以裁定驳回起诉。

5.确认违法判决。指人民法院通过对被诉行政行为的审查，确认被诉行政行为违法的一种判决形式。其适用具体分两种情况：

第一种情况是：有下列情形之一时，人民法院作出确认行政行为违法的判决，但不撤销被诉行政行为：

（1）被诉行政行为违法应当撤销，但撤销将给国家利益和公共利益带来重大损失的。通常情况下，被诉行政行为违法人民法院应当作出撤销判决，通过撤销被诉行政行为保护当事人的合法权益，但如果撤销该行政行为将会给国家利益和公共利益带来重大损失，从维护国家利益和公共利益大局出发，人民法院不应作出撤销判决，而应作出确认违法判决。

（2）行政行为程序轻微违法，但对原告权利不产生实际影响的。《行诉法适用解释》第96条对“程序轻微违法”作出了界定，有下列情形之一，且对原告依法享有的听证、陈述、申辩等重要程序性权利不产生实质损害的，属于“程序轻微违法”：一是处理期限轻微违法；二是通知、送达等程序轻微违法；三是其他程序轻微违法的情形。

第二种情况是：行政行为有下列情形之一，不需要撤销或者判决履行的，人民法院判决确认违法：

（1）被诉行政行为违法，但不具有可撤销内容的。被诉行政行为违法人民法院可以作出撤销判决，但在被诉行政行为不具有可撤销内容时，人民法院就只能作出确认违法判决。例如，行政机关作出行政行为时，不制作、不送达决定书，而该行政行为又属违法行为，即可适用此判决形式。

（2）被告改变原违法行政行为，原告仍要求确认原行政行为违法的。

（3）被告不履行法定职责，但判决责令履行法定职责已无实际意义的。被告不履行法定职责，通常应作出履行判决，判令被告履行法定职责，但在被告履行法定职责已为时过晚，达不到对原告救济目的时，人民法院判决责令被告履行法定职责已无实际意义，在此情况下人民法院应当作出认定被诉行政行为违法的确认判决。

人民法院判决确认违法的，可以同时判决责令被告采取补救措施；给原告造成损失的，依法判决被告承担赔偿责任。

6.确认无效判决。通常认为，无效行政行为，是具有重大明显违法的行政行为，该行为自始无效。

《行政诉讼法》第75条规定，行政行为有实施主体不具有行政主体资格或者没有依据等重大且明显违法情形，原告申请确认行政行为无效的，人民法院判决确认无效。

在适用确认无效判决中，首要问题是如何认定无效。行政诉讼法确立了“重大且明显违法”标准，《行诉法适用解释》根据行政诉讼法的规定对此进行了细化，规定有下列情形之一的，属于“重大且明显违法”：一是行政行为实施主体不具有行政主体资格；二是减损权利或者增加义务的行政行为没有法律规范依据；三是行政行为的内容客观上不可能实施；四是其他重大且明显违法的情形。由于无效行政行为是重大且明显的违法，通常认为有权国家机关可在任何时候宣布其无效。由此带来的问题是，对修正后的行政诉讼法生效前的无效行政行为可否起诉。为了维护稳定性，《行诉法适用解释》作出否定回答。该解释第162条规定：“公民、法人或者其他组织对2015年5月1日之前作出的行政行为提起诉讼，请求确认行政行为无效的，人民法院不予立案。”

实践中，起诉人或者原告对行政行为无效的判断不一定恰当。对此，法院要根据情况作出处理。公民、法人或者其他组织起诉请求确认行政行为无效，人民法院审查认为行政行为不属于无效情形，经释明，原告请求撤销行政行为为的，应当继续审理并依法作出相应判决；原告请求撤销行政行为但超过法定起诉期限的，裁定驳回起诉；原告拒绝变更诉讼请求的，判决驳回其诉讼请求。但是，公民、法人或者其他组织起诉只是请求撤销行政行为，人民法院经审查认为行政行为无效的，法院应当作出确认无效的判决。根据行政诉讼法规定，人民法院判决确认违法或无效的，可以同时判决责令被告采取补救措施；给原告造成损失的，依法判决被告承担赔偿责任。

在法院审理中，人民法院经审理认为被诉行政行为违法或者无效，可能给原告造成损失，经释明，原告请求一并解决行政赔偿争议的，人民法院可以就赔偿事项进行调解；调解不成的，应当一并判决。人民法院也可以告知其就赔偿事项另行提起诉讼。

7.变更判决。指人民法院经审理，认定行政处罚行为行政处罚明显不当，或者其他行政行为涉及对款额的确定、认定确有错误的，运用国家审判权直接改变行政行为的判决。变更判决是人民法院行使司法变更权，对行政行为的内容进行审查的具体体现。变更判决与撤销判决最大的区别是变更判决直接确定了当事人的权利和义务。鉴于司法权与行政权的界分，变更判决的范围不应太广。修正前的行政诉讼法仅规定行政处罚显失公正的法院才能作出变更判决。为能有效发挥行政诉讼的作用，修正后的《行政诉讼法》第77条规定，行政处罚明显不当，或者其他行政行为涉及对款额的确定、认定确有错误的，人民法院可以判决变更，该规定在一定程度上扩大了变更判决的适用范围。

（1）行政处罚明显不当。对此种情形，修正前的行政诉讼法已有规定，修正后的行政诉讼法只是用“明显不当”替代了“显失公正”。因此，有两个条件要求：第一，只能针对行政处罚行为作出；第二，行政处罚行为明显不当。人民法院并非能对所有违法的行政处罚行为都有权变更，人民法院只能对明显不当的行政处罚行为适用变更判决。所谓行政处罚明显不当，是指行政处罚虽然在形式上不违法，但处罚结果明显不公正，损害了公民、法人或者其他组织的合法权益。在实践中，明显不当的典型表现形式就是畸轻畸重，即行政机关实际作出的行政处罚与被处罚人的违法行为应受到的行政处罚相差过于悬殊。行政机关在作出行政处罚时，同样情况不同对待或者不同情况同等对待，也可构成明显不当。

根据《行政诉讼法》第70条的规定，明显不当审查标准适用于所有的行政行为，不限于行政处罚。对于明显不当的行政行为，法院可以判决撤销或者部分撤销。根据《行政诉讼法》第77条的规定，对于明显不当的行政处罚，法院则仍享有变更权。

（2）其他行政行为涉及对款额的确定、认定确有错误的。这里主要指数额计算有误的情形，此类情形是刚性的，如判决撤销后交给行政机关重作，不利于提高效率，法院有权予以直接变更。

人民法院对行政处罚行为作出变更判决，原则上只能减轻不能加重，不得加重原告的义务或者减损原告的权益。这主要是为了保护公民、法人或者其他组织的诉权，消除公民、法人或者其他组织在起诉时面临可能被加重或减损权益的种种顾虑而作出的规定。不过，人民法院不得加重对原告的处罚只是原则，利害关系人同为原告，且诉讼请求相反的除外。

8.被告承担继续履行、采取补救措施或者赔偿损失等责任判决。指被告不依法履行、未按照约定履行或者违法变更、解除行政协议的，法院判决被告承担继续履行、采取补救措施或者赔偿损失等责任的判决形式。这是修正后的《行政诉讼法》第78条增加的判决形式。

《行政诉讼法》第12条第1款第11项把行政协议纳入行政诉讼受案范围，此类案件有一定的特殊性，行政诉讼法增加了这一判决形式。如被告不依法履行、未按照约定履行或者违法变更、解除行政协议的，人民法院判决被告承担继续履行、采取补救措施或者赔偿损失等责任。不过，被告变更、解除行政协议合法，但未依法给予补偿的，人民法院判决给予补偿。

值得注意的是，法院审理复议机关与作出原行政行为的行政机关为共同被告的案件更为复杂，要求人民法院对在审查原行政行为合法性的同时一并审查复议决定的合法性，并对原行政行为作出判决的同时应当对复议决定一并作出相应判决。即使人民法院依职权追加作出原行政行为的行政机关或者复议机关为共同被告的，法院可以对原行政行为或者复议决定作出相应判决。故《行诉法适用解释》规定，在此类诉讼中，作出原行政行为的行政机关和复议机关对原行政行为合法性共同承担举证责任，可以由其中一个机关实施举证行为。复议机关对复议决定的合法性承担举证责任。复议机关作共同被告的案件，复议机关在复议程序中依法收集和补充的证据，可以作为人民法院认定复议决定和原行政行为合法的依据。

人民法院判决撤销原行政行为和复议决定的，可以判决作出原行政行为的行政机关重新作出行政行为。人民法院判决作出原行政行为的行政机关履行法定职责或者给付义务的，应当同时判决撤销复议决定。

复议决定改变原行政行为错误，人民法院判决撤销复议决定时，可以一并责令复议机关重新作出复议决定或者判决恢复原行政行为的法律效力。原行政行为合法、复议决定违法的，人民法院可以判决撤销复议决定或者确认复议决定违法，同时判决驳回原告针对原行政行为的诉讼请求。

原行政行为被撤销、确认违法或者无效，给原告造成损失的，应当由作出原行政行为的行政机关承担赔偿责任；因复议决定加重损害的，由复议机关对加重部分承担赔偿责任。

原行政行为不符合复议或者诉讼受案范围等受理条件，复议机关作出维持决定的，人民法院应当裁定一并驳回对原行政行为和复议决定的起诉。

（三）二审判决

二审判决是人民法院在第二审程序中就上诉案件作出的判决，由于我国实行两审终审制，因而二审判决是生效判决，亦称终审判决，当事人对其不能提出上诉。第二审人民法院运用第二审程序对上诉案件进行审理后，可以作出两种类型的判决，即维持原判和依法改判。

1.维持原判。指二审人民法院通过对上诉案件的审理，确认一审判决、裁定认定事实清楚，适用法律、法规正确，从而判决或者裁定驳回上诉人上诉，维持原判决、裁定。维持原判必须同时具备两个条件：一是原判决认定事实清楚，即一审判决、裁定对行政行为的合法性裁判有可靠的事实基础和确凿的证据支持。二是适用法律、法规正确，即一审法院适用法律、法规恰如其分。

2.改判。指第二审人民法院直接改正第一审判决的错误内容的判决形式。改判适用于两种情形：一是原判决认定事实清楚，但适用法律、法规错误。一审判决认定事实正确，只是适用法律、法规错误，第二审人民法院应在正确适用法律、法规后，依法更正一审判决的内容。二是原判决认定事实不清、证据不足的，第二审人民法院可以在查清事实后改判。在一审判决认定事实不清的情况下，第二审人民法院一般应裁定撤销原判，发回原审人民法院重审。不过，如果一审法院由于主、客观原因，难以或不可能查清事实，第二审人民法院则可以在查清事实后，依法对一审判决作出改判。

根据《行政诉讼法》第89条的规定，第一审判决遗漏当事人或者违法缺席判决等严重违反法定程序的，裁定撤销原判决，发回原审人民法院重审，不能适用于改判。

第二审人民法院在对第一审人民法院的判决进行改判时，必然会涉及一审判决对被诉行政行为的认定。从一审判决的内容来看，它可能是驳回原告请求被诉行政行为，也可能是撤销或者变更被诉行政行为，当第二审人民法院需要改变一审判决内容时，就必然要对行政行为的合法性重新予以确认，因而第二审人民法院在改变一审判决时，应当在对一审判决作出判决时，一并对被诉行政行为的合法性作出判决。

（四）再审判决

再审裁判是人民法院按照审判监督程序所作出的裁判。再审裁判既可以采用判决形式，也可以采用裁定形式。由于再审裁判涉及的问题相对复杂，我们一并对人民法院所作出的再审判决和再审裁定进行分析。

1.人民法院经过再审审理认为原审判决认定事实和适用法律均无不当时，人民法院应当裁定撤销原中止执行的裁定，继续执行原判决。

2.人民法院经过再审审理认为原审判决、裁定确有错误的，人民法院分不同情况进行处理：

（1）人民法院经过再审审理，如果认为第二审人民法院维持第一审人民法院不予受理或者驳回起诉裁定错误的，再审人民法院应当撤销第一审、第二审人民法院裁定，指令第一审人民法院受理。

（2）除上述情况外，再审人民法院认为原审判决、裁定确有错误时，在撤销原生效裁决或者裁定的同时，可以对生效判决、裁定的内容作出相应裁判，也可以裁定撤销生效判决、裁定，发回作出生效判决、裁定的人民法院重新审判。

再审判决、裁定的效力取决于再审人民法院按照哪一种程序审理，如果按照第一审程序审理，再审人民法院所作的判决、裁定，当事人可以上诉；如果按照第二审程序审理，所作的判决、裁定是发生法律效力的判决、裁定，当事人不得上诉。

二、行政诉讼裁定

（一）行政诉讼裁定的概念与特征

行政诉讼的裁定，是指人民法院在审理行政案件过程中或者执行案件的过程中，就程序问题所作出的判定。行政诉讼的裁定和行政诉讼判决一样都是人民法院行使国家行政审判权的体现，具有权威性和法律效力，但二者有许多区别，正是这些区别体现了行政诉讼的裁定的特点：第一，行政诉讼的判决解决的是行政案件的实体问题，而行政诉讼的裁定解决的是行政案件审理过程或者是案件执行过程中的程序问题。第二，行政诉讼的判决一般是在行政案件审理的最后阶段作出的，而行政诉讼的裁定在行政诉讼的任何阶段都可能作出。通常一个法院在一个审理程序中只能作出一个判决，而人民法院在一个审理程序中可能作出多个裁定。第三，行政诉讼判决依据的是行政实体法和行政程序法，而行政诉讼裁定依据的是行政诉讼法。第四，行政诉讼判决是要式行为，必须采用书面形式，而行政诉讼裁定则既可以是书面形式，也可以是口头形式。第五，当事人对一审判决不服均可以提出上诉，而当事人对第一审程序中的行政裁定并非都可以提出上诉，而只能对部分裁定有权提出上诉。

（二）行政诉讼裁定的适用范围及法律效力

行政诉讼中的裁定主要适用于下列事项：（1）不予立案；（2）驳回起诉；（3）管辖异议；（4）终结诉讼；（5）中止诉讼；（6）移送或者指定管辖；（7）诉讼期间停止行政行为的执行或者驳回停止执行的申请；（8）财产保全；（9）先予执行；（10）准许或者不准许撤诉；（11）补正裁判文书中的笔误；（12）中止或者终结执行；（13）提审、指令再审或者发回重审；（14）准许或者不准许执行行政机关的行政行为；（15）其他需要裁定的事项。

法院适用行政诉讼裁定原则上需要作出裁定书。裁定书应当写明裁定结果和作出该裁定的理由。裁定书由审判人员、书记员署名，加盖人民法院印章。口头裁定的，记入笔录。

行政诉讼裁定的法律效力有两种情况，对一审法院作出的不予受理裁定、驳回起诉裁定和管辖权异议裁定，当事人可以在一审法院作出裁定之日起10日内向上一级人民法院提出上诉，逾期不提出上诉的，一审人民法院的裁定即发生法律效力。对于除以上三类裁定之外的其他所有裁定，当事人无权提出上诉，一经宣布或者送达，即发生法律效力。

三、行政诉讼决定

（一）行政诉讼决定的概念

行政诉讼决定，是指人民法院为了保证行政诉讼的顺利进行，依法对行政诉讼中的某些特殊事项所作的处理。行政诉讼决定的特点有：（1）决定所解决的问题是发生在行政诉讼中的某些特殊事项，这些事项往往具有紧迫性，它既不同于行政诉讼判决解决的是实体问题，也不同于行政诉讼裁定解决的是程序问题；（2）行政诉讼决定的作用在于保证诉讼程序的正常和顺利进行，或者为案件的正常审理提供必要的条件。

（二）行政诉讼决定的适用范围及效力

行政诉讼中的决定主要有：

1.有关回避事项的决定。人民法院对于是否回避的决定以口头或者书面方式作出，申请人对决定不服，可以申请人民法院复议一次，但不停止执行。

2.对妨害行政诉讼的行为采取强制措施的决定。人民法院作出训诫、责令具结悔过强制措施的，通常由审判长当庭作出口头决定，并记入笔录；对采取罚款、拘留强制措施的，应由合议庭作出书面决定，并报院长批准，当事人不服的，可以申请复议一次。

3.审判委员会对已生效的行政案件的裁判认为应当再审的决定。对人民法院已发生法律效力的裁判，发现违反法律需要再审的，由院长提交审判委员会讨论决定是否再审。审判委员会决定再审的，该行政案件应进行再审。

4.有关起诉期限事项的决定。公民、法人或者其他组织因不可抗力或者其他不属于其自身原因耽误起诉期限的，被耽误的时间不计算在起诉期限内。公民、法人或者其他组织因上述以外的其他特殊情况耽误起诉期限的，在障碍消除后10日内，可以申请延长期限，是否准许由人民法院决定。对于下级人民法院需要延长审理期限的申请，高级人民法院和最高人民法院作出是否延长的决定。此外，如诉讼费用的减免、强制执行措施的采取等事项，都可适用决定。

在行政诉讼中，无论何种性质的决定，一经宣布或送达，即发生法律效力，义务人必须履行相关义务。对决定不服，不得提出上诉。法律规定当事人可以申请复议的，当事人有权申请复议，但复议期间不停止决定的执行。

第二节　行政诉讼的执行与非诉行政案件的执行

一、行政诉讼的执行

（一）行政诉讼执行的含义

行政诉讼的执行，是指行政案件当事人逾期拒不履行人民法院生效的行政案件的法律文书，人民法院和有关行政机关运用国家强制力量，依法采取强制措施促使当事人履行义务，从而使生效法律文书的内容得以实现的活动。行政诉讼执行是行政诉讼的最后一个环节，它对于实现行政诉讼法的任务，保护当事人的合法权益，具有重要意义。行政诉讼执行的主要特征有：

1.强制执行的主体既包括人民法院也包括有行政强制执行权的行政机关。《行政诉讼法》第95条规定，公民、法人或者其他组织拒绝履行判决、裁定、调解书的，行政机关或者第三人可以向第一审人民法院申请强制执行，或者由行政机关依法强制执行。这是行政诉讼执行与民事诉讼执行的重要区别之处。

2.执行申请人或被申请执行人一方是行政机关。这是由行政案件的性质决定的，因为行政法律关系和由此延伸到行政诉讼法律关系中行政机关必然是一方当事人。不过，当强制执行的主体是有强制执行权的行政机关时，申请强制者即为执行机关，二者融为一体。《行诉法适用解释》规定，对发生法律效力的行政判决书、行政裁定书、行政赔偿判决书和行政调解书，负有义务的一方当事人拒绝履行的，对方当事人可以依法申请人民法院强制执行。人民法院判决行政机关履行行政赔偿、行政补偿或者其他行政给付义务，行政机关拒不履行的，对方当事人可以依法向法院申请强制执行。

3.强制执行的依据是已生效的行政裁判法律文书。包括行政判决书、行政裁定书、行政赔偿判决书和行政调解书。

4.强制执行的目的是实现已生效的法律文书所确定的义务。

（二）执行主体

执行主体，是指在行政诉讼执行中享有权

利、义务的各方主体，包括执行机关、执行当事人、执行参与人和执行异议人。

1.执行机关。也称执行组织，指拥有行政诉讼执行权、主持执行程序、采取强制执行措施的主体。我国行政案件的执行机关除作为审判机关的人民法院外，还包括行政机关。在人民法院维持被诉行政行为，而且根据法律、法规的规定享有自行强制执行该行政行为的权力时，作为一方当事人的行政机关可以自行执行生效行政裁决，成为执行机关。此种做法有助于提高行政效率，减轻法院的执行压力。

在人民法院作为执行机关时，一般由第一审人民法院负责执行。如果第一审人民法院认为情况特殊需要由第二审人民法院执行的，可以报请第二审人民法院执行；第二审人民法院可以决定由其执行，也可以决定由第一审人民法院执行。

2.执行当事人。指行政诉讼执行中的执行申请人和被申请执行人。一般情况下，行政诉讼执行由人民法院负责执行，执行当事人就是行政诉讼的当事人，但在依照法律、法规规定，享有强制执行权的行政机关作为行政诉讼执行的执行机关时，该行政机关作为行政诉讼一方当事人，同时又成了执行机关，行政机关具有双重身份。

3.执行参与人。指除执行当事人以外的其他参与执行过程的单位或者个人。

4.执行异议人。指没有参与执行程序，但对执行标的主张权利，提出不同意见的个人或者组织，也称案外异议人。执行异议人提出异议时一般应采用书面形式，说明异议的理由并提供有关证据；执行人员应当及时审查异议理由，并作必要的调查核实。如果异议确有理由和事实根据，报请院长批准后中止执行；如果异议理由不成立的，驳回异议申请，继续执行程序。

（三）执行根据

执行根据，是指执行申请人申请执行或者执行机关依职权直接采取执行措施所依据的法律文书。它是执行工作得以开始和进行的前提和基础，存在执行根据是开始行政诉讼执行的必要条件。

行政诉讼执行的依据包括行政判决书、行政裁定书、行政赔偿判决书和行政调解书。上述法律文书必须同时具备三个条件，才能作为执行根据：第一，据以执行的法律文书必须已经发生法律效力，没有生效的法律文书不能作为强制执行的根据。第二，该法律文书必须具有可供执行的内容，通常包括物的给付、特定行为的执行和对人身的强制行为等。如果法律文书中不具有可强制执行的内容，不能作为执行根据。第三，法律文书中可执行事项具体明确。

（四）执行措施

执行措施，是指执行机关运用国家强制力，强制被执行人完成所承担的义务的法律手段和方法。执行措施的采用直接涉及对被执行人人身、财产的限制和处分，关系被执行人的切身利益，影响很大，因此执行措施的采取必须按照法律的明确规定进行。行政案件中的执行措施，因对行政机关的执行和对公民、法人或者其他组织的执行而不同。

1.对行政机关的执行措施。行政机关拒绝履行判决、裁定、调解书的，第一审人民法院可以采取下列措施：(1)对应当归还的罚款或者应当给付的款额，通知银行从该行政机关的账户内划拨。(2)在规定期限内不履行的，从期满之日起，对该行政机关负责人按日处50元至100元的罚款。(3)将行政机关拒绝履行的情况予以公告。(4)向监察机关或者该行政机关的上一级行政机关提出司法建议。接受司法建议的机关，根据有关规定进行处理，并将处理情况告知人民法院。(5)拒不履行判决、裁定、调解书，社会影响恶劣的，可以对该行政机关直接负责的主管人员和其他直接责任人员予以拘留；情节严重，构成犯罪的，依法追究刑事责任。

2.对公民、法人或者其他组织的执行措施。行政诉讼法并未对公民、法人或者其他组织的执行措施作出具体规定，人民法院可以参照民事诉讼法的有关规定。

在行政机关作为执行机关时，行政机关必须严格按照单行法律、法规规定的执行措施执行。具体的执行措施必须根据单行行政法律、法规规定确定。

(五)执行程序

行政诉讼执行程序由一系列独立的环节所组成，主要包括：开始、审理、阻却、完毕、补救等。这些程序与民事诉讼执行程序基本相同。值得注意的是，《行诉法适用解释》对申请执行期限作出调整，规定所有的申请执行的期限为2年。申请执行时效的中止、中断，适用法律有关规定。申请执行的期限从法律文书规定的履行期间最后一日起计算；法律文书规定分期履行的，从规定的每次履行期间的最后一日起计算；法律文书中没有规定履行期限的，从该法律文书送达当事人之日起计算。逾期申请的，除有正当理由外，人民法院不予受理。

二、非诉行政案件的执行

(一)非诉行政案件执行的含义

非诉行政案件的执行，是指公民、法人或者其他组织既不向人民法院提起行政诉讼，又不履行行政机关作出的行政行为，行政机关向人民法院提出执行申请，由人民法院采取强制执行措施，使行政机关的行政行为得以实现的制度。

从严格意义上说，非诉行政案件的执行与行政诉讼裁判的执行有本质的区别，行政诉讼裁判的执行是诉讼执行，自然归属于行政诉讼法的规范领域，而非诉行政案件的执行本质是一种行政强制执行，应由行政强制执行法加以规定。但在我国行政诉讼法制定之时，为解决我国行政强制执行中存在的实际问题，行政诉讼法专门对行政机关申请人民法院强制执行行政行为作出了规定：公民、法人或者其他组织对行政行为在法定期限内不提起诉讼又不履行的，行政机关可以申请人民法院强制执行，或者依法强制执行。据此，凡是行政机关有强制执行权的，公民、法人或者其他组织不履行行政行为所确定的义务，行政机关可以自行强制义务人履行义务。除此之外，如果公民、法人或者其他组织在法定期限内既不提起行政诉讼，又不履行义务的，行政机关都可以申请人民法院强制执行行政机关自己不能执行的行政行为，保证行政权的实现。非诉行政案件的执行就是指后一类执行。非诉行政案件的执行有下列特点：

第一，非诉行政案件的执行机关是人民法院，而非行政机关。虽然非诉行政案件的执行对象是行政行为，执行申请人也为行政机关，但非诉行政案件的强制执行权的享有者不是行政机关，而是人民法院。

第二，非诉行政案件执行的根据是行政机关作出的行政行为，该行政行为没有进入行政诉讼，没有经过人民法院的裁判。这是非诉行政案件执行与行政诉讼执行的本质区别。

第三，非诉行政案件的执行申请人是行政机关，被执行人只能为公民、法人或者其他组织。通常情况下，非诉行政案件执行的执行申请人应为行政机关。作为行使行政职权的行政机关不能成为被执行人，而行政行为所针对的对象即公民、法人或者其他组织一般只能成为被执行人，不能成为执行申请人。在特定情况下，非诉行政案件的执行申请人也可以是生效行政行为确定的权利人或者其继承人。

第四，非诉行政案件的执行前提是公民、法人或者其他组织在法定期限内，既不提起行政诉讼，也不履行行政行为所确定的义务。基于人民法院强制执行行政机关作出的行政行为的条件，如果公民、法人或者其他组织已向人民法院提出了行政诉讼，即使其没有履行该行政行为所确定的义务，行政机关也不能向人民法院申请强制执行该行政行为。但如果人民法院不及时执行被诉行政行为，可能给国家利益、公共利益或者他人利益造成不可弥补的损失，经申请人民法院可先予执行。

第五，非诉行政案件的执行目的是保障没有行政强制执行权的行政机关所作出的行政行为内容得以实现。

(二)非诉行政案件执行的相关问题

对非诉行政案件的执行的范围和程序等主要问题，“行政强制”一章已有分析，此处不予赘述。只对相关问题作一强调和补充。

1.非诉行政案件执行的适用范围。根据规定，凡行政机关对行政行为没有强制执行权，以及法律规定行政机关和人民法院对行政行为皆享有强制执行权时，行政机关可以申请人民法院强制执行该具体行政行为。

2.生效行政行为确定的权利人或者其继承人、权利承受人作为申请人。根据规定，非诉行政案件的执行申请人应为行政机关。不过，在特定情况下，非诉行政案件执行的申请人，也可以是生效行政行为确定的权利人或者其继承人。《行诉法适用解释》第158条规定：行政机关根据法律的授权对平等主体之间民事争议作出裁决后，当事人在法定期限内不起诉又不履行，作出裁决的行政机关在申请执行的期限内未申请人民法院强制执行的，生效行政裁决确定的权利人或者其继承人、权利承受人在6个月内可以申请人民法院强制执行。享有权利的公民、法人或者其他组织申请人民法院强制执行生效行政裁决，参照行政机关申请人民法院强制执行行政行为的规定。

3.财产保全与担保。为避免被执行人随意对财产进行处分，保证行政职能的实现以及公民、组织的合法权益，行政机关或行政行为确定的权利人申请人民法院强制执行前，有充分理由认为被执行人可能逃避执行的，可以申请人民法院采取财产保全措施。后者申请强制执行的，应当提供相应的财产担保。

4.法院对行政行为的审查。法院决定立案执行后，应当继续对申请进行审查。《行诉法适用解释》第160条第1款规定，人民法院受理行政机关申请执行其行政行为的案件后，应当在7日内由行政审判庭对行政行为的合法性进行审查，并作出是否准予执行的裁定。但这次审查不同于立案审查，这次审查主要是对作为执行根据的行政行为是否合法进行实体审查。人民法院对被执行的行政行为是否合法进行实体审查的理由主要是：第一，公民、法人或者其他组织在法定期间对被执行的行政行为不起诉，并不意味着该行政行为合法有效。由于被执行行政行为有违法的可能性，如果人民法院不对行政行为的合法性进行实质性审查，一旦行政行为违法，人民法院强制执行就会侵害公民、法人或者其他组织的合法权益。这显然不利于保护公民、组织的权益。第二，从法院角度来看，人民法院作为法律实施的最终保障机关，它担负着保证法律正确实施和监督行政机关依法行使行政职权的职能，如果允许人民法院强制执行存在明显违法的行政行为，显然与人民法院的职能相背离。第三，从行政强制执行主体设置角度看，之所以将人民法院作为行政行为强制执行的主体，一方面在于将行政行为的决定权与执行权部分分离，避免行政机关既是决定机关又是该决定的执行机关，可能造成违法执行；另一方面则在于由行政机关申请人民法院执行，多一道纠正错误的手续和环节，通过人民法院对行政机关的监督起到保护公民、法人或者其他组织合法权益的目的。如果人民法院不对行政行为进行实质性审查，无论行政行为是否合法便一概执行，有违将人民法院作为行政强制执行主体的初衷。

人民法院对行政行为的审查主要是书面审查，必要时人民法院可以进行一定的调查，人民法院在作出裁定前发现行政行为明显违法并损害被执行人合法权益的，应当听取被执行人和行政机关的意见，并自受理之日起30日内作出是否准予执行的裁定。被申请执行的行政行为有下列情形之一的，人民法院应当裁定不准予执行：实施主体不具有行政主体资格的；明显缺乏事实根据的；明显缺乏法律、法规依据的；其他明显违法并损害被执行人合法权益的情形。行政机关对不准予执行的裁定有异议，在15日内向上一级人民法院申请复议的，上一级人民法院应当在收到复议申请之日起30日内作出裁定。

需要采取强制执行措施的，由管辖法院负责强制执行非诉行政行为的机构执行。

【本章主要法律规定】

1.《行政诉讼法》第69～80、89、94～97条

2.最高人民法院《关于适用〈中华人民共和国行政诉讼法〉的解释》第89～101、131～136、152～161条

3.最高人民法院《关于审理反倾销行政案件应用法律若干问题的规定》第10条

4.最高人民法院《关于审理反补贴行政案件应用法律若干问题的规定》第10条

第二十章
国家赔偿概述

本章主要内容提示

国家赔偿本质是一种救济制度，不同于国家补偿、民事赔偿等制度。是否属于国家赔偿，要分析侵权主体要件、侵权行为的类型要件、侵权行为的性质要件、损害结果要件和侵权行为与损害结果之间因果关系要件。因国家赔偿法的制定、修订，对是否适用国家赔偿法、适用新国家赔偿法还是旧国家赔偿法，需要分析相应的时点。

第一节 国家赔偿

一、国家赔偿的概念

国家赔偿，是指国家对国家机关及其工作人员违法行使职权或存在过错等原因造成的损害给予受害人赔偿的制度。对于这一概念，可以作如下理解：

第一，国家赔偿是由国家承担的责任。虽然侵权行为是由不同的国家机关或机关工作人员实施的，但是承担责任的主体不是这些机关或工作人员，而是国家，国家对受害人给予的赔偿费用来自国库。

第二，国家赔偿是对国家机关及其工作人员的行为承担的责任。在这里，国家机关包括依照宪法和组织法设置的行政机关、审判机关和检察机关。国家机关工作人员，是指上述机关的履行职务的公务人员。此外，还包括法律、法规授权的组织，行政机关委托的组织和人员。凡上述机关、组织及人员违法行使职权造成的损害，国家应当依法给予赔偿。

第三，国家赔偿是对前述机关及其人员行使职权的行为承担的责任。行使职权的行为不同于国家机关的民事行为，也不同于国家机关工作人员的个人行为。对国家机关及其工作人员的民事和个人行为，国家不承担赔偿责任。

第四，国家赔偿是对违法行使职权或存在过错等原因造成损失承担的赔偿。修订后的国家赔偿法删除了“国家机关和国家机关工作人员违法行使职权”中的“违法”二字，规定“国家机关和国家机关工作人员行使职权，有本法规定的侵犯公民、法人和其他组织合法权益的情形，造成损害的，受害人有依照本法取得国家赔偿的权利”。结合该法的全部内容，该规定事实上摒弃了传统的单一违法归责原则，而采用了多元归责原则，即国家机关及其工作人员的职权行为违法，或虽未违法但存在过错或者从结果上看已经造成损害的，国家就须承担赔偿责任。

第五，国家赔偿本质是一种救济制度。虽

然不少情况下国家赔偿是在国家机关或其工作人员行使职权造成受害人人身或财产的损失时出现的，但国家赔偿制度的安排立意并非要追究这些机关或人员的责任，而旨在弥补受害人的损失。

二、国家赔偿的特征

国家赔偿是对国家机关及其工作人员违法行使职权或存在过错等原因行使职权的行为造成的损害承担的责任，与其他形式的赔偿责任相比，具有以下特征：

第一，国家承担责任，机关履行赔偿义务。国家赔偿的一个显著特点就是由国家承担法律责任，最终支付赔偿费用，由法律规定的赔偿义务机关履行具体赔偿义务，实施侵权行为的公务人员并不直接对受害人承担责任，履行赔偿义务。国家是抽象主体，不可能履行具体的赔偿义务，一般由具体的国家机关承担赔偿义务，因此，形成了“国家责任，机关赔偿”的特殊形式。不过，不能由此把国家赔偿等同于机关赔偿责任。

第二，赔偿范围有限。国家赔偿是对国家机关及其工作人员行使职权造成的损害给予的赔偿，属于国家责任的一种形式。从赔偿范围来看，国家只对国家机关及其工作人员部分侵权行为承担赔偿责任，国家赔偿法对此作出了明确规定。因此，国家赔偿窄于民事赔偿，属于有限赔偿责任。例如，对国家立法机关、军事机关、司法机关的部分行为，即使造成了损害，国家并不承担赔偿责任。

第三，赔偿方式和标准法定化。与民事赔偿有所不同，国家赔偿的方式和标准是法定的。《国家赔偿法》第四章规定了具体的赔偿方式和标准。国家赔偿以支付赔偿金为主要方式，以返还财产、恢复原状为辅助方式。根据侵权损害的对象和程度不同，又有不同的赔偿标准，赔偿数额还有最高限制。对于多数损害，国家并不按受害人的要求和实际损害给予赔偿，而是按照法定的方式和标准，以保障受害人生活和生存的需要为原则，给予适当的赔偿。

第四，赔偿程序多元化。国家赔偿的另外一个特点是赔偿程序多元化。受害人可以通过多种渠道取得国家赔偿。国家赔偿法规定了取得行政赔偿和刑事赔偿的多种程序。受害人要求行政赔偿，可以直接向赔偿义务机关提出，也可以在行政复议、行政诉讼中一并提起，还可以单独提起行政赔偿诉讼。受害人提出司法赔偿请求，需先向司法赔偿义务机关提出，然后再向其上级机关提出，最后才能向人民法院赔偿委员会提出，但不能通过诉讼途径解决。

三、国家赔偿与相关制度的区别

（一）国家赔偿与行政赔偿

从立法内容上来看，国家赔偿包括行政赔偿和司法赔偿两部分，行政赔偿是国家赔偿的一种形式。国家赔偿与行政赔偿是种属关系。从本质上来看，无论是行政赔偿，还是司法赔偿，都由国家承担最终的赔偿责任，赔偿费用由国家支付。

（二）国家赔偿与国家补偿

国家赔偿是国家对国家机关及其工作人员违法行使职权或存在过错等原因造成损害承担的赔偿责任。而国家补偿是国家对国家机关及工作人员的合法行为造成的损失给予的补偿。二者的引发原因不同，国家赔偿是违法行为或有过错等特别行为引起的，而国家补偿是合法行为（如征用等）引起的；二者的性质不同，国家赔偿是普通情况下的违法行为或过错行为等引起的法律责任，而国家补偿是例外的特定民事责任，并不具有对国家职权行为的责难；二者的适用范围、标准、方式等也有不同。

（三）国家赔偿与民事赔偿

国家赔偿是因国家机关及工作人员行使职权行为引起的国家责任，而民事赔偿是由发生在平等民事法律主体之间的侵权行为引起的民事责任。二者的责任主体、责任性质等均不相同，且适用的赔偿原则、标准和程序也有不同。当然，并非国家机关及工作人员的所有行为引起的赔偿责任都是国家赔偿。国家机关及工作人员以民事主体身份实施的侵权行为仍属于民事侵权，国家机关对此承担的责任亦是民事赔偿责任。例如，国家机关建房侵占他人用地的行为是民事侵权行为，国家机关须和其他民事主体一样承担民事赔偿责任。

（四）行政赔偿与司法赔偿

行政赔偿与司法赔偿同属于国家赔偿的一部分，都是行使职权行为引起的国家责任，其责任性质、赔偿方式和标准是相同的。二者不同之处在于：行政赔偿是行使行政职权引起的赔偿责任；而司法赔偿是行使审判、检察、侦查、监狱管理职权引起的赔偿责任。二者在赔偿义务机关、赔偿范围、赔偿程序等方面有所区别。

（五）国家赔偿与公有公共设施致害赔偿

公有公共设施致害赔偿，是指因公有公共设施的设置、管理、使用有欠缺和瑕疵，造成公民生命、健康、财产损害的，国家负责赔偿的制度。在有些国家，这类赔偿属于国家赔偿的一部分，受国家赔偿法规范。国家赔偿法不包括公有公共设施的致害赔偿。国家赔偿与公有公共设施致害赔偿的最大区别是：前者是行使国家权力引起的国家责任，后者是非权力行为引起的国家责任。两种赔偿的归责原则也不同。在我国，公有公共设施致害的，由该设施的经营管理单位或通过保险渠道赔偿。

第二节　国家赔偿法

一、国家赔偿法的概念

国家赔偿法的概念有广义、狭义之分。广义的国家赔偿法，是指有关国家赔偿的所有法律规范的总称，包括宪法、民法、诉讼法、行政法和特别法中关于国家赔偿的各种法律规范。狭义的国家赔偿法是指专门规定国家赔偿内容的法典。例如，我国1994年第八届全国人大常委会通过并于2010年、2012年两次修正的《中华人民共和国国家赔偿法》。本书除特别标明外，均采用广义国家赔偿法概念。对于国家赔偿法的概念，可以作如下理解：

1.国家赔偿法是关于国家赔偿的法律规范。国家赔偿是对国家机关及其工作人员违法行使职权造成的损害给予赔偿的活动，调整上述活动的法律规范就是国家赔偿法。国家赔偿法的颁布实施，使我国国家赔偿法律规范形成了比较完整的体系。

2.国家赔偿法是一定范围内法律规范的总和。国家赔偿是对违法行使职权行为的损害赔偿，因而，只有调整这类活动的法律规范才称为国家赔偿法。规范和调整国家公有公共设施致害赔偿的法律、有关国家作为民事主体承担赔偿责任的法律，以及规定国家补偿责任的法律均不属于国家赔偿法。

3.国家赔偿法是集实体规范与程序规范为一体的法律。国家赔偿法中既有调整国家与受害人之间权利义务关系的实体规范，也有如何实现上述权利义务关系的程序规范。实体规范是用来解决国家是否承担赔偿责任，赔偿多少的问题。例如，我国国家赔偿法关于赔偿的归责原则、赔偿范围、赔偿方式和赔偿的计算标准的规定均属于实体规范。关于请求赔偿的步骤、时限、顺序和方式的规定属于程序规范。

二、国家赔偿法的作用

制定国家赔偿法，标志着国家赔偿制度的正式确立。我国建立国家赔偿制度，是落实宪法原则，保障公民、法人和其他组织的合法权益，监督和改进国家机关工作，发展民主，健全法制的重要步骤，具有重大的历史和现实意义。具体而言，国家赔偿法的作用表现在以下几方面：

（一）制定国家赔偿法是落实宪法的需要

我国1954年《宪法》规定，中华人民共和国公民对于任何违法失职的国家机关工作人员，有向国家机关提出书面控告或口头控告的权利。由于国家机关工作人员侵犯公民权利而受到损害的人，有取得赔偿的权利。1982年《宪法》重申了这项原则，同时提出了具体的立法要求。规定“由于国家机关和国家机关工作人员侵犯公民权利而受到损失的人，有依照法律取得赔偿的权利”。虽然宪法对国家赔偿作了原则规定，但由于缺少一部可供具体操作的法律，现实中很难落实宪法的这项原则。当国家机关违法行使职权，侵犯公民、法人或其他组织合法权益的事件发生时，受害人因缺少法律依据难以行使宪法赋予的国家赔偿请求权，国家机关也因缺少法律依据，难以承担赔偿责任。国家赔偿法最终确立了国家赔偿制度，从根本上结束了国家赔偿无法可依的状态，使宪法中国家赔偿的原则得以真正落实。

（二）制定国家赔偿法有利于保障公民、法人和其他组织的合法权益

国家机关及其工作人员执行公务，行使职权时，不可避免要发生侵犯公民、法人或其他组织合法权益的现象，这是一个不容回避的现实问题，不承认这个现实是不对的。问题的关键在于如何防止、减少这类侵权现象，对遭受损害的公民、法人予以赔偿。这也是很多国家多年探索的问题。我国国家机关及其工作人员行使职权时的违法侵权现象早已有之且时有发生，但因法制不健全，很长一段时间里，受害人投诉无门、申冤无据，难以获得有效的赔偿，国家赔偿制度迟迟未能建立，这与我国国体不相适应，迫切需要立法建立国家赔偿制度。制定国家赔偿法，不仅能够切实保障公民、法人和其他组织已经遭受侵害的权利得以恢复和补救，而且还能减少和防止侵权现象的发生，从根本上保护和发展人权。

（三）制定国家赔偿法可以有效地监督和促进国家机关依法行使职权

国家赔偿制度的建立，意味着国家必须对国家机关及其工作人员违法行使职权给公民、法人和其他组织造成的损害承担责任，对有故意或重大过失的工作人员有权追偿。这样，可以从根本上对国家机关及其工作人员起到监督作用，防止和减少违法行使职权现象的发生，改进国家机关及其工作人员的工作作风，促进国家机关依法行使职权。

三、《国家赔偿法》的适用

我国现行《国家赔偿法》于1995年1月1日开始实施，并于2010年修订，修正内容于2010年12月1日实施（该法于2012年第二次修正）。由此带来的问题是，对某一案件能否适用《国家赔偿法》，如何适用，是适用旧国家赔偿法还是新国家赔偿法，就会成为重要问题。为此，最高人民法院曾先后于1995年1月29日和2011年2月28日发布《关于〈中华人民共和国国家赔偿法〉溯及力和人民法院赔偿委员会受案范围问题的批复》（法复〔1995〕1号）和《关于适用〈中华人民共和国国家赔偿法〉若干问题的解释（一）》（以下简称《国家赔偿解释（一）》）对此问题予以澄清。

（一）原则

对新规则的适用，我国法律确立了不溯及既往原则。《立法法》第104条规定：“法律、行政法规、地方性法规、自治条例和单行条例、规章不溯及既往，但为了更好地保护公民、法人和其他组织的权利和利益而作的特别规定除外”。上述最高人民法院的两个司法解释，在坚持法不溯及既往的前提下，力求更好地保护受害人的权益，注重对受害人受损的合法权益予以赔偿。

（二）关于能否适用《国家赔偿法》问题

对能否适用《国家赔偿法》问题，主要由《关于〈中华人民共和国国家赔偿法〉溯及力和人民法院赔偿委员会受案范围问题的批复》作出规定，主要分为以下三种情形：

1.侵权行为发生在1994年12月31日以前的，不适用《国家赔偿法》。国家机关及其工作人员行使职权时侵犯公民、法人和其他组织合法权益的行为如果发生在1994年12月31日以前的，即发生在《国家赔偿法》生效前的，应当依照以前的有关规定处理，不能依《国家赔偿法》赔偿。

2.侵权行为发生在1995年1月1日以后并经依法确认的，则适用《国家赔偿法》。

3.侵权行为虽发生在1994年12月31日以前，但持续至1995年1月1日以后，并经依法确认的，属于1995年1月1日以后应予赔偿的部分，适用

《国家赔偿法》予以赔偿；属于1994年12月31日以前应予赔偿的部分，适用当时的规定予以赔偿；当时没有规定的，参照《国家赔偿法》的规定予以赔偿。

（三）新旧国家赔偿法的适用

1.一般情形。

（1）侵权行为发生在2010年12月1日以前，适用旧《国家赔偿法》。国家机关及其工作人员行使职权侵犯公民、法人和其他组织合法权益的行为发生在2010年12月1日以前的，适用旧《国家赔偿法》。

（2）侵权行为发生在2010年12月1日以后，或者发生在2010年12月1日以前但持续至2010年12月1日以后的，适用新《国家赔偿法》。即国家机关及其工作人员行使职权侵犯公民、法人和其他组织合法权益的行为发生在2010年12月1日以后，或者发生在2010年12月1日以前、持续至2010年12月1日以后的，适用新《国家赔偿法》。

（3）侵权行为虽发生在2010年12月1日以前，但如果赔偿请求人在2010年12月1日以后提出赔偿请求，或者2010年12月1日以前已经受理赔偿请求人的赔偿请求但尚未作出生效赔偿决定的，应适用新《国家赔偿法》。该做法有利于保护请求人的合法权益。

2.关于确认程序问题。

根据旧国家赔偿法的规定，在司法赔偿中确认程序是受害人请求赔偿的必经程序，而新国家赔偿法则取消了这一程序。毫无疑问，凡符合适用新国家赔偿法的案件，不存在确认程序问题。但对已启动的确认程序和对不确认决定的申诉如何处理，仍可能产生争议。在这两个问题上，《国家赔偿解释（一）》规定应适用法不溯及既往要求。

具体而言，对第一种情况，即法院对2010年12月1日以前已经受理但尚未审结的国家赔偿确认案件，应当继续审理，不因新国家赔偿法取消确认程序而改变。对第二种情况，即请求权人对赔偿义务机关在2010年12月1日以前作出并已发生法律效力的不予确认职务行为违法的法律文书不服，未依据旧国家赔偿法规定提出申诉并经有权机关作出侵权确认结论，直接向人民法院赔偿委员会申请赔偿的，不予受理。

3.对已生效的赔偿决定的申诉及重新审查的处理：赔偿决定已经生效，即具有约束力，不因新法出台而改变。故新《国家赔偿法》对2010年12月1日以前已生效赔偿决定无溯及力。

（1）当事人对已生效的赔偿决定提出申诉，法院审理处理时应适用旧国家赔偿法。但是当事人仅以新《国家赔偿法》增加的赔偿项目以及标准为由对已生效的赔偿决定提出申诉，法院则不予受理。

（2）法院审查发现2010年12月1日以前发生法律效力的确认裁定、赔偿决定确有错误应当重新审查处理的，适用旧《国家赔偿法》。

第三节 国家赔偿的构成要件

一、国家赔偿的构成要件概述

国家赔偿的构成要件，是指国家承担赔偿责任的必要条件。换言之，国家应当在什么情况下给予受害人赔偿，申请人符合哪些条件才能取得国家赔偿，国家裁判机关根据哪些条件要求国家对受害人负责赔偿。国家赔偿的构成要件是国家赔偿制度的核心内容，它通常包括侵权主体要件、侵权行为的类型要件、侵权行为的性质要件、损害结果要件和侵权行为与损害结果之间因果关系要件。只有在完全具备上述五个要件的情况下，国家才承担赔偿责任，缺少任何一个条件，国家都不承担赔偿责任，受害人也得不到赔偿。可见，国家赔偿的构成要件是判断赔偿责任是否成立的重要标准，也是审理裁判国家赔偿案件的主要依据。

二、主体要件

（一）主体要件的概念和特征

国家赔偿主体要件，是指国家承担赔偿责任必须具备的主体条件，即国家对哪些组织和个人的侵权行为负责赔偿。国家赔偿的主体要件具有以下特征：第一，这里的主体要件是指侵权行为主体，而不是责任主体。国家赔偿是国家承担的一种法律责任，而国家是抽象的概念，其意志必须通过国家机关和公务员的行为表达和实现，所以实施侵权行为的主体不是抽象的，而是具体的。在我国，侵权行为主体包括国家机关、国家机关工作人员、法律法规授权的组织和国家机关委托的组织及个人。对于上述人员实施的职务侵权行为，国家均应当承担赔偿责任，不能以实施侵权行为的主体不是国家自身为由免除其责任。第二，侵权行为主体要件经历了由强变弱的过程。从许多国家的赔偿制度来看，赔偿制度建立初期，严格限制侵权主体的范围，强调国家只对一定范围内的公务员的侵权行为负责，随着赔偿制度的发展、赔偿范围的扩大，一些国家放松了对侵权行为主体要件的限制，倾向于扩大对公务员的解释，并且将国家机关纳入侵权主体范围。

（二）侵权主体的种类

根据《国家赔偿法》的规定，原则上侵权行为主体包括两类：国家机关和国家机关工作人员。特殊情况下，还包括法律法规授权的组织和行政机关委托的组织和个人。

1.国家机关。国家机关，是指依照宪法和组织法的规定设置的，行使国家权力、实现国家职能的机关。在我国，按照国家机关的不同职能，可以分为立法机关、行政机关、检察机关、审判机关和军事机关。由于国家机关在行使权力过程中都有可能侵犯公民、法人和其他组织的合法权益，所以，理论上所有国家机关都是侵权行为主体。我国宪法的规定也反映了这一点。《宪法》第41条第3款规定，由于国家机关或国家机关工作人员侵犯公民权利而受到损失的人，有依照法律规定取得赔偿的权利。但实际情况有所不同，并不是所有国家机关都是侵权行为主体，各国法律对此都有所限制。只有特定范围的国家机关才构成侵权行为主体，这与国家赔偿的范围实际上是一个问题的两个方面。我国作为侵权主体的国家机关有以下几类：

（1）国家行政机关。国家行政机关，是指依照宪法和行政组织法的规定而设置的行使国家行政职能的国家机关。首先，行政机关是专门代表国家行使国家职能的，因而与政党、社会团体及社会组织有严格区别；其次，行政机关行使行政职能，即执行法律，管理国家内政、外交事务，这一点与行使立法职能的立法机关、行使司法职能的司法机关有着严格的区别；最后，行政机关是依照宪法和组织法的规定设置的国家机关，这一点与根据法律、法规授权行使行政职能的组织有区别。就范围而言，行政机关包括上至中央人民政府国务院，下至基层人民政府乡镇政府的各级各类行政组织，不仅包括各级政府及其所属部门和机构，也包括非常设机构和临时机构。由于行政机关在执行法律，管理内政外交事务时必然与公民、法人和其他组织发生各种关系，因而很有可能成为国家侵权主体。对于国家行政机关实施的侵权行为，国家应当承担赔偿责任。

（2）国家司法机关。国家司法机关，是指代表国家行使侦查、检察、审判和看守所、监狱管理职权的机关。根据我国宪法和组织法的规定，司法机关包括行使刑事侦查权的各级公安机关和安全机关，行使侦查权和检察权的各级人民检察院和专门检察院，行使审判权的各级人民法院和专门人民法院，行使监狱管理职权的监狱管理机关。必须说明的是，公安机关和安全机关虽然是国家行政机关的组成部分，但依照法律行使一部分司法权力，即侦查权，因而它们是具有双重职能的国家机关。专门人民法院中的军事法院，专门人民检察院中的军事检察院虽然是军事机关的组成部分，但它们行使的权力是司法权力，所以也是具有双重身份的司法机关。此外，监狱管理机关也是行政机关的组成部分，但它行使的是执行刑罚的权力，因而也属于具有双重身份的司法机关。司法机关掌握和行使的权力与公民、法人的人身财产权利息息相关，因而司法机关也可能成为国家侵权主体，国家对于司法机关的侵权行为造成的损害，应当承担赔偿责任。

2.国家机关工作人员。国家机关工作人员是指国家依照法定方式和程序任用的，在各类国家机关工作的，行使国家权力执行公务的人员，包括行政机关的公务员，司法机关的侦查人员、检察人员、审判人员和监狱看守管教人员等，但不包括国家机关的勤杂人员和服务人员。因为勤杂、服务人员不行使国家权力，也不执行公务。由于勤杂、服务人员违法侵犯他人合法权利造成损害的，如机关司机撞伤他人的，国家不承担赔偿责任，即使要赔偿，也应当由司机所在机关以其自有财产依照民法的规定给予赔偿，不适用国家赔偿的规则。

国家赔偿法规定的国家机关工作人员，是指行政机关的公务员、司法机关行使侦查、检察、审判和监狱管理职能的工作人员，同时也包括法律、法规授权组织的人员和行政机关委托的行使国家权力的人员。此外，还包括自愿协助执行国家公务的普通公民。当然，对上述人员的侵权行为造成的损害，国家是否承担赔偿责任，还要看是否符合其他赔偿责任的构成要件。例如，公安机关的工作人员在休假期间殴打他人的行为是个人行为，国家不负赔偿责任，此时的公安人员就不是国家侵权行为的主体。

3.法律、法规授权的组织。法律、法规授权的组织，是指根据具体法律、法规的授权而行使特定行政职能的非国家机关组织。首先，它们是非国家机关组织，不具有国家机关的地位，只有在法律、法规授权时，它们才享有国家权力和承担行政法律责任；其次，法律、法规授权组织是以自己名义行使职权并承担责任的，与行政机关委托的组织以行政机关的名义行使职权并由行政机关承担责任有质的区别；再次，法律、法规授权的组织行使的特定职权是具体法律、法规授予的，而非行政组织法授予的，法律、法规的授权通常限于某种具体领域和事项；最后，具体法律、法规对相应组织的授权是有期限的，一旦行政事项完成，授权即告终止。

法律、法规授权组织的范围通常很广，包括社会组织、团体、企事业组织和基层群众性自治组织。法律、法规授权组织行使行政职权时必然对公民、法人的合法权益产生影响，所以，它们也是国家侵权主体之一，国家对其行为应当承担责任。法律、法规授权组织的人员根据法律、法规行使权力履行职务的行为应当视同国家机关工作人员的行为，国家也应当对此承担责任。

4.行政机关委托的组织。行政机关委托的组织和个人，是指受行政机关的委托行使一定行政职权的非国家机关的组织和非国家公务员的个人。首先，被委托的组织不是国家机关，被委托的个人也不是国家公务员，他们的经常性工作不是执行国家公务；其次，被委托组织和个人仅能根据委托行使一定的行政职权，非经委托，不得行使国家职权；再次，被委托组织和个人以委托机关的名义行使权力，其行为产生的法律后果由委托的行政机关承担；最后，被委托的组织行使的职权是基于委托机关的委托，而非法律、法规的授权。受委托的组织和个人行使职权的行为造成他人损害的，虽然侵权主体是被委托的组织和个人，但责任应当归属于委托的行政机关，行政机关应当承担国家赔偿责任。但是，委托机关并不是对受委托组织和个人的所有行为承担责任，如果受托人按自己意愿从事与职务无任何关联的行为造成损害，国家不负责任。

三、行为要件

（一）执行职务行为的概念及特征

国家赔偿责任中的行为要件，是指国家承担赔偿责任必须具备的行为条件，换言之，国家对侵权主体实施的何种行为承担赔偿责任。在我国，这一构成要件是指国家只对侵权主体实施的执行职务的行为承担赔偿责任，即致害行为必须是与执行职务有关的行为。所谓执行职务，是指国家机关或国家机关工作人员履行或不履行其职责和义务的行为。“执行职务”是一个内涵丰富的概念，它既包括行使权力的行为和非权力行为，也包括法律行为和事实行为，还包括作为和不作为行为。

（二）界定执行职务行为的标准

由于执行职务行为是确定国家赔偿责任的必要条件，所以，判断某一行为是否属于执行职务行为具有十分重要的意义。如何区分执行职务行为和非执行职务行为，区分的标准又是什么呢？对此，理论上有两种标准：

1.实质内容理论，又称主观标准说。该理论主张采用主观标准即行为人的主观意思表示判断行为的性质，至于应当以何人的意思表示为准，又有两种不同的观点：一种观点认为，判断某一行为是否为职务行为，应当以国家机关（雇用人）的意思表示为准，工作人员（受雇人）必须执行国家机关命令委托的事项，凡超出委托命令范围的，均不属于执行职务的行为，但国家机关事中或事后追认的，亦可认定为执行职务的行为。另一种观点认为，执行职务的范围，应当以国家机关工作人员的意思表示为准，只要实施该行为是为了国家机关的利益，那么该行为就属于执行职务的行为。如果工作人员是为了自己的利益而实施的行为，就不属于执行职务的行为。很显然，主观标准在国家赔偿领域有两个缺陷：其一，以国家机关的意思表示判断某一行为的性质，容易导致国家机关以未委托命令为由推卸其责任，不利于保护受害人的权利；其二，以工作人员的意思表示为准，又难以确定公私利益交织情况下行为的性质，容易扩大国家赔偿责任的范围。

2.外表形式理论，又称客观标准说。该理论主张，执行职务的范围应当以社会观念为准，凡在客观上、外形上可视为社会观念所称的"职务范围"，或者受害人有理由相信工作人员是在执行职务，或客观上足以认为其与执行职务有关的，无论行为者意思表示如何，其行为均可认定是执行职务行为。客观标准虽然比较抽象和笼统，但有利于保护相对人的合法权益，因而，我国的国家赔偿法也采用了类似标准。

我国国家赔偿法在界定"执行职务行为"和"非执行职务行为"时采用了类似"外表形式理论"的"与行使职权有关论"（以下简称"有关论"）。所谓"有关论"，是指凡与执行职务、行使职权有关的行为，只要符合其他赔偿责任的构成要件，国家就应当对该行为造成的损害承担赔偿责任。《国家赔偿法》第3条规定：行政机关及其工作人员在行使职权时有下列侵犯人身权情形之一的，受害人有取得赔偿的权利。第5条第1项规定：行政机关工作人员与行使职权无关的个人行为国家不承担赔偿责任。此外，《国家赔偿法》第17条、第18条关于刑事赔偿的规定也有相同的内容。

当然，"有关论"和"外表形式理论"一样，仍然过于抽象，而且具有很大的随意性。为了准确地判断某一行为是否属于执行职务行为，还必须根据上述理论结合一些具体标准进行。这些具体标准包括以下几个方面：

第一，职权标准。国家机关和国家机关工作人员根据法律赋予的职责权限实施的行为都是执行职务行为，无论该行为合法与否。即使是超越职权行为、滥用职权行为，也都是建立在国家机关或国家机关工作人员享有职权基础上的行为，不可能由普通人实施。所以，行为人是否享有职权是判断行为性质的重要标准。

第二，时空标准。国家机关或国家机关工作人员在行使职权，履行职责的时间、空间范围内的行为通常是执行职务行为。因为国家机关的职权是有明显界限和范围的法定职权，具有很强的时空性，超出时空范围的行为通常就不是执行职务行为。例如，上海的市场监督管理人员到北京农贸市场收取管理费或给予罚款的行为，如果按照职权标准，仍然是职权行为，但由于其行为已超出时空范围，所以不能视为执行职务行为。警察在休假期间与邻居发生纠纷殴人致伤的行为也不是执行职务的行为。根据时空标准，国家机关工作人员在上班时间和工作地点实施的行为大多为执行职务的行为，工作时间和地点以外的行为通常是个人行为。但是，时空条件并不是构成执行职务行为的充要条件，对于特殊的主体，如警察，即使下班后在非工作地点实施的某些行为仍然构成职务行为。

第三，名义标准。通常情况下，凡是以国家机关及其工作人员的身份和名义实施的行为都是执行职务行为。例如，公务人员着装、佩戴标志、出示证件、宣布代表的机关所实施的行为一般都是执行职务行为。公务人员以个人名义和身份实施的行为则是个人行为，而不是执行职务的行为。当然，特殊公务人员（便衣警察、安全机关工作人员）另当别论。

第四，目的标准。执行职务的行为通常是为了实现法定职责和义务而为的行为，其目的是维护公共利益，而非公务人员的个人利益。所以，即使符合上述三个标准的行为，也未必都是执行职务行为。例如，乡政府工作人员在上班时间以国家公务人员的身份和名义，到农民家检查计划生育工作时，顺手拿走农民的一块手表戴在自己手上的行为，虽然符合职权标准、时空标准和名义标准，但是，该行为的目的与公共利益毫无关系，其行为既非行政机关希望达到的结果，也不是为了达到行政目的所必需或不可避免产生的，完全是为了达到公务人员个人目的而为的，所以，不是执行职务的行为。

当然，区分执行职务行为与非执行职务行为的标准不是单一孤立的，而是综合的。判断某一行为是否为职务行为，必须综合上述标准予以分析判断。

（三）执行职务行为的分类

如前所述，国家机关和国家机关工作人员执行职务的行为内涵丰富、种类繁多。为了深入了解执行职务行为的特征，有必要对其进行分类研究。

根据执行职务的行为是否具有强制命令的属性，可以将其划分为两类：权力行为和非权力行为。权力行为是国家机关实施的以强制力为保障的，通过命令和禁止方式要求相对人服从的行为。例如，行政机关的行政处罚和行政强制措施，司法机关的刑事处罚等行为都是权力行为。非权力行为是国家机关实施的不具有强制力的非命令禁止行为，例如，国家机关提供的咨询服务行为、管理公产行为、订立民事合同的行为等都是非权力行为。我国有关侵权法律规定是关于国家对侵权行为承担民事责任的普遍性规则，因而也是调整国家机关和国家机关工作人员执行职务行为，特别是非权力行为引发的民事责任的主要规范。对于执行职务的权力行为造成的损害赔偿，则由国家赔偿法予以调整。

根据执行职务的行为是否直接发生法律后果，可以将其划分为事实行为和法律行为，所谓事实行为是国家机关和国家机关工作人员实施的不发生法律效果，或虽然发生法律效果，但效果的发生是由于外界的某种事实状态所致的行为。例如，国家机关工作人员的刑讯逼供行为、殴打辱骂行为、使用武器警械行为等都属于事实行为。所谓法律行为，是指国家机关和国家机关工作人员实施的能够引起公民、法人或其他组织权利义务的产生、变更、消灭等法律后果的行为。例如，行政机关的行政许可行为、行政处罚行为、司法机关的批准逮捕行为、没收财产行为等都属于法律行为。无论是事实行为还是法律行为，都是国家机关及其工作人员履行职责、行使权力的行为，因此造成的损害赔偿责任均为国家赔偿责任。

此外，根据执行职务的行为是否合法，还可以将其划分为合法行为和违法行为；根据执行职务针对的对象是否特定，适用效力是否可以重复，还可以将其划分为抽象执行职务的行为和具体执行职务的行为；根据执行职务是否采用积极主动的方式，还可以将其分为作为行为和不作为行为。

四、损害结果要件

国家是否承担侵权责任，要看该行为是否造成特定人的损害。没有损害结果或遭受损害的是普遍对象，国家就不必负责赔偿。因此，损害是构成国家赔偿责任的必要条件之一。所谓损害，是指对财产和人身造成的不利。

（一）损害的范围

损害包括人身损害和财产损害，前者包括限制人身自由、剥夺生命、致人伤残以及毁损名誉、荣誉等。后者主要指财产的灭失、毁损和减少等损害。对物的损害又包括积极损害和消极损害（又称直接损害和间接损害），大多数国家原则上只赔偿直接损害，不赔偿间接损害。只有在侵权行为是故意实施的或不赔偿间接损害就会违背社会共同生活原则的情况下，法院才判决国家机关赔偿间接损害。同时大多数国家只赔偿原告的财产和身体损害，而不赔偿对名誉、荣誉造成的损害。人格权受到侵害，只有在特别情况下，才有获得赔偿的可能。我国《国家赔偿法》在第二章第一节中把侵权损害的范围概括为两种：一是人身权；二是财产权。人身权、财产权主要有人身自由权、人格尊严权、婚姻自主权、名誉权、荣誉权、名称权、生命健康权、肖像权、亲属关系中的权利，以及种种财产权，如继承权、物权、经营自主权、债权、知识产权等。也就是说，当以上权利受到国家机关及其工作人员的损害时，国家应当负责赔偿。根据《国家赔偿法》第35条的规定，自然人因人身权益受到侵害而导致精神损害的，国家应给予精神损害赔偿，在侵权行为影响的范围内，为受害人消除影响，恢复名誉，赔礼道歉；造成严重后果的，应当支付相应的精神损害抚慰金。该规定改变了原国家赔偿法中没有关于精神损害给予金钱赔偿规定的状况，是我国国家赔偿制度的重大进步。

（二）损害的对象

所谓损害，就是国家机关违背对公民、法人所承担的义务而使其受到不利的结果。因此，国家能否赔偿这种损害，首先应确定损害者的利益是否受到法律保护，国家对受害人是否承担特定的义务。因为遭受损害的对象是法律特定保护的，所以国家必须对这种损害负责。国家颁布法律，行政机关制定法规规章，如果它所造成的损害是普遍的，但法律又未加以特别保护，那么国家就不负赔偿责任。一个人能否成为损害赔偿的对象，关键在于行政机关所负的职责是否为了直接保护他的利益。例如，当盗贼正在行窃时，警察袖手旁观，那么警察就违反了他对财产所有人的职责，因为警察查处违法行为的权力不仅是为了一般公众的利益而被授予的，同时也是为了某一个具体的个人的利益而被授予的。应当区分国家机关对受害人承担的特别义务和对公众承担的普遍义务。

（三）损害行为与损害结果之间的因果关系

国家赔偿中的因果关系比较复杂，存在很多间接关系的损害赔偿问题。例如，某公司总经理被错误拘留，拘留期间因错过一次已约好的签订合同机会，造成企业重大经济损失，国家对这类损害是否赔偿？某人经合法手续领到许可证并依此建起房屋，后被行政机关确认为违章建筑并拆除，发放许可证机关是否负责赔偿？某公民财产被盗，能否以公安机关维护治安不力为由请求赔偿？要回答这些问题，必须分析国家机关及公务员的行为与损害结果之间是否存在因果关系及这种因果关系的密切程度如何。

民法理论上，因果关系是客观事物之间的前因后果的关联性。这一现象的出现，是由另一现象的存在所必然引起的，则两种现象之间就为因果关系。当然，也有主张简化行为与损害结果之间因果关系的，凡是引发结果的条件皆为原因，只要结果的发生与行为之间存在逻辑上联系的事实，就视为有因果关系。这一学说称为条件说。此外，还有相当因果关系说，又称适当条件说，认为某种原因在特定情形发生某种结果，还不能断定二者之间的因果关系。只有在一般情形中，依照当时当地的社会观念，普遍认为也能发生同样结果的，才能认定有因果关系。由损害看行为，可以确信是它造成的，那么该行为即为相当原因。例如，警察殴打人致伤，并因之于拘留所内，受伤人因不能外出医治，或治疗不得法，遂因伤致死。殴打人行为与死亡结果之间有因果关系。也就是说，行为后加入其他原因，如其他原因在客观上足以预料有结合的可能，则其行为对于损害，是相当原因。同样，行为前已有其他原因，如果再加上行为这一原因，在客观上足以引起损害，则其行为也属相当原因。从目前理论来看，相当因果关系说似乎更具说服力。

国家赔偿中的因果关系，在某些方面比民事赔偿要严格得多，另外一些方面又要宽松得多。完全用民法上的因果理论分析国家赔偿责任的构成很难获得满意结果。例如，公安机关违法限制某企业经理的自由，企业因此无法开业而遭受损失，依照民法原理，国家应当赔偿企业的损失，因公安机关的行为是导致企业损失的主要原因。然而，多数国家的国家赔偿法理论并不这样理解，否认限制公民自由与企业损失间的因果关系，而只规定一定数额的限制人身自由赔偿金。确认国家赔偿必须符合两个条件：一是因果之间具有逻辑联系，此案符合逻辑联系的条件；二是因果之间有直接相关性，即依正常人的经验和理解，行为和结果之间有牵连。国家侵权行为与一般民事侵权行为是有一定区别的。它具有非法性、滥用或超越裁量权性、强制性等特点，凡违背对特定人所承担的法律义务即视为侵权行为。因此国家赔偿中的因果关系，实质上是国家机关与受害人之间的权利义务关系。只要国家机关违背了对权利人所承担的特定义务并因此导致其损害，且权利人无法通过其他途径受偿的，我们就认为存在国家赔偿责任中的因果关系。例如，警察发现有人殴打他人而不予制止，就违背了他所承担的特定义务，如果受害人无法向加害人求偿时（如已逃跑，无支付能力）而向国家机关请求赔偿，应予支持。因为警察与受害人之间有一定的权利义务关系，违背法定义务即为因，受害人损失为果，二者虽无必然联系，但有间接联系。又如，公民已将各种材料、证件准备齐全，并按规定程序申请建筑或营业执照，而承办人无故长期积压不为之办理，致其损害者，行政机关应负赔偿责任。因受害人的损失是因国家机关公务员违反其应该履行的义务而造成的，已构成因果关系，所以应当赔偿。某公民贩运西瓜被哄抢，警察置之不理，该公安部门应赔偿瓜主损失。以上看到的例子都是不作为引起的，即国家机关违背它所承担的义务引起的。至于这种职务上的义务既可以是法律、法规规定的，也可以是上级命令的，有的情况下，虽无明文规定，但按照普通常理，属于应该做的，也属职务上的义务。凡是国家机关应该为之而没有为，就是失职行为，就是不作为的违法行为，由此引起的损害，国家应负赔偿责任。国家赔偿中的因果关系，是以国家机关及公务员的公职义务为基础，以受到法律保护的受害人权益为依托，以违反公职义务与权益遭到损害之间的关系为内容，用客观、恰当、符合正常社会经验的方式衡量和确定的逻辑关系。这种因果关系应当是客观、恰当、符合理性的，而不是机械、随意的。作为原因的现象，不仅在时间顺序上应出现于成为结果的现象之前，而且还须起着引起和决定结果发生的作用。只有与损害结果有直接联系的原因，才是赔偿责任因果关系中的原因。当然，直接的原因不一定就是损害的最近的原因，而是损害产生的主要原因和决定性原因。

（四）缺乏因果关系的事实

国家只对直接产生损害的原因事实负赔偿责任。有些特殊的致害原因与损害结果之间缺乏因果联系，国家对此不负赔偿责任，它们主要有以下几类：

1.受害人的过错。受害人的行为促使损害的发生成为不可避免或加重时，国家完全不负赔偿责任或者部分免除赔偿责任。例如，在法国的一个案例中，儿童在公园玩耍时，被树枝划伤，其父母要求国家赔偿，而行政机关认为儿童受伤是父母看管不严，行政法院认为公园存在伤害儿童的危险，说明采取的措施不力，存在一定的过失责任，但它并不是造成损害结果的唯一原因，受害人自己也有过错。这种过错行为与损害也有因果关系，所以在这种情况下，可以免除或部分免除国家的赔偿责任。如果损害完全是由于受害人过错引起的，那么国家不负赔偿责任。

2.不可抗力。因不可抗力如战争、天灾等引起的损害，国家不负赔偿责任。因不可抗力是不能预见、不可抗拒的，属于当事人意志之外的力量，因此造成的损害与国家机关的行为无任何因果关系，国家对此不承担责任。不可抗力与原因不明的意外事件不同，后者如机器故障、火灾等，它可以免除国家的过错责任，但不能排除国家的危险责任。例如，某一水坝漏水，造成邻近居民的损害，但漏水的原因不明，这可以排除国家的过失赔偿责任，但不能排除危险责任。

3.第三者介入。当国家机关的行为通过第三者介入产生损害时，这种损害是间接损害，国家不负赔偿责任。例如，某人所驾驶车辆被公安交通警察违法扣留，司机步行回家时，被另外一辆车撞伤。虽然公安交通机关有违法侵权行为，但造成的损害由另外一辆车所致，因此，国家不负赔偿责任。若损害发生同时由国家机关和第三者的行为所引起时，国家机关就其行为部分负责。

五、法律要件

构成国家赔偿责任还必须满足“有法律规定”这一要件，如果法律没有规定国家赔偿责任，即使公民受到国家机关违法侵害，国家也可能不承担赔偿责任。这是国家赔偿责任的一个重要特点。所谓“有法律规定”，是指现实存在的所有规定国家赔偿责任的法律法规和判例等。国家赔偿不同于民事赔偿，它产生于19世纪末，大多数国家通过渐进式立法逐步将这一制度推开。因此，国家赔偿的范围、程序等内容是由立法和司法判例确定的。即使在今天，也没有任何国家在法律上采取政府对所有侵权行为承担赔偿责任的办法。

就国家赔偿可行性而言，如果免除所有的限制，允许受害人对国家所有行为提起赔偿诉讼也是不现实、不恰当的。因此，国家对何种行为负责赔偿、适用什么赔偿方式及程序，均须由法律明确规定。总之，没有法律规定应赔偿的，即使有损失也不赔偿。可见，国家承担赔偿责任，必须以法律规定为要件之一，这种法律规定，既可以是统一的国家赔偿法，也可以是特别法、判例法。在我国，国家承担行政赔偿责任的法律依据有：国家赔偿法、行政诉讼法、治安管理处罚法、海关法及大量的最高人民法院的司法解释、国务院及各部委发布的行政法规和规章等，受害人依照以上规定才能获得赔偿请求权，这是与大多数国家相似的一个特点，也是构成国家赔偿责任的必备要件之一。

【本章主要法律规定】

1.《国家赔偿法》第1、2、35条

2.最高人民法院《关于适用〈中华人民共和国国家赔偿法〉若干问题的解释（一）》

第二十一章 行政赔偿

本章主要内容提示

根据司法解释规定，若针对赔偿提出起诉，原行政行为造成赔偿请求人损害，复议决定加重损害的，复议机关与原行政行为机关为共同被告。赔偿请求人坚持对作出原行政行为机关或者复议机关提起行政赔偿诉讼，以被起诉的机关为被告，未被起诉的机关追加为第三人。

第一节 行政赔偿概述

一、行政赔偿的概念

行政赔偿，是指行政机关及其工作人员在行使职权过程中违法侵犯公民、法人或其他组织的合法权益并造成损害，国家对此承担的赔偿责任。

首先，行政赔偿是国家的赔偿责任，行政赔偿的责任主体是国家，而不是行政机关及其工作人员。实践中，侵权行为是由行政机关及其工作人员实施的，但是，对此承担赔偿责任的主体不是行政机关，也不是行政机关工作人员，而是国家。这是由国家与行政机关及其工作人员之间的法律关系所决定的。行政机关及其工作人员与国家之间存在委托代理关系，虽然行政机关实施行政管理活动时往往以自己的名义进行，行政机关工作人员实施行政管理活动时也都以所属行政机关的名义进行，但是在法律上都是代表国家实施的，无论是合法还是违法，其法律后果都归属于国家。国家作为赔偿主体的主要表现是赔偿费用由国库支出。

其次，行政赔偿是国家对行政侵权行为所承担的赔偿责任。作为一种法律主体，国家可能承担的赔偿责任是多种多样的，包括民事赔偿责任、国际法上的赔偿责任、司法赔偿责任、立法赔偿责任、军事赔偿责任、公共设施设置和管理中的赔偿责任等。一方面，特定的赔偿责任是与特定的侵权行为相对应的，而行政赔偿仅仅是国家对行政管理过程中的侵权行为承担的赔偿责任。这一特性使行政赔偿与其他赔偿，如司法赔偿、民事赔偿等区别开来。另一方面，行政管理过程中的侵权行为形式很多，既可能是违法行使职权所实施的侵权行为，如具体行政行为，也可能是利用执行职务机会实施侵权行为，如顺手牵羊的行为；还可能是表面上与行政职务相关、实则无关的侵权行为，如大吃大喝的行为。这些侵权行为都引起赔偿责任，但不一定都引起国家赔偿责任。只有与行政职权密切相关的侵权行为才能构成行政侵权行为，才能引起国家的赔偿责任。

再次，国家赔偿是国家对行政机关及其工作人员的侵权行为承担的赔偿责任。对行政机关及其工作人员应当作广义的理解。行政机关不仅包括中央及地方各级人民政府及其下设的工作部门，即国家行政机关，而且包括法律法规授权的组织、委托的行政机关、共同实施侵权行为的行政机关。工作人员不仅包括具有公务员身份的工作人员，而且包括受行政机关委托执行公务的一般公民，包括接受行政机关指使实施违法行为的公民。在认定“工作人员”时，重要的不是公务员的身份，而是实施侵权行为的公民与有关的行政机关是否存在实际上的公务关系。由于国家行政机关工作人员和国家之间存在职务委托关系，行政机关及其工作人员在行使职权过程中侵权的，或以执行职务为名侵权的，应当视为国家的侵权行为。国家赔偿法将实施侵权行为的行政机关或者工作人员所在的行政机关确定为赔偿义务机关，办理具体的赔偿事务，如收集证据、出庭应诉、与受害人和解以及支付赔偿金等工作。这样规定有利于督促行政机关及其工作人员认真履行法定职责，便于受害人行使赔偿请求权。

最后，行政赔偿是国家对其合法权益受到行政侵权行为损害的公民、法人或者其他组织承担的赔偿责任。公民、法人和其他组织不局限于具体行政行为所指向的对象，凡是合法权益受行政机关及其工作人员的行为侵害的人都可能成为行政赔偿的请求权人。国家赔偿针对的损害是对公民、法人或者其他组织合法权益的侵害。合法权益是公民、法人或者其他组织依法享有的财产权和人身权，只有合法权益受到侵犯的，国家才承担赔偿责任。违法的权益，如赌博获得的收入、偷盗来的财产等，不受法律保护，对违法权益的侵害，公民、法人或者其他组织不能要求赔偿。

二、行政赔偿的特征

对行政赔偿的特征，可以从如下方面认识：

（一）行政赔偿与行政补偿的联系和区别

行政补偿，是指国家对行政机关及其工作人员在行使职权过程中因合法行为损害公民、法人或者其他组织合法权益而采取的补救措施。行政赔偿和行政补偿都是国家对行政机关及其工作人员行使职权过程中给公民、法人或者其他组织合法权益造成的损害采取补救措施，而且在危险责任领域，行政补偿与行政赔偿之间没有明确的界限。但是，两者仍然存在许多区别，表现在：

1.原因不同。两者都是国家对行政机关及其工作人员在行政管理过程中损害公民、法人或者其他组织合法权益所采取的补救措施，但是，行政赔偿所针对的损害是行政机关及其工作人员的违法行为，而行政补偿针对的是合法行为。

2.范围不同。行政赔偿的范围小于行政补偿的范围。行政赔偿受国家赔偿法的限制，国家并非对所有的行政侵权行为都承担赔偿责任，如对国防外交等国家行为，一般认为实行国家豁免，国家对给公民、法人或者其他组织所造成的损害不承担赔偿责任。行政补偿的原因行为除了合法性这一限制之外，没有其他的限制。

3.程度不同。行政赔偿对公民、法人或者其他组织合法权益的补救程度不如行政补偿充分。国家赔偿法针对的损害限于人身权和财产权的损害，而行政补偿没有这种限制。而且，对国家赔偿法规定范围之内的行政侵权行为所造成的损害，国家也并非全部赔偿，而是限于最低限度地直接损失。国家赔偿法规定“计算标准”的作用之一是为了限制赔偿的数额。行政补偿采取补偿实际损失的原则，行政机关及其工作人员的合法行为给公民、法人或者其他组织的合法权益造成了多大的损害，国家就补偿多少。当然，行政补偿所针对的损害必须是特定的公民、法人或者其他组织所遭受特别的损害，而不是普遍的损害。从损害这一点来看，行政赔偿着眼于赔偿的最高数额，而行政补偿着眼于损害的特定性，没有数额的限制。

4.程序不同。行政补偿可能是在损害发生之前由行政机关与公民协商解决，也可能是在损害发生之后由行政机关与之协商解决。行政赔偿只能发生在侵权行为发生之后，由行政机关与公民协商解决。行政补偿和行政赔偿都可以适用调解，但是，公民因与行政机关对行政补偿不能达成协议而起诉的，适用一般的行政诉讼程序；与行政赔偿义务机关对行政赔偿不能达成协议而起诉的，适用行政侵权赔偿诉讼程序。

5.性质不同。行政赔偿性质上属于行政法律责任，而行政补偿性质上属于具体行政行为。行政赔偿是国家对行政机关及其工作人员违法行使职权的行为而承担的一种法律责任，具有否定和谴责的含义；而行政补偿是国家对行政机关及其工作人员合法行为所造成的损害而采取的补救措施，行政机关作出的补偿决定属于具体行政行为。

6.依据不同。行政补偿的法律依据是有关的单行的部门法律、法规，而行政赔偿的法律依据是行政诉讼法和国家赔偿法。

（二）行政赔偿与民事赔偿的联系和区别

民事赔偿是一方当事人因侵权行为而向遭受损害的另一方当事人承担的赔偿责任。世界各国行政赔偿制度的早期阶段都借鉴民事赔偿理论（如归责原则、构成要件），适用民事赔偿的程序。在国家赔偿法实施以前，国家赔偿都是按照民事赔偿的标准和程序处理的。因此，民事赔偿与行政赔偿之间存在密切的联系。但是，两者之间也存在一些区别，表现在：

1.主体不同。行政赔偿是国家向公民个人承担的赔偿责任，形成的是国家与公民之间的法律关系；而民事赔偿责任是公民个人向公民个人承担的赔偿责任，形成的是公民与公民之间的法律关系。

2.原因不同。行政赔偿的原因是行政侵权行为，而民事赔偿的原因是民事侵权行为。行政侵权行为是行政机关及其工作人员在行使职权过程中实施的侵害公民合法权益的行为，是国家权力的作用；而民事侵权行为既没有“行政机关及其工作人员”这一主体方面的限制，也没有“行使职权过程中”这一限制。

3.范围不同。民事赔偿的范围大于行政赔偿的范围。行政赔偿的原因行为、损害的范围由国家赔偿法作了限制，国家并不对所有的侵权行为都承担赔偿责任，也不对行政侵权行为所造成的所有损害都要赔偿，而只赔偿行政侵权行为对人身权和财产权造成的最低限度地直接损害。与此不同，民事赔偿存在于所有的民事侵权行为，民事侵权行为人不但要全额赔偿给受害人的各种合法权益造成的直接损害，而且要赔偿一定的可得利益的损失即赔偿间接损失。

4.归责原则不同。民事赔偿责任的归责原则以过错责任原则为主、危险责任原则为辅；而行政赔偿责任的归责原则多种多样：有的国家实行过错责任原则；有的国家实行公务过错责任原则；有的国家实行违法原则。

5.程序不同。解决民事赔偿纠纷的程序是仲裁、民事诉讼；而解决行政赔偿争议的程序是行政处理程序、行政复议程序和行政诉讼程序。

6.依据不同。行政赔偿是公法上的法律责任，其法律依据是行政诉讼法、国家赔偿法等公法法律规范；而民事赔偿是私法上的法律责任，其依据是民事法律等私法法律规范。

（三）行政赔偿与司法赔偿的联系和区别

司法赔偿是司法机关及其工作人员在行使职权过程中侵犯公民、法人或者其他组织的合法权益并造成损害，由国家承担的赔偿责任。行政赔偿与司法赔偿都属于国家赔偿，许多方面是一致的，如赔偿损害的范围、计算标准、赔偿主体等，但两者之间也存在许多区别，表现在：

1.实施侵权行为的主体不同。在行政赔偿中，实施侵权行为的主体是国家行政机关及其工作人员，还包括法律、法规授权的组织及其工作人员，受委托的组织及其公务人员以及事实上的公务员。在司法赔偿中，实施侵权行为的主体是履行司法职能的国家机关及其工作人员，包括公安机关、国家安全机关以及军队的保卫部门、国家检察机关、国家审判机关、监狱管理机关及上述机关的工作人员。

2.实施侵权行为的时间不同。行政侵权行为发生在行政管理过程中，是行政机关及其工作人员在行使职权过程中实施的。而司法侵权行为发生在司法活动中，以司法机关及其工作人员在刑事诉讼中违法行使侦查权、检察权、审判权、监狱管理权以及在民事、行政审判中人民法院采取强制措施、保全措施、先予执行措施以及执行措施为构成要件。

3.追偿的条件不同。无论是在行政赔偿中还是在司法赔偿中都实行追偿制度，赔偿义务机关在履行了赔偿义务后，可以责令有关责任人员承担部分或全部赔偿费用。但是，国家赔偿法对两者的追偿条件分别作了不同的规定。行政追偿的条件是行政机关及其工作人员在行使职权过程中有故意或者重大过失，这种标准具有明显的主观性。司法追偿包括三种情形：一是司法机关工作人员刑讯逼供或者以殴打等暴力行为或者唆使他人以殴打等暴力行为造成公民身体伤害或者死亡的；二是违法使用武器、警械造成公民身体伤害或者死亡的；三是在处理案件中有贪污受贿、徇私舞弊、枉法裁判行为的。相比较之下，司法追偿的范围要比行政追偿的范围窄。国家赔偿法划分这种区别，主要是因为司法机关及其工作人员面临的情况比较复杂，法律规定了较大的裁量权，认定司法工作人员主观上是否存在故意或重大过失比较困难，而且追偿的范围不能过宽，否则很容易挫伤司法人员的积极性。

4.程序不同。行政赔偿的程序与司法赔偿的程序差别较大。行政赔偿程序分为单独提出赔偿请求的程序和一并提出赔偿请求的程序。单独提出赔偿请求的程序实行行政处理前置的原则，行政赔偿争议在行政程序不能解决的，最终可以通过行政诉讼途径解决。司法赔偿程序没有单独提出赔偿请求和一并提出赔偿请求的划分，赔偿请求人对赔偿义务机关的决定不服的，要向其上一级机关申请复议，对复议决定不服的，向复议机关所在地的同级人民法院的赔偿委员会申请，由其作出最终的决定。可以看出，司法赔偿自始至终都是通过非诉讼途径来解决的。

三、行政赔偿的归责原则

国家赔偿法上的归责原则是指国家承担赔偿责任的依据和标准，也就是国家为什么要对某一行为承担赔偿责任，损害发生后，是由于侵权行为人的行为违法，还是由于行为人实施某一行为时主观有过错，抑或由于什么其他的原因，国家才承担赔偿责任。如前所述，修订后的国家赔偿法变过去的单一违法归责原则为多元的归责原则，但整体来看我国国家赔偿法中的行政赔偿适用的仍是违法归责原则。

违法归责原则是确定行政赔偿责任的基本准则，对于行政赔偿义务主体和赔偿请求人来说，什么是违法、哪些行为构成违法行为并可能导致国家赔偿责任等问题是十分重要的问题，所以，正确理解和适用这一原则具有十分重要的意义。

首先，违法归责原则中的“法”是广义的法，既包括实体法，也包括程序法；既包括法律、法规和其他具有普遍约束力的规范性文件，也包括法的基本原则和精神。之所以对违法原则作广义理解，是因为行政机关及其工作人员的职权十分广泛，受到多层次多角度法律规范的约束，违反任何层次的规范，都应当视为违法。行政机关及其工作人员的管理活动中，除了各类法律行为之外，还存在大量的事实行为。对于事实行为，法律不可能规定详尽统一的行为标准，由于不符合某种标准的事实行为造成他人损害的，国家不能以该行为没有违反法律为由拒绝承担赔偿责任。此外，在国家管理的很多领域，目前尚无明确的法律规范作为行使权力的依据，法律精神和基本原则是判断职权行为的主要标准，如果以具体的法律规范作为依据或标准，必然造成很多实际受害人无法取得国家赔偿的结果，这显然是不公平的。而且还应当看到，国外没有一个国家对国家赔偿法中的违法概念作狭义解释；相反，都不同程度地作了扩张解释。很显然，传统意义上的违法归责原则仅指违反严格意义上的法律规范，这种理解失之过窄。为了更为有效地保护国家侵权案件受害人的合法权益，防止国家机关或国家机关工作人员规避法律、滥用职权，应当对违法归责原则中的违法作广义理解。违法除指违反严格意义上的法规外，还包括违反诚信原则、公序良俗原则、尊重人权原则、权力不得滥用原则、尽合理注意原则等。这种理解有利于解决诸如公务人员打骂当事人等侵权行为造成的损害赔偿问题。虽然公务人员的行为并非法律预先规定禁止的，但违反了尊重人权原则，因而国家对此类行为造成的损害应当给予赔偿。

其次，违法既包括积极的作为性违法，也包括消极的不作为违法。作为违法，是指侵权主体以积极的作为方式表现出来的违法情形。例如，行政机关的违法处罚、违法采取强制措施等行为均是作为性违法。不作为违法，是指侵权主体拒绝履行或拖延履行其承担的职责和义务的违法情形。必须注意的是，认定不作为违法应当以法定的或职责确定的义务存在为前提，也就是说，如果行政机关或其工作人员没有履行法定的或本身职责确定的义务，其不作为行为给受害人造成了损害，那么，国家应当对此承担赔偿责任。如果法律赋予行政机关或其工作人员在特定情况下作为或不作为的自由裁量权，除非国家机关或国家机关工作人员的不作为行为已经达到令正常人不能容忍的地步，否则，国家对此不承担赔偿责任。不作为还包括不当延误，即疏忽、怠惰、无故迟缓。如果法律明确规定了作为的期限或时限，未在该时限内作为即构成违法不作为，但如果法律没有规定作为的时限，就必须考虑为此设定一个合理期限。通常应当考虑公务活动的难易程度、处理此类公务的惯用时间、当时的客观环境及是否存在不可抗力等因素的干扰和阻碍，等等。

最后，违法归责原则既包括法律行为违法，也包括事实行为违法。法律行为违法容易理解，事实行为违法，是指国家机关及其工作人员违法实施的不直接产生法律效果的行为。例如，政府机关提供咨询、实施指导、发布信息等都是事实行为。由于政府提供错误的指导或信息而遭受损害的，虽然政府的行为可能不是严格意义上的法律行为，而是一项事实行为，但政府仍然应当对此承担赔偿责任。

综上所述，违法的具体情形包括以下方面：第一，国家侵权主体的行为违反法律、法规、规章和其他具有普遍约束力的规范性文件；第二，国家侵权主体的行为虽然没有违反上述文件的明确规定，但违反了法的基本原则和精神；第三，国家侵权主体没有履行对特定人的职责义务，或违反了对特定人的职责与义务；第四，国家侵权主体在行使自由裁量权时滥用职权或没有尽到合理注意。

第二节　行政赔偿范围

一、行政赔偿范围概述

行政赔偿范围，是指国家对行政机关及其工作人员在行使行政职权时侵犯公民、法人和其他组织合法权益造成损害的哪些行为承担赔偿责任。

行政赔偿范围一般在两个意义上使用：一个意义是导致行政赔偿责任的原因行为的范围，即国家对哪些事项承担赔偿责任，对哪些事项不承担赔偿责任；另一个意义是赔偿损害的范围，即国家赔偿哪些损害，不赔偿哪些损害。西方国家一般在第二个意义上使用行政赔偿范围的概念，而我国国家赔偿法使用的是第一个意义上的行政赔偿范围的概念，因此，这里采用第一个意义上的行政赔偿范围的概念。行政赔偿范围是行政赔偿的首要环节，其意义表现在：

1.行政赔偿范围确定了受害人行政赔偿请求权的范围。法律规定行政赔偿范围即意味着界定受害人享有和行使行政赔偿请求权的界限。只有法律规定国家对行政机关及其工作人员的侵权行为承担赔偿责任的情况下，受害人才享有相应的请求权。

2.行政赔偿范围确定了行政赔偿义务机关履行赔偿义务的范围。法律规定行政赔偿范围的一个方面的意义在于为认定赔偿义务机关履行行政赔偿义务的界限。对于法律规定国家承担赔偿责任的行政侵权行为，行政赔偿义务机关必须代表国家对受害人履行行政赔偿义务，给予行政赔偿救济，不得拒绝或推诿。

3.行政赔偿范围限定了人民法院对行政赔偿案件行使审判权的范围。只有在法律规定的赔偿范围之内，人民法院才能受理受害人的起诉；也只有在法律规定的赔偿范围之内，人民法院才能判决赔偿义务机关履行赔偿责任。行政赔偿范围越大，人民法院可以受理的赔偿案件就越多，对行政机关进行司法监督的机会也就越多。行政赔偿范围确定了行政机关接受人民法院司法监督的程度。

二、侵犯人身权的行为

（一）人身权的概念和范围

人身权首先是一个宪法概念。我国宪法规定的人身权有人身自由不受侵犯、人格尊严不受侵犯以及与人身自由相联系的住宅不受侵犯、通信自由和通信秘密受法律保护等权利。从宪法确认的这些权利来看，所谓人身权，是指公民作为一个自然人为了生存而必不可少的、与公民的身体和名誉密不可分的权利。这些权利，在法律上是公民的基本权利，而客观上是公民生存的基本条件，正是因为享有这些权利，公民才成为独立的法律人格体。人身权的概念在民法学领域得到了充分的发展。民法学理论一般认为，所谓人身权，是指与权利主体自身密不可分的、没有财产内容的权利，包括人格权和身份权。人格权又分为生命健康权、自由权、名誉权、姓名权、肖像权等。身份权分为亲权、监护权等。行政法上的人身权的范围比较广泛，除了宪法规定的人身权、民法规定的人身权之外，还包括行政法律、法规规定的特殊的人身权，如公务员的身份保障权。

《国家赔偿法》规定的人身权范围比较狭窄，限于生命健康权、人身自由权、名誉权和荣誉权。这一点表现在该法的第3条、第4条等条款之中。

（二）侵犯人身自由权的行为

根据《国家赔偿法》第3条的规定，侵犯人身自由权的行为包括：

1.行政拘留。行政拘留是公安机关依法对违反行政管理秩序的公民采取限制其人身自由的惩罚措施。《行政处罚法》第9条将行政拘留确认为一种处罚形式。

2.限制人身自由的行政强制措施。行政强制措施是行政机关依法定职责采取强制手段限制特定公民的权利或强制其履行义务的措施。行政强制措施既可以针对财产，也可以施加于人身。我国法律、法规规定的限制人身自由的强制措施有：强制治疗和强制戒毒、强制性教育措施、强制传唤、行政拘留、其他限制人身自由的强制措施。

3.非法拘禁或者以其他方法非法剥夺公民人身自由。这是指行政拘留和行政强制措施以外的其他非法剥夺人身自由的行为。它的表现有两种情形：（1）无权限。指没有限制公民人身自由权的行政机关实施的剥夺公民人身自由的行为。（2）超过法定期限或者条件关押。指享有限制人身自由权的行政机关在法律规定的拘留或限制人身自由的期限和条件之外，剥夺公民人身自由。

（三）侵犯生命健康权的行为

根据《国家赔偿法》第3条的规定，侵害公民生命健康权的行为有：

1.暴力行为。以殴打、虐待等行为或者唆使、放纵他人以殴打、虐待等行为造成公民身体伤害或者死亡的，是严重侵犯公民人身权的违法行为。行政机关采取暴力的形式多种多样，无论行政机关及其工作人员是否有履行职责的权限，无论行政机关及其工作人员主观上是出于什么样的目的，也无论是行政机关工作人员亲自实施还是唆使或放纵他人实施，采取暴力行为造成公民身体伤害或死亡的，受害人都有请求赔偿的权利。

2.违法使用武器、警械。武器、警械，是指枪支、警棍、警绳、手铐等。有权使用武器、警械的行政机关工作人员主要有人民警察、武警部队人员等。武器、警械的使用必须具备一定的条件。根据有关规定，人民警察在执行逮捕、拘留、押解人犯和值勤、巡逻、处理治安事件等公务时，可以使用武器或警械，但必须符合使用武器和警械的使用条件，使用武器和警械的时间、种类以及如何使用，必须与被管理对象的行为程度相适应；使用武器、警械需要经过一定的批准程序时，则必须履行批准程序。

违法使用武器、警械，有多种表现形式。例如，在不该使用武器、警械的场合而使用武器、警械；使用武器、警械程度与被管理者的行为不相应；使用武器、警械的种类选择错误；使用武器、警械违反法定批准程序；等等。凡是行政机关工作人员在执行公务过程中违法使用武器、警械致公民身体伤害或死亡的，国家都应当承担赔偿责任。

3.造成公民身体伤害或者死亡的其他违法行为。这是国家赔偿法的概括式规定，是指《国家赔偿法》第3条列举规定的情况外，行政机关及其工作人员实施的、造成公民生命健康权损害的行为。根据最高人民法院司法解释规定，这里的其他违法行为包括：行政机关及其工作人员不履行法定职责行为；行政机关及其工作人员在履行行政职责过程中作出的不产生法律效果，但事实上损害公民、法人或者其他组织人身权的行为。

三、侵犯财产权的行为

（一）财产权的概念和范围

财产权有广义和狭义之分。广义的财产权，是指一切具有经济内容的权利。按照这种观点，除了物权、债权、知识产权、继承权、经营自主权、物质帮助权之外，劳动权、受教育权、休息权等与财产密不可分，具有一定经济内容的权利也属于财产权的范畴。狭义的财产权，是指具有直接经济内容的权利，包括物权、债权、知识产权、继承权、经营权和物质帮助权。

国家赔偿法规定的财产权限于公民、法人或者其他组织的财产权，具体来说包括物权、债权、知识产权、经营权和物质帮助权。《国家赔偿法》第4条规定，行政机关及其工作人员在行使行政职权时有下列侵犯财产权情形之一的，受害人有取得赔偿的权利：（1）违法实施罚款、吊销许可证和执照、责令停产停业、没收财物等行政处罚的；（2）违法对财产采取查封、扣押、冻结等行政强制措施的；（3）违反征收、征用财产的；（4）造成财产损害的其他违法行为。

（二）侵犯财产权的行政处罚

侵犯公民、法人或者其他组织财产权的行政处罚包括：罚款、没收、吊销许可证和执照、责令停产停业、侵犯财产权的其他行政处罚。侵犯财产权的其他行政处罚是指国家赔偿法没有明确列举的处罚形式，如暂扣许可证或者执照、法律和行政法规在行政处罚法规定的处罚形式之外创设的其他行政处罚形式。

（三）侵犯财产权的行政强制措施

限制财产权的强制措施主要是查封、扣押、冻结、保全、拍卖。违法的财产强制措施主要表现为：（1）超越职权。指行政机关不享有查封、扣押、冻结的行政职权，而实施查封、扣押、冻结等措施。（2）违反法定程序。指行政机关不按照法律规定的手续采取强制措施。例如，查封不清点登记、加贴封条，甚至不让当事人在查封凭证上签字。（3）不按照法律规定妥善保管被扣押的财产。对扣押财产行政机关应妥善保管，或委托有关单位或个人保管。对易腐坏易变质不宜长期存放的物品，应变卖而保存价款。疏于妥善保管而造成财产的变质、灭失的，应当承担赔偿责任。（4）对象错误。这是指行政机关对案外人的财产采取了强制措施，如行政机关查封、扣押的财产，不是违法人的财产或虽是违法人的财产但不是用于违法活动的财产，即构成强制措施对象的错误。（5）不遵守法定期限。有的法律、法规规定了查封、扣押、冻结的期限，行政机关超越法定期限采取强制措施，造成财产损失、损坏的，国家应负赔偿责任。

（四）违法征收、征用财产

征收，是指行政机关为了公共利益的需要，把私人所有的财产强制地征归国有的行为；而征用是指为了公共利益的需要，强制性地使用公民的私有财产的行为。无论是征收还是征用，都需符合一定条件，遵循一定的程序，并给予当事人相当的补偿。如果行政机关在不符合条件的情况下随意征收或征用财产，或不依程序、扩大征收、征用范围等，造成当事人财产受到侵害，国家应给予赔偿。

（五）侵犯财产权的其他违法行为

造成财产损害的其他违法行为，是指《国家赔偿法》第4条没有作列举性规定的侵害公民、法人或者其他组织财产权的行为，如违法的不作为。凡是涉及有关财产权的损害，受害的公民、法人或者其他组织都可以依照国家赔偿法的规定，请求行政赔偿。根据最高人民法院司法解释规定，这里的其他违法行为包括：行政机关及其工作人员不履行法定职责行为；行政机关及其工作人员在履行行政职责过程中作出的不产生法律效果，但事实上损害公民、法人或者其他组织财产权的行为。

四、国家不承担赔偿责任的情形

（一）概述

国家不承担赔偿责任的情形，是指国家对某些在行政管理过程中发生的损害不承担赔偿责任的事项。关于国家不承担赔偿责任的情形，《国家赔偿法》第5条规定，属于下列情形之一的，国家不承担赔偿责任：（1）行政机关工作人员与行使职权无关的个人行为；（2）因公民、法人和其他组织自己的行为致使损害发生的；（3）法律规定的其他情形。

（二）行政机关工作人员实施的与行使职权无关的个人行为

行政机关工作人员以公务员身份实施的行为，总是与行政职权具有密切联系，应当视为职务行为、所属行政机关的行为，最终属于国家的行为，一切法律后果应归属于国家。当行政机关工作人员以普通公民的身份从事活动时，行使的是其民事权利或者其他公民权利，并不是行政职权；其目的是个人的权益，而不是国家利益；其意思表示是自由的，不受行政法规则的约束；而且，也不具备法律规定的表现形式。因此，公务员以公民身份实施的行为应当视为其个人的行为，由此而造成损害引起的赔偿责任应当由个人负责。

（三）因受害人自己行为致使损害发生的

受害人自己的行为致使损害发生或者扩大的，是对自己的侵权，过错在于本人，后果应当由其个人承担。

（四）国家不承担赔偿责任的其他情形

对国家不承担赔偿责任的情形，学理上多借鉴民法的有关规定和理论。其中，需要提出的问题是：

1.不可抗力。不可抗力是指不能预见、不能避免且不能克服的客观情况。根据《国家赔偿法》第2条规定的违法原则，确定国家是否承担赔偿责任的最终的原因是行政机关及其工作人员在行使职权过程中实施的行为是否违法，而不是不可抗力。故国家对不可抗力不承担赔偿责任。不过，根据最高人民法院司法解释规定，由于不可抗力等客观原因造成公民、法人或者其他组织损害，行政机关不依法履行、拖延履行法定义务导致未能及时止损或者损害扩大的，人民法院应当根据行政机关不依法履行、拖延履行法定义务行为在损害发生和结果中的作用大小，确定其承担相应的行政赔偿责任。

2.第三人过错。因第三人过错致使损害发生的，法律上的侵权行为的主体是第三人，而不是行政机关及其工作人员，更不是国家。我们认为，在第三人的过错是损害发生的直接原因或者主要原因的情况下，不具备国家赔偿责任的构成要件，不产生国家赔偿问题。如果损害的发生，第三人有过错，行政机关及其工作人员也有过错——违法行为，则应当根据违法行为对损害发生所起的作用的大小，确定国家的赔偿责任。根据最高人民法院司法解释规定，由于第三人提供虚假材料，导致行政机关作出的行政行为违法，造成公民、法人或者其他组织损害的，人民法院应当根据违法行政行为在损害发生和结果中的作用大小，确定行政机关承担相应的行政赔偿责任；行政机关已经尽到审慎审查义务的，不承担行政赔偿责任。由于第三人行为造成公民、法人或者其他组织损害的，应当由第三人依法承担侵权赔偿责任；第三人赔偿不足、无力承担赔偿责任或者下落不明，行政机关又未尽保护、监管、救助等法定义务的，人民法院应当根据行政机关未尽法定义务在损害发生和结果中的作用大小，确定其承担相应的行政赔偿责任。

第三节 行政赔偿请求人和赔偿义务机关

一、行政赔偿请求人

（一）行政赔偿请求人的概念和特征

行政赔偿请求人，是指依法享有取得国家赔偿的权利，请求赔偿义务机关确认和履行国家赔偿责任的公民、法人或者其他组织。具有如下特征：

1.行政赔偿请求人是公民、法人和其他组织。当享有赔偿请求权的公民死亡时，其继承人及其他有抚养关系的亲属可作为行政赔偿请求人；当享有赔偿请求权的法人或非法人组织终止时，承受其权利的法人或者其他组织可以作为赔偿请求人。

2.行政赔偿请求人是依法享有取得国家赔偿权利的公民、法人或者其他组织。从国家赔偿法的规定来看，其合法权益遭受行政机关及其工作人员的违法行为侵害的公民、法人或者其他组织都可以成为行政赔偿请求人。即使行政机关及其工作人员行使职权的行为不是直接针对公民、法人或者其他组织，但其合法权益客观上遭受侵害的公民、法人或者其他组织是暗示的行政相对人，也可以成为行政赔偿请求人。

3.行政赔偿请求人是依法以自己的名义请求赔偿义务机关履行国家赔偿责任的公民、法人或者其他组织。代表他人或以他人名义请求国家赔偿的，是代理人而不是行政赔偿请求人。虽然享有取得国家赔偿的权利，但是没有依法提出赔偿请求或者丧失赔偿请求权的公民、法人或者其他组织，也不是赔偿请求人。

4.行政赔偿请求人是依法被确认合格的公民、法人或者其他组织。

（二）行政赔偿请求人的范围

关于行政赔偿请求人，《国家赔偿法》第6条规定，受害的公民、法人或者其他组织有权要求赔偿。受害的公民死亡，其继承人和其他有扶养关系的亲属有权要求赔偿。受害的法人或者其他组织终止，承受其权利的法人或者其他组织有权要求赔偿。根据本条规定，行政赔偿请求人分为公民、法人或者其他组织三种。

1.公民。公民是指具有特定国家国籍的自然人，包括中国公民和外国公民。根据《国家赔偿法》的规定，公民作为行政赔偿请求人，分为三种情况：

（1）受害的公民本人。受害的公民本人是行政侵权行为的侵害对象，当然可以作为行政赔偿请求人，这是世界各国的通例。

（2）受害公民死亡的，其继承人和其他有抚养关系的亲属，可以成为赔偿请求人。继承人包括遗嘱继承人和法定继承人。法定继承人行使赔偿请求权受继承顺序的限制，前一顺序的继承人不行使请求权的，后一顺序的人就不能逾越行使请求权。关于继承顺序，我国继承法规定，第一顺序的继承人是配偶、子女、父母，第二顺序的继承人是兄弟姐妹、祖父母、外祖父母。

其他有扶养关系的亲属是指上述继承人之外与死亡的公民具有抚养或者被抚养关系的亲属。从继承法的规定来看，这里所说的“亲属”不仅包括自然血亲，而且包括姻亲，还包括拟制亲属。

（3）受害公民为限制行为能力或者无行为能力人的，其法定代理人可以代为行使行政赔偿请求权。

2.法人。根据国家赔偿法规定，法人作为行政赔偿请求人，有两种情况：

（1）受害的法人，即其合法权益遭受行政侵权行为直接侵害的法人。

（2）受害的法人终止的，承受其权利的法人或者其他组织是赔偿请求人。

3.其他组织。其他组织，是指没有取得法人资格的社会组织。关于其他组织的范围和种类，最高人民法院的两个司法解释可以作为参考：

一是最高人民法院《关于适用〈中华人民共和国民事诉讼法〉的解释》第52条规定，其他组织是指合法成立、有一定的组织机构和财产，但又不具备法人资格的组织。

二是最高人民法院发布的《行诉法适用解释》。

根据上述司法解释，所谓“其他组织”包括：

（1）依法登记领取营业执照的私营独资企业、合伙组织、合伙型联营企业，其中，合伙企业申请赔偿的，应当以核准登记的字号为申请人；

（2）依法登记领取我国营业执照的中外合作经营企业、外资企业；

（3）经民政部门核准登记领取社会团体登记证的社会团体；

（4）法人依法设立并领取营业执照的分支机构，包括中国人民银行、各专业银行设在各地的分支机构，中国人民保险公司设在各地的分支机构；

（5）经核准登记领取营业执照的乡镇、街道、村办企业。

其他组织终止的，承受其权利的法人或者其他组织可以作为行政赔偿请求人。

二、行政赔偿义务机关

（一）行政赔偿义务机关概述

行政赔偿义务机关，是指代表国家处理赔偿请求、支付赔偿费用、参加赔偿诉讼的行政机关。

行政赔偿义务机关与行政侵权行为人是两个不同的概念。行政赔偿义务机关是具体负责办理赔偿事务、履行赔偿责任的机关，而行政侵权行为人是指具体实施行政侵权行为的行政机关或者行政机关工作人员。两者的范围不一定一致。在我国，行政侵权行为人为国家行政机关及其工作人员，赔偿义务机关只为行政机关。

在办理赔偿事务、履行赔偿责任过程中，赔偿义务机关具有以下义务：

（1）及时受理和处理赔偿请求。对行政赔偿请求人的申请，赔偿义务机关应在法定期间内作出处理。

（2）参加行政复议和行政赔偿诉讼。受害人在行政复议过程中一并提出赔偿请求的，赔偿义务机关以被申请人的名义参加；受害人在行政诉讼中一并提出赔偿请求的，赔偿义务机关以行政诉讼被告的身份出现，行使相应的权利和履行相应的义务。

（3）及时充分地履行赔偿义务。赔偿义务依法经行政复议机关或者人民法院决定或判决确认之后，赔偿义务机关应当及时履行，办理赔偿费用交付事宜、返还财产和恢复原状等。

（4）依法办理追偿事务。在赔偿受害人损失后，赔偿义务机关有权也有义务向有故意和重大过失公务人员及受委托的组织或个人行使追偿权。

（二）行政赔偿义务机关的确认

关于行政赔偿义务机关的确认，《国家赔偿法》第7条作了明确规定。行政赔偿义务机关的具体情形包括：

1.单独的赔偿义务机关。行政机关及其工作人员行使行政职权侵犯公民、法人和其他组织的合法权益造成损害的，该行政机关为赔偿义务机关，这是确认行政赔偿义务机关的一般情况。

2.共同赔偿义务机关。两个以上行政机关共同行使行政职权时侵犯公民、法人和其他组织的合法权益造成损害的，为共同赔偿义务机关。这里需要注意的问题是：

（1）作为赔偿义务机关的两个以上行政机关必须都是具有独立主体资格的行政机关。

（2）两个以上的工作人员分属不同的行政机关，在其共同行使职权时侵犯公民、法人和其他组织的合法权益造成损害的，应当以工作人员所在的行政机关为共同赔偿义务机关。

（3）两个以上的行政机关进行联合执法的，所有参与联合执法的行政机关为共同赔偿义务机关。

（4）共同赔偿义务机关之间负连带责任，受害人可以向共同赔偿义务机关中的任何一个赔偿义务机关要求赔偿，该赔偿义务机关应当先予赔偿，然后要求其他行政机关负担部分赔偿费用。

根据最高人民法院司法解释规定，两个以上行政机关共同实施违法行政行为，或者行政机关及其工作人员与第三人恶意串通作出的违法行政行为，造成公民、法人或者其他组织人身权、财产权等合法权益实际损害的，应当承担连带赔偿责任。一方承担连带赔偿责任后，对于超出其应当承担部分，可以向其他连带责任人追偿。

两个以上行政机关分别实施违法行政行为造成同一损害，每个行政机关的违法行为都足以造成全部损害的，各个行政机关承担连带赔偿责任。两个以上行政机关分别实施违法行政行为造成同一损害的，人民法院应当根据其违法行政行为在损害发生和结果中的作用大小，确定各自承担相应的行政赔偿责任；难以确定责任大小的，平均承担责任。

3.法律、法规授权的组织。法律、法规授权的组织在行使行政职权时侵犯公民、法人和其他组织的合法权益造成损害的，该组织为赔偿义务机关。法律、法规授权组织是根据单行的部门法律、法规的具体授权履行特定的行政管理职能的行政机构或者社会组织，是国家行政机关之外的另一大类执法机关。值得注意的是，这里所说的法律、法规授权，必须是法律、法规明文规定的授权。规章以下的规范性文件授权的视为委托，发生赔偿问题，由委托的行政机关作为赔偿义务机关。

4.委托的行政机关。受行政机关委托的组织或者个人在行使受委托职权时侵犯公民、法人和其他组织的合法权益造成损害的，委托的行政机关为赔偿义务机关。委托行政是行政机关根据管理的需要，按照法律规定的条件和范围将自己的行政职权委托给其他组织及个人行使。在委托行政中，受委托的组织及工作人员以委托行政机关的名义对外活动，其行为的后果归属于委托行政机关，当受委托的组织执行职务侵权时，由委托的行政机关作为赔偿义务机关，但在赔偿损失后，赔偿义务机关有权责令有故意或者重大过失的受委托的组织或者个人承担部分或者全部赔偿费用。

需要注意的问题是，如果受委托的组织或个人所实施的致害行为与委托的职权无关，则国家不能对该致害行为承担赔偿责任，受害人只能追究受委托组织或个人的民事侵权责任。

5.行政机关撤销时的赔偿义务机关。赔偿义务机关被撤销的，继续行使职权的行政机关为赔偿义务机关；没有继续行使其职权的行政机关，撤销该赔偿义务机关的行政机关为赔偿义务机关。

6.经过行政复议的赔偿义务机关。经复议机关复议，最初造成侵权行为的行政机关为赔偿义务机关，但复议机关的复议决定加重损害的，复议机关对加重的部分履行赔偿义务。

这里需要注意的问题是，复议机关与原侵权机关不是共同赔偿义务机关，不负连带责任，而是各自对自己侵权造成的损害承担责任。

7.派出机关作为赔偿义务机关。派出机关是行政机关根据行政管理特殊地域的需要，按照法定程序设立独立执行行政任务的行政机关。由于行政职权的来源不同，派出机关在实施侵权行为时的法律地位也就不同，在确认赔偿义务机关时也就应当有所区别。派出机关在法律、法规、规章的授权范围内行使职权时侵犯公民、法人或者其他组织的合法权益造成损害的，视为自己的侵权行为，自己作为赔偿义务机关；派出机关执行设立机关交办的任务时侵害公民、法人或者其他组织合法权益的，应当视为受委托实施的侵权行为，由设立机关即委托的行政机关作为赔偿义务机关。

第四节　行政赔偿程序

一、行政赔偿程序概述

行政赔偿程序，是指受害人依法取得国家赔偿权利、行政机关或者人民法院依法办理行政赔偿事务应当遵守的方式、步骤、顺序、时限等手续的总称。

行政赔偿程序的意义表现在：

1.保障受害人依法取得和行使行政赔偿请求权。

2.规范国家机关受理和处理赔偿请求的手续、及时确认和履行赔偿责任。

二、单独提出赔偿请求的程序

(一)单独提出赔偿请求程序的含义

根据《行政诉讼法》和《国家赔偿法》的规定,受害人单独提出赔偿请求的,应当首先向赔偿义务机关提出,赔偿义务机关拒绝受理赔偿请求、在法定期限内不作出决定的,受害人可以提起行政诉讼。与一并提出赔偿请求的程序相比较,单独提出赔偿请求程序的特点是赔偿义务机关的先行处理程序。先行处理程序,是指赔偿请求人请求损害赔偿时,先向有关的赔偿义务机关提出赔偿请求,双方就有关赔偿的范围、方式、金额等事项进行自愿协商或由赔偿义务机关决定,从而解决赔偿争议的程序。其意义表现在:

1.为赔偿义务机关自我纠正错误提供机会,体现了对赔偿义务机关的尊重,同时也有利于加强行政机关的内部监督。

2.有利于迅速解决赔偿争议,减少受害人的诉累。先行处理程序手续简便、及时,从而根本上有利于减少赔偿义务机关和受害人的支出。

(二)行政赔偿义务机关的先行处理程序

行政赔偿义务机关在受理和处理受害人单独提出赔偿请求时,办理以下手续:

1.确认加害行为的违法性。从国家赔偿法的规定和实践经验来看,受害人单独提出赔偿请求的,必须以加害行为的违法性得到确认为前提。确认加害行为违法性的途径有:

(1)赔偿义务机关自己确认。实施侵权行为的行政机关书面承认其行为的违法性。

(2)通过行政复议确认。行政复议机关的撤销决定、履行法定职责的决定是确认加害行为违法性的直接根据。

(3)通过行政诉讼确认。人民法院的撤销判决、履行判决和确认判决都是确认加害行为违法性的根据。

(4)通过其他有权机关确认。根据司法解释规定,行政行为被有权机关依照法定程序撤销、变更、确认违法或无效,或者实施行政行为的行政机关工作人员因该行为被生效法律文书或监察机关政务处分确认为渎职、滥用职权的,亦属于行政行为被确认为违法的情形。

2.受害人提出赔偿请求。受害人提出赔偿请求应当递交申请书。申请书应具备以下事项:

(1)受害人的姓名、性别、年龄、工作单位和住所。请求权人是法人或其他组织的,应写明法人或其他组织的名称、住所和法定代表人或者主要负责人的姓名、职务。如果有代理人的,应写明代理人的姓名、性别、年龄、职业、住所或居所。

(2)具体的要求、事实根据和理由。赔偿请求包括赔偿的范围、方式等,如请求赔偿的金额或恢复原状的内容等,要求必须要明确、具体。事实根据是指受害人遭受损害的时间、地点、客体、范围等。理由是指损害形成的原因,如有关行政机关及其工作人员的违法行为与损害结果的因果关系等。

(3)申请的年、月、日。

(4)有关的附件。包括行政复议机关的复议决定书,法院的判决书等文件、医疗证明、证人、照片等有关证据材料或者证据线索。赔偿请求人不是受害人本人的,应当说明与受害人的关系,并提供相应证明。

赔偿请求人书写申请书确有困难的,既可以委托他人代书,也可以口头申请,由赔偿义务机关笔录。请求赔偿申请书,应由请求人和代理人签名或盖章后向赔偿义务机关提出。对于共同赔偿义务机关,受害人可以向任何一个赔偿义务机关提出,被请求的赔偿义务机关应当先予赔偿。共同赔偿义务机关先予赔偿,并不是由该赔偿义务机关承担全部赔偿责任,而免除其他赔偿义务机关的赔偿责任。共同赔偿义务机关应当共同承担行政侵权造成的损害。某一赔偿义务机关先予赔偿之后,可要求其他赔偿义务机关承担赔偿责任。受害人可以同时提出一个或者数个赔偿请求。数个赔偿请求相互之间应当具有一定的联系，同时提出，一并解决，可以综合考虑各种因素，合理解决赔偿争议。受害人也可以提出具体的赔偿数额。

赔偿请求人当面递交申请书的，赔偿义务机关应当当场出具加盖本行政机关专用印章并注明收讫日期的书面凭证。申请材料不齐全的，赔偿义务机关应当当场或者在5日内一次性告知赔偿请求人需要补正的全部内容。

3.赔偿义务机关处理赔偿请求，制作行政赔偿决定书。赔偿义务机关接到赔偿请求申请后，应当对本案事实进行调查，调查的事项包括：(1)公民、法人或者其他组织是否遭受实际损害。(2)公民、法人或其他组织所受到的损害与已确认的违法行为有无因果关系。(3)受害人自己是否具有过错。(4)是否存在第三人的过错。赔偿义务机关应当全面审查、核实相关的证据材料，可以责令赔偿请求人补充有关证据材料。在处理赔偿请求、作出赔偿决定前，赔偿义务机关应当充分听取赔偿请求人的意见，并可以与赔偿请求人就赔偿方式、赔偿项目和赔偿数额依照国家赔偿法规定进行协商。

在查明事实后，赔偿义务机关应作出赔偿与否的决定。决定赔偿的，赔偿义务机关应当制作赔偿决定书，并自作出决定之日起10日内送达赔偿请求人；决定不予赔偿的，赔偿义务机关应当自作出决定之日起10日内书面通知赔偿请求人，并说明不予赔偿的理由。

赔偿义务机关对赔偿案件处理的法定期间为2个月，即赔偿义务机关在收到赔偿请求人赔偿申请书之日起2个月内要作出是否赔偿的决定。如果赔偿义务机关在规定期限内未作出是否赔偿的决定，赔偿请求人可以自期限届满之日起3个月内，向人民法院提起诉讼；如果赔偿义务机关作出不予赔偿决定，或者虽作出赔偿决定，但赔偿请求人对赔偿的方式、项目、数额有异议的，赔偿请求人可以自赔偿义务机关作出赔偿或者不予赔偿决定之日起3个月内向人民法院提起诉讼。

（三）对行政事实行为单独提出赔偿请求的程序问题

根据行政诉讼法和行政复议法，对具体行政行为违法性的确认，可以通过行政复议与行政诉讼程序进行；对事实行为的违法性的确认，法律没有明确规定，不能通过行政复议和行政诉讼程序进行。例如，对殴打等暴力行为不能单独通过行政复议或者行政诉讼的形式予以确认。

受害人应当首先请求赔偿义务机关确认事实行为的违法性；如果赔偿义务机关拒绝，受害人可以直接请求人民法院判决确认加害行为的违法性和赔偿义务机关的赔偿责任。理由是：第一，这符合国家赔偿法的规定。加害行为的违法性是赔偿责任的构成要件之一，赔偿义务机关拒绝确认加害行为的违法性，实际上就等于拒绝赔偿。根据《国家赔偿法》规定，赔偿义务机关在受理受害人的请求之后2个月内不予赔偿的，受害人可以向人民法院起诉。第二，这符合行政诉讼法的规定。在赔偿义务机关拒绝确认事实行为违法性的情况下，人民法院直接受理受害人的赔偿请求，作出确认和赔偿判决符合行政诉讼法的规定。

三、一并提出赔偿请求的程序

（一）行政复议程序

一并提出赔偿请求的程序分为行政复议程序和行政赔偿诉讼程序。《国家赔偿法》第9条第2款规定：赔偿请求人要求赔偿应当先向赔偿义务机关提出，也可以在申请行政复议和提起行政诉讼时一并提出。

根据《行政复议法》的规定，申请人在申请行政复议时一并提出行政赔偿请求，行政复议机关对依照《国家赔偿法》的有关规定应当不予赔偿的，在作出行政复议决定时，应当同时决定驳回行政赔偿请求；对符合《国家赔偿法》的有关规定应当给予赔偿的，在决定撤销或者部分撤销、变更行政行为或者确认行政行为违法、无效时，应当同时决定被申请人依法给予赔偿；确认行政行为违法的，还可以同时责令被申请人采取补救措施。

申请人在申请行政复议时没有提出行政赔偿请求的，行政复议机关在依法决定撤销或者部分撤销、变更罚款，撤销或者部分撤销违法集资、没收财物、征收征用、摊派费用以及对财产的查封、扣押、冻结等行政行为时，应当同时责令被申请人返还财产，解除对财产的查封、扣押、冻结措施，或者赔偿相应的价款。

（二）行政赔偿诉讼程序

行政赔偿诉讼程序，是指人民法院受理和裁判行政赔偿请求的程序，是一种特殊的行政诉讼。受害人可以在提起行政诉讼时一并提出赔偿要求即提起行政赔偿诉讼，也可以在行政复议机关作出决定或者赔偿义务机关作出决定之后，向法院提起行政赔偿诉讼。根据行政诉讼法和国家赔偿法的规定，我国行政赔偿诉讼适用行政诉讼程序，属于行政诉讼中的一个特殊类别。

1.行政赔偿诉讼的起诉条件。根据《行政诉讼法》第49条和《国家赔偿法》第9条、第13条的规定，行政赔偿请求人提起行政赔偿诉讼应当具备以下条件：

（1）原告是行政侵权行为的受害人。受害的公民死亡，其继承人和其他有扶养关系的人可以提起行政赔偿诉讼，并提供该公民死亡证明、赔偿请求人与死亡公民之间的关系证明。受害的公民死亡，支付受害公民医疗费、丧葬费等合理费用的人可以依法提起行政赔偿诉讼。有权提起行政赔偿诉讼的法人或者其他组织分立、合并、终止，承受其权利的法人或者其他组织可以依法提起行政赔偿诉讼。

（2）有明确的被告。行政赔偿诉讼的被告是执行行政职权违法，侵犯公民、法人或其他组织的合法权益，并造成损害的行政机关及法律、法规授权的组织。两个以上行政机关共同实施侵权行政行为造成损害的，共同侵权行政机关为共同被告。赔偿请求人坚持对其中一个或者几个侵权机关提起行政赔偿诉讼，以被起诉的机关为被告，未被起诉的机关追加为第三人。原行政行为造成赔偿请求人损害，复议决定加重损害的，复议机关与原行政行为机关为共同被告。赔偿请求人坚持对作出原行政行为机关或者复议机关提起行政赔偿诉讼，以被起诉的机关为被告，未被起诉的机关追加为第三人。行政机关依据《行政诉讼法》第97条的规定申请人民法院强制执行其行政行为，因据以强制执行的行政行为违法而发生行政赔偿诉讼的，申请强制执行的行政机关为被告。

（3）有具体的诉讼请求和相应的事实根据。原告提起赔偿诉讼，必须有明确具体的诉讼请求，提供有关证据材料。

（4）属于人民法院受案范围及受诉人民法院管辖。行政赔偿争议必须属于国家赔偿法规定的赔偿范围，否则，人民法院不予受理。赔偿诉讼必须向有管辖权的人民法院提出。行政赔偿诉讼管辖适用行政诉讼法关于管辖的规定。

（5）原告单独提出赔偿请求的，必须经过赔偿义务机关的先行处理，这是提起行政赔偿诉讼的前提条件。

（6）在法律规定的时效内起诉。《国家赔偿法》规定，公民、法人或者其他组织应当自知道或者应当知道行政行为侵犯其合法权益之日起2年内，向赔偿义务机关申请行政赔偿。赔偿请求权人对赔偿的方式、项目、数额有异议，赔偿义务机关作出不予赔偿决定，或者赔偿义务机关在收到赔偿申请之日起2个月内未作出赔偿决定的，可以自赔偿义务机关作出赔偿或不予赔偿决定之日起或者赔偿义务机关处理期限届满后的3个月内向人民法院提起诉讼。一并请求赔偿的时效，适用行政诉讼法有关起诉期限的规定。

公民、法人或者其他组织一并提起行政赔偿诉讼，人民法院经审查认为行政诉讼不符合起诉条件的，对一并提起的行政赔偿诉讼，裁定不予立案；已经立案的，裁定驳回起诉。

2.行政赔偿诉讼的审判组织。行政赔偿诉讼的审判组织适用行政诉讼法的规定，一律实行合议制。

3.举证责任的分配。行政诉讼中被告行政机关负举证责任。对此，行政赔偿诉讼不能完全适用。根据《国家赔偿法》第15条的规定，人民法院审理行政赔偿案件，赔偿请求人和赔偿义务机关对自己提出的主张，应当提供证据。因此，行政赔偿诉讼原则上采用的是“谁主张，谁举证”的规则。但是，为了有利于保护受害人的合法权益，这一原则也有例外。行政赔偿诉讼中，原告应当对行政行为造成的损害提供证据，但因被告的原因导致原告无法举证的，由被告承担举证责任。同时，人民法院对于原告主张的生产和生活所必需物品的合理损失，应当予以支持；对于原告提出的超出生产和生活所必需的其他贵重物品、现金损失，可以结合案件相关证据予以认定。对于赔偿义务机关采取行政拘留或者限制人身自由的强制措施期间，被限制人身自由的人死亡或者丧失行为能力的，赔偿义务机关的行为与被限制人身自由的人的死亡或者丧失行为能力是否存在因果关系，赔偿义务机关应当提供证据。最高人民法院司法解释亦规定，原告主张其被限制人身自由期间受到身体伤害，被告否认相关损害事实或者损害与违法行政行为存在因果关系的，被告应当提供相应的证据证明。

4.行政赔偿诉讼的审理方式。《行政诉讼法》第60条规定：行政赔偿、补偿的案件可以适用调解。这是行政赔偿诉讼与行政诉讼在审理方式上的区别。行政赔偿诉讼适用调解，就是人民法院可以在双方当事人之间作协商、调和工作，促使双方相互谅解，以达成赔偿协议。

受害人和赔偿义务机关达成协议，应当制作行政赔偿调解书。行政赔偿调解书应当写明赔偿请求、案件事实和调解结果，应由审判人员、书记员署名，加盖人民法院印章，送达双方当事人，调解书以双方当事人签收后，即具有法律效力。

5.行政赔偿诉讼中的先予执行。先予执行是指在特定的给付案件中，人民法院在作出判决之前，因原告生活困难，裁定义务人先行给付一定款项或特定物，并立即交付执行的措施。在行政赔偿诉讼中，有可能出现因行政机关违法侵权造成损害，致使受害人无法维持生活的情况，适用先予执行，能够及时地保障当事人的合法权益。

6.行政赔偿诉讼裁判的执行。我国行政赔偿诉讼的执行适用《行政诉讼法》第96条规定，对赔偿义务机关采取特殊的执行措施，包括划拨罚款、公告、司法建议、拘留和追究刑事责任。

四、行政追偿的概念和条件

（一）行政追偿的概念和条件

行政追偿，是指国家在向行政赔偿请求人支付赔偿费用之后，依法责令具有故意或重大过失的工作人员、受委托的组织或者个人承担部分或全部赔偿费用的法律制度。赔偿义务机关代表国家对行政机关工作人员行使行政追偿权必须具备一定的条件。《国家赔偿法》第16条规定：赔偿义务机关赔偿损失后，应当责令有故意或重大过失的工作人员或者受委托的组织或者个人承担部分或者全部赔偿费用。根据上述规定，赔偿义务机关行使行政追偿权，应具备下列条件：

1.行政赔偿义务机关已经履行了赔偿责任。

2.行政机关工作人员具有故意或者重大过失。行政机关工作人员对侵权行为的发生具有故意或者重大过失，这是国家行使行政追偿权的主观要件。所谓故意，是指工作人员在实施侵权行为时，主观上能认识到自己的行为违法并可能造成公民合法权益的损害，希望或放任侵害结果的发生的一种心理状态。所谓重大过失，是指行政机关工作人员没有达到其职务上的一般要求，未能预见和避免一般情况下能够预见或避免的侵害后果。也就是说，没有达到对公务员的一般业务要求。

把行政追偿限制在故意或重大过失的范围内，一方面，有利于保护行政机关工作人员的积极性和创造性；另一方面，也有利于抑制任意或者不负责任行使职权的问题。如果不问行政机关工作人员有无过错或过错大小，一律予以追偿，则势必会损伤行政机关工作人员执行职务的积极性和主动性，最终损害公共利益。

（二）行政追偿程序

行政追偿程序，是指赔偿义务机关处理追偿事务、作出追偿决定的程序。关于行政追偿程序，国家赔偿法没有规定。

1.行政追偿的主体。行政追偿的主体是行使追偿权的赔偿义务机关和作为被追偿人的工作人员。

（1）追偿人。赔偿义务机关代表国家具体行使追偿权，是追偿人。在办理追偿事务过程中，赔偿义务机关有权向被追偿人、有关的单位和个人调查收集证据，有权裁量追偿金额的大小，并且单方面作出追偿决定。赔偿义务机关在办理追偿事务过程中，应当充分考虑追偿的目的，准确认定工作人员的过错，合理确定追偿金额。

根据国家赔偿法的规定，作为追偿人的赔偿义务机关具体有：①行政机关工作人员违法行使职权侵犯公民、法人或其他组织的合法权益造成损害引起行政赔偿的，该工作人员所在的行政机关为追偿人；②法律、法规授权组织的工作人员违法行使行政职权，发生行政赔偿的，该组织是追偿人；③受行政机关委托的组织或者个人违法行使委托的行政职权发生行政赔偿的，委托的行政机关是追偿人；④赔偿义务机关只能向自己所属的工作人员行使追偿权。赔偿义务机关为共同赔偿义务机关的，应当根据自己承担的赔偿金额，分别向自己所属的工作人员追偿。

（2）被追偿人。被追偿人，是指在实施侵权行为过程中具有故意或重大过失的行政机关工作人员或法律、法规授权的组织和个人，或者受行政机关委托的组织和个人。

具体来说，包括：①在执行职务中有故意或重大过失的行政人员。②行使职权时有故意或重大过失的受委托的组织或个人。③同一个行政机关两个以上的工作人员共同实施侵权行为的，为共同被追偿人，应当相互承担连带责任，但赔偿义务机关在作出追偿决定时，应当根据各自过错的大小，确定具体的追偿金额。④不同的行政机关的两个以上的工作人员共同实施侵权行为的，不能作为共同的追偿对象，赔偿义务机关应当根据自己分担的赔偿金额，分别向自己所属的工作人员追偿。

2.行政追偿的步骤。赔偿义务机关办理追偿事务应当经历如下步骤：查明被追偿人的过错；听取被追偿人的意见和申辩；决定追偿的金额；执行追偿决定。被追偿人不服追偿决定的，可以依法向上级行政机关或者监察、人事行政机关申诉。

【本章主要法律规定】

1.《国家赔偿法》第6～16条
2.最高人民法院《关于审理行政赔偿案件若干问题的规定》

第二十二章 司法赔偿

本章主要内容提示

刑事拘留、逮捕和刑事裁判赔偿的归责要求不同。对刑事裁判要求再审改判无罪，且原判刑罚已经执行；对刑事拘留采用违法原则，即违法采取刑事拘留措施或超期拘留，后终止追究刑事责任；而对逮捕则实行结果归责，只要公民被逮捕后刑事司法机关终止追究刑事责任的，公民即可要求国家赔偿，无论之前的逮捕是否合法。

第一节 司法赔偿概述

一、司法赔偿的概念和特征

(一) 司法赔偿的概念

司法赔偿，是指司法机关及其工作人员在行使侦查权、检察权、审判权和看守所、监狱管理职权时违法给无辜的公民、法人或者其他组织的生命、健康、自由和财产造成损害的，国家应当承担的赔偿责任。对于这一概念，可以作如下解释：

首先，司法赔偿是一种国家赔偿责任，而不是普通的民事赔偿。尽管是司法机关及其工作人员的违法侵权行为造成了公民、法人或者其他组织的赔偿，但不是由司法机关或者司法机关的工作人员对此承担责任，而是由国家承担赔偿责任。这种责任不同于自然人、法人之间的普通民事责任，是一种特殊的国家责任，在很多方面与民事责任有本质的区别。

其次，司法赔偿是国家对司法机关及其工作人员的行为承担的赔偿责任，而不是对其他国家机关及其工作人员承担的赔偿责任。在我国，司法机关，是指行使刑事侦查权、检察权、民事、行政、刑事审判权以及监狱管理职权的各级公安机关、检察机关、审判机关及看守所、监狱等机关。司法机关行使的是司法权，有别于立法权和行政权。只有司法机关及其工作人员行使司法权时给公民、法人或者其他组织造成的损害，国家才承担司法赔偿责任。

再次，司法赔偿是国家对于司法机关及其工作人员行使职权的行为承担的责任，对于司法机关或者司法工作人员实施非职务行为或者个人行为造成的损害，国家不承担司法赔偿责任。司法机关和司法工作人员都具有双重身份，当他以公权力主体的身份实施某种行为给无辜公民、法人或其他组织造成不应有的损失时，国家必须给予赔偿。当他们以民事主体的身份实施某种行为给其他公民、法人或者其他组织造成损害时，不引发司法赔偿责任，国家不承担此种赔偿责任。

最后，司法赔偿是国家对于司法机关及其工作人员违法行使职权的行为所承担的责任，对于司法机关或者司法人员依法行使职权的行为所导致的公民、法人或者其他组织的损害，国家不承担司法赔偿责任。只有司法机关及其工作人员违法执行职务并因此造成公民、法人或者其他组织的合法权益损害的行为，才会产生司法赔偿责任。

需要指出的是，司法赔偿这一概念是法学术语，而非国家赔偿法上的法律术语。我国的《国家赔偿法》第二章、第三章及第五章第38条分别规定了行政赔偿、刑事赔偿以及民事诉讼、行政诉讼中的国家赔偿，没有明确使用“司法赔偿”这一术语，“司法赔偿”是学者对刑事赔偿、民事诉讼、行政诉讼中的国家赔偿的理论概括。

(二)司法赔偿的特征

司法赔偿的特征表现在以下四个方面：

第一，司法赔偿的侵权行为主体是司法机关及其工作人员。司法赔偿本质上是对因司法权违法行使造成的损害的赔偿，而司法权是由司法机关及其工作人员来行使的，因此侵权主体是司法机关及其工作人员。根据《国家赔偿法》的相关规定，司法机关及其工作人员主要包括：(1)行使刑事侦查权的公安机关、国家安全机关、军队保卫部门及其工作人员；(2)行使检察权(仅限于刑事检察权)的人民检察院及其工作人员；(3)行使审判权的人民法院(包括专门人民法院，如军事法院)及其工作人员；(4)看守所及其工作人员；(5)行使监狱管理职权的机关及其工作人员。此为司法赔偿的形式特征。

第二，司法赔偿的原因是司法机关及其工作人员在司法活动中违法行使司法权或出现特定情况时侵害了公民、法人或者其他组织的合法权益。在我国，公安机关具有治安行政管理与刑事侦查两种职能，分别体现为行政权行使主体与司法权行使主体，其在履行治安管理过程中违法侵害他人合法权益的，产生行政赔偿责任；在履行刑事侦查职能时违法侵害他人合法权益的，产生司法赔偿责任。

第三，司法赔偿范围法定。原国家赔偿法对刑事赔偿范围限定严格，只对无罪被羁押者以及错误判处死刑并已执行的人给予赔偿。经修订的国家赔偿法拓宽了刑事赔偿的范围，除仍规定再审改判无罪且原判刑罚已经执行的，方能给予赔偿外，对刑事拘留和逮捕不再实行无罪羁押要求，而分别实行违法归责和结果归责制度。在民事诉讼、行政诉讼中，国家只对人民法院违法采取妨害诉讼的强制措施、保全措施、先予执行措施和对判决、裁定以及其他生效法律文书执行措施等造成的损害给予赔偿，对因错误判决造成的损害以及其他诉讼行为造成的损害则不予赔偿。

第四，司法赔偿以独特的非讼程序进行。该程序分为侵权机关及侵权行为人所在机关自我确认行为违法并赔偿的程序；上级机关对赔偿复议的程序；人民法院赔偿委员会对赔偿的决定程序。

二、司法赔偿的归责原则

司法赔偿的归责原则所关注的是以何标准和依据来确定国家对司法侵权行为所承担的赔偿责任。

从各个国家或地区关于司法赔偿的归责原则的规定，可得出如下结论：(1)大多数国家对司法赔偿采无过错责任为归责原则；(2)因法官的行为导致司法赔偿责任的，则以过错责任原则为归责标准。

综上所述，修订后的《国家赔偿法》改变了原《国家赔偿法》把违法归责原则作为我国国家赔偿唯一归责原则的制度安排，而实行多元的归责原则。修订后的《国家赔偿法》规定，“对公民采取逮捕措施后，决定撤销案件、不起诉或者判决宣告无罪终止追究刑事责任的”，国家应承担赔偿责任。此规定事实上采用的是结果归责原则。

第二节　司法赔偿范围

一、司法赔偿范围概述

司法赔偿范围，是指司法机关及其工作人员在行使职权时侵犯公民、法人和其他组织合法权益并造成损害的，国家承担赔偿责任的范围。

司法赔偿范围针对的问题是国家对什么样的司法侵权行为造成的哪些损害承担赔偿责任，包括侵权行为的范围和损害的范围两个方面。从法律规定来看，司法赔偿范围包括积极事项与消极事项。积极事项，是指国家依法应当承担司法赔偿责任的事项，而消极事项则是指国家依法不承担赔偿责任的事项。这些规定主要体现在《国家赔偿法》第17～19条之中，2015年12月28日最高人民法院、最高人民检察院发布的《关于办理刑事赔偿案件适用法律若干问题的解释》和2016年2月15日最高人民法院通过的《关于审理民事、行政诉讼中司法赔偿案件适用法律若干问题的解释》，对相关规定作出了解释。

二、刑事司法赔偿的范围

（一）侵犯人身权的刑事赔偿

《国家赔偿法》第17条规定：行使侦查、检察、审判职权的机关以及看守所、监狱管理机关及其工作人员在行使职权时有下列侵犯人身权情形之一的，受害人有取得赔偿的权利：（1）违反刑事诉讼法的规定对公民采取拘留措施的，或者依照刑事诉讼法规定的条件和程序对公民采取拘留措施，但是拘留时间超过刑事诉讼法规定的时限，其后决定撤销案件、不起诉或者判决宣告无罪终止追究刑事责任的；（2）对公民采取逮捕措施后，决定撤销案件、不起诉或者判决宣告无罪终止追究刑事责任的；（3）依照审判监督程序再审改判无罪，原判刑罚已经执行的；（4）刑讯逼供或者以殴打、虐待等行为或者唆使、放纵他人以殴打、虐待等行为造成公民身体伤害或者死亡的；（5）违法使用武器、警械造成公民身体伤害或者死亡的。根据本条规定，我国刑事赔偿范围中侵犯人身权的赔偿限于侵犯公民人身自由权和生命健康权。具体包括：

1.违法拘留。刑事拘留是刑事诉讼强制措施之一，是指行使侦查权的机关在侦查过程中，遇到紧急情况时，对现行犯或重大犯罪嫌疑分子采取的临时限制其人身自由的一种强制方法。司法机关违法采取刑事拘留的形式是多种多样的，包括拘留的对象错误、超过法定拘留期限等。《国家赔偿法》第17条第1项规定："违反刑事诉讼法的规定对公民采取拘留措施的，或者依照刑事诉讼法规定的条件和程序对公民采取拘留措施，但是拘留时间超过刑事诉讼法规定的时限，其后决定撤销案件、不起诉或者判决宣告无罪终止追究刑事责任的"，国家应给予赔偿。根据此规定及《关于办理刑事赔偿案件适用法律若干问题的解释》的规定，应给予赔偿的违法拘留包括两种情形：

一是违法采取刑事拘留措施。行使侦查权的机关违反刑事诉讼法规定的关于采取刑事拘留的条件、程序实施的拘留，受害人有取得赔偿的权利。《关于办理刑事赔偿案件适用法律若干问题的解释》第5条规定："对公民采取刑事拘留措施后终止追究刑事责任，具有下列情形之一的，属于《国家赔偿法》第十七条第一项规定的违法刑事拘留：（一）违反刑事诉讼法规定的条件采取拘留措施的；（二）违反刑事诉讼法规定的程序采取拘留措施的；（三）依照刑事诉讼法规定的条件和程序对公民采取拘留措施，但是拘留时间超过刑事诉讼法规定的时限。违法刑事拘留的人身自由赔偿金自拘留之日起计算。"

二是合法采取刑事拘留措施后终止追究刑事责任。行使侦查权的机关采取刑事拘留本身合法，但拘留超过法定期限，且其后决定撤销案件、不起诉或者判决宣告无罪终止追究刑事责任，受害人有取得赔偿的权利。

同时，基于实践中对"终止追究刑事责任"认识不一和案件久拖未决的情形，《关于办理刑事赔偿案件适用法律若干问题的解释》明确了“终止追究刑事责任”的情形。第2条规定：“解除、撤销拘留或者逮捕措施后虽尚未撤销案件、作出不起诉决定或者判决宣告无罪，但是符合下列情形之一的，属于《国家赔偿法》第十七条第一项、第二项规定的终止追究刑事责任：(一)办案机关决定对犯罪嫌疑人终止侦查的；(二)解除、撤销取保候审、监视居住、拘留、逮捕措施后，办案机关超过一年未移送起诉、作出不起诉决定或者撤销案件的；(三)取保候审、监视居住法定期限届满后，办案机关超过一年未移送起诉、作出不起诉决定或者撤销案件的；(四)人民检察院撤回起诉超过三十日未作出不起诉决定的；(五)人民法院决定按撤诉处理后超过三十日，人民检察院未作出不起诉决定的；(六)人民法院准许刑事自诉案件自诉人撤诉的，或者人民法院决定对刑事自诉案件按撤诉处理的。赔偿义务机关有证据证明尚未终止追究刑事责任，且经人民法院赔偿委员会审查属实的，应当决定驳回赔偿请求人的赔偿申请。”

2.逮捕后终止追究刑事责任。逮捕，是指司法机关对犯罪嫌疑人、被告人实行羁押、看管，暂时限制其人身自由的一种强制措施。现行《国家赔偿法》第17条第2项规定：“对公民采取逮捕措施后，决定撤销案件、不起诉或者判决宣告无罪终止追究刑事责任的。”根据此规定，只要公民被逮捕后刑事司法机关终止追究刑事责任的，公民即可要求国家赔偿，无论之前的逮捕是否合法。因此，对因逮捕被羁押的人赔偿实行的“结果归责制度”，扩大了赔偿的范围。《关于办理刑事赔偿案件适用法律若干问题的解释》第2条所规定的“终止追究刑事责任”的情形，同样适用于逮捕后终止追究刑事责任。

3.无罪错判、原判刑罚已经执行的。具体来说，国家承担赔偿责任的无罪错判必须同时具备以下三个条件：

(1)人民法院对无罪的公民判处刑罚。所谓无罪，包括公民没有实施犯罪行为或者没有充分确凿的证据证明公民实施了犯罪行为两种情形。公民确实没有实施犯罪行为的，人民法院的有罪判决当然构成错误判决；公民具有实施犯罪行为的重大嫌疑，但是没有确凿充分的证据证明公民实施了犯罪行为的，根据无罪推定的原则，公民应当被视为无罪，人民法院的有罪判决仍然构成错误判决。根据上述分析，如果被告人的行为已经构成犯罪，人民法院在法定的量刑幅度内作出不适当的判决，或者超出法定刑幅度量刑，经改判处以比较轻的刑罚，不构成国家赔偿法上的错判。免予刑事处罚的有罪判决经再审被撤销，公民被宣告无罪，也不构成国家赔偿法上的错判。不过，根据《关于办理刑事赔偿案件适用法律若干问题的解释》第6条规定：“数罪并罚的案件经再审改判部分罪名不成立，监禁期限超出再审判决确定的刑期，公民对超期监禁申请国家赔偿的，应当决定予以赔偿。”这意味着数罪并罚案件中，尽管被超期监禁的公民并非完全无罪，但由于其中的部分罪名已经不成立，针对这类具体个罪而言的超期羁押行为构成无罪羁押，应当予以赔偿。

(2)原判刑罚已经执行。“刑罚已经执行”包括刑罚已经全部执行和部分执行两种情况。被无罪错判的人如果已经全部执行判决刑罚，国家应对全部错判刑罚承担赔偿责任；如果在执行过程中经审判监督程序再审宣告无罪释放的，国家则应对已执行部分的错判刑罚承担赔偿责任。在自由刑执行期间，被告人被依法减刑或者假释的，对于被减刑或者假释部分的错判刑罚，国家不负赔偿责任。在刑罚执行中保外就医的，人身自由虽受限制但实际上未被羁押，此期间国家不负赔偿责任，参见最高人民法院《关于在刑罚执行中保外就医期间是否属国家赔偿范围的批复》(1998年3月11日)。缓刑判决经再审程序撤销公民被宣告无罪的，亦不发生国家赔偿责任。在这种情况下，法院虽然判处被告人刑罚，但缓刑不是刑罚的执行，而是附条件地不执行，不发生国家赔偿法上要求的侵犯人身自由权或者生命健康权的损害事实。根据最高人民法院《关于人民法院执行〈中华人民共和国国家赔偿法〉几个问题的解释》第4条的规定，人民法院判处管制、有期徒刑缓刑、剥夺政治权利等刑罚被依法改判无罪的，国家也不承担赔偿责任。但是，赔偿请求人在判决生效前被羁押的，依法有权取得赔偿。

（3）原判决经审判监督程序撤销并且被告人被宣告无罪。审判监督程序是人民法院对已经发生法律效力的判决、裁定，发现在认定事实或者适用法律上确有错误，依法进行重新审理的一种特殊的诉讼程序。“依照审判监督程序再审改判无罪”，是指经过再审确认被告人没有违法行为或者违法行为不构成犯罪而撤销原来有罪的判决。也就是说，改判必须是依据审判监督程序作出的，而且必须是改判无罪。

在此需要注意以下问题：

（1）被告人的行为不构成犯罪，但是构成民事违法行为或者行政违法行为，人民法院的有罪判决是否构成错误判决？国家是否承担赔偿责任？对此，一种观点认为，由于被告人实施了违法行为，存在过错，国家对此不承担赔偿责任，有罪判决虽然被撤销，仍然不构成错误判决。另一种观点认为，国家赔偿法规定的“没有犯罪事实”，限于公民没有实施犯罪行为，不包括民事违法行为和行政违法行为。公民虽然具有过错，但这种过错是民法上的过错和行政法上的过错，而不是刑法上的过错，不能相互混淆。而且，对没有实施犯罪行为的公民宣判有罪，不是公民的过错，而是国家的过错，国家应当承担赔偿责任。通说支持后一种观点。

（2）法院在一审生效判决中宣告被告人无罪，对判决前的羁押，存在错误拘留和错误逮捕两种情形。这两种情况都是无端侵害公民人身权的行为，国家应负赔偿责任。一审判决被告人有罪，在二审程序中被改判无罪的，因刑罚尚未执行，不存在因刑罚执行造成的损害，但一审的有罪判决延长了对被告人的羁押时间，对此，损害国家也应当承担赔偿责任。

（3）对有罪公民不应当判处死刑而判处死刑且已执行的，国家承担赔偿责任。这种判决虽然是轻罪重判，但与一般的轻罪重判具有质的不同。一般的轻罪重判仅仅涉及公民的人身自由权，而这种轻罪重判侵犯的是公民的生命健康权，公民权利的种类和性质发生了质的变化。这种轻罪重判不是一般的不适当，已经构成违法，国家应当承担赔偿责任。

4.刑讯逼供、殴打和虐待等暴力行为。刑讯逼供、殴打和虐待等行为或者唆使、放纵他人以殴打、虐待等行为等均属于暴力侵权的范畴。司法机关及其工作人员在执行职务过程中对犯罪嫌疑人或被告人进行刑讯逼供或者以殴打、虐待等行为或者唆使、放纵他人以殴打、虐待等行为造成公民身体伤害或者死亡的，可能产生工作人员自己的刑事责任，但是这并不妨碍国家承担赔偿责任。工作人员的刑事责任是工作人员因其犯罪行为对国家承担的惩罚性的法律责任，而刑事赔偿是国家因其侵权行为而对公民承担的补救性的法律责任，两者之间因主体和性质不同，不能发生折抵关系。在确认暴力侵权行为时，应当注意的问题是：

（1）实施这种暴力侵权行为的主体不限于司法机关的工作人员。受司法机关及其工作人员唆使或放纵的人员实施了此类暴力行为，国家也承担赔偿责任。

（2）这种暴力侵权行为必须发生在执行职务的活动过程中，且与职权行使有密切的联系。刑讯逼供及其他暴力行为不是行使职权行为，因为法律不可能赋予司法机关这种权力。但是，此类行为是发生在国家司法工作人员行使职权的过程中，与行使职权有关，或者以公务为目的或者利用了行使职权的便利条件，因此仍然构成公务行为。国家赔偿法规定对此类侵害行为承担赔偿责任。如果暴力侵害行为发生在司法人员执行职务过程之外，则系个人行为，国家不负赔偿责任。

（3）此类暴力行为一般表现方式为刑讯逼供、殴打或者虐待等，而且必须造成了公民身体伤害或者死亡的后果。刑讯逼供，是指司法人员在办理刑事案件过程中，对犯罪嫌疑人或被告人使用肉刑或者变相使用肉刑逼取口供的行为。根据国家赔偿法的规定，只有在造成公民身体伤害或者死亡的情况下，国家才承担赔偿责任。

《司法行政机关行政赔偿、刑事赔偿办法》第5条的相关规定，可供我们具体认定此类行为：刑讯逼供或者体罚、虐待服刑人员，造成身体伤害或死亡的；殴打或者唆使、纵容他人殴打服刑人员，造成严重后果的；侮辱服刑人员造成严重后果的；其他违法行为造成服刑人员身体伤害或者死亡的。其他司法机关工作人员若有上述行为，造成犯罪嫌疑人或被告人身体伤害或者死亡的，国家应当承担赔偿责任。

5.违法使用武器、警械。司法机关及其工作人员违法使用武器、警械造成公民身体伤害或者死亡的，受害人有取得赔偿的权利。国务院1996年1月颁布的《人民警察使用警械和武器条例》第8条至第11条对人民警察使用警械、武器作了严格规定。

该条例第10条规定，人民警察遇有下列情形之一的，不得使用武器：

（1）发现实施犯罪的人为怀孕妇女、儿童的，但是使用枪支、爆炸、剧毒等危险物品实施暴力犯罪的除外；

（2）犯罪分子处于群众聚集的场所或者存放大量易燃、易爆、剧毒、放射性等危险物品的场所的，但是不使用武器予以制止，将会发生更为严重危害后果的除外。

该条例第11条规定：人民警察遇有下列情形之一的，应当立即停止使用武器：

（1）犯罪分子停止实施犯罪，服从人民警察命令的；

（2）犯罪分子失去继续实施犯罪能力的。

此外，《监狱法》第45条、第46条对监狱管理过程中使用武器和警械的条件和程序也作了明确规定。

上述规定，既赋予了人民警察使用武器和警械的权力，同时也对人民警察使用武器和警械作了限制。人民警察在执行职务中如果违法使用武器和警械使公民受到伤害的，国家应承担赔偿责任。司法人员在执行职务中因正当防卫使用武器、警械造成他人伤亡的，国家不予赔偿。正当防卫明显超过必要限度造成重大损害的，国家应予赔偿。

（二）侵犯财产权的刑事赔偿

《国家赔偿法》第18条规定：行使侦查、检察、审判职权的机关以及看守所、监狱管理机关及其工作人员在行使职权时有下列侵犯财产权情形之一的，受害人有取得赔偿的权利：（1）违法对财产采取查封、扣押、冻结、追缴等措施的；（2）依照审判监督程序再审改判无罪，原判罚金、没收财产已经执行的。根据本条规定，国家承担刑事赔偿责任的情况包括如下两种：

1.违法对财产采取查封、扣押、冻结、追缴等措施。

（1）查封。在刑事诉讼中，查封是指司法机关将可以用作证据或与案件有关不便提取的财物、文件予以就地封存的一种措施。《刑事诉讼法》第102条规定：人民法院在必要的时候，可以采取保全措施，查封、扣押或者冻结被告人的财产。附带民事诉讼原告人或者人民检察院可以申请人民法院采取保全措施。第141条第1款规定：在侦查活动中发现的可用以证明犯罪嫌疑人有罪或者无罪的各种财物、文件，应当查封、扣押……因此，刑事诉讼法赋予了侦查机关查封的权力，其要求与扣押相同。

（2）扣押。在刑事诉讼法中，扣押是司法机关及其工作人员对发现能够证明犯罪嫌疑人有罪或者无罪的物品、文件依法强制扣留的一种刑事强制性措施，以及法院在附带民事诉讼中对财产予扣留的保全措施。

扣押直接关系公民的合法权益，必须严格依照法定程序进行。在侦查阶段，扣押只能由两名以上的侦查人员进行，其他任何人无权行使这种权力。扣押经常与勘验和搜查同步进行。在实施这些侦查行为时，如果发现与案件有关的物品、文件需要扣押，凭勘验证、搜查证即可扣押。单独实行扣押时，须经县以上公安机关、国家安全机关、人民检察院的负责人批准。侦查人员进行扣押，必须持本机关的介绍信和本人的工作证，并向被扣押人出示或者宣读。根据《刑事诉讼法》第141条的规定，扣押的范围是可以证明犯罪嫌疑人有罪或者无罪的各种财物和文件。也就是说，对可以证明犯罪嫌疑人有罪和罪重的财物、文件应当扣押，对可以证明犯罪嫌疑人无罪和罪轻的财物、文件也应当扣押。但是，对明显与案件无关的财物、文件则不能扣押。如果已经扣押，应当尽快返还。对与案件有无关系不易分清或者认为可扣押可不扣押的财物、文件，应当先行扣押，待查清后再作出处理。如果发现违禁物品，虽然与本案无关，也应当扣押，并交有关部门处理。第142条规定，对扣押的财物、文件，应当会同在场见证人和被扣押财物、文件持有人查点清楚，当场开列清单一式两份，由侦查人员、见证人和持有人签名或者盖章，一份交给持有人，另一份附卷备查。

根据《刑事诉讼法》第143条的规定，侦查人员认为需要扣押犯罪嫌疑人的邮件、电报的时候，经公安机关或人民检察院批准，即通知邮电机关将有关的邮件、电报检交扣押。对邮件、电报的扣押有其特殊性，故法律另作专门规定。其特殊性表现在：扣押邮件、电报直接涉及限制公民的通信自由，必须严格控制；侦查机关必须与邮电机关共同实施，并取得邮电机关的密切配合。根据《刑事诉讼法》第145条和有关法律、法规的规定，应当做到：①正确掌握扣押犯罪嫌疑人邮件、电报的范围；②扣押犯罪嫌疑人邮件、电报应当先经公安机关、人民检察院负责人批准，然后通知邮电机关依照上述规定检交扣押；③对扣押的邮件、电报应当迅速审查，经查明确实与案件无关的，应当在3日以内将扣押的邮件、电报退还原主或原邮电机关。

（3）冻结，是指司法机关在案件的侦查和审理中发现被告人的存款、汇款与案件有直接关系时，要求有关单位对其存款、汇款停止支付或者转移的一种措施。对犯罪嫌疑人的财产，司法机关可以采取查询、冻结措施。对此，《刑事诉讼法》第144条规定：人民检察院、公安机关根据侦查犯罪的需要，可以依照规定查询、冻结犯罪嫌疑人的存款、汇款、债券、股票、基金份额等财产。有关单位和个人应当配合。犯罪嫌疑人的存款、汇款、债券、股票、基金份额等财产已被冻结的，不得重复冻结。第145条规定，对于已冻结的存款、汇款、债券、股票、基金份额等财产，经查明确实与案件无关的，应当在3日以内解除查封、扣押、冻结，予以退还。

（4）追缴。刑法在“量刑”一节中规定了追缴，该法第64条规定：犯罪分子违法所得的一切财物，应当予以追缴或者责令退赔。《刑事诉讼法》第298条第1款规定，对于贪污贿赂犯罪、恐怖活动犯罪等重大犯罪案件，犯罪嫌疑人、被告人逃匿，在通缉一年后不能到案，或者犯罪嫌疑人、被告人死亡，依照刑法规定应当追缴其违法所得及其他涉案财产的，人民检察院可以向人民法院提出没收违法所得的申请。司法机关采取上述措施，必须依法享有该项职权。超越职权范围、无权限以及违反法律规定的条件采取的上述措施，给公民、法人或者其他组织合法权益造成损害的，国家必须赔偿。

2.再审无罪，原判罚金、没收财产已经执行。罚金，是指人民法院判处犯罪人向国家缴纳一定数额金钱的刑罚，没收财产是指将犯罪分子个人所有财产的一部或者全部强制无偿地收归国有的刑罚。

罚金和没收财产产生国家赔偿责任的条件是：第一，判处罚金或者没收财产的判决必须生效，而且已经执行。判决没有生效，受害人可以通过上诉的途径申请纠正。判决生效但没有执行的，没有发生国家赔偿法规定的财产损害事实，不产生国家赔偿责任。第二，生效判决经审判监督程序撤销，受害人被宣告无罪。刑事赔偿以公民无罪为前提。如果依照审判监督程序再审改判被告人无罪，说明原判处的罚金或者没收财产错误，如果已经执行，国家当然应予返还，如果因被判处罚金或者没收财产造成受害人财产损失的，亦应由国家承担赔偿责任。如果经审判监督程序，公民仍然被确认有罪，即使原判决被变更，国家仍然不承担赔偿责任。

根据《关于办理刑事赔偿案件适用法律若干问题的解释》第3条的规定，对财产采取查封、扣押、冻结、追缴等措施后，有下列情形之一，且办案机关未依法解除查封、扣押、冻结等措施或者返还财产的，属于《国家赔偿法》第18条规定的侵犯财产权：（1）赔偿请求人有证据证明财产与尚未终结的刑事案件无关，经审查属实的；（2）终止侦查、撤销案件、不起诉、判决宣告无罪终止追究刑事责任的；（3）采取取保候审、监视居住、拘留或者逮捕措施，在解除、撤销强制措施或者强制措施法定期限届满后超过1年未移送起诉、作出不起诉决定或者撤销案件的；（4）未采取取保候审、监视居住、拘留或者逮捕措施，立案后超过2年未移送起诉、作出不起诉决定或者撤销案件的；（5）人民检察院撤回起诉超过30日未作出不起诉决定的；（6）人民法院决定按撤诉处理后超过30日，人民检察院未作出不起诉决定的；（7）对生效裁决没有处理的财产或者对该财产违法进行其他处理的。其中，有第3项至第6项规定情形之一，赔偿义务机关有证据证明尚未终止追究刑事责任，且经人民法院赔偿委员会审查属实的，应当决定驳回赔偿请求人的赔偿申请。

三、民事、行政司法赔偿范围

《国家赔偿法》第38条规定：人民法院在民事诉讼、行政诉讼过程中，违法采取对妨害诉讼的强制措施、保全措施或者对判决、裁定及其他生效法律文书执行错误，造成损害的，赔偿请求人要求赔偿的程序，适用本法刑事赔偿程序的规定。根据本条规定，在民事诉讼、行政诉讼中，对违法采取排除妨害诉讼的强制措施、违法采取保全措施和执行错误的，国家承担赔偿责任。基于此，最高人民法院制定了相关司法解释，即《关于审理民事、行政诉讼中司法赔偿案件适用法律若干问题的解释》，对包括民事、行政司法赔偿范围在内的相关事项作出了规定。

（一）违法采取排除妨害诉讼强制措施的司法赔偿

排除妨害诉讼的强制措施是指人民法院在审理案件过程中，为了保证审判和执行的顺利进行，依法采取的排除妨害诉讼秩序行为的强制措施。

排除妨害诉讼的强制措施的采取以存在妨害诉讼的行为为前提。关于妨害诉讼的行为，包括违反法庭秩序、扰乱或者阻碍审判和执行、拒不履行协助义务等情况。对此，民事诉讼法的规定比较全面和典型。

人民法院在民事诉讼中可以采取的排除妨害诉讼的强制措施包括拘传、训诫、责令退出法庭、罚款和拘留；在行政诉讼中，排除妨害诉讼的强制措施包括训诫、责令具结悔过、罚款和拘留。民事诉讼法和行政诉讼法在规定上述强制措施的同时，一并规定了上述措施的适用范围和程序。人民法院违法采取上述强制措施造成损害的，受害人是否都享有取得国家赔偿的权利？对此，最高人民法院《关于人民法院执行〈中华人民共和国国家赔偿法〉几个问题的解释》第2条仅规定了人民法院错误实施司法拘留、罚款的，由国家承担赔偿责任。对其他的违法采取的强制措施，即训诫、责令退出法庭和责令具结悔过等应否赔偿，没有规定。

必须指出，《刑事诉讼法》也规定了排除妨害诉讼的强制措施。该法第199条规定：在法庭审判过程中，如果诉讼参与人或者旁听人员违反法庭秩序，审判长应当警告制止。对不听制止的，可以强行带出法庭；情节严重的，处以1000元以下的罚款或者15日以下的拘留。罚款、拘留必须经院长批准。被处罚人对罚款、拘留的决定不服的，可以向上一级人民法院申请复议。复议期间不停止执行。对聚众哄闹、冲击法庭或者侮辱、诽谤、威胁、殴打司法工作人员或者诉讼参与人，严重扰乱法庭秩序，构成犯罪的，依法追究刑事责任。根据本条规定，对妨害刑事诉讼的行为，人民法院可以采取警告、强行带出法庭、罚款、拘留四种措施。这些排除妨害诉讼的强制措施也可能造成国家赔偿法所规定的人身权和财产权损害，而与民事诉讼、行政诉讼中的排除妨害诉讼的强制措施并没有实质性的区别。因此，我们认为，人民法院在刑事诉讼过程中采取上述强制措施侵害公民、法人或者其他组织合法权益的，应当参照适用国家赔偿法有关民事诉讼、行政诉讼司法赔偿的一般规定，由国家承担赔偿责任。

1.违法罚款。罚款是强制妨害诉讼的行为人在规定的期限内交纳一定数额金钱的排除妨害诉讼的惩罚措施。采取罚款措施，应当作出决定书，并且必须经法院院长批准。被处罚人对罚款决定不服的，可以向上一级法院申请复议一次，复议期间不停止决定的执行。在民事诉讼中，对个人的罚款数额为人民币1000元以下，对单位的罚款数额为1000元以上3万元以下。在行政诉讼中，罚款的数额为1万元以下。在刑事诉讼中，罚款的数额在1000元以下。人民法院不应当采取罚款措施而采取的或者超过法定的幅度罚款的，即构成违法罚款，国家应当承担赔偿责任。

2.违法拘留。拘留是人民法院对妨害诉讼的违法行为人，在一定期限内限制其人身自由的一种强制措施。拘留是最严厉的排除妨害诉讼的措施，适用于妨害诉讼情节严重的违法行为人。《民事诉讼法》第113条、第114条，《行政诉讼法》第59条都规定了可以采取拘留措施的各种行为。拘留必须经院长批准，并制作决定书，拘留的期限最长为15日。被处罚人对拘留决定不服的，可以向上一级法院申请复议一次，复议期间不停止决定的执行。人民法院不应当采取拘留措施而采取或者超过法定期限采取拘留措施的，构成违法拘留，国家应当予以赔偿。

最高人民法院《关于审理民事、行政诉讼中司法赔偿案件适用法律若干问题的解释》第2条规定："违法采取对妨害诉讼的强制措施，包括以下情形：(一)对没有实施妨害诉讼行为的人采取罚款或者拘留措施的；(二)超过法律规定金额采取罚款措施的；(三)超过法律规定期限采取拘留措施的；(四)对同一妨害诉讼的行为重复采取罚款、拘留措施的；(五)其他违法情形。"

(二)违法采取保全措施的司法赔偿

诉讼中的保全措施分为证据保全措施和财产保全措施两种。

1.违法采取证据保全措施。证据保全，是指证据可能灭失或者以后难以取得的情况下，人民法院根据当事人的请求或者依职权采取一定措施加以固定的调查取证措施。《民事诉讼法》第84条规定：在证据可能灭失或者以后难以取得的情况下，诉讼参加人可以向人民法院申请保全证据，人民法院也可以主动采取保全措施。《行政诉讼法》第42条规定：在证据可能灭失或者以后难以取得的情况下，诉讼参加人可以向人民法院申请保全证据，人民法院也可以主动采取保全措施。

具体来说，采取证据保全，必须具备下列条件之一：

(1)证据有灭失的可能性。这是指证据有灭失的客观可能性。例如，了解案情的人因年老、疾病有可能死亡，如不及时询问，将无法取得其证言；具有证明作用的物品即将变质、腐烂或消失；等等。

(2)证据有难以取得的情况。这是指不立即提取，以后就不可能或者难以调查收集相应的证据。例如，了解案情的人即将出国，证明案情的物品因要转让而以后难以取得等。

人民法院可以依职权或者应申请采取证据保全措施。在符合法定条件时，人民法院可以依职权采取证据保全。当事人认为有采取证据保全措施必要的，可以向人民法院提出申请，但是否采取证据保全措施，仍然由人民法院决定。

证据保全措施的违法性主要表现为两种情况：一是不符合法定的条件和范围采取保全措施的；二是采取保全措施的程序违法。因上述两种违法行为而侵害公民、法人或者其他组织合法权益的，国家应当承担赔偿责任。由于采取证据保全措施是人民法院的一项职权，具有单方面性，当事人的申请对人民法院没有约束力，因此，对违法采取证据保全措施造成的损害，无论是依职权还是应申请采取的，国家都应当承担赔偿责任。

2.违法采取财产保全措施。财产保全，是指人民法院根据利害关系人的申请，或者依职权对与本案有关的财物采取的一种强制性措施。

对于依当事人的申请采取保全措施造成的损害，应区别具体情况处理。根据《民事诉讼法》第108条的规定：申请有错误的，申请人应当赔偿被申请人因保全所遭受的损失。人民法院采取财产保全措施，可以责令申请人提供担保；申请人不提供担保的，驳回申请。如果当事人的申请没有错误，而是由于法院执行保全措施过程中违法，或者保全措施是人民法院依职权主动采取的，则应由国家承担赔偿责任。

违法采取保全措施，是指人民法院采取的下列行为：(1)依法不应当采取保全措施而采取的；(2)依法不应当解除保全措施而解除，或者依法应当解除保全措施而不解除的；（3）明显超出诉讼请求的范围采取保全措施的，但保全财产为不可分割物且被保全人无其他财产或者其他财产不足以担保债权实现的除外；（4）在给付特定物之诉中，对与案件无关的财物采取保全措施的；（5）违法保全案外人财产的；（6）对查封、扣押、冻结的财产不履行监管职责，造成被保全财产毁损、灭失的；（7）对季节性商品或者鲜活、易腐烂变质以及其他不宜长期保存的物品采取保全措施，未及时处理或者违法处理，造成物品毁损或者严重贬值的；（8）对不动产或者船舶、航空器和机动车等特定动产采取保全措施，未依法通知有关登记机构不予办理该保全财产的变更登记，造成该保全财产所有权被转移的；（9）违法采取行为保全措施的；（10）其他违法情形。以上规定可作为具体认定违法采取保全措施的依据。

（三）违法采取先予执行措施的司法赔偿

先予执行是指在受理案件后判决作出之前，根据一方当事人的申请，对符合条件的案件裁定对方当事人向申请一方当事人给付一定数额的金钱或财物或者实施或停止某种行为，并立即付诸执行的一种程序。

《民事诉讼法》第109条规定：法院对下列案件，根据当事人的申请，可以裁定先予执行：追索赡养费、扶养费、抚养费、抚恤金、医疗费用的；追索劳动报酬的；因情况紧急需要先予执行的。第110条规定：法院裁定先予执行的，应当符合下列条件：当事人之间权利义务关系明确，不先予执行将严重影响申请人的生活或者生产经营的；被申请人有履行能力。法院可以责令申请人提供担保，申请人不提供担保的，驳回申请。申请人败诉的，应当赔偿被申请人因先予执行遭受的财产损失。《行政诉讼法》第57条第1款规定：法院对起诉行政机关没有依法支付抚恤金、最低生活保障金和工伤、医疗社会保险金的案件，权利义务关系明确、不先予执行将严重影响原告生活的，可以根据原告的申请，裁定先予执行。

违法采取先予执行措施，包括以下情形：（1）违反法律规定的条件和范围先予执行的；（2）超出诉讼请求的范围先予执行的；（3）其他违法情形。

（四）错误执行判决、裁定和其他生效法律文书的司法赔偿

对拒不履行判决、裁定及其他生效法律文书的义务人，人民法院有权依法采取强制执行措施。根据民事诉讼法和行政诉讼法的有关规定，人民法院可以采取的强制执行措施包括查询、冻结、划拨被执行人的存款，扣留、提取被执行人的收入、存款，查封、扣押、冻结、拍卖、变卖被执行人的财产，搜查被执行人的财产，强制被执行人迁出房屋或退出土地等。人民法院采取强制执行措施违法并且造成被执行人损害的，国家应当担负赔偿责任。

所谓“违法执行”是指对上述法律文书执行措施违法，因此侵犯了公民、法人和其他组织的人身权和财产权，而不是执行错误的判决、裁定和其他生效法律文书。

所谓“判决、裁定及其他生效法律文书”，是指已经发生法律效力的判决、裁定、民事制裁决定、调解、支付令、仲裁裁决、具有强制执行效力的公证债权文书以及行政处罚、处理决定等。

错误执行判决、裁定和其他生效法律文书的情形包括：（1）执行未生效法律文书的；（2）超出生效法律文书确定的数额和范围执行的；（3）对已经发现的被执行人的财产，故意拖延执行或者不执行，导致被执行财产流失的；（4）应当恢复执行而不恢复，导致被执行财产流失的；（5）违法执行案外人财产的；（6）违法将案件执行款物执行给其他当事人或者案外人的；（7）违法对抵押物、质物或者留置物采取执行措施，致使抵押权人、质权人或者留置权人的优先受偿权无法实现的；（8）对执行中查封、扣押、冻结的财产不履行监管职责，造成财产毁损、灭失的；（9）对季节性商品或者鲜活、易腐烂变质以及其他不宜长期保存的物品采取执行措施，未及时处理或者违法处理，造成物品毁损或者严重贬值的；（10）对执行财产应当拍卖而未依法拍卖的，或者应当由资产评估机构评估而未依法评估，违法变卖或者以物抵债的；（11）其他错误情形。

（五）民事、行政诉讼中司法工作人员侵权的赔偿

人民法院工作人员在民事、行政诉讼过程中，有殴打、虐待或者唆使、放纵他人殴打、虐待等行为，以及违法使用武器、警械，造成公民身体伤害或者死亡的，适用《国家赔偿法》第17条第4项、第5项的规定予以赔偿。

四、国家不承担赔偿责任的情形

（一）国家不承担赔偿责任情形的含义

《国家赔偿法》第19条具体规定了国家不承担刑事赔偿责任的六类事项，对民事诉讼和行政诉讼中国家不承担赔偿责任的情形没有规定。该条规定：属于下列情形之一的，国家不承担赔偿责任：（1）因公民自己故意作虚伪供述，或者伪造其他有罪证据被羁押或者被判处刑罚的；（2）依照《刑法》第17条、第18条规定不负刑事责任的人被羁押的；（3）依照《刑事诉讼法》的规定不追究刑事责任的人被羁押的；（4）行使侦查、检察、审判职权的机关以及看守所、监狱管理机关的工作人员与行使职权无关的个人行为；（5）因公民自伤、自残等故意行为致使损害发生的；（6）法律规定的其他情形。

为严格规范免责条款的适用，《关于办理刑事赔偿案件适用法律若干问题的解释》第8条规定："赔偿义务机关主张依据国家赔偿法第十九条第一项、第五项规定的情形免除赔偿责任的，应当就该免责事由的成立承担举证责任。"第7条规定，根据《国家赔偿法》第19条第2项、第3项的规定，依照《刑法》第17条、第18条规定不负刑事责任的人和依照《刑事诉讼法》第15条（现第16条）、第173条（现第177条）第2款规定不追究刑事责任的人被羁押，国家不承担赔偿责任。但是，对起诉后经人民法院错判拘役、有期徒刑、无期徒刑并已执行的，人民法院应当对该判决确定后继续监禁期间侵犯公民人身自由权的情形予以赔偿。

最高人民法院《关于审理民事、行政诉讼中司法赔偿案件适用法律若干问题的解释》意图进一步厘清国家不予赔偿的情形。该解释第7条规定：具有下列情形之一的，国家不承担赔偿责任：（1）属于《民事诉讼法》第108条、第110条第2款和第240条（现第244条）规定情形的；（2）申请执行人提供执行标的物错误的，但人民法院明知该标的物错误仍予以执行的除外；（3）人民法院依法指定的保管人对查封、扣押、冻结的财产违法动用、隐匿、毁损、转移或者变卖的；（4）人民法院工作人员与行使职权无关的个人行为；（5）因不可抗力、正当防卫和紧急避险造成损害后果的；（6）依法不应由国家承担赔偿责任的其他情形。

（二）因公民故意作虚伪供述或者伪造其他有罪证据被羁押或者被判处刑罚的

《国家赔偿法》规定，因公民自己故意作虚伪供述或者伪造其他有罪证据被羁押或者被判处刑罚的，国家不承担赔偿责任。在理解国家赔偿法的这一规定时，应当注意的问题是：

第一，必须是被害人本人故意作虚构供述，或者伪造有罪证据。如果司法机关因某一公民提供伪证而错误羁押或错判了另一公民，国家的刑事赔偿责任不能免除。

第二，必须是公民自愿虚伪供述或者伪造证据。受害人虚伪供述或者伪造证据时往往具有不正当的目的。因司法机关工作人员的威胁、引诱实施这种行为的，构成国家的违法行为，国家应当承担赔偿责任。

第三，因公民自己的过失致使其被司法机关错误羁押的，国家不能免除赔偿责任。公民无意中作出了误导司法机关及其工作人员认为其有罪的行为，没有故意，不符合国家赔偿法规定的不承担赔偿责任的条件。

第四，如果损害部分由受害人故意作为所致，部分由国家违法所致，则国家承担部分赔偿责任。

（三）法律规定不负刑事责任的人被羁押的

按照《国家赔偿法》第19条第2项规定，依照《刑法》第17条、第18条规定不负刑事责任的人被羁押的，国家不承担赔偿责任。《刑法》第17条规定，已满16周岁的人犯罪，应当负刑事责任。已满14周岁不满16周岁的人，犯故意杀人、故意伤害致人重伤或者死亡、强奸、抢劫、贩卖毒品、放火、爆炸、投放危险物质罪的，应当负

刑事责任。已满12周岁不满14周岁的人，犯故意杀人、故意伤害罪，致人死亡或者以特别残忍手段致人重伤造成严重残疾，情节恶劣，经最高人民检察院核准追诉的，应当负刑事责任。对依照前三款规定追究刑事责任的不满18周岁的人，应当从轻或者减轻处罚。因不满16周岁不予刑事处罚的，责令其父母或者其他监护人加以管教；在必要的时候，依法进行专门矫治教育。第18条规定，精神病人在不能辨认或者不能控制自己行为的时候造成危害结果，经法定程序鉴定确认的，不负刑事责任，但是应当责令他的家属或者监护人严加看管和医疗；在必要的时候，由政府强制医疗。间歇性的精神病人在精神正常的时候犯罪，应当负刑事责任。尚未完全丧失辨认或者控制自己行为能力的精神病人犯罪的，应当负刑事责任，但是可以从轻或者减轻处罚。醉酒的人犯罪，应当负刑事责任。

根据上述规定，实施犯罪行为而不负刑事责任的人包括：(1)犯罪时不满12周岁的；(2)已满12周岁不满14周岁的人，犯故意杀人、故意伤害罪，致人死亡或者以特别残忍手段致人重伤造成严重残疾，情节恶劣，经最高人民检察院核准追诉的，应当负刑事责任以外罪刑的；(3)已满14周岁不满16周岁的人，犯故意杀人、故意伤害致人重伤或者死亡、强奸、抢劫、贩卖毒品、放火、爆炸、投放危险物质罪以外的罪行的；(4)不能辨认或者不能控制自己行为的精神病人在不能辨认和控制自己行为的时候犯罪的。

上述四类人不负刑事责任，被司法机关追究刑事责任且羁押的，国家不予赔偿。必须指出的是，按照最高人民法院《关于人民法院执行〈中华人民共和国国家赔偿法〉几个问题的解释》第1条和《关于办理刑事赔偿案件适用法律若干问题的解释》第7条规定，对有犯罪事实但不负刑事责任的人被羁押的，国家不承担赔偿责任。但是对起诉后经人民法院被判处拘役、有期徒刑、无期徒刑、死刑并已执行的上列人员，有权依法取得赔偿。判决确定前被羁押的日期依法不予赔偿。换句话说，对有犯罪事实而不负刑事责任的未成年人、精神病人，判决确定前被羁押的，国家不承担赔偿责任；但对起诉后经人民法院判处拘役、有期徒刑、死刑并已执行的，国家仍需依法给予赔偿。例如，王某因盗窃被拘捕，经起诉，被法院判处有期徒刑3年，后经审判监督程序，认定此人犯罪时不满14周岁，不应负刑事责任。那么国家对王某被判刑造成的损害应依法给予赔偿，对判决确定前被羁押的日期则依法不予赔偿。

(四)依照《刑事诉讼法》的规定不追究刑事责任的人被羁押的

《刑事诉讼法》第16条规定：有下列情形之一的，不追究刑事责任，已经追究的，应当撤销案件，或者不起诉，或者终止审理，或者宣告无罪：(1)情节显著轻微、危害不大，不认为是犯罪的；(2)犯罪已过追诉时效期限的；(3)经特赦令免除刑罚的；(4)依照刑法告诉才处理的犯罪，没有告诉或者撤回告诉的；(5)犯罪嫌疑人、被告人死亡的；(6)其他法律规定免予追究刑事责任的。

上述六种情况中，第(2)种至第(4)种情况和第(6)种情况，属于受害人具有犯罪事实的情形，不符合无罪羁押赔偿原则，国家不承担赔偿责任。但是，对第(1)种和第(5)种情况，则应当进一步明确。根据罪刑法定原则，因情节轻微、危害不大而不认为是犯罪的，应当理解为是依刑法规定不构成犯罪，而不是司法机关主观认为不构成犯罪。对此，最高人民法院多次在司法批复中指出，“情节显著轻微，危害不大，不认为是犯罪”的行为，是指这种行为本身业已触犯刑法，具备犯罪构成要件，但因其“情节显著轻微，危害不大”，而“不认为是犯罪”。这种行为与“不构成犯罪”行为的主要区别在于前者属刑法调整范围，而后者则不具备犯罪构成要件，属一般违法行为，由行政法规来加以调整。因此，“情节显著轻微，危害不大”与“不构成犯罪”是两个不同的概念，不能混为一谈。但实践中，有些司法机关依据上述条款规避法律，对本不构成犯罪，不应追究刑事责任的人予以羁押后，以“情节显著轻微，危害不大”为由，作出不追究刑事责任或不起诉决定，使无辜者被羁押后投诉无门，无法取得国家赔偿。对此，立法机关应当引起重视，明确该条款的含义，防止司法赔偿义务机关借此逃避赔偿义务。

对于第（5）种情况，国家是否承担赔偿责任，应当区别情况而异。如果受害人是因自己的自伤、自残行为或者因为自己的体质等自然的原因而死亡的，即意味着司法机关没有实施违法行为，不产生国家赔偿责任。但是，如果受害人死亡是因为司法机关实施了刑讯逼供、暴力侮辱、违法使用武器或者警械等违法行为死亡的，即符合国家赔偿的构成要件，国家应当承担赔偿责任。

2018年修订前的《刑事诉讼法》第173条第2款、第273条第2款、第279条规定的是在特定情形下的不起诉，主要为酌定不起诉的情形，其中后两项规定为最新修订的国家赔偿法增加内容。现行《刑事诉讼法》第177条第2款规定："对于犯罪情节轻微，依照刑法规定不需要判处刑罚或者免除刑罚的，人民检察院可以作出不起诉决定。"第284条第2款规定："被附条件不起诉的未成年犯罪嫌疑人，在考验期内没有上述情形，考验期满的，人民检察院应当作出不起诉的决定。"第290条规定："对于达成和解协议的案件，公安机关可以向人民检察院提出从宽处理的建议。人民检察院可以向人民法院提出从宽处罚的建议；对于犯罪情节轻微，不需要判处刑罚的，可以作出不起诉的决定。人民法院可以依法对被告人从宽处罚。"

（五）司法机关工作人员实施的与行使职权无关的个人行为

行使国家侦查、检察、审判、监狱管理职权的机关工作人员实施的与职权无关的个人行为造成公民、法人和其他组织损害的，国家不承担赔偿责任，而由实施个人侵权行为的司法人员自己承担。所谓个人行为是与职务行为相对的概念，通常指司法人员不是以机关工作人员的身份而以个人名义实施的行为，如刑警大队队长与邻里发生纠纷殴人致伤的行为，不是行使职权时作出的，因而国家不承担赔偿责任。此外，个人行为还包括利用职权为个人谋取利益的行为，在职权范围和行使职务时间以外为达到个人目的而为的行为，因这些行为与行使的职权没有关联，所以均应视作个人行为，国家不承担赔偿责任。划分职权行为和个人行为的标准是多重的，主要包括行为的名义或身份，行为的时间、地点，与个人利益和感情因素的联系等。

（六）因公民自伤、自残等故意行为致使损害发生的

国家赔偿法规定，因公民自伤、自残等故意行为致使损害发生的，国家不承担赔偿责任。所谓公民自伤、自残行为是指公民故意对自己的身体实施的伤害行为。有的公民在刑事诉讼的侦查、检察、审判及服刑期间，为了解除羁押或逃避劳动及其他个人原因，故意伤害自己的身体，因这种自伤自残行为致使身体受到伤害或死亡的，属个人故意行为所致，不是国家司法机关工作人员违法行为造成的，国家不承担赔偿责任。

但是，如果公民自伤自残是因司法人员的刑讯逼供或殴打、威胁、折磨等致使公民难以忍受而自杀身亡或自杀未遂造成身体伤害的，这种结果不属于公民故意自伤自残，故其损害应当由国家承担赔偿责任。

（七）属于《民事诉讼法》第108条、第110条第2款和第244条规定的情形

《民事诉讼法》第108条规定，申请有错误的，申请人应当赔偿被申请人因保全所遭受的损失。第110条第2款规定，人民法院可以责令申请人提供担保，申请人不提供担保的，驳回申请。申请人败诉的，应当赔偿被申请人因先予执行遭受的财产损失。第244条规定，执行完毕后，据以执行的判决、裁定和其他法律文书确有错误，被人民法院撤销的，对已被执行的财产，人民法院应当作出裁定，责令取得财产的人返还；拒不返还的，强制执行。民事诉讼法事实上已对受害人的损失规定了赔偿机制，受害人不能因此获得国家赔偿。

（八）申请执行人提供执行标的物错误的和法院依法指定的保管人对查封、扣押、冻结的财产违法动用、隐匿、毁损、转移或者变卖的

《关于审理民事、行政诉讼中司法赔偿案件适用法律若干问题的解释》规定，申请执行人提供执行标的物错误的，和法院依法指定的

保管人对查封、扣押、冻结的财产违法动用、隐匿、毁损、转移或者变卖的，国家不承担赔偿责任。此时，应由申请执行人和法院指定的保管人承担相应责任。不过，申请执行人提供执行标的物错误的，但人民法院明知该标的物错误仍予以执行的，国家仍承担责任。

（九）法院在民事、行政诉讼中因不可抗力、正当防卫和紧急避险造成损害后果

结合民事赔偿不承担责任的情形，有人认为，在目前情况下，不可抗力、正当防卫、紧急避险等造成损害的，可以免除国家的赔偿责任。《关于审理民事、行政诉讼中司法赔偿案件适用法律若干问题的解释》首次作出规定："因不可抗力、正当防卫和紧急避险造成损害后果的"（第7条第5项），从而确认在此情形下在民事、行政诉讼赔偿案件中国家不承担赔偿责任。

（十）法律规定国家不承担赔偿责任的其他情形

这是根据国家赔偿法以外的其他法律的规定，国家不承担赔偿责任的情形。这里所说的法律是指全国人民代表大会及其常务委员会制定的规范性文件。国家赔偿法这一规定的目的是给将来扩大国家刑事赔偿责任的免责范围留有余地。

五、减轻国家赔偿责任的情形

国家赔偿法未明确规定减轻国家赔偿责任的情形，但客观存在混合过错和多种原因造成损失可以减轻国家赔偿责任的情形。鉴于此，《关于审理民事、行政诉讼中司法赔偿案件适用法律若干问题的解释》首次针对民事、行政诉讼中司法赔偿减轻国家赔偿责任的情形作出了规定。

该解释第9条规定："受害人对损害结果的发生或者扩大也有过错的，应当根据其过错对损害结果的发生或者扩大所起的作用等因素，依法减轻国家赔偿责任。"即受害人对损害的发生和扩大负有责任时，可减免国家赔偿责任，由受害人承担一部分责任。

该解释第8条规定："因多种原因造成公民、法人和其他组织合法权益损害的，应当根据人民法院及其工作人员行使职权的行为对损害结果的发生或者扩大所起的作用等因素，合理确定赔偿金额。"

第三节　司法赔偿请求人和赔偿义务机关

一、司法赔偿请求人

（一）司法赔偿请求人的概念和特征

司法赔偿请求人，是指人身权和财产权被违法司法行为侵害，依法享有国家赔偿请求权的人，包括公民、法人和其他组织。这一概念主要包括两层意思：

第一，司法赔偿请求人是人身权和财产权遭受违法司法行为侵害的公民、法人和其他组织。

第二，司法赔偿请求权人是依法享有司法赔偿请求权的公民、法人或者其他组织。所谓依法享有赔偿请求权，是指某一公民必须具备法定条件方才享有向国家请求赔偿的权利。依据国家赔偿法的有关规定，司法赔偿请求人分为原始请求人和继受请求人。前者是受害的公民、法人或者其他组织，"受害"即为其享有司法赔偿请求权的条件；后者是在前者的主体资格消灭后，继受前者的赔偿请求权的公民、法人或者其他组织，与原始请求人有继承、扶养法律关系或承受原始请求人的权利是其获得司法赔偿请求权的条件。

（二）司法赔偿请求人的确认

关于司法赔偿请求人的确认，国家赔偿法的规定如下：

《国家赔偿法》第20条针对刑事赔偿规定：赔偿请求人的确定依照本法第6条的规定。依国家赔偿法关于赔偿请求人确定的一般标准，可以认为民事、行政诉讼中的国家赔偿请求人

也可依照国家赔偿法关于行政赔偿请求人的规定确定。具体地说，受害的公民、法人或者其他组织有权要求赔偿；受害的公民死亡的，其继承人和其他有扶养关系的亲属有权要求赔偿；受害的法人或者其他组织终止的，承受其权利的法人或者其他组织有权要求赔偿。《关于办理刑事赔偿案件适用法律若干问题的解释》第9条规定，受害的公民死亡，其继承人和其他有扶养关系的亲属有权申请国家赔偿。依法享有继承权的同一顺序继承人有数人时，其中一人或者部分人作为赔偿请求人申请国家赔偿的，申请效力及于全体。赔偿请求人为数人时，其中一人或者部分赔偿请求人非经全体同意，申请撤回或者放弃赔偿请求，效力不及于未明确表示撤回申请或者放弃赔偿请求的其他赔偿请求人。

二、司法赔偿义务机关

（一）司法赔偿义务机关的概念和特征

所谓司法赔偿义务机关，是指在国家赔偿中代表国家接受赔偿请求、具体承担赔偿义务并支付赔偿费用的国家机关。司法赔偿义务机关的特征主要表现在以下两方面：

第一，司法赔偿义务机关代表国家履行司法赔偿义务。司法赔偿本质上是国家自己的责任，但是，国家是一个极度抽象的政治实体，受害人无法直接向这一抽象的实体请求履行具体的赔偿责任，而必须向组成国家的各具体机关请求承担赔偿义务，这一承担赔偿义务的机关即为司法赔偿义务机关。至于如何确定究竟由哪一机关承担具体的司法赔偿义务则与司法赔偿义务机关的立法模式有关，将在后文详述。

第二，司法赔偿义务机关的确认复杂，这主要表现在刑事赔偿领域。在民事、行政诉讼中，因人民法院是唯一行使司法权的主体，因而容易确定司法赔偿义务机关。在刑事诉讼中，公安机关负责对刑事案件的侦查、拘留、执行逮捕和预审；人民检察院负责检察、批准逮捕、检察机关直接受理的案件的侦查以及提起公诉；人民法院负责审判。这种分工负责，同时又相互配合和制约的制度设计使某一损害的形成往往是多种因素的合力，而不仅是由某一机关的违法行为造成。因此，《国家赔偿法》第21条以及最高人民法院的有关司法解释分别不同情形，对赔偿义务机关的确认作了详细规定。

（二）司法赔偿义务机关的确认

《国家赔偿法》第21条第1款规定：行使侦查、检察、审判职权的机关以及看守所、监狱管理机关及其工作人员在行使职权时侵犯公民、法人和其他组织的合法权益造成损害的，该机关为赔偿义务机关。这是对刑事赔偿义务机关的一般规定，即司法机关侵权的，该机关为赔偿义务机关；司法工作人员侵权的，该工作人员所在的司法机关为赔偿义务机关。因而在刑事赔偿中的赔偿义务机关有公安机关、检察机关、审判机关以及看守所、监狱管理机关，具体表现为公安局、检察院、法院、看守所、监狱等。

《国家赔偿法》第38条规定了人民法院在民事、行政诉讼过程中，违法采取对妨害诉讼的强制措施、保全措施或者对判决、裁定及其他生效法律文书执行错误造成损害的国家赔偿责任，但并未明确如何确定赔偿义务机关。结合《国家赔偿法》第7条第1款和第21条第1款的规定，关于确定赔偿义务机关的一般原则，可以认为侵权的人民法院和侵权的法院工作人员所在的人民法院为赔偿义务机关。以下结合《国家赔偿法》第21条的规定、最高人民法院发布的相关司法解释中的规定以及批复中所表明的法律见解，对司法赔偿义务机关的具体认定作出说明。

1.对公民采取拘留措施，依照国家赔偿规定应当给予国家赔偿的，作出拘留决定的机关为赔偿义务机关。在刑事诉讼中行使侦查权的机关有公安机关、国家安全机关、军队保卫部门以及检察机关，上述机关在侦查犯罪的过程中都有权作出拘留决定。因此，上述任何一个机关采取的刑事拘留措施侵害受害人合法权益，就成为赔偿义务机关。

2.对公民采取逮捕措施后决定撤销案件、不起诉或者判决宣告无罪的，作出逮捕决定的机关为赔偿义务机关。《刑事诉讼法》第80条规定：逮捕犯罪嫌疑人、被告人，必须经过人民检察院批准或者人民法院决定，由公安机关执行。同时,《刑事诉讼法》第165条规定:人民检察院直接受理的案件中符合逮捕条件,需要逮捕犯罪嫌疑人的,由人民检察院作出决定,由公安机关执行。因此,在刑事诉讼中,只有人民检察院和人民法院有权决定逮捕。根据本条规定,若人民法院决定采取逮捕措施后绝止追究刑事责任的,在自诉案件中人民法院为赔偿义务机关。若检察机关决定批准逮捕或者在其自行侦查的案件中错误决定逮捕的,检察机关为赔偿义务机关。无论在上述何种情形下,执行逮捕的公安机关均不是赔偿义务机关;而且,在检察机关决定批准逮捕的案件中,最终侵害受害人的决定是由检察机关作出的,依赔偿义务机关后置确定原则,公安机关亦不对此前错误拘留造成的侵害承担赔偿义务。《关于办理刑事赔偿案件适用法律若干问题的解释》第11条规定,对公民采取拘留措施后又采取逮捕措施,国家承担赔偿责任的,作出逮捕决定的机关为赔偿义务机关。

3.再审改判无罪的,作出原生效判决的人民法院为赔偿义务机关。再审程序又称审判监督程序,依据《刑事诉讼法》第三编第五章关于审判监督程序的规定,再审程序的对象是人民法院生效的判决或裁定。由于原生效的错误有罪判决可能经一审而确定生效,也可能经二审而确定生效,因此对再审改判后的赔偿义务机关的确定应作具体分析。

最高人民法院《关于执行〈中华人民共和国国家赔偿法〉几个问题的解释》第5条规定:原一审人民法院作出判决后,被告人没有上诉,人民检察院没有抗诉,判决发生法律效力的,原一审人民法院为赔偿义务机关;被告人上诉或人民检察院抗诉,原二审人民法院维持一审判决或者对一审人民法院判决予以改判的,原二审人民法院为赔偿义务机关。

4.二审改判无罪,以及二审发回重审后作无罪处理的,作出一审有罪判决的人民法院为赔偿义务机关。对二审改判无罪后的赔偿义务机关,旧《国家赔偿法》规定在这种情形下由作出逮捕决定的机关与作出一审判决的人民法院为共同赔偿义务机关。表面上看规定明确,但实践中造成确定赔偿义务机关的困难。为方便当事人获得赔偿,新国家赔偿法规定,二审改判无罪,以及二审发回重审后作无罪处理的,统一由作出一审有罪判决的人民法院为赔偿义务机关,作出逮捕决定的机关不再作为赔偿义务机关。《关于办理刑事赔偿案件适用法律若干问题的解释》第12条第1款规定,一审判决有罪,二审发回重审后具有下列情形之一的,属于《国家赔偿法》第21条第4款规定的重审无罪赔偿,作出一审有罪判决的人民法院为赔偿义务机关:(1)原审人民法院改判无罪并已发生法律效力的;(2)重审期间人民检察院作出不起诉决定的;(3)人民检察院在重审期间撤回起诉超过30日或者人民法院决定按撤诉处理超过30日未作出不起诉决定的。

5.人民法院在民事诉讼、行政诉讼的过程中,违法采取对妨害诉讼的强制措施、保全措施、先予执行措施或者对判决、裁定以及其他生效法律文书执行错误造成损害的,作出该行为的人民法院为赔偿义务机关。在民事诉讼和行政诉讼中,人民法院是行使司法权的唯一主体,当其违法采取对妨害诉讼的强制措施、保全措施以及错误执行造成损害的,该人民法院为唯一的司法赔偿义务机关。《关于审理民事、行政诉讼中司法赔偿案件适用法律若干问题的解释》第18条规定:"人民法院在民事、行政诉讼过程中,违法采取对妨害诉讼的强制措施、保全措施、先予执行措施,或者对判决、裁定及其他生效法律文书执行错误,系因上一级人民法院复议改变原裁决所致的,由该上一级人民法院作为赔偿义务机关。"

在委托执行的情况下,被委托的人民法院对判决、裁定或其他生效法律文书执行造成损害的,如何确定赔偿义务机关?国家赔偿法和最高人民法院的有关司法解释没有规定,对此情况须具体分析,如果被委托执行的人民法院严格按照被委托执行的判决、裁定和其他法律文书执行而发生损害的,委托执行的人民法院为赔偿义务机关;若被委托执行的人民法院所采取的执行措施违法造成损害的,被委托执行的人民法院为赔偿义务机关。

6.司法工作人员违法行使职权造成公民、

法人或者其他组织人身权、财产权损害的，该工作人员所在的机关为赔偿义务机关。

依据《国家赔偿法》第17条、第18条的有关规定，在刑事赔偿中，司法机关工作人员刑讯逼供或者以殴打等暴力行为或者唆使他人以殴打等暴力行为造成公民身体伤害或者死亡的；违法使用武器警械造成公民身体伤害或者死亡的；违法对财产采取查封、扣押、冻结、追缴等措施的，该司法工作人员所在的机关为赔偿义务机关。另依据最高人民法院《关于人民法院执行〈中华人民共和国国家赔偿法〉几个问题的解释》第2条的规定，人民法院的司法工作人员在民事诉讼、行政诉讼的过程中，以殴打等暴力行为或者唆使其他人以殴打等暴力行为造成公民身体伤害或者死亡的；违法使用武器、警械造成公民身体伤害或者死亡的，由该司法工作人员所在的人民法院为赔偿义务机关。

7.看守所及其工作人员在行使职权时侵犯公民合法权益造成损害的，看守所的主管机关为赔偿义务机关。

第四节 司法赔偿程序

一、司法赔偿程序概述

司法赔偿程序，是指公民、法人或者其他组织行使司法赔偿请求权，要求有关的国家侦查、检察、审判、看守所、监狱管理机关履行司法赔偿责任，以及赔偿请求权对处理不服有关机关处理的程序。司法赔偿程序作为国家司法赔偿制度的重要组成部分，是受害人实现司法赔偿请求权的有力保障。司法赔偿程序一般由遭受侵害的公民、法人或者其他组织提出赔偿请求而启动。赔偿请求应当向负有赔偿义务的有关国家机关提出。司法赔偿程序是有关的国家机关履行司法赔偿责任的程序。明确的程序安排，既可以为受害人及时得到赔偿提供程序上的保障，也是对有关国家机关及时结案、尽早确定权利义务关系的保障。

根据国家赔偿法的规定，司法赔偿程序主要由司法赔偿处理程序、司法赔偿复议程序、司法赔偿决定程序和司法赔偿追究程序组成。

二、司法赔偿处理程序

（一）司法赔偿处理程序的含义

司法赔偿处理程序，是指司法赔偿义务机关受理和处理受害人赔偿请求的程序。原国家赔偿法规定，赔偿请求人要求赔偿，应当先向赔偿义务机关提出，由赔偿义务机关予以先行处理，不服赔偿义务机关的裁决或者赔偿义务机关逾期不赔偿的，才能申请复议。由赔偿义务机关先行处理，可以给实施违法行为的赔偿义务机关提供一个纠正自己错误的机会。同时，由于赔偿义务机关更了解案情，由其先行处理更方便、迅速，既为请求人提供了便利，也使赔偿得以迅速解决，从而使当事人的合法权益得到有效的保护。

（二）司法赔偿处理程序的步骤

1.司法赔偿请求的提出。赔偿请求人提出司法赔偿请求，应当具备以下条件：

（1）赔偿请求人具备法律规定的主体资格：赔偿请求人必须是其合法权益受到司法机关及其工作人员违法行使职权行为的侵犯，并造成损害的公民、法人或者其他组织。

（2）赔偿义务机关必须适格：赔偿义务机关是实施了违法侵权行为的侦查、检察、审判、监狱管理的机关。

（3）应当递交申请书：受害人提出赔偿请求。受害人提出赔偿请求应当递交申请书。申请书应具备以下事项：①受害人的姓名、性别、年龄、工作单位和住所。请求权人是法人或其他组织的，应写明法人或其他组织的名称、住所和法定代表人或者主要负责人的姓名、职务。如果有代理人的，应写明代理人的姓名、性别、年龄、职业、住所或居所。②具体的要求、事实根据和理由。赔偿请求包括赔偿的范围、方式等，如请求赔偿的金额或恢复原状的内容等，要求必须要明确、具体。事实根据是指受害人遭受损害的时间、地点、客体、范围等。理由是指损害形成的原因。③申请的年、月、日。④有关的附件。如法院的判决书等文件、医疗证明、证人、照片等有关证据材料或者证据线索。赔偿请求人不是受害人本人的，应当说明与受害人的关系，并提供相应证明。

申请人根据受到的不同损害，可以同时提出数项赔偿请求。受害人可能会同时受到不同的损害。例如，被判处有期徒刑同时附加没收财产，经改判无罪但有期徒刑和没收财产均已执行的，受害人的人身权和财产权都受到了侵害。在这种情况下，受害人可以同时提出数项赔偿请求。

申请人因文化程度、健康等原因书写申请书确有困难时，可以委托他人代书，但应由请求人和代书人签名。此外，赔偿请求人也可以向赔偿义务机关口头申请，由赔偿义务机关记入笔录，赔偿义务机关应当接受赔偿请求人的口头申请，并负责记入笔录。

赔偿请求人书写申请书确有困难的，可以委托他人代书，也可以口头申请，由赔偿义务机关笔录。请求赔偿申请书，应由请求人和代理人签名或盖章后向赔偿义务机关提出。

（4）请求必须在法律规定的时效内提出。如果请求人在法定期间内没有提出赔偿请求，即丧失赔偿请求权。国家赔偿法规定的请求期限为2年，自其知道或者应当知道国家机关及其工作人员行使职权时的行为侵犯其人身权、财产权之日起计算，但被羁押等限制人身自由期间不计算在内。赔偿请求人在赔偿请求时效的最后6个月内，因不可抗力或者其他障碍不能行使请求权的，时效中止。从中止时效的原因消除之日起，赔偿请求时效期间继续计算。

理解赔偿请求时效，除要遵循前述不能“滞后”即不能超过时效规定外，还要遵循不能“提前”的要求，即请求权人原则上应当在相应程序终结后提出赔偿请求，而不能在程序尚在进行中就提出赔偿请求。《国家赔偿解释（一）》第7条规定，赔偿请求人认为行使侦查、检察、审判职权的机关以及看守所、监狱管理机关及其工作人员在行使职权时有《国家赔偿法》第17条第1~3项、第18条规定情形的，应当在刑事诉讼程序终结后提出赔偿请求，但下列情形除外：①赔偿请求人有证据证明其与尚未终结的刑事案件无关的；②刑事案件被害人依据《刑事诉讼法》第245条的规定，以财产未返还或者认为返还的财产受到损害而要求赔偿的。根据最高人民法院《关于审理民事、行政诉讼中司法赔偿案件适用法律若干问题的解释》第19条的规定，公民、法人或者其他组织依据《国家赔偿法》第38条规定申请赔偿的，应当在民事、行政诉讼程序或者执行程序终结后提出，但下列情形除外：①人民法院已依法撤销对妨害诉讼的强制措施的；②人民法院采取对妨害诉讼的强制措施，造成公民身体伤害或者死亡的；③经诉讼程序依法确认不属于被保全人或者被执行人的财产，且无法在相关诉讼程序或者执行程序中予以补救的；④人民法院生效法律文书已确认相关行为违法，且无法在相关诉讼程序或者执行程序中予以补救的；⑤赔偿请求人有证据证明其请求与民事、行政诉讼程序或者执行程序无关的；⑥其他情形。赔偿请求人依据前款规定，在民事、行政诉讼程序或者执行程序终结后申请赔偿的，该诉讼程序或者执行程序期间不计入赔偿请求时效。

2.司法赔偿请求的受理。赔偿义务机关在收到赔偿请求人的赔偿申请书后，应及时予以审查，决定是否受理。审查的内容包括：

（1）申请人是否合格，即申请人是否为违法司法行为的受害人或其法定代理人、继承人等，或是否为受害的法人或其他组织或承受其权利义务的法人或其他组织。

（2）请求赔偿的事实和理由是否确实、充分。主要是有关的证据材料是否充分，包括损害事实的材料、因果关系的材料、侵权行为存在的材料等。

（3）赔偿请求是否属于法定的司法赔偿范围，是否属于国家不承担责任的情况。

（4）被请求的机关是否为适格的赔偿义务机关。

（5）赔偿请求是否在法定时效期限内提出。赔偿请求人必须在其自其知道或者应当知道国家机关及其工作人员行使职权时的行为侵犯其人身权、财产权之日起2年内向赔偿义务机关提出。如果请求时效已超过2年，须进一步审查有无时效中止或者中断的情况。超过法定时效的，应认定司法赔偿请求人丧失赔偿请求权。对于请求时效起算日的确定，最高人民法院《关于审理司法赔偿案件适用请求时效制度若干问题的解释》作出了专门规定。该司法解释充分考虑赔偿请求人是否存在行使权利的事实障碍和法律障碍，避免过早起算请求时效对赔偿请求人的合法权益造成不当限制。该司法解释明确规定，除有特别规定外，赔偿请求人知道上述侵权行为时，相关诉讼程序或者执行程序尚未终结的，请求时效期间自该诉讼程序或者执行程序终结之日起计算。

3.赔偿义务机关初步审查。赔偿义务机关接受赔偿请求后，应对赔偿请求是否符合法定条件进行初步审查，审查后，根据不同情况分别处理：

（1）对不属于司法赔偿范围的请求，应作出书面决定，通知申请人并告知其理由；

（2）对于无请求权的申请人，应书面通知其不予受理并说明理由；

（3）对于不属于本机关赔偿事项范围的赔偿申请，应告知赔偿请求人向负有赔偿义务的机关申请；

（4）对于申请书所载事项不符合法律规定或有遗漏的，应通知其在规定期限内补正；

（5）对于赔偿请求已过赔偿时效，应通知请求人不予受理；

（6）对于符合赔偿条件的，应将受理决定送达申请人。

赔偿义务机关决定受理赔偿请求之后，受害人可以撤回赔偿请求。受害人撤回赔偿请求的，是否可以再一次提出司法赔偿请求？对此，国家赔偿法没有明确规定，取得国家赔偿是《宪法》第41条规定的基本权利，其放弃应当采取比较严格的手续。受害人要撤回赔偿请求，必须提出书面的申请，赔偿义务机关审查后，可以与受害人达成放弃赔偿请求权的书面协议。否则，受害人在撤回赔偿请求之后，可以再一次提出赔偿请求，赔偿义务机关必须受理。

4.司法赔偿请求的处理。司法赔偿义务机关受理受害人的赔偿请求后，应当及时、全面地审理案件材料，在收到申请书之日起2个月内，按照国家赔偿法关于“赔偿方式和计算标准”的规定，作出处理。在案件审理过程中，赔偿义务机关应当认真调查研究，并充分听取赔偿请求人的意见。赔偿义务机关认为证明材料不足或不能证明有关赔偿的事实时，可以要求赔偿请求人或者有关部门补充证明材料，也可以自行调查。

在处理赔偿请求过程中，曾经参与实施侵权行为的工作人员以及其他与本案有利害关系的人员，应当回避，不得参加司法赔偿请求的处理。申请人也可以向赔偿义务机关提出申请，要求有利害关系的人回避。但是，赔偿义务机关在处理过程中可以询问实施侵权行为的工作人员，并且要求其陈述意见。

国家赔偿法明确规定，赔偿义务机关可以根据案件的具体情况采取协议或者决定的方式。在查清事实的基础上，司法赔偿义务机关可以与赔偿请求人就赔偿方式、赔偿项目和赔偿数额进行协商，并签订赔偿协议。协商不成时，由赔偿义务机关单方面作出决定。

赔偿义务机关决定赔偿的，应当制作赔偿决定书，并自作出决定之日起10日内送达赔偿请求人；决定不予赔偿的，应当自作出决定之日起10日内书面通知赔偿请求人，并说明不予赔偿的理由。

三、司法赔偿复议程序

（一）司法赔偿复议程序的含义

司法赔偿复议程序，是指司法赔偿请求人不服赔偿义务机关的裁决或者未与其达成协议的，有权向赔偿义务机关的上一级机关提出复议申请，由复议机关进行审查并对司法赔偿争议作出决定的程序。

司法赔偿复议程序仅适用于公安机关、安全机关、检察机关和监狱管理机关等作为赔偿义务机关的情况。人民法院为赔偿义务机关的，在经过先行处理程序之后，受害人应当直接向上一级人民法院的赔偿委员会申请，由赔偿委员会作出决定。

司法赔偿复议是在受害人全部或者部分不服赔偿义务机关作出的赔偿决定时给予的救济。从国外的情况来看，救济的方式主要有两种：一种是诉讼制；另一种是复议制。对我国而言，赔偿义务机关比较分散以及它们之间的微妙关系决定了诉讼制不易操作，所以采用了复议的方式。

司法赔偿中的复议与行政复议有很大的区别：第一，两者的性质不同，行政复议属于行政行为，而司法赔偿复议则应属于司法行为；第二，两者针对的对象不同，行政复议处理的是具体行政行为合法与否的争议，司法赔偿复议针对的是赔偿义务机关的赔偿处理正确与否的问题；第三，两者救济的途径不同，对行政复议决定不服，当事人可以提起行政诉讼，而对司法赔偿复议决定不服的，只能向人民法院赔偿委员会提出赔偿请求，不能提起诉讼。

（二）司法赔偿复议程序的步骤

1.复议申请的提出和受理。请求人提出赔偿请求后，赔偿义务机关拒绝受理赔偿请求、作出不予赔偿的决定、逾期不予赔偿，或者赔偿请求人对赔偿的数额、赔偿方式等有异议的，赔偿请求人有权依法向赔偿义务机关的上一级机关提出复议申请，要求通过复议程序予以解决司法赔偿争议。

赔偿请求人提起复议申请，也应当向复议机关递交申请书。复议申请书应当载明的事项可以参照赔偿请求申请书的有关规定和要求，同时应附有赔偿义务机关的书面决定。

赔偿请求人对赔偿的方式、项目、数额有异议的，或者赔偿义务机关作出不予赔偿决定的，赔偿请求人可以自赔偿义务机关作出赔偿或者不予赔偿决定之日起30日内申请复议；赔偿义务机关在规定期限内未作出是否赔偿的决定，赔偿请求人可以自2个月期间届满之日起30日内向赔偿义务机关的上一级机关申请复议。期间届满的最后1日是节假日的，以节假日后的第1日为期间届满的日期；期间不包括在途时间，复议申请书在期满前交邮的，不算过期。当事人因不可抗力或其他正当理由耽误期限的，在障碍消除后，可以申请顺延期限。《关于办理刑事赔偿案件适用法律若干问题的解释》第4条第1款规定，赔偿义务机关作出赔偿决定，应当依法告知赔偿请求人有权在30日内向赔偿义务机关的上一级机关申请复议。赔偿义务机关未依法告知，赔偿请求人收到赔偿决定之日起2年内提出复议申请的，复议机关应当受理。

复议机关接到复议申请书后，应及时对赔偿请求人的申请进行审查，并分别就不同情况作出相应的处理：

（1）赔偿请求人未经赔偿义务机关处理而直接提出复议申请的，复议机关应当告知赔偿请求人向赔偿义务机关提出赔偿请求。

（2）收到复议申请的机关不是赔偿义务机关的上一级机关的，应告知赔偿请求人向正确的复议机关提出申请。

（3）超过法定期限提起复议申请的，应决定驳回。请求人对驳回的决定不服的，可以申请赔偿委员会决定。

（4）赔偿请求人的复议申请符合受理条件的，应予受理。

2.对复议申请的审理和决定。复议机关受理复议申请后，应指定与本案无利害关系的工作人员办理。工作人员应当调查收集证据，查明案件事实，同时充分听取赔偿请求人的意见，与请求人就赔偿数额、赔偿方式和期限进行协商。复议机关应当听取赔偿义务机关的意见。复议可以采取书面方式审理，认为有必要时，也可以采取其他方式审理。

复议机关应当自收到申请之日起2个月内作出决定，对赔偿义务机关认定事实清楚，适用法律正确、适当的决定应予以维持；对于认定事实错误、适用法律错误或确定的赔偿方式、数额不合理的决定应当予以撤销；认为应当予以赔偿的，复议机关应当重新作出决定或者变更赔偿义务机关的决定。

复议机关作出的决定对于作为其下级机关的赔偿义务机关具有约束力。复议决定一经生效，赔偿义务机关必须执行。赔偿复议机关如果在2个月内不作出决定，请求人可以申请复议机关所在地的同级人民法院赔偿委员会作出赔偿决定；如果请求人对复议机关作出的决定不服，可以在收到复议决定书之日起30日内向复议机关所在地的同级人民法院赔偿委员会申请作出赔偿决定。

四、司法赔偿决定程序

（一）司法赔偿决定程序的含义

司法赔偿决定程序，是指赔偿委员会受理司法赔偿请求、作出决定的程序。这是国家赔偿法规定的最终解决和确定司法赔偿问题所适用的程序。根据国家赔偿法的规定，中级以上人民法院设立赔偿委员会，负责处理有关司法赔偿案件。除国家赔偿法对相关程序作出的规定外，最高人民法院《关于人民法院赔偿委员会审理国家赔偿案件程序的规定》（以下简称《赔偿委员会程序规定》）对司法赔偿决定程序予以了详细规定。

1.赔偿委员会的组成。根据国家赔偿法规定，赔偿委员会由人民法院3名以上审判员组成，组成人员的人数应当为单数。设主任1人，负责召集、主持赔偿委员会会议，领导赔偿委员会的工作。

2.赔偿委员会的受案范围。人民法院赔偿委员会受理以下两类案件：

（1）行使侦查、检察、看守所、监狱管理职权的机关及其工作人员在行使职权时侵犯公民、法人和其他组织的人身权、财产权，造成损害，应予赔偿，赔偿请求人依法提出复议申请的，因对复议决定不服或者复议机关逾期不作出决定，在法定期间内向复议机关所在地的同级人民法院赔偿委员会申请作出赔偿决定的。

（2）人民法院是赔偿义务机关，赔偿请求人经申请赔偿，因赔偿义务机关逾期不予赔偿或者赔偿请求人对赔偿数额有异议，在法定期间内向赔偿义务机关的上一级人民法院赔偿委员会申请作出赔偿决定的。

3.赔偿委员会的管辖。国家赔偿法规定，赔偿义务机关是人民法院的，则由其上一级人民法院管辖；如果赔偿义务机关是其他司法机关，则由复议机关所在地的同级人民法院管辖。

（二）司法赔偿决定程序的步骤

1.申请。复议机关逾期不作出复议决定或者受害人不服复议决定的，应当向与复议机关同级的人民法院提出申请，但必须符合一定的条件。

（1）申请方式。赔偿请求人向赔偿委员会申请作出赔偿决定，原则上应采用书面方式，递交赔偿申请书，一式四份。但是，赔偿请求人书写申请书确有困难的，也可以口头申请。口头提出申请的，人民法院应当填写《申请赔偿登记表》，由赔偿请求人签名或者盖章。

（2）相关法律文书和证明材料。根据《赔偿委员会程序规定》的规定，赔偿请求人在提出申请时，应当提供相关法律文书和证明材料。具体包括：赔偿义务机关作出的决定书；复议机关作出的复议决定书，但赔偿义务机关是人民法院的除外；赔偿义务机关或者复议机关逾期未作出决定的，应当提供赔偿义务机关对赔偿申请的收讫凭证等相关证明材料；行使侦查、检察、审判职权的机关在赔偿申请所涉案件的刑事诉讼程序、民事诉讼程序、行政诉讼程序、执行程序中作出的法律文书；赔偿义务机关职权行为侵犯赔偿请求人合法权益造成损害的证明材料；证明赔偿申请符合申请条件的其他材料。

2.立案。赔偿委员会收到赔偿申请，经审查认为符合申请条件的，应当在7日内立案，并通知赔偿请求人、赔偿义务机关和复议机关；认为不符合申请条件的，应当在7日内决定不予受理。7日的期限自赔偿委员会收到赔偿申请之日起计算。

如果申请材料不齐全的，赔偿委员会应当在5日内一次性告知赔偿请求人需要补正的全部内容。收到赔偿申请的时间应当自赔偿委员会收到补正材料之日起计算。

赔偿委员会立案后发现不符合申请条件的，决定驳回申请。

赔偿委员会应当在立案之日起5日内将赔偿申请书副本或者《申请赔偿登记表》副本送达赔偿义务机关和复议机关。

3.审理。赔偿委员会审理国家赔偿案件涉及诸多事项，分述如下：

（1）代理。在法院赔偿委员会审理国家赔偿案件程序中，赔偿请求人可以委托1~2人作为代理人。律师、提出申请的公民的近亲属、有关的社会团体或者所在单位推荐的人、经赔偿委员会许可的其他公民，都可以被委托为代理人。同时，赔偿义务机关、复议机关可以委托本机关工作人员1~2人作为代理人。

赔偿请求人、赔偿义务机关、复议机关委托他人代理，应当向赔偿委员会提交由委托人签名或者盖章的授权委托书。授权委托书应当载明委托事项和权限。代理人代为承认、放弃、变更赔偿请求，应当有委托人的特别授权。

（2）审理的组织形式。赔偿委员会审理赔偿案件，应当指定1名审判员负责具体承办。负责具体承办赔偿案件的审判员应当查清事实并写出审理报告，提请赔偿委员会讨论决定。但是，赔偿委员会作赔偿决定，必须有3名以上审判员参加，按照少数服从多数的原则作出决定。赔偿委员会认为重大、疑难的案件，应报请院长提交审判委员会讨论决定。审判委员会的决定，赔偿委员会应当执行。

在审理赔偿案件中，审判人员、书记员、翻译人员、鉴定人、勘验人，应遵守回避规定。遇有下列情形之一的，应当回避：是本案赔偿请求人的近亲属；是本案代理人的近亲属；与本案有利害关系；与本案有其他关系，可能影响对案件公正审理的。赔偿请求人和赔偿义务机关有权以书面或者口头方式申请其回避。

（3）协商。赔偿委员会审理赔偿案件，可以组织赔偿义务机关与赔偿请求人就赔偿方式、赔偿项目和赔偿数额进行协商。组织协商应当遵循自愿和合法的原则。赔偿请求人、赔偿义务机关一方或者双方不愿协商，或者协商不成的，赔偿委员会应当及时作出决定。

赔偿请求人和赔偿义务机关经协商达成协议的，赔偿委员会审查确认后应当制作国家赔偿决定书。

（4）审理方式。《国家赔偿法》第27条规定，人民法院赔偿委员会处理赔偿请求，采取书面审查的办法。必要时，可以向有关单位和人员调查情况、收集证据。赔偿请求人与赔偿义务机关对损害事实及因果关系有争议的，赔偿委员会可以听取赔偿请求人和赔偿义务机关的陈述和申辩，并可以进行质证。根据此规定，人民法院赔偿委员会审理赔偿案件可以采用书面审理和质证审理两种方式。两种方式如何使用，是重要问题。之前，书面审理占有主导地位，但2013年由最高人民法院发布的《关于人民法院赔偿委员会适用质证程序审理国家赔偿案件的规定》（以下简称《赔偿质证程序规定》）将质证审理上升为主要审理方式。

《赔偿质证程序规定》第2条规定，有下列情形之一，经书面审理不能解决的，赔偿委员会可以组织赔偿请求人和赔偿义务机关进行质证：对侵权事实、损害后果及因果关系有争议的；对是否属于《国家赔偿法》第19条规定的国家不承担赔偿责任的情形有争议的；对赔偿方式、赔偿项目或者赔偿数额有争议的；赔偿委员会认为应当质证的其他情形。根据此规定，对于事实没有争议、只涉及法律适用的可采用书面审理方式；对于事实有争议的原则上均应当采用质证审理方式。

质证原则上应当公开进行，除涉及国家秘密、个人隐私或者法律另有规定的不公开进行；同时，赔偿请求人或者赔偿义务机关申请不公开质证，对方同意的，赔偿委员会可以不公开质证。赔偿请求人和赔偿义务机关在质证活动中的法律地位平等。

赔偿委员会应当指定审判员组织质证，并在质证3日前通知赔偿请求人、赔偿义务机关和其他质证参与人。必要时，赔偿委员会可以通知赔偿义务机关实施原职权行为的工作人员或者其他利害关系人到场接受询问。赔偿委员会决定公开质证的，应当在质证3日前公告案由，赔偿请求人和赔偿义务机关的名称，以及质证的时间、地点。赔偿委员会认为必要时，可以通知复议机关参加质证，由复议机关对其作出复议决定的事实和法律依据进行说明。

《赔偿质证程序规定》对质证的具体程序作出了详细规定。

（5）举证责任。根据《赔偿质证程序规定》的规定，赔偿请求人、赔偿义务机关对其主张的有利于自己的事实负举证责任，但法律、司法解释另有规定的除外。没有证据或者证据不足以证明其事实主张的，由负有举证责任的一方承担不利后果。

下列事实需要证明的，由赔偿义务机关负举证责任：赔偿义务机关行为的合法性；赔偿义务机关无过错；因赔偿义务机关过错致使赔偿请求人不能证明的待证事实；赔偿义务机关行为与被羁押人在羁押期间死亡或者丧失行为能力不存在因果关系。对于下列情形，由赔偿义务机关负举证责任：属于法定免责情形；赔偿请求超过法定时效；具有其他抗辩事由。

赔偿请求人、赔偿义务机关应当在收到受理案件通知书之日起10日内提供证据。赔偿请求人、赔偿义务机关确因客观事由不能在该期限内提供证据的，赔偿委员会可以根据其申请适当延长举证期限。赔偿请求人、赔偿义务机关无正当理由逾期提供证据的，应当承担相应的不利后果。

赔偿请求人可以在举证期限内申请赔偿委员会调取下列证据：由国家有关部门保存，赔偿请求人及其委托代理人无权查阅调取的证据；涉及国家秘密、商业秘密、个人隐私的证据；赔偿请求人及其委托代理人因客观原因不能自行收集的其他证据。赔偿请求人申请赔偿委员会调取证据，应当提供具体线索。

赔偿委员会有权要求赔偿请求人、赔偿义务机关提供或者补充证据。涉及国家利益、社会公共利益或者他人合法权益的事实，或者涉及依职权追加质证参加人、中止审理、终结审理、回避等程序性事项的，赔偿委员会可以向有关单位和人员调查情况、收集证据。

对于证据较多或者疑难复杂的案件，赔偿委员会可以组织赔偿请求人、赔偿义务机关在质证前交换证据，明确争议焦点，并将交换证据的情况记录在卷。赔偿请求人、赔偿义务机关在证据交换过程中没有争议并记录在卷的证据，经审判员在质证中说明后，可以作为认定案件事实的依据。

（6）中止审理与终结审理。有下列情形之一的，赔偿委员会应当决定中止审理：赔偿请求人死亡，需要等待其继承人和其他有扶养关系的亲属表明是否参加赔偿案件处理的；赔偿请求人丧失行为能力，尚未确定法定代理人的；作为赔偿请求人的法人或者其他组织终止，尚未确定权利义务承受人的；赔偿请求人因不可抗拒的事由，在法定审限内不能参加赔偿案件处理的；宣告无罪的案件，人民法院决定再审或者人民检察院按照审判监督程序提出抗诉的；应当中止审理的其他情形。中止审理的原因消除后，赔偿委员会应当及时恢复审理，并通知赔偿请求人、赔偿义务机关和复议机关。

有下列情形之一的，赔偿委员会应当决定终结审理：赔偿请求人死亡，没有继承人和其他有扶养关系的亲属或者赔偿请求人的继承人和其他有扶养关系的亲属放弃要求赔偿权利的；作为赔偿请求人的法人或者其他组织终止后，其权利义务承受人放弃要求赔偿权利的；赔偿请求人据以申请赔偿的撤销案件决定、不起诉决定或者无罪判决被撤销的；应当终结审理的其他情形。

（7）撤回申请。赔偿委员会作出决定前，赔偿请求人撤回赔偿申请的，赔偿委员会应当依法审查并作出是否准许的决定。

4.决定。赔偿委员会审理的案件，应当分情形依法作出如下决定：

（1）维持决定：赔偿义务机关的决定或者复议机关的复议决定认定事实清楚，适用法律正确的，依法予以维持。

（2）重新决定：赔偿义务机关的决定、复议机关的复议决定认定事实清楚，但适用法律错误的，依法重新决定；如果赔偿义务机关的决定、复议机关的复议决定认定事实不清、证据不足的，查清事实后依法重新决定。

（3）赔偿或不予赔偿决定：赔偿义务机关、复议机关逾期未作决定的，查清事实后依法作出决定。

赔偿委员会审理赔偿案件作出决定，应当制作国家赔偿决定书，加盖人民法院印章。国家赔偿决定书应当载明以下事项：赔偿请求人的基本情况，赔偿义务机关、复议机关的名称及其法定代表人；赔偿请求人申请事项及理由，赔偿义务机关的决定、复议机关的复议决定情况；赔偿委员会认定的事实及依据；决定的理由及法律依据；决定内容。

赔偿委员会作出的决定应当分别送达赔偿请求人、赔偿义务机关和复议机关。

人民法院赔偿委员会应当自收到赔偿申请之日起3个月内作出决定；属于疑难、复杂、重大案件的，经本院院长批准，可以延长3个月。

5.执行。赔偿委员会决定一经作出，即发生法律效力，必须执行。赔偿请求人可根据决定书要求赔偿义务机关履行赔偿义务，也可要求人民法院执行。关于赔偿委员会决定的执行程序和方式，国家赔偿法没有规定。学理上一般认为，赔偿委员会的决定属于生效的法律文书，可以作为人民法院强制执行的根据。赔偿义务机关作出的赔偿决定、赔偿协议以及复议机关作出的复议决定、与请求人达成的赔偿协议，都是生效的法律文书，可以作为强制执行的根据。但是，由于司法赔偿义务机关是国家机关，不能适用民事诉讼法规定的执行措施。对此，学理上有人认为，对司法赔偿义务机关的强制执行，可以参照适用行政诉讼法有关对被告的强制执行措施的规定。因此，人民赔偿委员会作出决定后，应将决定书根据决定事项分别送达赔偿请求人、赔偿义务机关和复议机关，通知赔偿义务机关履行赔偿义务。对于赔偿义务机关拒不履行赔偿义务的，可以根据《行政诉讼法》第94～96条采取强制执行措施，根据该法的规定：当事人必须履行人民法院发生法律效力的判决、裁定、调解书。行政机关拒绝履行判决、裁定、调解书的，第一审人民法院可以采取以下措施：（1）对应当归还的罚款或者应当给付的款额，通知银行从该行政机关的账户内划拨。（2）在规定期限内不履行的，从期满之日起，对该行政机关负责人按日处50~100元的罚款。（3）将行政机关拒绝履行的情况予以公告。（4）向监察机关或该行政机关的上一级行政机关提出司法建议。接受司法建议的机关，根据有关规定进行处理，并将处理情况告知人民法院。（5）拒不履行判决、裁定、调解书，社会影响恶劣的，可以对该行政机关直接负责的主管人员和其他责任人员予以拘留；情节严重构成犯罪的，依法追究刑事责任。

赔偿委员会的决定是终局裁决，赔偿请求人或者赔偿义务机关对赔偿委员会作出的决定，认为确有错误的，可以向上一级人民法院赔偿委员会提出申诉。而赔偿委员会作出的赔偿决定生效后，如发现赔偿决定违反本法规定的，经本院院长决定或者上级人民法院指令，赔偿委员会应当在2个月内重新审查并依法作出决定，上一级人民法院赔偿委员会也可以直接审查并作出决定。最高人民检察院对各级人民法院赔偿委员会作出的决定，上级人民检察院对下级人民法院赔偿委员会作出的决定，发现违反《国家赔偿法》规定的，应当向同级人民法院赔偿委员会提出意见，同级人民法院赔偿委员会应当在2个月内重新审查并依法作出决定。

赔偿请求人或者赔偿义务机关提起申诉，不停止赔偿决定的执行；但法院赔偿委员会依规定决定重新审查的，可以决定中止原赔偿决定的执行。

五、司法追偿程序

司法追偿，是指司法赔偿义务机关在履行赔偿责任后依法责令有责任的工作人员承担部分或全部赔偿费用的制度。对符合国家赔偿法规定的条件的工作人员，司法赔偿义务机关在履行赔偿责任之后，即享有追偿的权力，应当责令工作人员承担部分或者全部赔偿费用。

（一）司法追偿的范围

司法追偿的范围是指国家对哪些工作人员进行司法追偿。根据《国家赔偿法》第24条的规定，我国司法赔偿的追偿范围包括：

1.实施暴力侵权行为的工作人员。行使侦查、检察、审判、监狱管理职权的工作人员，在行使职权时刑讯逼供或者以殴打等暴力行为或者唆使他人以殴打等暴力行为造成公民身体伤害或者死亡的，司法赔偿义务机关在履行赔偿责任之后，应当责令其承担全部或者部分赔偿费用。

2.违法使用武器或者警械造成公民受害或者死亡的工作人员。行使侦查、检察、审判、监狱管理职权的工作人员，违法使用武器、警械造成公民身体伤害或者死亡的，国家对该工作人员有追偿的权利，在履行赔偿责任之后，应当责令其承担全部或者部分赔偿费用。

3.在执行职务过程中贪污受贿、徇私舞弊、枉法裁判的工作人员。

从上述三种情形不难看出，我国国家赔偿法对司法追偿的范围采取了严格的限制，明显比行政追偿的范围狭窄。在行政追偿中，具有故意或者重大过失的工作人员都是追偿的对象；而且，受行政机关委托的组织或者个人具有故意或者重大过失的，也在追偿之列。在司法追偿中，追偿的范围限于上述三种人员。一方面，国家之所以对这种工作人员进行追偿，是因为这种工作人员具有实施违法行为的故意，其主观的归责性很大，不追偿不足以制止此类违法行为。另一方面，司法活动比较复杂，国家需要公安司法机关工作人员具有较大的独立性，充分发挥其主观能动性，对具有一般过错的工作人员，不予追偿。

（二）司法追偿程序

司法追偿程序，是指司法赔偿义务机关行使追偿权，作出追偿决定的步骤、顺序、时间和方式。

司法追偿程序是对赔偿义务机关的规范和制约，有利于其正确、及时行使追偿权；同时，司法追偿程序也是对被追偿人的保护，在司法追偿过程中，被追偿人应当享有知情权、申辩权、举证权、申诉权等程序权利，而司法追偿程序是确保被追偿人得以行使这些权利的途径。

关于司法追偿程序，我国国家赔偿法没有明确具体的规定。我们认为，从程序法的一般原理来看，司法追偿程序涉及如下事项：

1.司法追偿的机关。根据《国家赔偿法》第24条的规定，司法追偿的机关为赔偿义务机关。赔偿义务机关只能对自己所属的工作人员行使追偿权。

2.司法追偿的条件。司法追偿的条件包括：

（1）司法赔偿义务机关已经履行了赔偿责任。

（2）实施司法侵权行为的工作人员符合司法追偿的范围。

（3）追偿的数额限于赔偿义务机关支付的赔偿金，即国家赔偿费用，不包括赔偿义务机关因处理赔偿请求而支出的费用。关于追偿的数额，我们认为应当有最高数额的限制。

（4）遵守法定的程序和期限。关于赔偿义务机关行使追偿权的期限，国家赔偿法没有明确规定。结合民事法律关于特殊侵权行为的时效的规定，司法赔偿义务机关行使追偿权的期限为1年，从其履行完赔偿责任之日起计算。

对符合上述条件的工作人员，赔偿义务机关应当行使追偿权，责令其承担全部或者部分赔偿费用。

3.司法追偿的步骤。司法赔偿义务机关行使追偿权，应当经历如下步骤：

（1）立案。司法赔偿义务机关在履行赔偿责任之后，对符合追偿范围的工作人员，应当办理立案手续。在决定是否立案时，赔偿义务机关应当对追偿的条件作初步的审查，经审查认为符合司法追偿的范围和条件的，应当按照司法赔偿义务机关的内部工作制度，经主管领导批准，办理立案手续，同时确定办案人员。

（2）调查。司法赔偿义务机关应当调查有关司法追偿范围和条件的事实，收集必要的证据。为此，司法赔偿义务机关可以询问证人，询问被追偿人，向有关的单位和个人调取证据材料。司法赔偿义务机关应当全面调查收集证据，无论其是否有利于被追偿人。被追偿人认为某个证据需要调查的，可以向赔偿义务机关提出申请，但赔偿义务机关不受其申请的约束。

（3）初步决定。办案人员根据调查收集的证据，拟定初步的处理意见。

（4）听取被追偿人的意见。被追偿人有权了解赔偿义务机关掌握的证据材料和初步的处理意见，有权提供证据，表达个人对追偿的意见和要求，特别是有关追偿的数额和履行期限的意见和要求。对有关的证人，被追偿人有权进行质辩。

（5）作出决定。办案人员在听取了被追偿人的意见之后，应当修改或者重新拟定处理意见，报请主管领导批准。作出决定必须说明追偿的法律依据和事实根据，即说明追偿的理由，以方便被追偿人申诉和上级机关监督。

（6）通知。作出决定应当通知被追偿人。

（7）申诉。被追偿人对作出决定不服的，可以向司法赔偿义务机关的上一级机关申诉，但申诉期间不停止执行作出决定。

（8）执行。被追偿人无正当理由不按照作出决定规定的期限和方式履行追偿义务的，司法赔偿义务机关可以采取执行措施。由于被追偿人是公安司法机关工作人员，而且公安司法机关的职权不一致，关于司法赔偿义务机关是否有权直接对被追偿人采取强制执行措施，有待进一步探讨。我们认为，公安机关、人民检察院和监狱管理机关的采取强制性措施的权力具有特定的适用范围和条件，不能适用于作出决定的执行。关于被追偿人无正当理由拒不履行作出决定的情况，应当申请人民法院执行。人民法院作为赔偿义务机关作出决定的，可以自行依法强制执行。

案例分析 能力训练

【本章主要法律规定】

1.《国家赔偿法》第17～30、38～39条
2.最高人民法院《关于人民法院赔偿委员会审理国家赔偿案件程序的规定》
3.最高人民法院《关于人民法院执行〈中华人民共和国国家赔偿法〉几个问题的解释》
4.最高人民法院《关于审理民事、行政诉讼中司法赔偿案件适用法律若干问题的解释》
5.最高人民法院《关于适用〈中华人民共和国国家赔偿法〉若干问题的解释（一）》
6.最高人民法院《关于人民法院赔偿委员会适用质证程序审理国家赔偿案件的规定》
7.最高人民法院、最高人民检察院《关于办理刑事赔偿案件适用法律若干问题的解释》第1～12、22条

第二十三章
国家赔偿方式、标准和费用

本章主要内容提示

本章的难点在于国家赔偿的计算标准，其计算分三种情况：一是人身自由权损害赔偿，每日的赔偿金按照国家上年度职工日平均工资计算。需要注意"上年度"的确定。二是生命健康权损害赔偿，又分为致人身体伤害、致人身体残疾和致人死亡三种情况，计算相对复杂。三是财产权损害赔偿，其计算因情形不同而有所区别，但标准为"直接损失"。

依照规定，国家机关及其工作人员违法侵害公民的人身自由及生命健康权造成严重后果的，应支付精神损害抚慰金。

第一节　国家赔偿的方式

一、国家赔偿方式的含义

国家赔偿方式，是指国家对自己的侵权行为承担赔偿责任的各种形式。《国家赔偿法》第32条规定：国家赔偿以支付赔偿金为主要方式。能够返还财产或者恢复原状的，予以返还财产或者恢复原状。根据这一规定，我国的国家赔偿是以金钱赔偿为主要方式，以返还财产、恢复原状为补充，即除特别情形以外，绝大部分的赔偿应通过支付货币的方式进行赔偿，只有在返还财产、恢复原状为适当时，才可以选择返还财产、恢复原状的方式。除金钱赔偿、返还财产、恢复原状几种方式外，《国家赔偿法》还规定了恢复名誉、赔礼道歉、消除影响等赔偿方式。国家赔偿法之所以采取这种方式，主要是出于以下目的：

1.国家确立赔偿制度的目的在于更有效地保障公民、法人以及其他组织的合法权益，使其在受到国家机关的侵害后能得到相应的补救。因此，原则上应当是"同等损害、同等赔偿"。采用以金钱赔偿为主，返还财产、恢复原状为辅的方式，能保证受害人得到与其所受损害相当的、充分的赔偿，避免由于方式单一造成的局限性，使受害人从数量、质量、程度、类型上得到真正的救济。

2.以金钱赔偿为主，以其他方式为辅的赔偿方式充分考虑了效率要求。国家机关承担着国家运转的各项职能，为保证公务的正常履行，赔偿方式力求便捷易行，以避免国家机关陷入烦琐的个案纠缠之中而贻误公务。在国家赔偿中，采取金钱赔偿方式，简便易行，受害一方也可迅速得到救济，免去旷日持久的诉讼纠纷。

二、金钱赔偿

金钱赔偿，即将受害人的各项损失计算成金额，以金额折抵受损害人的损失。无论是对财产损失，还是对精神损害、人身损害的赔偿，都可以采用金钱赔偿形式。国家赔偿法把金钱赔偿规定为主要原则，是由其本身的特点决定的：(1)金钱赔偿适用的范围非常广泛，几乎适用于任何损害的赔偿，无论是物质损害还是精神损害，也无论是对人身权或对财产权的损害，金钱赔偿都具有其他责任形式无法替代的优势。(2)金钱赔偿便于操作。金钱赔偿一般都有固定标准，便于实施，可以避免双方因标准不一达不成共识而难以实施的可能。正因如此，金钱赔偿在国家赔偿方式中占有相当重要的地位。

1.人身损害的金钱赔偿。一般来说，对人身造成的损害是难以用金钱来直接赔偿的，因为人身权不是金钱可以衡量的。但是在损害已经发生的情况下，除了对仍在继续的损害停止侵害外，尚没有比金钱赔偿更为适合的赔偿方式。这是因为一旦发生人身损害，特别是劳动能力的部分或全部丧失时，原本可以得到的收入可能减少或者丧失，法定扶养义务无法履行，同时还要为消除病痛或恢复健康或安葬支付费用等。受害人遭受的这一系列的财产损失，只能由国家承担赔偿责任，支付相应的赔偿金额，填补受害人因不法侵害造成物质上的损失。此外，人身不但是物质利益的载体，还是精神、情感等精神生活的载体，金钱补偿可以使受害人的精神得到安慰。从这些意义上说，人身损害适用金钱赔偿的方式是适合的。

2.财产损害的金钱赔偿。任何财产都具有使用价值和交换价值，都可以折算成一定的金额，然后再给予相应的赔偿。例如，某企业的一批进口原材料被行政机关违法查封扣押，在此期间，该原材料发生变质，在计算损失时，可以按国家规定的价值折算成金额，由国家给予赔偿。财产损失的几种形式，如物的灭失、盈利之丧失等都可能通过金钱进行赔偿。但是，如果采用其他方式更便捷易行，则适用其他赔偿方式。

根据《国家赔偿法》规定，金钱赔偿的适用，应当以不能返还财产或恢复原状为前提。不能返还财产或恢复原状主要指以下几种情况：(1)侵犯公民人身自由及生命健康权；(2)侵犯公民、组织的财产权，被侵害的财产已经灭失、拍卖等，恢复原状在事实上已不可能；(3)侵犯公民、组织的财产权，被侵害的财产已被损坏且不能恢复原状或恢复有重大困难；(4)返还财产或恢复原状与法律规范相抵触。

3.精神损害的金钱赔偿。原国家赔偿法没有关于精神损害给予金钱赔偿的规定。不过，在民事赔偿中已经建立了精神损害赔偿制度，侵权责任法首次在法律中对精神损害赔偿作出明确规定的情况下，《国家赔偿法》规定，对出现该法第3条或者第17条规定情形之一，致人精神损害的，应当在侵权行为影响的范围内，为受害人消除影响，恢复名誉，赔礼道歉；造成严重后果的，应当支付相应的精神损害抚慰金。消除影响、恢复名誉与赔礼道歉，可以单独适用，也可以合并适用，并应当与侵权行为的具体方式和造成的影响范围相当。这意味着消除影响、恢复名誉是作为一体的责任承担方式，不再拆分。因此，《国家赔偿法》明确国家机关及其工作人员违法侵害公民的人身自由及生命健康权造成严重后果的，应支付精神损害抚慰金。根据最高人民法院《关于审理国家赔偿案件确定精神损害赔偿责任适用法律若干问题的解释》规定，精神损害抚慰金一般应当在《国家赔偿法》第33条、第34条规定的人身自由赔偿金、生命健康赔偿金总额的50%以下(包括本数)酌定。但是，后果特别严重，或者虽然不具有该解释第7条第2款规定情形，但是确有证据证明前述标准不足以抚慰的，可以在50%以上酌定。在特定案件中的精神损害抚慰金的具体数额，应当在兼顾社会发展整体水平的同时，参考下列因素合理确定：一是精神受到损害以及造成严重后果的情况；二是侵权行为的目的、手段、方式等具体情节；三是侵权机关及其工作人员的违法、过错程度、原因力比例；四是原错判罪名、刑罚轻重、羁押时间；五是受害人的职业、影响范围；六是纠错的事由以及过程；七是其他应当考虑的因素。不过，精神损害抚慰金的数额一般不少于1000元。若受害人对损害事实和后果的发生或者扩大有过错的，可以根据其过错程度减少或者不予支付精神损害抚慰金。

根据司法解释规定，有下列情形之一的，可以认定为“造成严重后果”：一是无罪或者终止追究刑事责任的人被羁押6个月以上；二是受害人经鉴定为轻伤以上或者残疾；三是受害人经诊断、鉴定为精神障碍或者精神残疾，且与侵权行为存在关联；四是受害人名誉、荣誉、家庭、职业、教育等方面遭受严重损害，且与侵权行为存在关联。而有下列情形之一的，可以认定为“后果特别严重”：一是受害人无罪被羁押10年以上；二是受害人死亡；三是受害人经鉴定为重伤或者残疾一至四级，且生活不能自理；四是受害人经诊断、鉴定为严重精神障碍或者精神残疾一至二级，生活不能自理，且与侵权行为存在关联的。

三、返还财产

返还财产，是指国家机关将违法取得的财产返还给受害人的赔偿方式。返还财产只能适用于物质损害，尤其是在物品失去控制的情况下。返还财产一般是指原物。如果原物是特定化的种类物，可以以同种类的物品赔偿，当事人不同意的，只能金钱赔偿，不能采用返还财产的方式。在返还财产时，如果财产在失去控制期间有孳息物的，应一并返还。返还财产，主要适用于以下情形：

1.行政机关违法采用罚款、没收财产等行政处罚。行政处罚是剥夺相对人权利的一种制裁措施，当处罚行为被认为违法时，即应返还受害人的财产。

2.行政机关违反国家规定征收财物、摊派费用。行政机关征收财物、摊派费用，是行政机关对相对人课以义务的行为，当这种行为没有法律依据时，便构成对当事人财产权的侵犯，行政机关应当返还征收的财物和摊派的费用。

3.司法机关或行政机关违法适用罚金、没收、追缴等剥夺财产的措施。例如，人民法院对没有犯罪事实的人处以罚金、没收财产等刑事制裁措施，当上级人民法院依照审判监督程序再审改判无罪的，原判的罚金、没收的财产应当返还。

4.国家机关违法采取的查封、扣押、冻结财产的措施。如果被侵害的财产尚未灭失，应当返还，造成损害的，还应支付相应的赔偿金。

需要注意的是，采用返还财产这一赔偿方式，还需要具备以下几个条件：

1.原财产还存在。如果原财产已经毁损或灭失，返还财产也就无从谈起。如果原物是经过特定化的种类物，如一台电视机，但该物已经被损坏，经受害人同意，可赔偿其另外一台价值相当的电视机，如果受害人不同意，则只能给予金钱赔偿。

2.返还财产比金钱赔偿更为便捷，返还财产是国家赔偿方式中的一种例外，只有在比金钱赔偿更便捷时才适用。如果原财产虽然存在，但被运往外地或下落需要查找时，则不如用金钱赔偿更为便捷。

3.返还财产不影响公务的实施。如果原财产已经用于公务活动，返还财产将会影响公务的实施，则不应以返还财产方式赔偿，而应以金钱赔偿。

四、恢复原状

恢复原状，是指使国家机关的违法行为侵害相对人的财产或权利恢复到受损害前的形状、性能或状态的赔偿方式。

恢复原状作为一种赔偿方式，在国家赔偿中的适用限制非常严格。因为恢复原状可能会耗费国家工作人员过多的时间、精力，影响行政效率。只有在比金钱赔偿更便捷的情况下，才适用此种方式。一般来说，通常适用于以下几种情况：

（1）应当返还的财产被损坏，能够恢复原状的，应当恢复原状；

（2）查封、扣押、冻结财产的，应当解除查封、扣押、冻结；

（3）有可能恢复原状且不违反其他法律规定。

恢复原状必须具备以下几个条件：

（1）受到损害的财产能够恢复原状。如果财产损害导致物之功能丧失或减弱已经无法恢复时，不能适用恢复原状的赔偿方式。

（2）恢复原状比金钱赔偿更便捷易行。恢复原状作为金钱赔偿的一种辅助方式，只有比金钱赔偿更为简便易行时才被采用。如果损害可以用金钱计算，且比恢复原状更简便时，应当适用金钱赔偿的方式。

（3）排除了其他赔偿方式的适用。恢复原状是一个十分灵活的概念，其适用的范围又比较广泛，即排除妨碍，消除危险，修理、重作、更换等都是恢复原状的内容；凡是无法适用金钱赔偿或者只有恢复原状这种赔偿方式最为便捷时，方可以适用恢复原状。

五、国家赔偿的其他方式

除上述三种赔偿方式外，国家赔偿法还明确规定了其他的赔偿方式。根据《国家赔偿法》第35条的规定，对出现第3条或者第17条规定情形之一，致人精神损害，即国家机关及其工作人员违法侵害公民的人身自由及生命健康权的，赔偿义务机关应当在侵权行为影响的范围内，为受害人消除影响，恢复名誉，赔礼道歉。

上述情形均属国家机关行使职权限制或剥夺公民的人身自由和侵害生命健康权，侵犯了公民人身权利，同时在一定范围内造成对公民的名誉权和荣誉权的损害。国家机关在纠正违法行为时，应当在侵权行为影响的范围内，为受害人消除影响、恢复名誉、赔礼道歉。

1.消除影响。国家赔偿法中的消除影响，是指国家机关承担的在特定范围内消除因侵犯名誉权、荣誉权所产生的各种不良影响，对受害人名誉和荣誉的赔偿方式。在运用这一赔偿方式时，应当注意以下几个问题：

（1）受害人的名誉权和荣誉权已经受到了损害，这是消除影响适用的前提。如果侵权行为尚未公开，并不为公众所知，或者公民的名誉权和荣誉权仅仅受到损害威胁，还未造成不良影响，则没有必要采用这一赔偿方式。

（2）消除影响必须在受到损害的特定的范围内。即侵权行为在多大的范围内侵害了受害人的名誉权和荣誉权，在多大范围内对受害人造成不良影响，必须在多大范围内消除之，以恢复受害人在公众中的名誉和荣誉。例如，某公安机关认定某人有赌博行为对其实施拘留，并在全厂作为法制教育典型进行宣传，后该拘留被确认违法，公安机关应当在全厂范围内为受害人消除不良影响。

（3）消除影响的方式可以单独适用，也可以与其他赔偿方式合并适用。如果国家机关限制人身自由的时间较短，损害的程度又较轻，单独适用消除影响的赔偿方式即可。否则，除为受害人消除影响外，还须用其他方式赔偿。

2.恢复名誉。恢复名誉与消除影响在我国民法中经常合并适用。两者在许多方面有相似之处，都是因为侵犯了受害人的名誉权与荣誉权而承担的民事责任的形式，都是对精神损害的补救与赔偿。我国国家赔偿法采用恢复名誉的赔偿方式，主要适用于因为国家机关的侵权行为造成公民名誉权与荣誉权的损害，与消除影响的赔偿方式有许多共同之处。具体表现在：

（1）适用的原因相同：都是因国家机关违法行使职权侵犯公民的人身自由，损害了公民的名誉权而给予的赔偿。

（2）适用的前提相同：都是因国家机关的违法行为造成的，并且公民的名誉和荣誉已经受到了损害。

（3）补救的范围相同：受害人的名誉权和荣誉权在多大的范围内受到损害，必须在多大的范围内消除不良影响，恢复其名誉。

（4）适用形式相同：都可以单独适用，也可以与其他方式合并适用。

3.赔礼道歉。因为国家机关的侵权行为造成受害人名誉或荣誉的损害，侵害人向受害人承认过错，表示歉意，即为赔礼道歉。

第二节　国家赔偿的计算标准

一、人身权损害赔偿的计算标准

人身权的损害包括侵犯公民自由和侵犯公民生命健康权两类，具体包括限制和剥夺人身自由，损害人格权，损害健康致人伤残、致人死亡。其损害赔偿计算标准分别为：

（一）人身自由权损害赔偿的计算标准

国家机关侵犯公民人身自由的行为大致包括徒刑、拘役、管制、刑事拘留、司法拘留、行政拘留、强制性教育措施、逮捕及其他刑事侦查中限制人身自由的羁押行为。限制、剥夺人身自由的赔偿，一般以受害人被羁押的时间乘以每日赔偿金额计算，但各国和地区的每日赔偿金额不一。《国家赔偿法》第33条规定：侵犯公民人身自由的，每日的赔偿金按照国家上年度职工日平均工资计算。即按日支付赔偿金，每日的赔偿金按照国家上年度职工日平均工资计算。根据最高人民法院《关于人民法院执行〈中华人民共和国国家赔偿法〉几个问题的解释》的规定，“上年度”应为赔偿义务机关、复议机关或者人民法院赔偿委员会作出决定时的上年度；复议机关或者人民法院赔偿委员会维持原赔偿决定的，按作出原赔偿决定时的上年度执行；复议机关或者人民法院赔偿委员会改变原赔偿决定，按照新作出决定时的上一年度国家职工平均工资标准计算人身自由赔偿金。国家上年度职工日平均工资数额，应当以职工年平均工资除以全年法定工作日数的方法计算。年平均工资以国家统计局公布的数字为准。作出赔偿决定、复议决定时国家上一年度职工平均工资尚未公布的，以已经公布的最近年度职工平均工资为准。

我国国家赔偿法对侵害公民人身自由权的赔偿采用随机标准，而不是规定一个最高赔偿限额或固定的标准，好处在于：可以适应经济发展的状况，有利于在全国范围内统一实施。符合我国的国情，既便于操作，也比较灵活，还能够在全国范围内得到统一实施，保证公民、法人和其他组织在合法权益受到侵害时能得到国家的合理赔偿。

（二）生命健康权损害赔偿的计算标准

损害生命健康包括致人身体伤害、致人身体残疾和致人死亡三种情况，国家违法侵害公民身体健康或者生命，致使其患病、丧失或减少劳动能力或者死亡的，应当负赔偿责任。各国关于人身伤害的赔偿一般包括医疗费、医疗期间的误工费和留有身体障碍时的补偿费或生活费。《国家赔偿法》第34条规定，侵犯公民生命健康权的赔偿按照下列标准计算。

1.造成身体损害的，应当支付医疗费、护理费，以及赔偿因误工减少的收入。减少的收入每日的赔偿金按照国家上年度职工日平均工资计算，最高额为国家上年度职工年平均工资的5倍。

一般身体伤害，指尚未造成残疾的伤害。医疗费是受害人身体受到损害后恢复健康进行治疗所支出的费用。包括医疗费、住院费、化验费等。医疗费按实际花费赔偿，应以受害人就诊医院开具的诊断证明和医疗费有关的收据为凭，凡治疗与侵害无关的疾病或擅自购买与侵害无关的药品，或未经医务部门批准，另找医院治疗的花费，都不应赔偿。护理费，是指受害人因遭受人身损害，生活无法自理需要他人护理而支出的费用。《关于办理刑事赔偿案件适用法律若干问题的解释》第13条规定，医疗费赔偿根据医疗机构出具的医药费、治疗费、住院费等收款凭证，结合病历和诊断证明等相关证据确定。赔偿义务机关对治疗的必要性和合理性提出异议的，应当承担举证责任。该解释第14条规定，护理费赔偿参照当地护工从事同等级别护理的劳务报酬标准计算，原则上按照一名护理人员的标准计算护理费；但医疗机构或者司法鉴定人有明确意见的，可以参照确定护理人数并赔偿相应的护理费。护理期限应当计算至公民恢复生活自理能力时止。公民因残疾不能恢复生活自理能力的，可以根据其年龄、健康状况等因素确定合理的护理期限，一般不超过

20年。

误工减少的收入，指受害人因受伤后不能工作而损失的收入。关于误工减少的损失标准，各国规定不一。有的规定按实际损失予以赔偿，有的确定每日或每月的赔偿金额，无论何人何种情况均适用一个标准，有的则规定按实际损失减半赔偿。我国国家赔偿法规定减少的收入每日赔偿金按国家上年度职工日平均工资计算，其总计的最高额为国家上年度职工年平均工资的5倍。误工日期的确定以医院开具的休假日期为依据，没有休假证明自行休假的，不作误工日计算。对赔偿金额规定最高限额并非始于我国，世界上其他国家也有类似的做法，这主要是出于国家的财力情况考虑。

《关于办理刑事赔偿案件适用法律若干问题的解释》第16条规定，误工减少收入的赔偿根据受害公民的误工时间和国家上年度职工日平均工资确定，最高为国家上年度职工年平均工资的5倍。误工时间根据公民接受治疗的医疗机构出具的证明确定。公民因伤致残持续误工的，误工时间可以计算至作为赔偿依据的伤残等级鉴定确定前一日。

2.造成部分或全部丧失能力的，应当支付医疗费、护理费、残疾生活辅助具费、康复费等因残疾而增加的必要支出和继续治疗所必需的费用，以及残疾赔偿金。残疾赔偿金根据丧失劳动能力的程度，按照国家规定的伤残等级确定，最高不超过国家上年度职工年平均工资的20倍。造成全部丧失劳动能力的，对其扶养的无劳动能力的人，还应当支付生活费。

关于医疗费和护理费的标准，应适用前述《关于办理刑事赔偿案件适用法律若干问题的解释》第13条、第14条。

残疾生活辅助具费，是指受害人因残疾而造成身体功能全部或者部分丧失后需要配制补偿功能的残疾辅助器具的费用。残疾生活辅助器具主要包括假肢及其零部件、假眼、助听器、盲人阅读器、助视器、矫形器等。康复费指残疾人为恢复肌体的正常肌能而进行的康复训练而支付费用。《关于办理刑事赔偿案件适用法律若干问题的解释》第15条规定，残疾生活辅助器具费赔偿按照普通适用器具的合理费用标准计算。伤情有特殊需要的，可以参照辅助器具配制机构的意见确定。辅助器具的更换周期和赔偿期限参照配制机构的意见确定。

残疾赔偿金，是指国家机关及其工作人员因违法行使职权侵犯公民生命健康权，致使公民部分或全部丧失劳动能力后，国家支付给受害人的赔偿金。残疾赔偿金根据丧失劳动能力的程度，按照国家规定的伤残等级确定，最高不超过国家上年度职工年平均工资的20倍。《关于办理刑事赔偿案件适用法律若干问题的解释》第17条规定，造成公民身体伤残的赔偿，应当根据司法鉴定人的伤残等级鉴定确定公民丧失劳动能力的程度，并参照以下标准确定残疾赔偿金：（1）按照国家规定的伤残等级确定公民为一级至四级伤残的，视为全部丧失劳动能力，残疾赔偿金幅度为国家上年度职工年平均工资的10~20倍；（2）按照国家规定的伤残等级确定公民为五级至十级伤残的，视为部分丧失劳动能力。五级至六级的，残疾赔偿金幅度为国家上年度职工年平均工资的5~10倍；七级至十级的，残疾赔偿金幅度为国家上年度职工年平均工资的5倍以下。有扶养义务的公民部分丧失劳动能力的，残疾赔偿金可以根据伤残等级并参考被扶养人生活来源丧失的情况进行确定，最高不超过国家上年度职工年平均工资的20倍。

生活费是国家因国家机关工作人员违法行使职权侵犯公民的生命健康权，致使其全部丧失劳动能力，对其所扶养（或抚养）的无劳动能力的人支付维持生活的费用。根据我国有关婚姻、继承法律规定，公民应扶养（或抚养）的人包括公民的直系亲属，即祖父母、外祖父母、父母、配偶、未满18周岁的子女以及与公民已形成扶养关系的人。凡是被抚养人是未成年人的，生活费给付至18周岁；其他无劳动能力的人，生活费给付至死亡。《关于办理刑事赔偿案件适用法律若干问题的解释》第18条对具体发放的标准作出了规定，受害的公民全部丧失劳动能力的，对其扶养的无劳动能力人的生活费发放标准，参照作出赔偿决定时被扶养人住所地所属省级人民政府确定的最低生活保障标准执行。能够确定扶养年限的，生活费可协商确定并一次性支付。不能确定扶养年限的，可按照20年上限确定扶养年限并一次性支付生活费，被扶养人超过60周岁的，年龄每增加一岁，扶养年限减少一年；被扶养人年龄超过确定扶养年限的，被扶养人可逐年领取生活费至死亡时止。

3.造成公民死亡的，应当支付死亡赔偿金、丧葬费，总额为国家上年度职工年平均工资的20倍。对死者生前扶养的无劳动能力的人，还应当支付生活费。

我国的国家赔偿法对死亡的赔偿采取最高限额一次性给付的规定，优点是能使赔偿义务机关迅速、准确地计算出赔偿金，可以及时地给付受害人亲属，使其尽快地得到安慰。这里需要注意的是，死亡赔偿金和丧葬费是一个固定的数额，即国家上年度职工年平均工资的20倍。关于生活费的规定与致人全部丧失生活能力是相同的。

死亡赔偿金与残疾赔偿金的不同之处在于：死亡赔偿金是给付受害人亲属的，而残疾赔偿金是给付受害人的。接受死亡赔偿金的主要是受害人的继承人及与受害人有扶养关系的亲属。因此，死亡赔偿金的内容，包括死亡赔偿金、丧葬费和生活费，由国家一次性向死者家属支付包括丧葬费在内的死亡赔偿金。

二、财产权损害赔偿的计算标准

根据《国家赔偿法》第36条的规定，财产损失赔偿的计算标准如下：

1.罚款、罚金、追缴、没收财产或者违法征收、征用财产的赔偿。对于罚款、罚金、追缴、没收财产侵犯公民、法人和其他组织财产权的，或者违法征收、征用财产的行为，属于物之失去控制，与之相适应的最好赔偿是返还财产。这里所说的返还财产，包括金钱及其他财物。返还执行的罚款或者罚金、追缴或者没收的金钱，应当支付银行同期存款利息。根据最高人民法院《关于审理行政赔偿案件若干问题的规定》第27条的规定，违法行政行为造成公民、法人或者其他组织财产损害，不能返还财产或者恢复原状的，按照损害发生时该财产的市场价格计算损失。市场价格无法确定，或者该价格不足以弥补公民、法人或者其他组织损失的，可以采用其他合理方式计算。违法征收征用土地、房屋，给予被征收人的行政赔偿不得少于被征收人依法应当获得的安置补偿权益。

2.查封、扣押、冻结财产造成的赔偿。查封、扣押、冻结财产的，应当解除对财产的查封、扣押、冻结，应当返还财产损坏的，能够恢复原状的恢复原状，不能恢复原状的，国家承担赔偿责任，按照损害程度给付相应的赔偿金。解除冻结的存款或者汇款的，应当支付银行同期存款利息。应当返还的财产灭失的，给付相应的赔偿金。灭失，是指经损害的财产已不复存在。所谓“相应的赔偿”是指赔偿的数额应以物的价值计算，严格掌握在实际损失范围内，并且是在受害人失去该财产时为估价日期。

3.财产已经拍卖或变卖的赔偿。拍卖，是指公开处置财产的一种方式，由专业拍卖机构、临时从事拍卖活动的企业或者人民法院以公平竞争的方式将财产出卖给竞价中最高的出价者。国家机关及其工作人员对财产实行违法强制措施后，如果对财产已经进行了拍卖，原物已经不存在或已为他人所有，恢复原状已不可能，便应给予金钱赔偿。对已拍卖财产的赔偿，《国家赔偿法》规定是给付拍卖所得价款。变卖一般是指出卖财物、换取现款的处置财产的方式。如财产已经变卖的，应给付变卖所得的价款。变卖的价款明显低于财产价值的，应当支付相应的赔偿金。

4.吊销许可证和执照，责令停产、停业的损害赔偿。吊销许可证和执照，责令停产、停业是国家机关及其工作人员可能侵害公民、法人及其他组织的财产权的又一种形式。这种侵害并非直接指向财产，而是剥夺和限制受害人的权利，其后果往往是造成企业停产或法人消灭。对此，国家赔偿法规定吊销许可证和执照，责令停产、停业造成损害的，赔偿停产、停业期间必要的经常性费用开支。所谓“必要的经常性”的费用开支是指企业、商店、公民等停产、停业期间用于维持其生存的基本开支，如水电费、房屋租金、职工基本工资等。根据最高人民法院《关于审理行政赔偿案件若干问题的规定》的规定，下列损失属于《国家赔偿法》第36条第6项规定的“停产停业期间必要的经常性费用开支”：必要留守职工的工资；必须缴纳的税款、社会保险费；应当缴纳的水电费、保管费、仓储费、承包费；合理的房屋场地租金、设备租金、设备折旧费；维系停产停业期间运营所需的其他基本开支。其中，职工基本工资是按国家统一规定的劳保工资的平均数来计算的。但是，不赔偿在正常情况下在此期间必定能获得的利益，也不赔偿停产、停业期间的一切开支，而只是赔偿必要的经常性费用，并且是赔偿损失的一部分而非全部。

5.财产权其他损害赔偿。《国家赔偿法》规定，对财产权造成损害的，按照直接损失给予赔偿。所谓“直接损失”，是指因遭受不法侵害而使现有财产必然减少或消灭。规定“直接损失”赔偿原则是因为：首先，我国的国力财力还不雄厚，国家赔偿只是慰抚性的，仅是给予一定的补偿。其次，除直接损失外，可预期利益、间接损失都是相对人未实际取得的利益，不能排除意外情况的发生而无法实际取得的风险。

根据最高人民法院《关于审理行政赔偿案件若干问题的规定》第29条的规定，下列损失属于《国家赔偿法》第36条第8项规定的“直接损失”：存款利息、贷款利息、现金利息；机动车停运期间的营运损失；通过行政补偿程序依法应当获得的奖励、补贴等；对财产造成的其他实际损失。

《关于办理刑事赔偿案件适用法律若干问题的解释》第19条、第20条对于财产损失的计算标准作出了具体解释，财产不能恢复原状或者灭失的，财产损失按照损失发生时的市场价格或者其他合理方式计算。返还执行的罚款或者罚金、追缴或者没收的金钱，解除冻结的汇款的，应当支付银行同期存款利息，利率参照赔偿义务机关作出赔偿决定时中国人民银行公布的人民币整存整取定期存款一年期基准利率确定，不计算复利。复议机关或者人民法院赔偿委员会改变原赔偿决定，利率参照新作出决定时中国人民银行公布的人民币整存整取定期存款一年期基准利率确定。计息期间自侵权行为发生时起算，至作出生效赔偿决定时止；但在生效赔偿决定作出前侵权行为停止的，计算至侵权行为停止时止。被罚没、追缴的资金属于赔偿请求人在金融机构合法存款的，在存款合同存续期间，按照合同约定的利率计算利息。

第三节　国家赔偿费用

一、国家赔偿费用的来源

国家赔偿费用，是指国家机关赔偿受害人损失所需的费用。由于国家赔偿是以金钱赔偿为主、其他赔偿方式为辅，因而需要相当的费用，世界上很多国家以立法形式规定国家赔偿的经费来源。一般来说，赔偿经费均由国家拨款支出，但在具体做法上，各国又有所不同。《国家赔偿法》第37条对国家赔偿经费来源作了明确规定：赔偿费用，列入各级财政预算，具体办法由国务院规定。政府在每年度的国家预算中列支赔偿费用专项。鉴于我国财政实行的是中央和地方分列的体制，因此，凡属中央财政划拨经费的部门由中央财政作预算。地方政府、人民法院、人民检察院的赔偿费则由各级财政列入预算。具体的列支方法，由国务院制定具体的实施细则。

二、国家赔偿费用的支付与管理

国家赔偿费用由各级政府财政开支，由各级财政部门拨款，由赔偿义务机关向请求权人支付。其程序是：

首先，请求权人提出支付赔偿金申请。请求权人应向赔偿义务机关提出书面申请，并提交生效的判决书、复议决定书、赔偿决定书或者调解书。

其次，赔偿义务机关向财政部门提出支付申请。受理请求权人提出的申请后，赔偿义务机关应当自收到支付赔偿金申请之日起7日内，依照预算管理权限向有关的财政部门提出支付申请。因此，现行的国家赔偿费用支付制度，不再实行由赔偿义务机关先行支付的做法。

最后，财政部门支付赔偿金。财政部门应当自收到支付申请之日起15日内支付赔偿金。

我国国家赔偿经费的管理，主要由2010年12月29日国务院公布的《国家赔偿费用管理条例》规定。

此外，国家赔偿法规定，赔偿请求人要求国家赔偿的，赔偿义务机关、复议机关和人民法院不得向赔偿请求人收取任何费用。无论最终处理结果如何，均不得收取案件受理费、勘验费、鉴定费等一切开支和费用。以上所有费用均由赔偿义务机关、复议机关和人民法院自行负担。对赔偿请求人取得的赔偿金也不予征税，即赔偿请求人获得的赔偿金不用缴纳任何税款。

【本章主要法律规定】

1.《国家赔偿法》第32～37、41条

2.最高人民法院、最高人民检察院《关于办理刑事赔偿案件适用法律若干问题的解释》第13～21条

3.最高人民法院《关于审理行政赔偿案件若干问题的规定》第26～31条

4.最高人民法院《关于审理国家赔偿案件确定精神损害赔偿责任适用法律若干问题的解释》

本编重点、难点与疑点辨析

行政复议、行政诉讼与国家赔偿制度是行政监督救济制度的重要组成部分，因有专门法律规定，且在实践中运用频繁，形成了较为完整、细化的制度体系，所以成为考查的重点，其中不少问题也成为应用的难点和疑点。

一、行政复议与行政诉讼的关系

行政复议与行政诉讼是两种正式的解决行政争议的制度，其关系的处理既影响当事人的权利救济，也影响整体制度运行。根据《行政诉讼法》第44条的规定，行政复议与行政诉讼以当事人自由选择救济方式为原则，以行政复议前置为例外。具体为：

1.自由选择。对可复议、可诉性的行政行为不服，当事人可以自由选择救济方式。当事人可选择复议，并在复议后不服再向法院提起行政诉讼，也可不经复议直接向法院提起行政诉讼。这属于大多数情形。

2.复议前置。即必须先申请行政复议，对行政复议不服的才能向法院起诉，行政复议是行政诉讼的必经程序、前置程序。此种情形属于例外情形，必须由法律、法规作出规定。例如，根据《税收征收管理法》第88条的规定，对在纳税上发生争议时，实行复议前置。

3.复议后终局或选择终局。即复议后当事人不得向法院起诉，经当事人选择后再次复议后终局。此种情形仅限于全国人大及常委会制定的法律有明确规定。例如，《出境入境管理法》第64条规定，外国人对依照该法规定对其实施的继续盘问、拘留审查、限制活动范围、遣送出境措施不服的，可以依法申请行政复议，该行政复议决定为最终决定。其他境外人员对依照该法规定对其实施的遣送出境措施不服，申请行政复议的，适用此规定。

二、行政诉讼受案范围

行政诉讼受案范围要解决哪些行政争议可以允许通过行政诉讼解决、哪些不允许通过行政诉讼解决的问题，即解决可诉性问题。对行政诉讼受案范围的判断、分析和把握，需要从以下三方面着手：

1.是否属于行政诉讼受案基本范围。行政诉讼受案基本范围划定了行政诉讼基本范围，根据《行政诉讼法》第2条的规定，我国行政诉讼的基本范围是被诉行为是“行政行为”，“公民、法人或者其他组织认为行政机关和行政机关工作人员的行政行为侵犯其合法权益，有权依照本法向人民法院提起诉讼。前款所称行政行为，包括法律、法规、规章授权的组织作出的行政行为。”事实上，是否为行政行为是判定是否行政诉讼案件的第一步也是关键一步，若一个行为不是行政行为，基本决定了这一案件不是行政诉讼。

2.是否为排除事项。即为《行政诉讼法》明确排除在行政诉讼受案范围外的事项，这是把握行政诉讼受案范围的另一重点内容，也常常是难点。

根据《行政诉讼法》第13条和《行诉法适用解释》第1条、第2条，下列14项不属于行政诉讼受案范围：

（1）国家行为。即国防、外交等国家行为，指国务院、中央军事委员会、国防部、外交部等根据宪法和法律的授权，以国家的名义实施的有关国防和外交事务的行为，以及经宪法和法律授权的国家机关宣布紧急状态等行为。

（2）抽象行政行为。行政法规、规章或者行政机关制定、发布的具有普遍约束力的决定、命令。

（3）行政机关对行政机关工作人员的奖惩、任免等决定，即行政机关作出的涉及行政机关工作人员公务员权利义务的决定。

（4）行政终局行为。全国人民代表大会及其常务委员会制定、通过的规范性文件规定由行政机关最终裁决的行政行为。

（5）刑事司法行为。公安、国家安全等机关依照《刑事诉讼法》的明确授权实施的行为。

（6）调解仲裁行为。调解行为以及法律规定的仲裁行为。

（7）行政指导行为。

（8）重复处理行为。驳回当事人对行政行为提起申诉的重复处理行为。

（9）无外部效力行为。行政机关作出的不产生外部法律效力的行为。

（10）过程性行为。行政机关为作出行政行为而实施的准备、论证、研究、层报、咨询等过程性行为。

（11）协助执行行为。行政机关根据人民法院的生效裁判、协助执行通知书作出的执行行为，但行政机关扩大执行范围或者采取违法方式实施的除外。

（12）内部层级监督行为。上级行政机关基于内部层级监督关系对下级行政机关作出的听取报告、执法检查、督促履责等行为。

（13）信访办理行为。行政机关针对信访事项作出的登记、受理、交办、转送、复查、复核意见等行为。

（14）无实际影响行为。对公民、法人或者其他组织权利义务不产生实际影响的行为。

3.是否为肯定性事项。包括行政处罚，行政强制措施和行政强制执行，行政许可类行为，行政确权行为，征收征用补偿行为，不履行法定职责，侵犯法律规定的经营自主权和农村土地承包经营权、农村土地经营权，侵犯公民公平竞争权，违法要求履行义务行为，行政给付行为，行政合同（行政协议），其他侵犯人身权、财产权行为，法律、法规规定的其他行政案件等。

行政诉讼受案范围如下所示：

基本范围	行政行为
排除事项	（1）刑事司法行为；（2）协助执行行为；（3）调解仲裁行为；（4）行政指导行为；（5）重复处理行为；（6）信访处理行为；（7）无外部效力行为；（8）内部层级监督行为；（9）国家行为；（10）抽象行政行为；（11）对公务员的奖惩任免行为；（12）行政终局行为；（13）过程性行为；（14）不对当事人产生实际影响行为
可受理事项	行政处罚，行政强制措施和行政强制执行，行政许可类行为，行政确权行为，征收征用补偿行为，不履行法定职责，侵犯法律规定的经营自主权和农村土地承包经营权、农村土地经营权，侵犯公民公平竞争权，违法要求履行义务行为，行政给付行为，行政合同（行政协议），其他侵犯人身权、财产权行为，法律、法规规定的其他行政案件等

三、经复议后的行政诉讼被告确定与地域管辖

行政诉讼地域管辖与被告确定有一定的复杂性，需要准确理解并正确运用。经复议后的行政诉讼被告确定与地域管辖，值得关注。

复议结果	被告	地域管辖
维持	原行政机关和复议机关是共同被告	原行政机关在地法院或复议机关所在地法院
改变	复议机关	原行政机关在地法院或复议机关所在地法院
复议不作为	起诉原行政行为的，作出原行政机关是被告；起诉复议机关不作为的，复议机关是被告	根据被告确定